U1001151

第四卷

李春明经济文稿

李春明著

長江出版傳媒
湖北人民出版社

2015 年 5 月 17 日，作者（右一）在东湖国际会议中心会见上海合作组织副秘书长哈克多多夫先生（中）一行。

2015 年 8 月 20 日，作者（右二）同部分在鄂全国人大代表视察武汉市蔡甸区张湾街福利院，专题调研养老服务体系建设。

2016 年 3 月 10 日，作者在人民大会堂与王国生省长（中）、劲酒集团吴少勋董事长（左一）合影。

2016 年 3 月 6 日，作者在十二届全国人大四次会议上接受《法制日报》记者采访。

2016 年 9 月 7 日，作者陪同全国人大常委会副委员长王晨同志（左二），在武汉天河机场迎接来鄂访问的俄罗斯联邦委员会主席马特维延科（左一）一行。

作者（左三）于 1998 年 1 月至 12 月作为“省委工作队”成员，在房县军店公社中村大队驻点工作。图为 19 年后重返中村村看望乡亲。

2016 年 11 月 24 日，作者（右一）陪同省委书记蒋超良同志（前一）参观省人大常委会“六十年辉煌成就”展示厅。

2016 年 12 月 27 日，作者（右五）在翠柳村客舍会见美国希望之城贝克曼研究所所长霍恩先生（右六）一行。

2017 年 3 月 5 日，作者（左二）同王晓东省长（左三）一起，出席十二届全国人大五次会议。

图为作者（前一）在宁夏回族自治区学习考察时，体验乘坐“羊皮筏”渡黄河。

2017 年 1 月 17 日，作者在湖北省第十二届人民代表大会第五次会议上作省人大常委会工作报告。

作者（中）用京胡演奏现代京剧《红灯记》中李铁梅唱段《光辉照儿永向前》。

作者在西藏山南地区调研和考察旅游工作时留影。

2017 年 7 月 18 日，作者在青海省刚察县湟鱼通道放生小湟鱼。

作者应邀率湖北省经济文化代表团访问巴西，在里约热内卢“面包山”下小憩。

作者编撰本书之时，
在办公室的办公桌前留影。

目　　录

坚定不移地推进开放先导战略

（2008年2月1日）

坚定不移地推进开放先导战略，坚持以开放促改革、促发展，是湖北省九次党代会提出的重大战略举措。省委九届二次全会又把“大力实施开放先导战略，积极承接国际资本和沿海产业转移”，作为当前和今后一个时期要“着力解决的事关全局的若干重大问题”之一。这是基于对国际国内宏观环境和发展趋势的科学把握，是对湖北经济社会发展实践的深刻总结，是对湖北新一轮发展战略的进一步提升。认真学习和领会开放先导战略的深刻内涵，努力营造对内对外开放的战略格局，对于实现“把湖北建成促进中部地区崛起的重要战略支点”的奋斗目标，对于实现湖北经济社会更好更快地发展，都具有重要意义。

一、推进开放先导战略是顺应当今发展潮流的科学抉择

改革开放以来，我国经济社会发展取得了举世瞩目的巨大成就，经济总量和综合国力大幅度跃升，人民生活总体上实现了从温饱到小康的历史性跨越。实践证明，改革开放是强国之路、富民之路。在我国改革开放的历史进程中，沿海地区率先打开了发达国家和地区向我国实施产业转移的大门，抢抓对外开放的政策机遇，充分发挥自身优势，有力地促进了经济社会迅猛发展，成为我国率先发展的地区。

湖北地处我国内陆、华中腹地。改革开放以来，湖北省的对

外开放工作取得很大成绩，外向型经济快速发展，对外交流与合作不断深化，有力地推动了全省经济社会发展，为进一步扩大开放打下了良好基础。湖北近年来走上新一轮快速发展的轨道，在很大程度上得益于对内对外开放的不断扩大。一是利用外资持续增长，质量和水平不断提高。2005 年全省实际使用外资 26.5 亿美元，是 2000 年的 2.5 倍，净增 15.9 亿美元，年均递增 20%。2006 年全省利用外资又有了新的突破，达到 30 亿美元，同比增长 16.3%。2007 年全省利用外资超过 35 亿美元，全球最大的 500 家跨国公司有 80 家在湖北投资。全省上下坚持对外开放与对内开放相结合，努力抢抓沿海产业转移的机遇，对沿海地区开放取得新突破，引进项目规模达到历史最好水平，湖北与沿海地区各具优势和特色的分工格局开始显现。二是外贸出口不断扩大，结构明显优化。全省具备一定规模的外贸出口是从 20 世纪 60 年代初开始的，到 1992 年出口超过 10 亿美元，先后用了 30 年时间；从 10 亿美元到超过 20 亿美元用了 10 年时间；从 20 亿美元到突破 30 亿美元用了 2 年时间，2005 年突破 40 亿美元，2006 年连续跨越 50 亿美元、60 亿美元两级台阶，达到 62.6 亿美元。2007 年全省进出口总额达到 148.6 亿美元，其中出口 81.7 亿美元，又跨 70 亿美元、80 亿美元两级台阶。三是“走出去”战略逐步实施，外经业务领域不断拓展，对外经济合作规模不断扩大。对内对外开放的突破性推进，正在成为湖北持续快速健康发展的强劲动力。但是也要清醒地看到，湖北省开放的水平不仅同沿海先进省份相比存在较大差距，而且与自身经济发展也不相适应。例如 2006 年，全国外贸进出口总额占 GDP 的比重达 65.6%，而湖北仅为 12.2%。如果说湖北的加快发展得益于扩大开放，而发展不够的根本原因也在于开放不够。因此，面对新形势、新任务、新目标，坚定不移地推进开放先导战略，进一步加快开放步伐、提升开放层次、拓展开放领域，应当成为全省上下的必然选择。

第一，推进开放先导战略是在国内外两大产业转移潮流会合下的必然选择。进入21世纪，经济全球化纵深推进，发达国家经济结构调整和产业向外转移的步伐进一步加快，规模不断扩大，我国已成为“世界工厂”。与此同时，国内东部沿海地区由于资源和成本制约，产业升级步伐加快，必然导致原有劳动密集型产业向内地转移。国内国外两大产业转移潮流，推动全国区域经济出现梯度转移的大趋势，这使得地处中部的湖北面临着千载难逢的历史性机遇。湖北具有承东启西、连南接北的区位优势，科教实力雄厚，产业基础良好，配套能力较强，市场优势明显，交通物流发达，完全可以成为承接国际资本的投资和沿海产业转移的重要基地，也完全应当在最大限度吸引国际国内两大产业转移潮流过程中实现更大的发展。面对国际国内经济发展的新特点、新趋势，开放将赢得更大发展，封闭将导致自甘落后，这就必然要求湖北在开放上实现更大的突破。在两大产业转移潮流加快推进的形势下，开放的程度与水平，将对区域发展产生决定性的影响。湖北必须以大开放为先导，顺应世界经济发展潮流，主动融入国际经济大循环，在更大的范围内和更宽的领域组织生产和经营，在更深的程度上参与国际分工与协作，才能抢抓历史机遇，加快发展步伐。

第二，实施开放先导战略是“把湖北建成促进中部地区崛起重要战略支点”的客观要求。构建促进中部地区崛起的重要战略支点，要求我们努力把湖北建成中部乃至全国重要的先进制造业基地、高新技术产业基地、优质农产品生产加工基地、现代物流基地和综合交通枢纽，使湖北成为中部经济要素密集、充满活力的区域，成为中部发展现代服务业的重要平台，成为中部地区的重要增长极，在科学发展、社会和谐、改革创新等方面走在中西部地区的前列。要实现上述目标和要求，显然不能在自我封闭状态下进行。而必须以开放的思维重新认识省情，审视湖北在全国经济发展格局中所处的位置；必须以开放的视野充分利用和优化配置国际国内两种资源，广泛借鉴国内外区域发展的成功经验；必须以开放的胸怀克服和革除封闭落后的思想观念，彻底摒弃狭隘的“所有观”“地域观”“利益观”和传统的“贫富观”；必须以开放的胆略解决我们体制机制以及发展环境方面存在的问题，坚定不移地鼓励和支持改革开放的先行者。总之要按照“思想更解放、视野更开阔、胸怀更宽广、步伐更坚定”的总体要求，进一步扩大对内对外开放。只有扩大开放，才能使人流、物流、商流、资金流、信息流等各种要素全面流动起来并汇集湖北，才能有效实现资源高效整合和优化配置。也只有这样，才能使湖北早日成为“促进中部地区崛起的重要战略支点”。

第三，推进开放先导战略是在地区竞争中抢占先机的重要举措。在新的条件下，地区之间的竞争不断加剧。我国东部沿海地区已率先发展，正加速向更高层次迈进；西部地区和东北老工业基地在国家政策的支持下，已呈现出加速发展的态势；在中部崛起的战略背景下，中部各省都在各显神通、频出新招，显示出咄咄逼人的竞争态势。当前，甚至越南、印度等国家也在设法承接我国沿海地区加工贸易梯度转移。在激烈竞争的形势下，湖北只有以开放为先导，再造体制和环境新优势，才能在地区竞争中抢占先机，实现走在中西部前列的目标。目前，全省经济发展势头良好，后劲十足，从而为今后一个时期经济社会加速发展积累了巨大的潜能。实施开放先导战略，更好地利用两个市场、两种资源，更好地发挥市场配置资源的基础性作用，将使湖北发展的巨大潜能得以有效释放，实现乘势而上。

二、开放先导战略具有深刻的科学内涵

在经济全球化和区域经济一体化日趋发展的新形势下，特别是以我国加入 WTO 从而全面参与国际分工和国际合作为标志，全国及湖北的对外开放已进入一个全新的阶段。与此相适应，我国对于“开放”的战略定位，已由过去作为第二位的“以改革促开放促发展”，转变为作为第一位的“以开放促改革促发展”，即实施开放先导战略。按照开放先导战略的要求，湖北全省将由有限领域的开放转变为全方位、宽领域的开放，由根据短期需要实行开放转变为依据长远目标实行开放，由经贸领域的合作转变为经济体制的接轨。总之是要坚持以开放为先导，通过全面开放解决深化改革、结构调整和转变经济增长方式进程中的深层次矛盾和问题，进而以开放促进改革与发展。

实施开放先导战略对全省扩大开放工作提出了新的目标和要求。在新的形势下，扩大开放工作具有“三性”的特征：

一是全局性。扩大开放不是某个职能部门的工作，也不是单一的专项工作，而是一项全局性、综合性的工作，是一项各级党委、政府必须合力推动的工作。各地各部门都应以开放的思维和视野，谋划本地区、本部门的改革与发展。与此同时，扩大开放还应充分发挥各级党委和政府以及企业、社会组织、民众等多方

面的作用。党委和政府的工作重点，在于努力营造良好的开放环境，推进体制机制创新，不断提升服务对内对外开放的意识和水平；在企业层面，要努力培育企业开放的眼光和全球化思维，鼓励企业积极参与国内外产业分工、合作与竞争，通过提升核心竞争力尽快做大做强；各类社会组织要在服从和服务于扩大开放工作的前提下，充分发挥自身的职能作用，共同形成对内对外开放的强大合力；在民众方面，要努力形成全民开放的意识，使促进开放和营造良好环境成为民众的自觉行为。要综合采取多种有效措施，努力激发民众的创业热情和创新精神。

二是战略性。扩大对内对外开放，并非简单的引进部分资金、出口若干商品、招揽若干工程。开放的核心和本质，反映的是一个国家或地区在全球范围内配置资源的能力，体现的是一个国家或地区的经济综合素质和经济竞争力，因此是一个事关长远、事关大局的问题，是一项战略任务。推进开放的重点工作有三：(1）努力提高经济外向度。即通过扩大开放不断提高实际利用外资占全社会固定资产投资的比重、提高进出口总额占 GDP 的比重、提高服务贸易占整个外汇收入的比重。(2）努力创新与国际接轨的体制机制。现阶段的开放是深层次的开放，它不再仅仅以优惠政策为手段，而是要通过建立与市场经济相适应、与国际经济接轨的宏观经济体制和微观运行机制以及行政管理体制，通过营造良好的经济、社会、法制、生态环境，形成吸引和聚集生产要素的“洼地”。(3）努力形成与国际经济发展相对接的经济增长方式。只有这样，才有利于融入国际分工与合作，有利于有效承接发达国家和地区的产业转移。

三是多元性。坚持对外开放与对内开放相结合，做到承接国际产业转移与承接沿海地区产业转移并重。坚持引进来与走出去相结合，既要打开大门欢迎国内外企业来湖北创业发展，也应鼓励支持本地企业向外扩张，在参与全球市场竞争中发展壮大。坚持经济开放与社会事业开放相结合，鼓励教育、科技、文化、卫生等社会事业对内对外开放，在开放中赢得新的发展。

三、全省扩大开放面临着千载难逢的重大战略机遇

当前，国际国内的新形势新变化，使全省扩大开放面临着千载难逢的四大战略机遇。

（一）国际产业加速向我国中部转移的机遇

国际产业转移，主要指发达国家或地区通过国际贸易和国际投资等方式，将产业转移到次发达国家或地区，以及发展中国家或地区，带动移入国产业结构的调整和优化升级。迄今为止，国际上发生过五次大规模的产业转移，最近的一次就是20世纪90年代以来，随着经济全球化和国际产业结构调整的加快，全球制造业向中国转移，使中国日益成为并将继续成为世界制造业基地。导致当今国际产业转移的原因主要有这样几个方面：一是结构驱动型。发达国家或地区随着技术进步，受产业结构优化的驱动，将已经或即将成为相对劣势的产业向外转移。二是成本驱动型。发达国家或地区传统产业生产要素成本增加，导致利润率下降，受追求利润最大化的驱动，实施产业向外转移。三是市场驱动型。发达国家或地区出于全球化市场战略的考虑，为争取最大限度的国际市场份额，主动实施产业转移。四是资源驱动型。跨国公司为在全球范围以最优条件获取优质资源，以赢得更好更快更长远地发展，而有计划、有步骤地实施产业转移。

近年来，国际资本和国际产业转移出现了新的态势。一是产业链条整体转移趋势明显，关联产业协同转移现象增多。跨国公司发挥其社会化协作程度高和横向联系广的优势，主动引导和带动相关行业的投资，鼓励为其配套的生产服务企业和供应商一同到东道国投资，在当地发展配套产业并建立关联产业群。跨国公司除了转移传统的制造业外，还将研发、设计、中试、营销甚至公司总部等生产经营环节，向其他地区转移。这种产业链条整体转移并带动关联产业协同转移的新趋势，使得国际产业转移的速度、规模和范围都达到前所未有的水平。二是跨国公司投资日益多样化，主导着全球的产业调整转移。近年来，除了传统的直接投资和股权收购外，证券投资、跨国并购、股权交换、合资合作、非股权安排等各种形式的产业投资层出不穷，其中，证券投资和跨国并购日益成为最主要方式，目前已分别占全球资本流动的75%和跨国直接流动的60%。加入WTO后，我国利用外资政策取得重大突破，鼓励外商以并购方式参与国有企业改革与发展，至此，我国吸引外资进入了投资、融资、并购重组等多种方式并行推进的新阶段。其中，并购重组是新趋势。跨国并购从功能上讲，既有水平并购，即同一行业内部相互竞争的企业之间发生的并购行为；也有垂直并购，即并购对象是上下游企业或客户，并购双方处于产业链的不同环节上，各自具有相互补充的独特优势资源；还有混合并购，即经营业务和经营活动无关联的公司之间的并购行为。三是高新技术产业出现转移趋势。发达国家不仅将高新技术产业的加工组装环节转移到发展中国家，而且将配套的零部件生产、物流、营销甚至部分研发活动等，也通过项目外包和业务离岸化等方式向外转移。四是服务业成为产业转移的热点。服务外包是当今国际产业转移的一种新形式，具有信息技术承载度高、附加值高、资源消耗低、环境污染少、吸纳就业能力强、国际化水平高等特点。

尤其值得关注的是，近年来国际资本和国际产业转移出现两大新的动向。一是国际产业加速向中国转移。由于我国市场广阔、经济快速增长，再加上政治社会稳定，外资普遍看好中国。以中国为主要目的地的国际产业转移，一直保持着十分强劲的势头。在国际产业转移中，跨国公司特别是世界500强充当着主要角色，是国际产业转移的主体。目前世界500强企业已有480多家到中国投资。二是国际资本加速向中国中部转移。由于沿海地区受多种条件约束，由于国家实施促进中部崛起战略，有效地推动、吸引着国际资本向中部转移。国际产业加速向中国中部转移，为湖北利用外资、引进跨国公司提供了一次重大机遇。近年来访问湖北的外国首脑、政要不断增多，世界500强企业纷至沓来，投资“大手笔”越来越多。2006年全省就有韩国浦项、美国江森自控、日本JFE制铁、新日本制铁、日本大金工业以及诺基亚、爱立信7家世界500强企业落户湖北。2007年又有EDS、星巴克、德尔福等世界500强企业来我省投资。引进大项目的情况，是衡量承接国际产业转移水平的另一个重要指标。2007年，全省新批投资总额在1000万美元以上的大项目105个，比上年增长30%；合同外资额达22.21亿美元，同比增长1倍多。同时，近年来现有三资企业增资幅度也不断提高。湖北省利用外资发生的这些积极变化，从一个侧面反映出国际产业由沿海向内地、向湖北梯度转移的新动向、新趋势。

（二）沿海产业加快向湖北转移的机遇

改革开放以来，沿海地区凭借先行一步之利，经济迅速腾飞。但随着我国加入 WTO 和经济全球化、区域经济一体化进程的加快，其超常规发展的有利因素出现了弱化的趋势。一是沿海地区原有的体制优势、政策优势、地缘优势和成本优势，将随着改革开放向全国推进，而不断趋于弱化。二是伴随着工业化的发展，东部的煤炭、电力、水资源和人力资源都出现严重紧缺，由于其经济水平快速提高，沿海地区土地、能源、劳动力等资源价格的上升，使加工贸易综合成本大幅提高。部分产业特别是劳动密集型产业已经失去了获利空间，致使部分产业和企业在东部越来越难以生存，一部分新的项目难以生根落户，向外转移是大势所趋。三是近期国家对加工贸易政策进行调整，主要目的是推进沿海地区加工贸易转型升级，既是引导也是迫使沿海加工贸易向中西部梯度转移。在这一次沿海产业转移进程中，由于中部的经济发展水平和经济环境相对于西部更为优越，并且在“地利”上中部又更接近东部，因此中部成为沿海产业转移的首选地。

当前，沿海产业梯度转移呈现以下新态势：一是由传统的就近转移、沿交通路线转移，转变为向具有较好产业基础和科教优势的地区进行跳跃式转移。二是由小规模、比较分散的企业转移，转向大规模转移，转向以产业链条为纽带的整体转移和配套转移。沿海产业向内地转移，形成了内陆地区千载难逢的大好机遇。湖北具有承东启西、连南接北的区位优势，既可成为沿海产业转移的承接地，也可作为沿海产业向西部转移的“桥头堡”或“中转站”；湖北科教实力雄厚，产业基础良好，配套能力强，既有东部地区资金技术密集型的产业优势，也有中西部资源密集和劳动力富集、宜于发展劳动密集型产业的优势，对于承接沿海产业转移有着较强的吸引力；湖北在承接沿海产业转移方面还有着较好的成本优势。例如劳动力成本，2006 年湖北城镇单位在岗职工平均工资为 15172 元，而广东为 26186 元，是湖北的 1.73 倍，这说明湖北的劳动力价格或劳动力成本远比沿海地区拥有优势。这对于我们承接沿海地区制造业特别是劳动密集型企业转移来说，有着很强的竞争力。因此，在承接沿海产业转移方面，我们应当有所作为。

（三）中央实施促进中部地区崛起战略带来的机遇

促进中部地区崛起战略是继东部沿海开放、西部大开发和振兴东北等老工业基地之后，国家对全国区域经济协调发展作出的又一重大决策。按照中央对湖北经济社会发展的科学定位，通过坚持不懈的努力，湖北应当成为中部地区承接国际国内产业转移的首选基地。在承接产业转移方面，实施中部崛起战略将为我省带来两大机遇：一是政策机遇。为配合促进中部地区崛起战略的实施，国家已陆续制定出台了若干支持中部地区发展的政策。如去年 4 月，中央出台了《关于促进中部地区崛起的若干意见》，在加快粮食生产基地建设、加快能源和原材料基地建设、加快现代装备制造业基地及高新技术产业基地建设、加快中部地区交通运输体系和商贸流通体系建设等方面，都作出了明确的政策规定。另外，在国务院颁布的《中西部地区优势产业目录》中，一些产业在沿海属于允许类的，在湖北等省份则属于鼓励类，享受税收等方面的优惠政策。除此之外，中央有关部委也纷纷提出支持中部地区崛起的相关政策。所有这些政策的出台，无疑会对沿海产业向湖北转移产生强大的吸引力。二是导向性机遇。当代经济从某种意义上讲，也称为“眼球经济”，受到关注即赢得机遇，从而赢得发展。国家实施中部崛起战略，已经向海内外企业传递了一个信号：中国政府非常重视中部的发展，中部将是未来几年中国政府倾力发展的重点，中国政府将为中部经济发展创造良好环境和条件。大凡战略投资者或优秀的企业家，通常是跟着所在投资国的国家战略走。国家实施促进中部崛起战略，必然会吸引海内外企业的目光，必然对海内外各类投资者产生极大的影响力和号召力。在实施中部崛起战略的进程中，湖北可以打“中部崛起牌”和“重要战略支点牌”，再加上有中部地区唯一的特大城市武汉，理当引起海内外投资者的特别关注。近年来，随着中部崛起战略的深入实施，湖北正越来越多地吸引海内外投资者的眼球。从利用外资的情况看，2003 年至 2007 年，全省利用外资五年到资 135.54 亿美元，占改革开放以来累计使用外资总额的一半以上。也就是说，近五年的引资规模超过此前 20 多年引资的总和。其中，制造业利用外资所占比重都保持在 65%～70%的总体水平，约三分之一投向高新技术产业。应该说，实施中部崛起战略这一重大机遇，为湖北扩大对内对外开放、加快经济发展提供了强大动力。

（四）湖北经济持续快速健康发展带来的机遇

近几年来，全省上下坚持以科学发展观为指导，以“夯实基础、培育骨干、协调发展”为主线，扎实工作、开拓创新，成功应对各种挑战、有效化解各种矛盾。全省的传统产业优势得到发挥，新的经济增长点加快形成，基础产业和基础设施建设不断加强。经过全省上下的不懈努力，经济发展速度加快、效益提升、结构优化、后劲较足，呈现出又好又快的发展势头，为湖北走在中西部前列奠定了坚实的基础。当前，湖北正处于工业化中期，正进入新一轮的持续快速健康增长期。对于海内外投资者来讲，这是一个投资成本较低、投资周期较短、投资回报率较高、投资风险较小的黄金机遇期。湖北经济的加速发展，投资环境的较大改善，投资机会的不断增多，为进一步扩大开放、承接产业转移创造了有利条件，提供了难得的机遇。

总之，在新的形势下，当国际及沿海地区发展环境出现重大变化、湖北的资源和低成本优势更加凸显时，国际产业向中国中部转移、沿海产业向内地转移这两大趋势终于会合在一起；再加上国家实施中部崛起战略、湖北自身的投资机会增多这两大机遇“里应外合”，形成湖北扩大开放、加快发展的重大战略机遇，形成天时、地利、人和皆备的千载难逢的重大机遇。新的机遇已经将湖北推向扩大对内对外开放、积极承接产业转移的前沿！

四、招商引资工作是全省扩大开放的重中之重

招商引资对于扩大固定资产投资总量、增加对外贸易总额、提高装备的技术水平，对于推动产业结构调整和优化升级，实现全省经济又好又快地发展，具有十分重要的意义。扩大开放、承接产业转移最重要的工作就是要把招商引资作为重中之重，就是要通过大招商促进大开放、大引进、大发展，就是要“不管东西南北风、狠抓招商引资不放松”。省委、省政府高度重视招商引资工作，一直把招商引资作为发展经济、扩大开放的重要举措。省领导和各级领导也都率先垂范，亲自抓招商引资工作。去年年初，省政府在认真分析当前我省招商引资工作面临新形势的基础上，制定了《关于进一步加强招商引资工作的若干意见》，从新

形势下招商引资新要求、招商引资重点目标布局、完善招商引资促进体系、创新招商引资工作机制、营造招商引资良好环境等五个方面，对全省今后一段时期的招商引资工作进行了周密部署和安排。

今后一个时期，全省上下要牢牢坚持以科学发展观为指导，认真贯彻落实省第九次党代会精神，以大开放为先导，牢固树立“大招商促进大发展”的观念，坚持引进外资与引进内资相结合，引进资金与引进技术相结合，扩大引资规模与提高引资质量相结合，发挥政府引导作用与突出企业主体作用相结合。要重点抓好以下几个方面的工作：

1. 进一步明确招商引资的重点目标区域。在引进境外资本方面，“巩固港台，发展日韩，开拓欧美”；在引进内资方面，瞄准“长三角”“珠三角”，重点抓住广东外资企业和浙江民营经济向内地转移的机遇。确定上述重点目标区域，是有其客观依据的。2003—2006年，我省吸收境外直接投资的前八个国家和地区是：中国香港、日本、英属维尔京、法国、美国、中国台湾、新加坡和英国。内资方面，引资规模较大的是浙江和广东，而且潜力巨大。各地要根据本地需要，瞄准招商引资重点目标区域，跟踪相关产业和项目，搞好项目对接，持之以恒、锲而不舍地做好工作。

2. 把引进战略投资者作为招商引资的主要着力点。跨国公司的对外投资一直是推动全球产业调整转移的主要力量。跨国公司的投资方向和方式，不仅主导着全球产业调整转移，而且深刻地影响和改变着全球分工体系。今后全省招商引资的重点，就是要瞄准世界500强跨国公司、国内500强知名企业，寻求战略合作，引进战略投资者。全省上下要根据当前产业转移中“大企业带着小企业走、大资本带着小资本流”的规律，把引进战略合作伙伴作为招商引资的关键环节来抓。要适应跨国公司投资发展的新趋势，要有针对性的开发一批产权、股权转让项目，吸引跨国公司来鄂并购重组。在项目开发中，要了解境内外投资商的扩张意图，掌握企业引资合作的实际需求，找准二者的结合点，避免盲目性，提高有效性。

3. 切实抓好招商引资的重点领域。一是充分利用特色和优势农产品生产基地，以农业企业为主体，推动我省农业招商引资工作再上新的台阶。积极引导外来投资者向优质粮食、绿色食品、农产品精深加工等产业投资。本着“谁投资，谁受益”的原则，鼓励外来投资者通过多种形式，参与新农村建设，发展农村公益事业。二是以加快新型工业化进程为主线，加大重点产业、重点行业、重点项目的招商引资力度，推动经济结构调整和产业升级，壮大优势产业，发展新兴产业，增强湖北省产业竞争力。着力在信息、汽车、钢铁、石化、食品、纺织等六个年销售收入过千亿元的支柱产业当中，在公路及航运建设、铁路建设、电力建设三个投资过千亿元的基础产业及相关领域，开发一批大项目，通过招商引资，引进外来投资者，提升产业竞争力。三是加大服务业领域的招商引资力度。按照省政府已经出台的《关于促进服务业加快发展的若干意见》，重点加快发展物流业、旅游业、文化产业、金融服务业、信息服务业、中介服务业等六大重点行业。鼓励引进国内外知名生产性服务企业、跨国公司来鄂设立地区总部、服务中心、分支机构、研发中心、采购培训基地等。要不断扩大服务业对内对外开放，凡国家法律法规没有明令禁入的服务业领域，全部向社会资本开放。

4. 充分发挥开发区在招商引资中的载体作用。各地要按照“设施条件最好、行政效率最高、社会服务最优、交易成本最低”的标准，加快开发区环境建设和体制创新，把开发区打造成为招商引资的第一载体。各地政府要指导开发区制订科学的产业发展规划和招商引资项目指导目录，支持开发区根据本地优势选择、培育优势产业和主导产业，避免产业雷同，力争形成一批外资密集、内外资结合、带动力强的开放型经济增长板块。各开发区要把招商引资作为发展的第一要务，努力提高招商引资的质量和水平。各类开发园区要根据各自特点，大力引进产业龙头型项目和与之配套的项目，降低产业配套成本，发挥集聚效应，形成产业集群。积极尝试承接国际服务外包，研究制定有关措施，使开发区成为承接服务外包的基地。要发挥开发园区制度创新的主体作用，把依法依规办事的原则性与从实际出发的灵活性结合起来，大胆探索，在降低成本、改善服务、提高效率等方面出台一些硬措施，提供个性化的政策服务，逐步建立与国际接轨的运行机制，稳定、持久地保持对外来投资者的吸引力。

5. 不断优化和完善招商引资的区域布局。优化区域布局，必须高度重视三个层面：第一，要充分发挥武汉在全省招商引资中的龙头作用。全省进一步扩大对内对外开放，必须充分发挥武汉的龙头示范作用，着力打好“武汉牌”。要着眼武汉城市圈的建设，以“铁、水、公、空”等基础设施和环境建设为重点，不断提升武汉作为特大城市的各种功能。要抢抓中部崛起的大好机遇，构建以“五区、四港”为依托的武汉外资密集区，努力把武汉外资密集区建设成为中西部外资集中度最高、开放度最高、产业效率最高的区域和最重要的发展平台。要积极创造条件，制定优惠政策，创新引资方式，吸引更多的跨国公司地区总部、投资机构和研发中心落户武汉，使武汉尽快形成大开放、大引进、大出口、大发展的新格局。第二，充分发挥各市州在招商引资中的主导作用。襄樊、宜昌是我省省域副中心城市，在区域经济发展中，具有重要的支撑作用。要不断创造条件，充分发挥襄樊、宜昌的比较优势，增强其在招商引资中的辐射带动作用。其他各市州也应积极行动，主动迎接产业转移，特别是要主动做好重点项目库建设工作。要根据各地的资源优势、产业优势、研发优势等，尽其所能地参与策划项目、论证项目、包装项目、推介项目和建设项目，以好项目推动招商引资，以好项目吸纳海内外投资者到本地投资。第三，千方百计强化县域招商引资工作。县域招商引资是推动县域经济发展的强大动力，也是全省招商引资工作中的一个薄弱环节。但也必须看到，经过多年的深化改革，县域经济以民营为主体的格局已经形成，这将为承接产业转移提供体制条件；经过多年的建设与发展，一大批大中小型项目相继落户各市州县，这将为承接产业转移提供产业配套条件；经过多年的对内对外开放，广大干部群众已经积累起丰富的招商引资经验，部分县市已建立起健全的招商引资机制，这又为承接产业转移提供了机制性条件。因此，各县市区也必须认清形势，坚定信心，迎难而进，在抢抓国际及沿海地区产业转移的机遇中，赢得一席之地。要进一步着力营造县域经济承接产业转移、扩大对内对外开放的良好环境，不断加大招商引资力度。要把招商引资与产权制度改革结合起来，围绕企业改革和并购重组抓招商；把招商引资与经济结构调整结合起来，围绕技术进步和产业升级抓招商；把招商引资与开发园区建设结合起来，围绕产业聚集和形成产业特色抓招商；

把招商引资与回归工程结合起来，围绕外出务工经商人员带资金、技术、项目、人才、信息等回乡创业抓招商，从而为优化和提升经济结构、促进县域经济健康协调发展发挥重要作用。

6. 以大型经贸活动为依托，构筑招商引资平台。要精心策划和组织招商引资重大活动，以大活动为平台，有效开展招商引资。要组织企业参加“中国国际投资贸易洽谈会”“中国国际高新技术成果交易会”“中国中部投资贸易博览会”等全国性、区域性大型综合商贸展会。要切实组织好“香港·湖北周”“湖北·武汉台湾周”“华中旅游博览会”“湖北省日韩经贸推介会”“中国国际机电产品博览会”“华人华侨专业人士创业发展洽谈会”等大型经贸活动。全省重大招商活动，各地、各部门要积极参与和支持。要鼓励各地各行业开展专业性、经常性、小规模的招商活动。在组织和参与招商引资活动中，必须突出企业的主体作用，发挥中介机构的桥梁作用，积极探索市场化、国际化的运作方式，降低招商成本，提高招商效率。

7. 切实解决制约招商引资工作的突出问题。搞好招商引资工作，必须抓主要矛盾，当前应切实解决好以下三个突出问题。一是加强“大通关”建设。要进一步加快电子快速通关建设，加快保税物流园区建设，实现水路运输 48 小时抵上海，公路、铁路运输 24 小时抵深圳；进出口集装箱一般贸易货物提发货水路运输 24 小时内完成，铁路运输 15 小时内完成，航空运输 10 小时内完成，公路运输 8 小时内完成。要加强快速通关的监管体制建设，创新模式，简化流程，降低成本，强化合作。下一步还要针对“大通关”的薄弱环节，加快我省电子口岸建设的进程，改善和提高信息高速公路、电子政务、电子商务等软环境的服务水平；

加强口岸基础设施建设，提高口岸吞吐能力和监管水平；争取尽快开通武汉—香港全货机货运航班，提高口岸运输能力。二是千方百计降低区域商务成本。引发新一轮资本和产业转移的重要原因是成本上升，各地展开的承接产业转移的根本手段也主要是降低商务成本。因此，今后一个时期必须把降低商务成本作为争创招商引资新优势的主攻方向。要通过实施更有吸引力的政策，通过深化经济体制改革、转变政府职能、减少办事环节、提高办事效率，通过提高产业配套能力等措施，进一步降低我省的整体商务成本，提高投资的回报率，使湖北成为投资创业的理想地区。三是努力营造高效、透明的政务环境。要强化依法行政和主动服务意识，规范行政行为，全面实行政务公开制、首问责任制、限时办结制和过错追究制等各项制度。要积极学习借鉴其他省份关于行政审批制度改革的做法和经验，其他省份已取消的审批项目要坚决取消，其他省份已下放的审批权限要坚决下放，不能下放的要尽力简化程序，提高效率。对国家政策规定的审批项目，各地各部门要结合自身实际，积极推行后置审批、并联审批、限时审批。要认真落实省政府办公厅去年下发的64号文件精神，积极推进和落实外资审批权限下放工作，进一步改善投资环境，促进投资便利化。

五、着力推动多领域的对内对外开放

扩大对内对外开放，除扩大资金交流、做好招商引资工作之外，还要努力扩大对外贸易，努力扩大经济合作，努力做好“走出去”的各项工作，努力推进各项社会事业的开放，逐步构建和完善全面开放的新格局。

1. 进一步转变外贸增长方式，积极扩大对外贸易规模。按照科学发展观的要求，积极转变对外贸易增长方式，走结构调整和优化之路。一是抓好重点产业、重点商品、重点企业和重点地区的出口工作。今后一个时期，重点抓好五大出口产业，力争机电和高新技术产品出口增长15%以上，纺织服装、化工和农产品出口增长10%以上；重点抓好钢材、船舶、显示器、汽车零部件和光电子产品5个出口过亿美元的主导商品；抓好重点企业的出口工作，力争出口过千万美元的企业达到140家以上；抓好武汉、黄石、宜昌、荆州等重点市州的出口工作，力争绝大多数市州出口过亿美元。二是着力培植新的增长点，挖掘出口潜力。壮大出口企业群体，力争新增出口企业200家；继续促进三资企业和民营企业扩大出口。巩固和提升纺织服装、汽车零部件等传统出口产业，努力扩大深加工的农副产品出口。三是坚定不移地实施科技兴贸和品牌战略。以技术、产品和体制创新为重点，开展外贸自主创新活动。大力实施“科技兴贸”工程，积极申报国家出口创新基地，争取国家给予湖北省企业技改和研发项目更多的政策支持。加强外贸出口品牌建设和培育工作，打造3~5个国家级出口品牌，培育20个省级出口品牌。积极组织参加中国出口名牌展，在广交会等重要展会大力推广湖北省出口名牌企业和商品。四是主动承接沿海加工贸易向内地转移，促进加工贸易转型升级。鼓励省内企业与跨国公司开展配套合作，提高企业关键零部件生产技术以及技术创新能力，促进加工贸易向高新技术产业发展。五是进一步优化对外贸易结构。巩固并继续提高机电、高新技术产品在我省出口中所占比重；坚持一般贸易和自营生产企业出口为主，进一步增强外贸出口对本地产品销售的带动作用；坚持以附加值较高的制成品出口为主，限制资源性产品出口；高度重视发展服务贸易，大力发展软件外包业务。扩大进口规模，促进对外贸易平衡发展。优化进口结构，重点进口资源性产品和高技术含量的产品，把引进与消化吸收结合起来，不断增强创新能力。

2. 提升“走出去”的综合竞争能力，扩大对外经济合作规模。一是发挥在鄂中央工程建设企业的龙头作用，实施联合投标，协同作战，形成综合优势，力争湖北省大中型企业在国际承包工程规模上实现新的突破。继续建立重点企业联系制度和重点工程项目跟踪制度，指导企业用足用好“对外经济技术合作专项资金”等国家扶持政策，帮助企业开拓新的国际工程承包市场，提高市场占有份额。重点突出水电、桥梁、道路建筑优势，推动大企业承包大项目、大项目带动设备出口和劳务输出。二是积极稳妥地开展境外投资。围绕原材料、技术、市场、重大承包项目和省内具有比较优势且产能过剩的产业，支持有条件的企业到非洲、东南亚等地进行并购、投资办厂和开展加工贸易、实施农业开发项目，规避贸易摩擦，转移过剩的产能，更好地利用国际国内两种资源和市场发展我省经济。三是扩大外派劳务规模，优化外派劳务结构。把劳务输出作为产业来抓，着力打造“湖北海员”品牌，加快全省外派劳务综合基地建设，建立规范的“选、招、训、送”体系以及“一条龙”跟踪服务体系，促使湖北省劳务输出逐步从劳动密集型向技能、技术型转变，努力提高技术人员、高中级外派海员比重。建立全省境外务工联席会议制度和突发事件处理机制，坚持和明确“谁主管，谁负责”、“谁签约，谁负责”和“属地管理”原则，加强对境外务工人员的服务与管理。

四是在我省企业出口、投资、工程承包和劳务输出的主要国家和地区，省政府支持建立湖北商会或咨询公司，为我省企业投资当地市场、劳务输出、工程承包等活动搞好服务和咨询引荐工作。

3. 扩大科技、教育、文化等社会事业的对内对外开放，全面提升我省的综合竞争力。我省是科教文化大省，在社会领域的对内对外开放方面，既有条件，也有必要。其主要领域是：（1）扩大对外科技交流与合作。要进一步加大技术、智力、高技术资本等的引进力度，推动国内外创新资源向湖北聚集。积极采取有效措施，吸引国内外企业、机构特别是跨国公司来鄂投资发展中高技术产业，设立研发中心，提高利用外资的规模和层次；建立引进技术消化吸收和再创新的协调机制，设立专项资金，加强关键技术、重大产品（装备）的引进和消化吸收再创新，促进产业技术能力的跃升。大力实施"走出去"战略和科技兴贸行动计划，支持骨干企业参与国际技术、经济的竞争与合作，不断提升国际竞争力，促进高新技术产品出口；支持在鄂高等院校、科研机构参与我国与发达国家（地区）的科技合作计划和国际大科学合作工程。积极组织、拓展政府间双边、多边以及民间国际科技合作与交流，力争与世界主要科技强国、主要的新兴工业国家、重要的发展中国家建立密切的科技合作与交流关系，着力形成"官民并举"、全方位、多层次的科技对外开放的新格局。推动跨单位、跨地区、跨国界的高水平创新合作，加强国内外高层次人才引进。着力创造良好的工作、生活环境，鼓励吸引更多的埠外人才，尤其是海外留学人员携带技术、资本等来鄂创业发展。继续支持兴办留学人员创业园，吸引各类留学人员投资创办高新技术企业，转化科技成果。（2）扩大教育事业的对外开放与合作。扩大对外开放，引进国际一流的教育思想，对提升湖北省教育大省的地位至关重要。进一步扩大国际合作办学，特别是职业教育和成人继续教育领域的国际合作办学，有计划地引进国际先进的教学模式。支持省内高校和国外高校开展多种形式的教学、科研、师资合作，提高我省高校的国际知名度和国际竞争力。扩大向国外派遣留学生和招收国外留学生的规模，进一步支持公派和自费留学工作，支持省内有条件的学校招收国外留学生。（3）进一步扩大对外文化交流。对外文化交流是湖北省多领域、全方位对外开放的重要组成部分，对提升湖北省国际形象至关重要。扩大湖北省对外文化交流的规模，除扩大官方主导的文化交流活动，如湖北省在世界各地主办的中国湖北文化周外，下大力气扩大湖北省文化产业对外拓展的规模，扩大湖北省文化产品的进出口规模，创造湖北省文化产业的精品名牌。支持各类主体、多种形式的对外文化交流，如政府机构、文化团体、研究机构、企业、个人以官方形式、商业形式、民间形式开展文化交流，形成湖北省多渠道、多层次、多角度的对外文化交流格局。（4）加大社会事业的开放力度。在医疗卫生、扶贫助困、社会保障等社会事业领域，积极探索对外开放和扩大国际合作的新途径。注重引进国际先进的社会管理经验，为建设和谐湖北做贡献。

（本文系作者于2007年8月21日在全省扩大开放工作座谈会上的讲话，后经整理，发表于《政策》2008年第9期。）

坚持经济发展与安全生产同步推进

（2008 年 3 月 1 日）

过去的一年，是全省经济持续快速发展的一年，也是全省安全生产形势进一步趋向好转的一年。各地、各部门认真落实安全生产“落实年”“攻坚年”各项措施，深入开展隐患排查治理专项行动，不仅确保了当年事故总量大幅度下降、重特大事故有所遏制，而且圆满实现了上届政府提出的安全生产形势稳定好转的目标。五年来，在全省经济快速增长、各类企业迅速发展、机动车辆增多、通车里程延伸、安全监管任务十分艰巨的情况下，安全生产工作的成效是明显的。2007 年与 2002 年相比，全省各类事故死亡人数累计下降 29. 34%，年均下降 5. 87%；累计减少死亡人数 1217 人，年均减少 243 人。

在肯定成绩的同时，我们还必须清醒地看到，安全生产还存在不少问题和薄弱环节。主要表现在：一是不少企业的安全生产基础仍然比较薄弱，各类隐患还不同程度存在。二是安全法制观念不强，安全生产技能偏低。目前，农民工大量进入煤矿、非煤矿山、建筑施工等高危行业，由于培训教育工作不到位，违章指挥、违规操作、违反劳动纪律等“三违”现象屡禁不止。三是农村道路交通事故多发的现象还没有根本解决。全省道路交通事故中，农村道路交通事故死亡人数占 50%左右，其中摩托车事故死亡人数又占到 40%以上。这些情况充分表明，安全生产面临的形势依然十分严峻，任务还十分艰巨。

在新的一年里，安全生产工作要坚持以科学发展观为指导，以预防和减少各类事故为目标，以遏制重大事故为重点，以深入开展“隐患治理年”活动为载体，全面提升安全监管监察执法水平，提升生产经营单位安全保障能力，提升事故预防和应急处置能力，提升安全基础工作，提升全民安全意识和识灾避险技能，努力实现全省安全生产形势的进一步好转。总体目标是，进一步减少各类事故总量，有效预防较大以上事故，确保全省生产安全事故死亡人数控制在国务院安委会下达的事故控制指标之内，确保全省亿元 GDP 生产安全事故死亡率、工矿商贸企业十万从业人员事故死亡率低于全国平均水平。为完成上述目标任务，必须突出抓好以下工作。

1. 坚持安全发展的指导原则，自觉抓好安全生产工作。党中央、国务院一直高度重视安全生产工作，多次强调指出，“民生问题，安全第一；安全问题，生命至上。”我们一定要从贯彻落实科学发展观、构建和谐社会的大局出发，深刻认识安全生产工作的重要性，正确处理经济发展与安全生产的关系。要坚持安全发展的指导原则，自觉地把安全生产工作纳入经济社会发展的总体布局之中，纳入干部政绩业绩考核的重要内容，满怀着对人民群众的深厚感情，切实抓好各项安全生产工作，确保经济社会发展与安全生产工作同步推进、共同发展。

2. 坚持预防为主的方针，深入排查治理隐患。国务院安委会提出今年要作为“隐患治理年”，这是做好事先防范、有效遏制各类事故的重要举措。各地、各部门要紧密结合实际，认真制订具体工作方案，扎扎实实抓好隐患治理工作。一是要建立和完善隐患排查机制。重点是落实企业排查隐患的主体责任，建立完善企业法人代表、专业人员、职工代表组成的领导机构和工作专班，对照国家有关安全生产的法律法规、标准规程、规章制度，全面深入查找各类隐患。要做到专班查与发动群众查相结合，定期查与重点查相结合，查硬件与查软件相结合，明察与暗访相结合，推进隐患排查的制度化、经常化、常态化。二是建立完善隐患治理机制。排查隐患的根本目的是要治理隐患。各地、各部门和企业必须在治理隐患上下大气力。凡是能立即整治的必须坚决治理，难度较大而一时不能到位的，必须做到治理的责任人、具体措施、治理资金、治理期限以及应急预案“五落实”，确保尽早根治。三是建立完善隐患整改的监管机制。各级政府和安监部门要切实加强对企业隐患治理工作的检查和督察，建立群众举报监督制度，努力做到不留空白，不走过场。对重大隐患要向社会公示公告，实行挂牌督办，确保整改到位。对排查治理工作不认真、不细致的，要通过批评，督促整改。对拒不整改的，要责令停产整顿，实行经济处罚，直至依法关闭。

3. 突出抓好重点行业的安全专项整治，严防群死群伤事故发生。各地、各有关部门要在全面推进安全生产工作的同时，针对高危行业事故多发的问题，深入开展安全专项整治，打好攻坚战。一是切实抓好矿山企业的安全专项整治。重点打好煤矿整顿关闭和瓦斯治理的攻坚战，当前要突出抓好煤矿复产验收工作，严格验收标准和程序，加大督察检查力度，确保复产安全。同时，进一步深化非煤矿山机械化通风和采石场中深孔爆破以及尾矿库整治。二是切实抓好危险化学品安全专项整治。突出抓好易燃易爆、剧毒化工产品生产、储存、运输、使用等环节的安全监管，加快安全距离不足的化工企业的搬迁，抓好化工园区建设。三是切实抓好道路交通安全专项整治。重点探索完善农村道路交通安全社会化管理的模式和途径，强化校车安全监管，加大危险路段的治理，严肃查处各种违法违章行为。四是切实抓好公众聚集场所的安全专项整治。消防安全要坚决整治“三合一”（生产、经营、生活）、“多合一”场所，加强商场、宾馆等单位消防硬件和软件建设。旅游安全要突出抓好重点景区各种游乐设施的安全保障，不具备安全条件的一律不得经营使用。五是切实抓好建筑施工安全专项整治。重点防范高空坠落和起重设备的倒塌。抓好宜万铁路、沪蓉西高速公路、水电站等重点建设工程的安全监管，落实设计、业主、施工、监理各方责任。此外，水上交通、民爆物品、特种设备等行业都要针对存在的问题和薄弱环节，抓好各自的专项整治，确保本行业本系统安全形势的平稳。

4. 强化基层工作，提升企业本质安全水平。安全生产工作的基础在企业，基础不牢，事故难免。因此，必须下大气力督促和指导企业落实安全生产的主体责任，牢固树立安全是企业生存发展生命线的理念，不断完善从法人代表到管理人员、到各个岗位操作人员的责任体系。要严格执行安全生产的技术标准和规程，细化各项规章制度，强化现场管理，严防违章指挥、违章作业、违反劳动纪律而导致事故的发生；要坚持科技兴安，加大安全技术改造，积极采用保障安全的先进实用装备、工艺和技术。要进一步推进企业安全标准化建设，开展企业安全诚信评价试点，探索建立企业安全诚信体系，不断提升企业本质安全水平，为实现安全生产形势的稳定好转打下坚实的基础。

5. 加强安全宣传教育，进一步营造良好的社会氛围。安全法制意识和自我防护意识不强，是造成当前各类事故多发的一个重要原因。各级政府、各有关部门和新闻媒体，要采取多种形式，进一步加大安全生产法律法规、安全生产知识的宣传教育，不断提高全民安全意识和素养，维护人民群众安全生产的知情权、参与权、表达权和监督权，努力营造全社会关爱生命、关注安全的良好氛围。要督促指导生产经营单位做好经常性的安全宣传教育工作，培育企业安全文化，加强安全培训，特别要抓好农民工的培训，不断提高从业人员安全生产的技能。

6. 加强领导，落实责任。安全生产是硬任务、硬指标，各级政府必须以对党、对人民高度负责的精神，切实加强对安全生产工作的领导。政府的主要负责同志要切实履行第一责任人的责任，真正做到对本地区的安全生产负总责，各分管领导要具体抓、配合抓，定期分析安全生产形势，及时研究解决安全生产中存在的难点和重点问题，加强经常性的安全管理和监督检查，真正做到守土有责，确保一方平安。

（本文系作者于2008年3月1日在全省安全生产工作会议上的讲话摘要。）

大力支持东湖高新区快速发展

（2008年3月17日）

今天到东湖高新区调研的主题是重大项目建设情况，重点对四个项目进行了考察。下面，我强调三点意见。

一、东湖高新区发展态势很好，要全力支持东湖高新区的发展

东湖高新区建立的时间不长，但发展的态势很好。特别是近些年来，发展越来越快，质量越来越高，后劲越来越足，显现出了良好的发展态势。

一是经济快速发展。“十五”期间，东湖高新区主要经济指标平均增速达到25%，去年高新区主要经济指标以30%以上的速度增长，实现企业总收入1300亿元，同比增长30%；完成财政收入34.1亿元，增长30%。而且这是刚刚开始，后劲还在后面。

二是产业特色鲜明。东湖高新区和其他高新区相比，其重大亮点就是产业特色非常鲜明。高新区发挥光电子信息产业集聚的优势，突出产业特色，不断优化、调整产业结构，已经形成了以光电子信息产业为主导，生物工程与新医药、能源与环保、现代装备制造、高科技农业等高新技术产业竞相发展的产业格局。这就是说，在高新技术产业方面，不仅门类比较齐全，而且在高端的研究成果方面，在高端的产业方面起到了领头羊的作用。东湖高新区产业的特色、产业的定位具有很大的优势。

三是创新能力增强。作为高新技术产业开发区，必须大力推进自主创新，必须不断提升创新能力。东湖高新区已经形成了多层次的创新网络，聚集了一大批国家级的重点实验室、国家级的工程技术中心和省级的重点实验室、工程技术中心，一批重大的科研成果在这里取得突破。加强了孵化体系的建设，催生了一批充满活力的企业，高新区孵化的凡谷电子公司，去年上市后在全国引起了很大的轰动；凯迪电力公司已发展成为环保行业的龙头企业。这些都进一步提升了高新区的创新能力。

四是发展环境良好。东湖高新区经过多年的培育，经济发展的环境不断改善，不断完善。在硬环境方面，高新区基础设施功能不断健全，包括绿化等各方面都是非常漂亮的。另外，更重要的是软环境建设，东湖高新区在体制机制的创新方面、公共服务平台的搭建方面都发挥了很好的作用，同时竭尽全力为进到区内的项目和企业服务，而且是一条龙的便捷高效服务。这一点也受到多方的好评。

东湖高新区发展的潜力很大，发展的空间还很广阔，将来会成为湖北省和武汉市重要的经济增长点。对于这样一个重大的经济增长点，全省上下都应该支持，各个部门都应该从自己的职能出发，把各项工作做好。

二、重大工业项目对经济发展具有重要推动作用，要积极支持重大工业项目建设

最近几年，我们通过对内对外开放，引进了一批重大的工业项目，包括一些城市基础设施建设、服务业的项目。这些项目引进来不容易，发展好了将对湖北发挥重要作用。重大项目有以下

几个特点：

一是企业规模大。企业的规模大，销售收入和财政收入带来的就多。中芯国际芯片项目、富士康武汉科技园项目，这样的重大项目集中建设在高新区，能形成千亿元的销售收入规模。

二是经济效益大。一个大企业来了以后，它带来的经济效益是很大的，包括对就业的拉动，对消费的拉动都是很大的。同时，这些高科技项目，对我们人员素质的提高，对科研成果的转化，都会起到非常重要的作用。

三是带动作用大。重大项目的带动作用很大，中芯国际一个企业引进后，可以带来30多个企业，真是“一花引来万花开”。2005年的时候，我陪同罗清泉省长到日本考察，拜访了日产的总经理戈恩。罗省长说，首先感谢你到湖北投资，第二拜托你帮我们招商引资。戈恩先生就说，请罗省长放心，我一到湖北，配套的零部件、物流、研发中心、金融、营销、售后服务等七个环节会同时跟进。当时的理解不是那么深，现在我们把引进的大项目一看，确实是这样的。

四是示范效应大。这些公司到这里来是一种导向，起到的示范效应和影响力是很大的。像我们一些大的公司，会吸引世界的眼球，会吸引更多的大企业来湖北投资。

所以，我们应该把重大项目作为工业发展和项目建设的重中之重，认真把服务工作做好。同时，大项目也有两个方面的问题需要认真加以对待。

一是发展的难度大。因为项目大，涉及面宽，涉及的领域宽，遇到的问题很多，所以发展起来难度很大。像富士康项目进来必须要建设铁路专用线，还有物流保税区的问题。正是因为项目重大，面临的问题就很多，所以需要方方面面的大力支持。

二是投资的风险大。因为投资量大，受制约因素多，建设周期一般比较长，建设的周期越长、不确定因素越多，风险就越大；科技发展和市场变化速度都是很快的，要减少风险，要求我们建设的速度快于科技发展的速度和市场变化的速度。这一条非常重要。

因此，我们对重大项目的支持要和一般项目不同，必须急事急办、特事特办，遇到困难的事要千方百计地办。很多难办的事，只要我们充分发挥主观能动性，办法总是有的。只要带着感情来办这些事，带着责任感来办这些事，总还是能想得出办法的。支持重大工业项目的建设，一定要有这样的态度。

三、要认真解决重大项目建设中的困难和问题

对东湖高新区发展中遇到的具体问题、重大项目建设中的具体问题，省直各部门要积极帮助解决。

关于建设世界一流科技园区的问题。请高新区提出有针对性的、具有可操作性的方案，需要出文件、需要资金、需要争取国家有关部委支持的，省政府及相关部门一定设法全力支持。

关于规划调整和土地利用问题。我们定一个原则：在土地的使用方面，在同等条件下向东湖高新区倾斜、向重大项目倾斜。因为东湖高新区是领头羊，重大项目的作用大，因此总的原则是“两个倾斜”。在具体用地的批准方面，既要分轻重缓急，更要急事急办、特事特办。

关于电力设施的建设问题。要按照确保高新区用电的要求，根据高新区长远的发展规划完善好电力设施。在具体的项目建设

上，急需用电的电力工程优先安排好，有些难度比较大的，要千方百计把项目建成，把事情办好。

下一步，我们要把高新区发展和重大项目建设中的具体问题，认真督办落实，真正解决好，以促进高新区又好又快发展，促进重大工业项目加快建设、早日投产、早见成效，为湖北省高新技术产业突破性发展做出积极的贡献。

（本文系作者于2008年3月17日到东湖高新区调研时，在座谈会上的即席讲话，刊载于《今日光谷》内刊2008年第6期。）

强力推进信息化与工业化融合发展

（2008年4月9日）

今天，省政府在这里举办“推进信息化与工业化融合，走新型工业化道路高层论坛”，这对于我们更好地理清大力推进信息化与工业化融合发展的工作思路，坚持走有中国特色的新型工业化道路，具有十分积极的意义。

推进信息化与工业化融合发展，我省至少有三大有利条件。

条件之一：国际国内工业化和信息化的快速推进。党的十七大明确提出，要“全面认识工业化、信息化、城镇化、市场化、国际化深入发展带来的新形势新任务”，要“大力推进信息化与工业化融合”。这些科学论断，深刻阐述了工业化与信息化发展的内在关系，是对我国信息化、工业化发展实践的科学总结和发展方向的科学判断，是对经济发展规律认识的进一步深化。当今世界，随着信息技术的飞速发展及其对人类社会活动的广泛渗透，信息化的战略地位日益突出。信息化水平已成为衡量一个国家或地区综合实力、国际竞争力和现代化程度的重要标志。信息技术深刻地影响着人们的生活和工作，推动着社会的发展和进步。当前，我国正处在加快工业化进程的新的历史时期，走什么样的道路来实现工业化，是我们面临的重大课题。传统的工业化道路，在促进生产力发展的同时，也付出了过度消耗资源、破坏生态环境的代价。针对我国社会主义初级阶段和工业化中期的国情，我们必须探索走自己的工业化道路，必须通过推进信息化与工业化融合发展的方式，改造和提升传统产业，促进产业结构调整与优化，走出一条科技含量高、经济效益好、资源消耗低、环境污染少、人力资源优势得到充分发挥的新型工业化道路，努力实现工业经济的科学发展和跨越式发展。

条件之二：工业已成为湖北经济发展的主导力量。湖北是我国重要的工业基地之一，现已形成以汽车、钢铁、石化、电子信息、纺织和食品等为支柱产业的现代化工业体系，整体工业发展已经进入工业化中期阶段，尤其是“十五”以来，湖北工业快速增长。2007 年，全省规模以上企业完成工业增加值 2822.97 亿元，同比增长 23.6%；规模以上工业增加值占 GDP 的比重达 30.9%，全部工业增加值占 GDP 的比重达 39.2%；工业税收占全部税收收入的 70%以上，工业经济已经成为湖北经济发展的主导力量。但从总体上来看，湖北工业结构不够合理、竞争力不够强、附加值不够高等问题依然突出，高能耗和高资源占用的工业发展状况尚未明显改善。要实现湖北经济的跨越式发展，首要任务是工业要跨越式发展。面对湖北工业经济发展的新形势新任务，面对能源和资源等方面约束，面对经济发展的结构性矛盾，我们不能重复过去粗放型的发展路子。必须在科学发展观的指导下，充分发挥湖北在信息技术领域的科教优势和产业特色，大力推进信息化与工业化的融合，创出一条具有湖北特点的新型工业化道路。

条件之三：信息产业已经成为湖北重要的支柱产业。湖北是我国科教资源最集中的地区之一，尤其是在“武汉·中国光谷”集中了以光电子技术为代表的现代信息技术研发资源、人才资源和产业资源。近几年全省信息产业持续高速发展，2007 年完成增加值占全省规模以上工业增加值的比重为 7.7%，占全省高技术产业增加值的比重为25.3%。2008年全省信息产业规模有望突破千亿元。信息产业的快速发展，为我省的信息化发展提供了强有力的产业支撑，是我省推进信息化与工业化融合的十分难得的资源条件。与此同时，信息化与工业化的融合互动，必将为信息产业拓展更大的发展空间，有利于全省工业结构的调整升级，有利于降低工业单位能耗水平，实现工业经济又好又快发展。

着力推进湖北信息化与工业化融合，走新型工业化道路，今后要采取以下八项措施：(1) 要进一步解放思想，勇于探索。努力探索推进信息化与工业化融合的工作方向，努力探索推进信息化与工业化融合的新机制。(2) 要大力推进信息化的政策法规建设，启动《湖北省信息化促进条例》立法工作，积极研究制定推进信息化与工业化融合的政策和措施，为“两化融合”创造良好的制度环境。(3) 要立足经济社会发展，强化信息技术在各领域的应用，发挥信息技术的渗透和倍增作用，推进传统产业优化升级。(4) 要大力推进电子政务建设，搭建各种公共服务平台，实现信息资源的共享共用，以电子政务建设带动企业信息化和社会信息化建设。(5) 要大力推进信息化与各领域的融合，增强工业发展的能力。推进信息化与工业制造的融合，增强智能装备发展能力；推进信息化与资源、能源供给体系的融合，增强工业经济可持续发展能力；推进信息化与知识创新的融合，增强全社会的知识开发和应用发展能力。(6) 要积极做好招商引资工作，加快以信息产业为代表的高新技术产业的大发展。要围绕构建和延伸产业链，引进一批大公司、大集团和重大项目，提升全省工业企业竞争力和信息化水平。(7) 要着力提高自主创新能力，支持建立以企业为中心的技术创新体系，培育企业成为技术创新的主体。

鼓励企业开发信息技术，增强核心竞争力。（8）要着力改善信息产业发展环境。进一步转变政府职能，把更多的精力放在营造环境和提供服务上来，培育产业竞争力，努力把信息产业做大做强。

当前，湖北正处在加快发展的关键时期，中部崛起战略的实施、武汉城市圈“两型”社会综合配套改革试验区的启动，为全省经济发展提供了难得的机遇。我们必须进一步开阔视野和思路，深刻理解信息化与工业化融合的本质和内涵，全面把握我国当前信息化与工业化融合的新趋势和新特征，深入了解信息化与工业化融合的战略意义和主要任务，以指导各地、各部门的实际工作。我们要深入贯彻落实科学发展观，解放思想，开拓创新，大力推进信息化与工业化的融合，坚持走新型工业化道路，促进湖北工业又好又快地发展，为实现“工业兴省”目标、为全面建设小康社会而努力奋斗！

（本文系作者于2008年4月9日在湖北省“推进信息化与工业化融合发展高层论坛”上的致辞。）

加强和改进国有资产监督管理工作

（2008 年 4 月 11 日）

2007 年，全省各级国资监管部门认真落实科学发展观，以加快发展为主题，深化改革，推进重组，强化监管，优化服务，促进了全省国有经济又好又快发展。国有经济的发展呈现企业数量减少、规模扩大、效益提高、贡献增加、控制力及影响力增强的良好态势。

当前，我省国有经济的发展面临着不可多得的机遇和有利条件：一是宏观经济环境比较有利。从国际上看，尽管粮食减产、油价上升、美国次级贷危机等不稳定因素增多，但多个国际组织预测今年世界经济将继续增长，增速在 3%～4.5%。从全国来看，虽然实施稳健的财政政策和从紧的货币政策，防止经济过热、防止通货膨胀的压力比较大，但宏观经济持续向好的环境没有改变，今年国内经济将继续保持增长较快、结构优化、效益提高、民生改善的良好态势，全年预期增速将保持在 8%左右。从我省来看，今年经济增长将继续保持较快的势头，预计达到 10%左右。特别是随着国家实施中部崛起战略和武汉城市圈“两型”社会试验区建设的各项扶持政策的到位，将会为我省国有企业的发展创造不可多得的政策机遇。二是产业升级与资源整合带来的机遇。随着经济全球化的推进和产业的梯次升级，国际资本向中国转移、沿海发达地区的资本向内地转移的步伐明显加快，我省得中独厚，具有良好的区位优势和丰富的水、电、农副产品、科技、人才、劳动力等资源优势，是承接产业转移的理想区域，这将为我省国有企业优化资源配置、盘活存量、吸引增量、加快发展提供更加广阔的空间。三是创新体制机制所带来的机遇。经过三十年的改革开放，特别是通过近几年的改革攻坚，影响我省国有经济发展的产权不清、机制不活的体制性弊端开始从根本上得到根治，大多数国有企业完成了产权制度改革，实现了投资主体多元化、资源配置市场化、职工身份社会化，企业的生产力和创造力进一步激活，发展的活力和后劲明显增强。四是发展壮大国有经济的共识已经形成。省委、省政府和各级党委、政府高度重视国有经济的发展，先后出台了一系列政策和措施，致力于解决国有企业改革发展中的困难问题，盘活、盘大、盘强国有资产，支持国有企业做大做强、做精做特。各级地方政府国有资产出资人意识明显增强，发展壮大国有经济，增强国有经济的活力、控制力、影响力，已成为全省上下的共识。机不可失、时不再来，我们一定要抓住发展机遇，明确发展目标，理清发展思路，落实发展措施，促进全省国有经济又好又快发展。

今后一个时期，全省国有经济发展的总体目标是实现“四个明显”：国有资产总量明显增加、国有经济竞争力明显增强、国有企业市场主体地位明显提升、国有资本盈利能力明显提高。全省国有经济的发展思路是实现“四个一批”：壮大一批优势产业、培育一批龙头企业、打造一批名牌产品、建好一批市场平台。全省各地要按照上述目标和思路，重点做好“深化改革、调整重组、招商引资、建设平台”四篇大文章。

（一）深化改革，加快建立现代企业制度。国有企业改革的关键是建立现代企业制度。我们必须抓住国有企业改革的关键环节，进一步理清出资人、董事会、监事会、党委会、经理层的职责边界，以完善外部董事制度为重点，优化董事会结构，逐步落实董事会选聘、考核、奖惩经理人员的职权，完善公司治理结构，形成股东会、董事会、监事会和经理层各负其责、协调运转、有效制衡的公司治理结构。要做到这一点，必须在推进国有企业“产权多元化、资产资本化、资本证券化”上下功夫。一是要大力推进国有企业产权多元化，积极引进各类资本参与国有企业改革重组，逐步实现投资主体多元化，建立分权制衡的公司治理结构，切实解决国有企业资产固定化、控制内部化、经营封闭化、管理行政化、干部官员化、员工终身化等机制僵化的问题，增强国有企业发展的活力。二是要大力推进国有企业资产资本化。资本具有流动性、增值性、扩张性的特点，要通过股份制改造，使国有资产变成国有资本，建立国有资本合理流动和优化配置的机制，推动优质资产和资源向关键领域和优势企业集聚。股份制是社会化大生产和市场经济的产物，是企业赢得市场竞争优势的一种有效组织形式和营运方式。对国有企业进行股份制改革，不仅可以筹集到企业发展所需的资金，更重要的是可以放大国有资本功能，增强国有经济的控制力。根据发达国家的经验，随着资本市场和社会监管体系的完善，企业股权高度社会化和分散化，只需用少量的资本就可以控股整个公司，我们应学会和善于运用较少的国有资本控制更多的社会资本。三是要大力推进国有企业资本证券化，认真研究证券市场的政策和规律，抢抓机遇，落实措施，力争使一批有条件的国有企业尽快上市融资，利用证券市场在更大范围内配置资源，迅速集聚社会资源、支配未来资源为国有企业所用，以提高国有资本的流动性，增强社会的财富效应，成倍放大国有资本的功能，促进国有企业快速裂变、不断做大做强。从产品经营走向资本经营是现代企业发展壮大的必由之路，世界500强企业和国内一些大企业的发展都经历过这样一个过程。我省的国有企业要做强做大，就必须更加重视资本运作，更加关注资本市场，通过资本营运实现快速扩张，同时也要注意规避风险。

（二）调整重组，提高国有资本的集中度。国有资本的调整重组要坚持“横向分布集中，纵向层级收缩、内部主业聚焦”的原则，推动国有资本更多地向关系国家安全和国民经济命脉的重要行业和关键领域集中，向国有经济具有竞争优势和未来可能形成的主导产业集中；要进一步压缩管理层级，缩短管理链条，优化企业组织结构，防范经营风险，提高国有资本的营运效率；要突出主业，将有限的国有资本集中在企业的主业，形成核心竞争优势。要坚持“存量调整与增量投入相结合”的原则，将国有资本存量配置在产权链的核心部位，增量投资集中在产业链的关键部位和价值链的高端部位。要坚持“优势企业做大做强与劣势企业调整退出相结合”的原则，重在围绕优势主导产业，着力培育发展主业突出、技术先进、结构合理、机制灵活、核心竞争力强的大公司、大集团，同时认真做好困难企业的资产、债务处置和依法关闭破产工作，加快劣势企业退出市场的步伐。当前，尤其要抓住经济形势比较好、资本市场逐步规范、经济全球化日益深入的机遇，积极开展内外联合重组、产业关联重组、上下联动重组、要素互补重组、增资扩股重组、战略投资重组，统筹推进资源、资本、资产、资金“四资”联动运作，推动生产要素向优势产业、企业和产品集中，实行资源整合、优势叠加，优化国有经济布局结构，提高资源配置效率。要抓紧制定《全省国有经济布局和结构调整指导意见》，把握好调整重组的方向和步骤。要按照《国务院关于试行国有资本经营预算的意见》和省政府要求，进一步强化国资委国有资本经营预算主体地位，建立权责利相统一的国有资本经营预算制度，通过资本预算实现国有资本有序进退，促进国有经济布局和结构调整。

（三）招商引资，主动承接“两个转移”。目前，国际资本向国内转移、沿海产业向中西部转移的速度进一步加快。接受转移最成功的模式就是招商引资、嫁接改造，用存量资产承接增量转移。各级国资监管部门和国有企业一定要抓住机遇，加大招商引资力度，主动承接“两个转移”，以促进国有经济更好更快地发展。要强化目标观念，主要领导挂帅，组成强有力的招商专班，层层落实责任制，确保招商引资目标的实现。要改进招商引资办法，结合国有企业的实际，策划一批好的招商引资项目，建立招商引资项目库，坚持存量招商和增量招商并举，推动企业招商、项目招商、网上招商和环境招商，组织和参与各类招商活动，拓宽招商渠道。要引导鼓励外来资本与本地国有企业高起点嫁接、全方位重组，提高国有企业外向度和核心竞争力。与此同时，还要下大气力改善软硬投资环境，特别是要在改善法制、信用、市场、服务等软环境上下功夫，营造一个使各类投资者“进得来、留得住、能发展”的良好投资环境，以优良环境吸引八方客商参与湖北国有企业的改制重组。

（四）建设平台，发挥好国资服务功能。国有企业的改革重组、国有资本的有序流动和国有企业的做大做强，都需要发挥好各类国资服务平台的作用。建设好各类国资服务平台，是国资监管部门义不容辞的职责。全省各地一定要充分认识平台建设对国有经济发展的重要意义，切实加强平台建设，充分发挥各类平台的功能。当前省国资委要下大力气抓好“产权交易、投资融资、资产经营、咨询服务、招标投标、中小企业担保”等六大平台建设。武汉光谷联合产权交易所要建设成全国性、区域性的产权交易市场，其他五个平台的建设也要走在中西部的前列，有条件的还要上市融资，通过资本市场助推，发展成为集投资、融资、生产、服务等多种功能于一体的综合性企业集团。

依法加强国有资产监管是各级国资监管部门的天职，各级国资监管部门一定要加强自身建设，外树形象，内强素质，强化监管，依法履职，确保国有资产不流失。

要提高履行出资人职责的能力和水平。国资监管工作是一项极具挑战性、探索性的工作，涉及经济、科技、管理、金融、法律、会计等多方面的知识，专业性和实践性很强，对从业人员的专业知识和能力素质有较高的要求。而我们的思维方式、工作能力、知识水平，与履行出资人职责的要求还有一定的差距。因此，必须不断加强学习实践，切实提高自身的能力和水平，以适应工作的需要。要通过深入学习实践，优化知识结构，积累工作经验，强化队伍素质，全面提高各级国资监管机构依法履行国有资产出资人职责的能力、依法监管国有资产的能力、指导国有企业改革和重组的能力、发展和壮大国有经济的能力、加强和改进国有企业党建工作的能力。

（本文系作者于2008年4月11日在全省国有资产监督管理工作会议上的讲话摘要。）

加快测绘事业健康发展

（2008年6月27日）

这次全省测绘工作会议的主要任务是：贯彻落实《国务院关于加强测绘工作的意见》和《省人民政府关于进一步加强全省测绘工作的意见》，总结工作，交流经验，安排部署下一阶段全省测绘工作。

一、进一步增强做好测绘工作的责任感和使命感

测绘是准确掌握国情国力、提高管理水平的重要手段，提供测绘公共服务是各级政府的重要职能。加强测绘工作，对于加强和改善宏观调控、促进区域协调发展、构建资源节约型和环境友好型社会、建设创新型国家等都具有重要意义，对于维护国家主权、安全和利益至关重要。我省是测绘大省，测绘科技实力雄厚，测绘人才集中，测绘企业的创新和研发能力较强，全面提高测绘保障服务水平，对于促进全省经济社会又好又快发展，具有积极的作用。

改革开放30年来，特别是近年来，我省测绘事业取得了长足发展，为促进湖北经济社会又好又快发展做出了积极贡献。主要体现在：地方测绘法规逐步完善，各级测绘管理机构进一步落实；测绘科技水平不断提高，数字湖北地理空间框架建设加快实施，国家示范工程数字潜江、数字鄂州地理空间框架建设进展顺利；完成了全省GPSC级网和精化大地水准面项目，新一代测绘基准

已经建立；全省1万多个测量标志普查完毕，已进入维护、托管阶段；地理信息产业发展迅速，在国内外具有明显的竞争优势；为武汉城市圈、新农村建设试验区、“百镇千村”示范工程、三峡工程、南水北调工程、内陆首个核电站选址等国家和省重大工程，提供了有效的测绘保障服务。特别是在这次应对汶川大地震的抗震救灾中，省测绘局及时制作我省对口支援的四川省汉源县地图和我省医务工作者在灾区的分布图，制定《基础测绘成果应急提供规定》，为支援灾区抗震救灾和恢复重建提供及时的测绘服务；长江水利委员会测绘人员不顾个人安危，现场监测四川唐家山堰塞湖大坝形变情况；武汉大学测绘专家携带先进测量仪器参与国家测绘局组织的灾区航摄扫描，为灾区监测堰塞湖排泄、滑坡和圈定救援直升机失事区域；省地震局用测绘手段为灾区进行地震监测，率先设立了震区流动卫星定位系统监测点等。这些都表明，测绘在指挥抗震救灾和灾区规划重建中，发挥了不可替代的重要作用，做出了突出贡献。

在认真总结我省测绘工作成绩的同时，我们也要清醒地认识到，随着我省经济社会持续、快速、健康发展，测绘事业要进一步提高保障能力和服务水平，仍存在一些亟待解决的问题，主要表现在：测绘管理机构不健全，统一监督管理不到位；基础测绘投入机制不完善，地方财力的投入仍显不足；公共服务水平较低，成果利用开发不够；基础地理信息资源的短缺已成为制约地理信息产业发展的瓶颈，测绘对经济增长的贡献率有待进一步提高。对此，各地、各有关部门要引起高度重视，进一步增强责任感和紧迫性，采取有效措施，切实抓紧抓好测绘工作。

二、进一步提高测绘保障服务的能力和水平

测绘是经济社会发展和国防建设的一项重要的基础性工作，测绘部门是不可缺少的要害部门，在信息化时代越来越重要，这是测绘工作和测绘部门的地位之所在。但是一项工作、一个部门的地位是由其作用所决定的，这就是我们常说的“有为才有位”。测绘部门的工作千头万绪，最终要落实在服务上，要努力提高四个方面的服务水平。

第一，要为各级党委、政府科学决策服务。要通过我们的测绘工作、测绘成果，为各级党委政府科学决策服务。经济社会越是发展，我们的工作越是千头万绪，测绘成果对决策的作用就越重要。例如，政府的应急工作，领导都要求到第一现场，如果不了解这个地方的地形地貌，你很难去判断、去区别受灾情况。温家宝总理在汶川指挥救灾，火车上看的就是地图；胡锦涛总书记到汶川视察，在飞机上看的也是地图。因此，测绘部门第一项服务就是要为党委、政府科学决策服务。

第二，要为各地经济社会发展服务。发展是各级政府的第一要务，为各地经济社会发展服务是测绘部门最重要的职责。测绘部门要把为经济社会发展提供保障服务作为工作的出发点和落脚点，把服务质量的高低作为检验工作优劣的标准。测绘部门的同志要树立大局意识，主动做好各项服务工作，为湖北经济社会发展提供测绘保障。只有把测绘工作和经济社会发展融为一体，测绘工作才有奔头，才有前途，才有希望。

第三，要为重点建设项目服务。测绘部门要做到主动为重点项目服务，比如三峡工程，三峡库区的地质灾害防治是很重要的

工作，要主动做好服务；又如武汉城市圈建设，测绘要跟上。另外，我省现在有13个销售收入过百亿元的企业，还有100亿元到200亿元的产业集群，如果做一张企业分布的专题地图，对领导和有关部门的决策是有非常直观的价值的。各市、州、县测绘部门要抓住当地经济社会发展的热点、难点问题和重点项目，主动做好保障服务。

第四，要为提高人民群众生活质量服务。要为人民群众提高生活水平提供多层次、个性化的测绘成果和地理信息技术服务。例如在智能交通、车载导航、手机定位等新型服务业，测绘工作怎么样跟上？随着人民生活水平的提高，出外旅游越来越多，要出行首先要有一张地图。要满足这些基本的需求。经济社会发展到今天，对测绘服务提出了新的需求，各测绘部门要加强服务。要拓宽测绘服务领域，提升服务水平。我省在地理信息产业发展上有明显的优势，要充分发挥我省在数码航空摄影、地理信息数据采集、导航定位服务、地理信息系统软硬件开发、测绘仪器制造等方面的比较优势，推进地理信息技术进步和产业化，引导和鼓励企业开展地理信息开发利用和增值服务，把地理信息产业培育成为我省服务业新的增长点。

三、进一步开创我省测绘工作的新局面

测绘是一项十分重要的基础性工作，涉及面广，需要各方面的配合和支持。各市、州、县人民政府要按照“政府组织领导，部门协调配合，社会共同关注测绘事业发展”的工作格局，切实加强组织领导，定期听取测绘工作情况汇报，研究、解决测绘工作存在的各项困难和问题。加强测绘工作要重点做好以下四个方

面的工作。

一要抓测绘发展规划的编制和组织实施。要制定本地区测绘事业发展的中长短期规划。2007年，省政府制定了《湖北省测绘发展“十一五”规划》，测绘工作的各项要求、各项目标、各项任务、各项措施，都体现在规划里面。规划制定好了，还要认真组织实施，抓好落实。要采取强有力的措施，解决测绘工作中存在的突出问题，把五年的规划分解到年度的工作计划当中，一步步地抓，一个个项目抓，使规划目标圆满实现。各市、州、县人民政府要根据省政府制定的规划方案，结合各地实际情况制定切实可行的实施方案，整合各方面的力量，调动社会各个方面的因素，认真组织好、实施好。要省、市、县联动，才能最终把规划方案的各项目标落到实处。

二要抓测绘管理体制的建立完善。各市、州、县人民政府要进一步落实和强化测绘工作管理职责，严格按照《中华人民共和国测绘法》和《湖北省测绘管理条例》等法律法规和省政府文件的要求，落实测绘行政主管部门，认真履行职责。要按照统一有效的原则设立或者明确地方测绘主管部门，配备相应的管理人员，加大管理力度，增强工作能力。只有这样，才能把测绘工作的职能真正落到实处。

三要抓测绘投入保障。测绘工作有公益性的特点，省政府明确要求各市、州、县人民政府将基础测绘投入纳入本地区财政预算并实现持续增长，省财政厅、省发改委要会同省测绘局研究提出可操作性的意见；各市、州、县人民政府也要加大对测绘工作的支持力度，进一步增加投入。同时要加大对贫困地区和少数民族地区基础测绘工作的支持力度。只有测绘投入有了保障，测绘工作才能持续发展。

四要抓测绘队伍建设。要加强测绘工作，发展测绘事业，必须加强测绘队伍建设。要加大测绘创新人才培养力度，加强基础地理信息获取和服务队伍建设，全面提高测绘队伍整体素质，形成一支布局合理、功能完善、保障有力的基础测绘队伍。测绘工作是一种复杂劳动，从事测绘工作的同志要有较全面的测绘知识，对人才素质要求很高，人才队伍的建设就显得非常重要。从目前了解的情况看，省级测绘队伍还是比较好的，各市、州、县的这项工作就显得更加紧迫，希望大家抓紧做好。

（本文系作者于 2008 年 6 月 27 日在全省测绘工作会议上的讲话摘要。）

全力支持湖北能源集团做大做强

（2008 年 7 月 4 日）

新一届政府成立后，安排我分管工交工作，我就一直有意来省能源集团看看。一是因为省能源集团在省属国有企业中国有资产比重大，约占 35.5%（超过三分之一），近年来，在省国资委的领导下，以存量引增量，改革发展成效显著；二是省能源集团是全省电力保障的重要力量。前期，我已先后到清江电站和鄂州电厂实地考察。刚才，又听了能源集团的情况汇报，省直有关部门的同志就能源集团提出的问题进行了充分讨论，初步明确了解决这些问题的思路和措施。下面，我简要讲几点意见。

一、关于当前湖北能源的形势

近年来，湖北经济保持持续、快速、平稳发展。2007 年，全省经济发展速度明显加快，生产总值达到 9150.01 亿元，比上年增长 14.5%。自 2004 年以来，湖北 GDP 已连续 16 个季度保持在两位数以上的增长速度。经济的快速增长，带动能源需求和建设的快速增长，能源供给和消费中的一些矛盾和问题已十分突出，迫切需要从战略的高度进行统筹和规划。

（一）能源工作取得长足进步

1. 能源供需总量大幅增长。2007 年全省能源消费总量达到 11860 万吨标煤，与 2000 年（6269 万吨标煤）相比增长 89.2%，年均增长率 9.5%；全省发电量 1541.33 亿千瓦时（含三峡），全社会用电量989.23亿千瓦时，同比增长12.83%。2007年全省能源自给率为31.8%，能源生产和调入均创下历史新高。

2. 能源建设成效显著。“十一五”头两年，我省能源重点项目建设进展顺利，至2007年底，全省发电装机容量达到2242.89万千瓦（不含三峡），进一步增强了我省能源保障能力。三峡、水布垭、白莲河、潘口、江坪河等水电项目建设进展顺利，水电机组陆续投产；阳逻电厂三期、襄樊电厂二期、荆门电厂三期建成投产，大别山电厂、鄂州电厂二期、沙市热电厂异地新建工程、宜都东阳光自备热电联产项目建设顺利。同时，大畈核电项目前期工作取得进展，九宫山风电一期1.36万千瓦投产，一批秸秆发电项目开工建设，另有一批风电、秸秆发电项目正抓紧开展前期工作，争取近两年内开工，“十一五”期间建成。

3. 节能降耗工作取得进展。节能减排工作受到重视，并取得积极进展，全省实现了单位GDP能耗、化学需氧量和二氧化硫排放“三下降”。排污治理工作力度明显加大，至2007年，全省已关停小火电机组20台，总规模60.3万千瓦，全部通过核查验收并销户。火电厂脱硫方面，鄂州电厂、荆门电厂、武钢自备电厂和阳逻电厂二期脱硫改造项目已经通过验收，正式投入运行，全省脱硫改造投产机组达到200万千瓦。我省将加快现役20万千瓦以上机组的脱硫改造，确保“十一五”期间696万千瓦机组全部完成脱硫改造工程。

（二）存在的突出问题

湖北能源资源十分匮乏，缺煤、少油、乏气，水电资源开发将尽，能源问题已越来越成为经济和社会发展的制约因素。

1. 能源对外依存度加大。湖北煤炭储量不足全国的1%，石油剩余可采储量仅占全国的0.8%，天然气地质储量仅占全国的1.2%。水能资源较丰富，经济可开发量达3766万千瓦（不含三峡地下电站及抽水蓄能），居全国第三，但开发率已超过90%，进一步开发潜力有限。

2. 电力供给和消费存在季节和地区不平衡性。一是季节性电力短缺。水电比重大，受季节性来水不均影响，在夏季和冬季高峰负荷出现电力短缺，电网调峰困难。二是地区性电力不均。鄂西地区水电富集，电源发展较快，而用电负荷主要分布在东部。三是电煤供应困难，湖北省发电用煤依赖于外省，电煤供应困扰电力生产。

3. 工业消费结构刚性需求仍然较强。2007年，工业部门能源消费总量为8398.36万吨标煤，占全部能源终端消费总量的70.8%。主要集中在钢铁、化工、建材、电力、石油加工、纺织、汽车制造和有色金属加工等8个行业，占全部工业能源消费量的88%。

4. 新能源开发受到多种因素制约。我省新能源开发尚处于起步阶段，受资源条件及建设条件限制，我省新能源开发普遍存在开发利用成本高、资源分散、规模小等特点，在现行市场规则下缺乏竞争力，而国家现有政策及激励措施力度还不够，没有形成支持新能源持续发展的长效机制。因而在今后相当长的时期内，除核电外，新能源还不能成为满足湖北能源需求的主要能源形式。

当前，湖北经济已进入高速增长期，对能源的需求也进入高速增长期。在充分认识国际国内能源发展趋势、分析未来我省能源供需情况的基础上，积极实施能源战略是促进全省经济又好又快发展的一项重要而紧迫的任务。

二、关于能源集团的发展定位

作为湖北省属最大的国有企业，能源集团虽然成立时间不长，但发展速度很快，势头很好。特别是近年来，通过实施合并重组、引入战略投资者和整体上市“三步走”发展战略，深化了产权制度改革，增强了发展实力，转换了经营机制，取得了可喜成绩，为保障全省电力供应和促进经济社会发展做出了显著贡献。尤其是在全省电力供应紧张和雨雪冰冻灾害等关键时刻，能源集团讲政治、顾大局，听从指挥，为保障全省电力供应工作发挥了省属国有企业的主力军作用。

就能源集团下一步的发展定位，我认为要把握以下几个方面：

（一）把能源集团打造成为湖北能源供应保障的重要支撑

就湖北而言，我们可以不谋求本省内部能源供求关系的绝对平衡，但要把控能源工作的主动权。所以，省政府要求有关各方要群策群力，使省能源集团控制不少于全省三分之一的电力装机。据有关部门测算，按我省 2020 年 GDP 规划目标 27000 亿元并考虑节能等因素，预计到 2020 年，湖北能源需求总量可控制为 26900 万吨标煤，发电装机达到 5450 万千瓦（不含三峡）。按能源集团目前控制装机容量 545.56 万千瓦测算，要达到 2020 年占全省电力装机的比重不少于三分之一，则从 2010 年至 2020 年，能源集团需新增发电装机容量 1270 万千瓦。

目前，湖北水电即将开发完毕，火电又受电煤和运力制约，能源集团要进一步扩大装机规模，适宜的途径，一是省域内电源建设项目要向省能源集团倾斜；二是坚持“走出去”战略，包括到产煤省建设坑口电站和主动参与西南水电资源开发等，通过特高压电网送回电力；三是大力发展核电，加速推进大畈核电站项目前期工作，争取一期2100万千瓦机组早日开工建设，同时开展省内其他核电厂址资源的勘察与开发，有序推进我省核电事业的发展。同时，能源集团还应积极向煤炭等电力上下游关联产业链延伸，拓展多元发展的空间，实现企业做强做大和跨越式发展，真正成为湖北能源供应保障的重要支撑。

（二）把能源集团打造成为湖北能源战略的投融资平台

能源开发需要解决建设资金来源、投资主体选择两个首要问题。为此，需加速能源投融资体制改革，将能源产业的发展方式，由政府计划和行政管制，向政府引导下充分发挥市场化机制的方向转变，培育市场投资主体，打造承接湖北能源产业发展的战略平台。一是要进一步明确能源集团的投资主体地位。省政府已明确："能源集团作为湖北省大型国有能源企业，具有政府投资主体、市场经营主体和资本运营主体的职能，肩负着保障湖北省能源供应的重要使命。"这就是说，今后在全省能源开发中，要肯定并充分发挥能源集团的投资主体地位，以此为平台，有序开发水电、适度发展火电、探索发展风电，因地制宜地开发新能源和可再生能源，积极推进核电项目。二是要进一步发挥能源集团的多元融资功能。能源集团作为具有270亿元资产的大型国有企业，已具备了较强的融资能力，下一步要通过整体上市、发行企业债券、建立财务公司等多种方式筹集资金，实施湖北能源战略。

（三）把能源集团培育成为省属国有企业改革发展的排头兵

2003年以来，我省着力推进"三个一批"战略，实施省属重点企业改革攻坚、大型企业调整重组等工作，使全省国有企业改革取得很大成效，呈现出国企数量减少、规模扩大、效益提高、贡献增加的良好态势。当前，推进能源集团整体上市，是省委、省政府迅速做强做大能源集团、实施全省能源发展战略的举措之一。

1. 要通过上市，增强湖北能源产业的发展实力。通过资本市场募集资金，用于省内新项目投资，解决现有项目资本金不足等问题，降低银行间接融资比例，增强项目发展实力。

2. 要通过上市，提高湖北能源项目投资管理水平。按照上市公司规范操作，建立现代企业制度，接受公众监督，进一步完善法人治理结构，特别是强化项目投资风险防控，促进管理水平提高。

3. 要通过上市，探索湖北省属国有企业改革路径。能源集团每向前走一步，都伴随着体制和机制的改革创新。2005 年两家企业合并，整合省属电力资源，形成了规模效应；2007 年引入战略投资者，实现地方企业与中央企业联合；现在推进整体上市，如果按照预期目标取得成功，则有望成为国内省属能源集团整体上市的第一家。

能源集团无论是在企业资产规模、质量和效益，还是在全省能源战略中的作用而言，无疑是有着举足轻重的地位。一定要正确认识自身定位，勇于承担责任使命，争当排头兵，为湖北省属国有企业改革、发展和壮大树立标杆和典范。

三、关于几个具体问题的处理意见

1. 关于鄂州电厂三期工程立项问题。请省发改委按照省政府主要领导同志的意见抓紧落实，将鄂州电厂三期工程纳入湖北省“十一五”规划调整方案，力争在“十一五”末期有一台机组核准开工。

2. 关于解决水布垭地质灾害防治资金问题。鉴于水布垭地区造成地质灾害的原因复杂，完全由一个企业来承担治理经费是不合理的。请省国土资源厅会同恩施州政府，研究落实地质灾害防治资金渠道，建立多种渠道筹资治理灾害的长效机制。

3. 关于三里坪项目省财政补贴问题。请省财政厅按省政府原有的承诺，按资金审批程序，提出具体意见报省政府，争取 2008 年安排三里坪项目预算内基本建设投资 5000 万元。

4. 关于土地出让金问题。请省国土资源厅会同省财政厅主持召开专题会议，召集相关市县政府，本着支持能源集团上市的原则，在国家政策允许范围内协调处理。

5. 关于长荆铁路担保解除问题。此担保若不能解除，省能源集团股份公司就不能上市，且鸿信资产管理公司是由原省能源集团有限公司分离而来，接近 24 亿元的总资产，由其提供担保合情合理。请开发银行省分行理解并给予支持。同时，以省政府名义向开行总行致函，说明情况，请求他们同意由鸿信公司对开行 2.39 亿元贷款提供担保。

6. 关于电量计划安排问题。省能源集团作为省属国有企业，一直坚持顾全大局，火电厂极少因缺煤停机，水电厂一直积极参与调峰调频。对于这样的企业，省经委、省物价局、华中网公司、省电力公司应该在电量计划、电价安排、电费结算上给予倾斜支持。

关于发电计划下达体制问题，省里既已调整省能源集团管理体制，从 2009 年起，可将能源集团所属各电厂年度发电量计划统一下达至集团本部，同时“戴帽”下达至各电厂。具体请省经委会同网、省电力公司研究明确。

7. 关于提高清江隔河岩、水布垭水库汛限水位问题。请省水利厅会同有关方面，组织专家对清江隔河岩、水布垭水库汛限控制水位进行研究，本着既要确保防洪安全、又能最大限度拦蓄水量，提高发电效益的原则，提出意见报省政府审批。

最后需要再次强调的是，支持省能源集团迅速做大做强，对提升全省能源工作的主动权具有重要意义。要求其今年底，至迟明年初完成改制上市，是省委、省政府的决策和部署，省直有关部门、地方各级政府在政策法规允许的范围内，要对能源集团的工作，特别是整体上市工作给予积极支持。今天会上需进一步研究确定的事项，有关部门要在一周内提出意见报省政府，一并写入会议纪要，请省政府办公厅负责督办落实，省国资委、省能源集团确定专人协助。

（本文系作者于 2008 年 7 月 4 日在省能源集团调研并现场办公时的总结讲话。）

千方百计做好电力供应工作

（2008年7月22日）

在北京奥运会开幕的前夕，在电力迎峰度夏的关键时刻，省电力公司召开这次半年工作会议，总结回顾上半年的工作，同时对下半年工作尤其是迎峰度夏、奥运保电进行再动员、再部署。会议很重要，也很及时。

2008年以来，全省上下努力克服特大自然灾害带来的损失和不利影响，一手抓抗灾救灾、一手抓经济社会发展，有力保证了全省经济社会平稳快速发展的良好势头。在全省经济社会发展的拉动下，电力需求快速增长。上半年，全省发电量747.6亿千瓦时，同比增长14.7%；全省全社会用电量522.35亿千瓦时，同比增长14.1%，超过全国平均水平2.41个百分点，其中第二产业用电量增长15.9%。主网累计用电量467.49亿千瓦时，同比增长18.30%。随着夏季用电高峰的到来，全省电力供应形势将面临前所未有的压力。

做好2008年下半年的电力供应工作，特别是电力迎峰度夏工作，对于确保全省经济社会发展和人民群众的正常生产生活，具有十分重要的意义，是当前一项十分紧迫的任务。省委、省政府高度重视，省政府近日已分别向国务院、国家发改委、国家交通运输部紧急报告，请求支持我省电力迎峰度夏。多次召开专门会议听取情况，进行具体部署和安排，并相继就加强电煤调运保障电力供应、加强重要电力设施保护确保奥运供电安全等电力工作，研究制订了一系列措施和办法。7 月 16 日，我受清泉、鸿忠同志委托，率领省经委、国资委及武钢等有关企业的负责同志专程赴山西省政府和太原铁路局求援，目的就是千方百计协调组织煤炭资源，保障电力供应。各级政府、各有关部门和单位必须全力以赴，精心组织，切实抓好电力供应工作。特别是要重点做好以下几个方面的工作：

第一，科学合理调度水电资源。要在确保安全度汛的前提下，尽可能地提高水库蓄水位，以备用电高峰时段发电。充分利用好水能资源，科学安排清江流域梯级电站的发电方式，增加全省电网调峰能力，尽力缓解电力供应紧张局面。加强与水利、气象部门联系沟通，深入研究气象、水文信息，及时采取有针对性的具体措施。

第二，积极争取外购电力资源。要加强向国家电网公司、华中电网公司汇报沟通，进一步加大跨区、跨省电力资源调配力度，坚持“长短结合、购借结合”，想方设法，尽可能增加我省外购电力资源，弥补省内缺口。要和省政府相关部门一起，积极争取三峡电力电量的支援。

第三，加强电网设备运行维护。要强化夏季用电高峰时期的各项安全措施，确保电网安全稳定运行，严防各类电网事故。坚持电网统一调度，严肃各级调度纪律，合理安排运行方式，最大限度发挥有限资源的效率。加强电网设备巡视维护，提高设备健康水平，确保关键时刻顶得上。针对夏季可能出现的各种恶劣天气，完善应对大风、暴雨等应急预案，确保可靠供电。

第四，做好紧张时期用电管理。要和省经委等部门一起，结合全省电力供需形势变化，及时修订各地用电计划和限电方案，确保城乡居民生活、城市基础设施以及党政机关、部队、医院、金融机构等重要单位的用电，保证高科技等优势企业的生产用电，压限效益差、污染大的工业企业用电。加强宣传舆论引导，倡导全社会科学用电、节约用电。

第五，加大电力设施保护工作力度。各级政府要切实加强领导，建立电力设施保护联防机制，切实防止电力设施遭受破坏。当前，要认真贯彻落实省政府关于加强重要电力设施保护、确保奥运供电安全的要求，积极开展打击盗窃破坏电力设施犯罪活动的专项斗争，加强安保力量，努力减少外力破坏事故的发生，确保电网安全运行。

（本文系作者于2008年7月22日在省电力公司2008年上半年工作会议上的讲话摘要。）

着力推进全省工业经济又好又快发展

（2008 年 7 月 25 日）

工业化是各国经济社会发展不可逾越的历史阶段，是现代经济发展最强大的推动力量，也是一个国家或一个地区创造物质财富、提升文明程度、改善人民生活最有效的重要途径。近年来，湖北全省上下坚持以科学发展观为指导，坚定不移地走新型工业化道路，全省工业经济呈现出规模扩大、速度加快、结构提升、效益提高、机制优化、后劲增强的良好态势。当前，湖北工业经济发展已跨入重要关口、正处于关键阶段，如何在新的历史起点上实现全省工业经济又好又快发展，是我们必须在理论与实践的结合上深入研究的一个重大问题。

一、关于湖北工业经济发展状况的基本判断

湖北是我国重要的老工业基地之一。经过 50 多年的建设和发展，已形成以众多大中型企业为骨干，以汽车、冶金、机械、电力、化工、食品加工、轻纺、建材、医药及电子信息产业为支柱的门类比较齐全的现代工业体系。产品竞争力较强，部分重点产品产量居全国前列。2007 年，汽车产量 77.4 万辆，居全国第 4 位；水泥产量 5563 万吨，居全国第 8 位；平板玻璃 2178 万重量箱，居全国第 7 位；粗钢产量 1776 万吨，居全国第 8 位；钢材产量 1879 万吨，居全国第 10 位。无论从全国看，还是从自身实力看，湖北都是一个名副其实的工业大省。

（一）湖北工业化处于中期阶段

工业化是一个国家或地区的社会生产活动由农业为主转变为工业为主的历史进程，通常划分为初期、中期、后期三个阶段。湖北尚处在这一进程的中期阶段，虽然工业有了很大的发展和进步，但工业化的任务还远远没有完成。加快推进工业化进程，走新型工业化道路，仍然是湖北当前和今后相当长一个时期的艰巨任务。作出这一判断的主要依据有三：

其一，从经济发展水平看，湖北已进入工业化中期阶段。参照美国现代经济学家 H·钱纳里等人提出的工业化阶段划分标准，以国家统计局近期使用的综合汇率计，工业化初期人均 GDP 为 1100~1800 美元，中期为 1800~4800 美元，后期阶段为 4800~9000 美元。2006 年我国人均 GDP 为 16084 元，据国际货币基金组织测算，略高于 2000 美元；依此类推，2007 年我省人均 GDP 为 16206 元，也是略高于 2000 美元。这表明，湖北刚进入工业化中期阶段。

其二，从工业内部结构看，湖北处在重化工业化阶段。德国经济学家霍夫曼等人提出的“霍夫曼定理”，把工业化的进程划分为轻工业化、重化工业化和高加工度化三个阶段，并且认为在工业化的过程中，存在资本品工业产值的比重持续上升的必然趋势。参照这个理论分析，1998 年以来我国的工业化进程已经推进到了重化工业化阶段，我省工业的重化特征则更为明显。中华人民共和国成立后头几个五年计划，特别是“一五”、“三五”至“五五”，我省都是国家重化工业布局的重点地区之一。改革开放以来，我省轻重工业结构有所调整，但偏重型的结构特征仍然明显。2007 年，湖北规模以上重工企业单位数为 5188 家，占全省工业企业单位数的 57.3%；重工业增加值占全省工业增加值 2822.97 亿元的 70.5%，占 GDP 的比重达到 25.6%，重工业对 GDP 的贡献率达到 40.7%；轻重工业增加值之比，由 2002 年的 1∶1.95提高到2007 年的1∶2.39。在六大优势产业中，目前年主营业务收入过千亿元的冶金、汽车、石化都属于重化工业，武钢、东风汽车、神龙汽车、大冶有色、新冶钢、荆门石化、武汉石化等重工企业成为全省经济的重要支撑点。

其三，从经济社会结构看，湖北的工业化刚刚跨入中期阶段的门槛。参照诺贝尔经济学奖获得者西蒙·库兹涅茨、佩第·克拉克等经济学家的结构分析法来看，实现工业化的标准是：农业增加值占 GDP 的比重在 15%以下，农业就业人数占全部就业人数的比重在 20%以下，城镇人口占全部人口的比重达到 60%以上。2007 年，我省农业增加值 1422.8 亿元，占 GDP 的比重为 15.5%，比较接近 15%以下的标准；第一产业就业人数为 1697 万，占全部就业人数的比重为 47.35%，远远高于 20%的工业化标准；城镇人口 2524.7 万，所占比重为 44.3%，也远低于 60%的标准。三个最主要的结构指标，只有产业结构指标接近工业化的下限，其余两个社会性结构指标距离实现工业化的下限都还有相当的距离。

（二）湖北工业正处于新一轮经济周期的快速增长阶段

工业化中期阶段，通常也是经济起飞的阶段。进入新世纪以来，全省上下坚持不懈地实施“工业兴省”战略，大力推进新型工业化，全省工业经济步入发展的快车道。主要特征有八个方面：

（1）速度明显加快。2003 年四季度以来，全省工业已连续 18 个季度保持 20%左右的快速增长。尤其是去年四季度呈加速态势，10 月、11 月和 12 月的单月增速分别跃居全国第 1、2、3 位。

今年一季度虽然遭受了五十年一遇的冰冻雨雪灾害，但仍承续这一态势，增速达到22.6%，居中部第一、全国第七。今年1—5月份，全省规模以上工业实现增加值同比增长23%，增幅同比上升3个百分点。

（2）规模明显扩大。2007年与2002年相比，净增规模以上工业企业2876家，其中2007年净增1375家。全省规模以上工业完成增加值2822.97亿元，比上年增长23.6%，与2002年相比，总量实现翻番有余。

（3）效益明显提高。2007年与2003年比，全省工业主营业务收入、利润、税金分别增长2.1倍、3.2倍和2.04倍，经济效益综合指数达到204点，较2003年提高78点，我省工业经济效益不高的问题得到显著改善。

（4）结构明显优化。“千亿元产业计划”顺利实施，支柱产业作用日益增强，高新技术产业增速加快，产业结构明显提升。坚持武汉城市圈经济与县域经济两手抓，全省工业经济实现了“多点多面”相对协调平稳的增长格局。2007年，全省县域工业实现增加值1529.3亿元，占县域生产总值比重为33.1%，比2002年提高5.3个百分点。

（5）发展活力明显增强。近几年来，我省不断加大国有企业改革脱困工作的力度，全省国有经济和国有企业的发展业绩明显提升，发展活力明显增强。例如，武钢成功重组鄂钢、柳钢、昆钢三家钢铁企业，钢铁产能跃上2500万吨。省能源集团在整合资源并成功改制的基础上，成功引入长江电力股份公司31亿元现金投资，去年底又完成中国国电集团公司增资，成功实现了股权多元化。2007年，全省国有及国有控股工业企业户数为1413户，仅占全省规模以上工业企业户数的15.6%，但全年完成增加值1323.91亿元，实现主营业务收入4952.56亿元，利润总额412.42亿元，利税总额801.56亿元，这四项指标分别占全省规模以上工业企业的46.9%、58.9%、71.41%和73.52%。

（6）节能减排明显见效。自2006年以来，依法关闭了一批严重浪费资源、污染环境的小造纸、小水泥、小火电，加强对重点企业的节能减排改造，加快实施“五个专项治理工程”，取得了明显进展。2007年上半年，全省化学需氧量和二氧化硫排放量分别比上年同期减少0.16%和2.72%。主要污染物减排综合成绩居全国第七、列中部六省之首。去年底，全省实现了单位生产总值能耗、二氧化硫和化学需氧量排放“三下降”。

（7）投资力度明显加大。全省工业投资增长明显加快，增幅由2002年的10.1%提高到2007年的30.7%，占全社会投资的比重达到38.8%。今年一季度工业投资继续保持快速增长势头，增幅达到44.5%，高出全社会投资增速12.4个百分点，工业投资占全部投资的比重提高至41.1%。长期以来工业投资增速低于全国、占全社会投资的比重低于全国的“双低”局面明显改变。富士康、中芯国际、80万吨乙烯、宜昌多晶硅等一批重大项目陆续开工建设，投产后将成为拉长产业链的龙头、提升工业素质的骨干、优化产业结构的中坚。

（8）发展方式明显转变。全省工业经济在总量扩张的同时，发展方式出现了三个可喜的转变：由主要依靠重工业带动，向依靠轻重工业协同带动转变；由主要依靠传统产业拉动，向依靠传统产业和高新技术产业协同拉动转变；由主要依靠少数支柱行业支撑，向依靠汽车、冶金、石化、电子、电力、食品、医药、机械、纺织、建材等多个行业共同支撑转变。上述八个方面的“明显变化”，是长期以来全省上下孜孜以求推进工业化的累积效应，是改革开放以来特别是“十五”以来省委、省政府正确决策发挥效应的生动体现，是湖北工业进入新一轮快速增长期的标志性特征。

（三）湖北工业仍然处在艰难爬坡阶段

站在新的历史起点上，我们特别要清醒地看到，湖北工业虽已取得了令人欣慰的成就，但是“大而不强”的问题远没有根本解决，可持续发展还存在诸多难题，总体上仍然处于艰难爬坡阶段。作出这一判断的依据有四。

第一，湖北工业处在黄金发展期，但区域竞争的压力日益加大。国际国内经验表明，进入工业化中期，工业快速发展带有普遍性和规律性。这个阶段既是发展的黄金期，又是矛盾的凸显期。要清醒地看到，湖北工业虽进入发展的快车道，但面临着前有标兵、后有追兵的区域经济激烈竞争态势。作为我国的老工业基地，湖北工业在全国曾经处于前列。改革开放以来，湖北的工业化水平提升速度总体快于全国平均水平。以第二产业增加值占比提升情况为例，从1978年到2007年30年间，全国提高1.4个点，湖北提高3个点，湖北快于全国1.6个点。但与沿海地区相比，提升速度明显偏慢，在全国的位次也逐渐后移。从规模以上工业看，湖北2007年完成增加值2822.97亿元，仅相当于浙江、广东、山东的40%、21.5%、21.3%；与中部省份比，优势也不够突出，仅相当于河南的51%。区域竞争是不以主观意志为转移的，身入其中，犹如逆水行舟，不进则退，慢进也是退。

第二，湖北工业面临重大发展机遇，但改革创新的任务十分艰巨。进入21世纪以来，湖北迎来了一系列新的重大机遇。宏观环境总体有利、国家实施促进中部崛起战略、国际和沿海“两大产业转移”加快、武汉城市圈获批国家“两型”社会综合配套改革试验区等，都是湖北发展千载难逢的历史性机遇。但是，能否抓住机遇，加快发展，需要破解的难题也很多。首先是市场主体发展不够。截至2007年底，我省规模以上工业企业9028家，不仅与浙江51561家、广东39316家相距甚远，在中部地区也排在河南13520家、湖南9650家之后。其次是国有企业改制脱钩任务依然艰巨。目前，省直尚未改制脱钩的企业户数不到30%，但资产占70%，改革的大头还在后头。再次是经济资产化水平不高。我国总体上已进入经济资产化新阶段，但我省资产经营水平不高，市场化融资比重低于全国平均水平，创业板市场利用程度落后于周边省份。此外，用工难、用地难、科技成果转化难等诸多问题也亟待解决。

第三，湖北工业面临“五化并举”新形势，但发展方式的转变迫在眉睫。当前我省工业面临着工业化、信息化、城镇化、市场化、国际化深入发展的新形势和新任务。工业化的战略任务还远远没有完成，而信息化这个后工业化的命题已经摆在面前。这既是机遇，又是挑战。能否适应“五化并举”新形势，充分利用信息化的优势和机遇，加快湖北工业发展，关键在于加快推进三个战略性转变，即推动产业结构优化升级，实现增长方式由粗放型向集约型的转变；推进新型工业化，由主要依靠增加物质资源消耗向主要依靠科技进步、劳动者素质提高、管理创新转变；坚持扩大国内需求特别是消费需求的方针，由主要依靠投资、出口拉动向依靠消费、投资、出口协调拉动转变。

第四，湖北工业重化优势明显，但资源环境约束加剧的问题十分突出。以能源为例，湖北工业的传统优势在重化工业，但能源需求的刚性增长与节能减排的刚性约束并存，发挥重化工业优势面临着严峻挑战。一方面，湖北缺煤少油乏气，煤炭储量不足全国的1%，石油剩余可采储量仅占全国的0.8%，全省90%以上的煤炭、85%以上的石油需从省外调入，全省能源产品的自给率只有24%左右；另一方面，资源利用效率较低，浪费比较严重。目前我省规模以上工业总产值虽只占全国的3.2%，但能源消耗量却占全国的6.7%，万元生产总值能耗、工业增加值能耗、万元生产总值用水量等均高于国内先进省市水平。要实现2020年GDP翻两番，环境承受的压力将比2000年提高4~5倍。如果不切实转变经济发展方式，加快推进资源节约型、环境友好型社会建设，就难以保持经济的持续快速发展。

总之，湖北工业发展的中期阶段特征、良好发展态势、众多机遇叠加，是我省工业发展史上所不曾有过的，也是今后不可多得的。在这个发展的关键时期，我们必须始终保持清醒的头脑，既要看到成就、优势和机遇，又要看到困难、挑战和压力，奋力实现湖北工业又好又快发展。经过艰苦创业、顽强拼搏，跨过这道坎、爬过这面坡，湖北工业将迎来更加明媚的艳阳天！

二、关于湖北工业经济发展的基本路径

经过多年来的努力，经过艰苦的探索和实践，我省工业经济发展的基本路径逐渐清晰，思路逐渐明确，并已经开始发挥积极的、显著的效应。

（一）着力培育大产业

大产业是工业经济的支柱，没有支柱产业，就不可能有经济规模，就难以实现“工业强省”的目标。因此，当前和今后一个时期，着力培育大产业乃是湖北工业实现突破性发展的必然选择和主要任务。一方面必须看到，湖北是我国传统的老工业基地之一，原有大工业基础较为厚实，培育大产业有良好的基础。经过多年发展，我省一批产业成为全国重要的生产基地，“中国光谷”、“国家生物产业基地”已落户湖北。通过大力实施精品名牌战略，中国名牌数量达51个，在全国的位次由2002年的第25位上升至第11位。同时也要看到，近年来省委、省政府坚持做“打基础、管长远”的工作，以实施“千亿元产业计划”工程为抓手，培育大产业又取得新的成效。2007年，全省着力培育的六大产业中，汽车、冶金、石化三个产业主营业务收入已实现过千亿元的目标，分别为1423.3亿元、1533.1亿元、1173.4亿元；食品、电子信息、纺织产业分别实现主营业务收入800亿元、610亿元、595亿元。今后一个时期，我们要以此为基础，通过产业联动、上下游良性互动，不断降低产业发展成本，不断提高产业竞争力，从而进一步把支柱产业做大做强。其主要途径有三：

其一，在“两个融合”中培育大产业。工业化与信息化融合、制造业与生产性服务业融合，是新型工业化的特征、现代经济的标志。要大力推进企业信息化建设，促进工业化和信息化的融合。加快企业信息化建设步伐，推进信息技术与管理技术、制造技术相结合；充分发挥科技引领带动作用，用信息化带动工业化，用信息技术等高新技术改造和提升钢铁、机械、有色、建材、食品、石化、纺织等传统产业。服务业特别是生产性服务业直接关系到制造业竞争优势的发挥，要大力发展面向生产的服务业，促进先进制造业与现代服务业的有机融合，努力构建物流、商流、信息流、资金流等一体化的大产业发展服务体系。

其二，在开放中培育大产业。产业链整体转移是国际资本流动的一个新的明显趋势，这有利于我们进一步培育和壮大支柱产业。要大力引进国内外先进技术和资本，加快传统产业改造；通过加快与跨国公司合资合作，更快融入跨国公司全球原材料供应和产品销售体系，不断提高支柱产业的竞争力。要通过对内对外开放促进电子信息、生物工程与新医药、新材料、光机电一体化等产业突破性发展，实现高新技术产业在上规模、提档次、增强竞争力方面的新跨越。

其三，围绕支柱产业打造大产业。巩固发展传统产业，积极发展新兴产业，进一步拓展打造大产业的产业基础。具体来讲：(1) 汽车产业。以武汉经济技术开发区为基础，带动武汉轿车及零部件发展；大力发展襄樊、十堰两个汽车产业基地和随州专用汽车产业基地；通过以整车带动、合资合作、零部件的配套发展和自主品牌的开发，使湖北汽车产业成为在国内外具有较强竞争力、对省内其他产业有较强带动作用的大产业。(2) 钢铁产业。以武钢、新冶钢为龙头，大力支持武钢做大做强、新冶钢做精做专，不断推进钢材的深加工，不断促进装备制造、钢构等用钢企业与之循环配套发展，使钢铁产业在促进产业发展和带动新型工业化方面，发挥更大的基础产业作用。(3) 石化产业。围绕80万吨乙烯项目，做好产业链的配套和延伸发展；以磷化工、盐化工、精细化工等行业龙头企业为依托，充分发挥资源、技术和交通区位优势，使石化产业总量及技术水平在同行业中的竞争优势更加突出。(4) 食品产业。继续围绕发挥我省农产品资源丰富的优势，培植壮大龙头企业，提高产品加工精度、深度和品牌价值。(5) 纺织产业。发挥棉纺织、服装、化纤等行业优势，进一步做大做强；在产业用纺织品、苎麻等特色产品上做好大文章，在化纤、印染等短腿和瓶颈行业上搞好产业配套。(6) 信息产业。抓住一批国际知名企业在我省建立生产加工基地的机遇，大力推进一个基地（富士康综合制造基地）、三大产业链（集成电路产业链、多晶硅产业链、显示器产业链）、五大重点专项（二维条码、宽带无线通信、安防工程、LCOS 光引擎、IC 设计及软件）和十大产业集群建设，促进我省电子信息产业的快速发展。(7) 机械制造业。发挥我省产业基础好、配套能力强的优势，在船舶、重型机床、电站锅炉、汽轮机等通用设备制造业，在专用设备制造业、纺织机械、轻工包装机械、水泥机械、制冷设备、锻压设备、石油钻井机械等行业，大力支持龙头企业做大做强，不断提高我省装备制造业整体水平，不断提高装备制造业对我省大工业的拉动能力。还有其他一些行业，如烟草、建材、轻工、医药、有色金属行业等，也有较强的竞争优势，并有一批大中型项目正在建设之中，把这类行业和企业做大做强，其前景也十分广阔。

（二）发展壮大产业集群

产业集群是工业化发展到一定阶段的必然产物，是当今世界各国经济发展的新亮点，它不仅可以成为区域经济发展的主导，而且也可以成为提高一国产业国际竞争力的新力量。比如，美国的硅谷和 128 号公路的高科技信息产业集群，使美国成为引领全球信息产业发展的领头羊。意大利米兰与法国巴黎堪称世界时装业的两极，其 66 个服装业集群每年出口纺织服装达 200 多亿美元。在国内，沿海发达省份许多地区通过发展产业集群取得了经济发展的良好业绩。比如长三角地区，小到打火机、领带、纽扣、制笔、袜业等小产品，大到辐射全国、走向世界的高科技产业，都实现了产业集群化发展，成为推动经济发展的强劲动力。

再从我省的情况来看，产业集群的发展，已在显示其独特的作用。首先，它是节约能源资源、发展循环经济的有效途径。企业相对集中，可以实现能源资源的充分利用或循环利用，有利于集中治理污染，有利于降低经济成本。如应城市长江赛孚精细化工产业集群专门制订水、电、汽等生产要素和治污设备共用办法，仅用 4 口机井、6 台锅炉和 1 条纵贯园区的输变电线路，就解决了现有 30 多家化工企业的水、电、汽的“三通”，不仅降低了单个企业的生产成本，而且较好地治理了环境污染。其次，它可以聚集中小企业、民营企业发展。由于核心企业的产业链加长延伸，一大批中小企业、民营企业可以与之配套生产。同时集群为企业提供标准厂房和生产、生活等公用设施，降低了中小企业、个体私营企业主的创业门槛，节约了投资成本。如安陆粮机产业集群是以安陆粮机为核心，一部分职工利用自己掌握的技术和市场优势，先后创办个体企业，发展粮机生产及配套企业 28 家，其中 15 家是原国营粮机厂职工创办的企业，10 家是周边聚集而来的民营企业。再次，它是城镇化和社会事业发展的重要支撑。产业集群和城镇化发展是互动的关系。产业集群对上下游关联产业有着强烈的需求，随着主导产业的延伸和关联产业的衍生，产业集群所在地区的人口将大规模增长，从而带动第三产业的发展，进而也为城市各项事业的发展创造了条件。如仙桃市彭场镇、随州市三里岗镇、汉川市马口镇、大冶市陈贵镇等新型城镇的崛起，都是在产业集群的基础上形成的。

近年来，我省各地按照“集聚产业、突出特色”的要求，根据资源环境承载能力和发展潜力，对工业发展空间布局进行合理调整和优化，把产业集聚与区域分工以及工业园区有机地结合起来，逐步形成了产业集群的生产组织方式。到2007年底，全省形成各类产业集群206个，关联企业10667家，员工136万多人，实现主营业务收入4354亿元，占全省工业的60%以上。按规模大小，可分5个层次：一是年主营业务收入过100亿元的产业集群5个，总主营业务收入达到1803亿元。分别是：武汉钢铁产业集群，年主营业务收入达700多亿元；武汉经济技术开发区的汽车产业集群，年主营业务收入达363亿元；东湖高新技术开发区武汉光电子产业园的电子信息产业集群，年主营业务收入达208.8亿元。今后随着富士康项目的建成投产，将带动至少100多个配套企业聚集，年总主营业务收入将达1000亿元；十堰市汽车及零部件产业集群，核心企业东风汽车有限公司年主营业务收入达391亿元；以新冶特钢为龙头的黄石市钢材及延伸加工产业集群，年主营业务收入达140亿元。二是年主营业务收入50亿~99亿元的产业集群10个，关联企业458家，从业人员13.3万人，年总主营业务收入724亿元。三是年主营业务收入10亿~49亿元的产业集群60个，关联企业4548个，从业人员57.7万人，年总主营业务收入1262.51亿元。四是年主营业务收入1亿~9亿元的产业集群120个，关联企业5381个，从业人员53.6万人，年总主营业务收入558.51亿元。五是年主营业务收入不足1亿元的产业集群11个，关联企业64家，从业人员5144人，年总主营业务收入6.3亿元。到“十一五”末，我省产业集群将按照“规划科学、主业突出、特色明显、竞争力强”的要求，着重围绕全省汽车、冶金、石化、纺织、食品和电子信息等六大支柱产业发展，形成5个年主营业务收入过500亿元、10个过100亿元、20个过50亿元、30个过30亿元、100个过10亿元的产业集群；结合“百镇千村”工程的实施，形成100个“一镇一业”、“一镇一品”或“多镇一业”的特色乡镇。

为了实现以上目标，着重采取以下措施：（1）制定发展规划。以国家产业政策为指导，立足资源、产业基础、骨干龙头、区域品牌和科技优势，进一步完善《湖北省产业集群“十一五”发展规划》，以引导全省产业集群的发展。（2）完善政策措施。为了更好地引导推进我省产业集群的发展，省政府出台了《关于促进产业集群发展的意见》（鄂政发〔2007〕69号），为产业集群今后的发展提出了目标、发展重点和政策措施。下一步，要进一步完善相关的政策措施。（3）明确培育重点。为发挥产业集群的指导示范作用，省里确定了50家成长型重点产业集群进行重点培育，加强指导、加大扶持力度，实施动态管理，搞好跟踪服务。各地也结合区域产业发展的特点，选择部分产业集群进行重点培育。（4）构筑服务体系。按照“政府推动、市场运作、自主经营、有偿服务”原则，促进以企业为主体，以市场为导向，以资金融通、信用担保、管理咨询、信息服务、市场开拓、人才培训、共性技术攻关为重点内容的服务体系建设。通过建立公共服务体系，推动我省逐步形成一批产业技术创新、综合配套功能齐全、特色鲜明、辐射范围广、竞争力强的产业集群。（5）引导园区发展。把特色工业园区建设作为产业集群发展壮大的平台，按照“科学规划、基础先行、差异发展”的原则，抓好现有工业园区的建设，发挥园区的集聚效应和辐射效应，引导企业向园区聚集，向关联产业园聚集，向产业集群方向发展。

（三）着力培育大企业

大企业是大产业的支撑，没有大企业，难有大产业。大企业对全省工业起着较强的支撑。2007 年，全省规模以上工业企业 9028 户，其中大企业 98 户，占总户数的 1.1%，主营业务收入占全省的 44.6%。也就是说，占全省规模以上企业 1%的大企业，贡献了近一半的主营业务收入。再看主营业务收入过亿元企业的情况，全省主营业务收入过亿元企业 1021 户，其中 10 亿~50 亿元的 70 户，50 亿~100 亿元的 5 户，过百亿元的 13 户。1021 户企业占全省规模以上企业户数的 11.3%，主营业务收入占全省工业的 80%。可以说，正是有以东风汽车公司、武钢、武烟等为代表的中国 500 强企业，有以华新、新冶钢、宜化、长飞、东贝、枝江、稻花香、沙隆达、湖北双环、京山轻机、黄石锻压等处于国内同行业前列的排头兵企业，我省的相关产业才在全国有一定地位和竞争优势。

当前和今后一个时期，着力培育大企业仍是湖北工业培育大产业、实现突破性发展的着力点，且必须采取以下措施：一是要继续支持现有大企业进一步做大做强。要搞好重点服务，支持武钢、东风公司等一批大企业的发展；搞好省内配套循环，发挥大型企业对产业链延伸壮大的引领和带动作用，通过现有一批大企业带动更多相关企业做大。二是抓住“两大转移”机遇，直接吸引一批国内外知名企业来鄂投资兴办企业，使这些企业成为湖北发展大企业的新生力量。当前要特别做好富士康、中芯国际、南玻多晶硅、80 万吨乙烯、南车等重大项目建设。三是充分利用资产、资源、产业和市场等优势，引进国内外大企业、大集团、大品牌，推进企业战略重组，使一批企业做大做强，并成为行业的龙头。四是实施“走出去”战略，在积极支持大型重点企业在省内加快发展的同时，鼓励企业“走出去”，寻求投资合作，开发原料基地，开拓产品市场，在更宽领域、更高层次参与国际国内分工协作和市场竞争。五是要在开放中引资引“制”引智，注重引进国内外先进的理念、人才和管理制度，不断深化企业改革，促进企业在改革中创新，在创新中发展壮大。

（四）大力发展中小企业

近年来，我省以实施“中小企业成长工程”为抓手，加快中小企业的成长与提高。中小企业已成为我省经济的重要力量，对于加快经济发展、扩大城乡就业、促进社会稳定、增加财政和居民收入，做出了重要贡献。其主要表现：一是规模以上企业持续增加。全省规模以上企业在2006年新增983家的基础上，2007年又新增1375家，达到9028家。2005年以前，我们用了几十年时间，规模以上企业才达到6000多家，而过去两年时间，就新增加2300多家；二是盈利能力持续提升。近三年，中小企业盈利增幅始终高于主营业务收入增幅，盈利能力快速提升，为全省工业利润的高速增长做出了重要贡献。2007年全省规模以上中小工业企业利润总额达到284.7亿元，占全省工业利润的比重为44%；三是发展后劲持续增强。各地近几年新上了一批规模型、财源型、环保型、科技型项目，为中小企业发展提供了有力支撑。特别是投资规模的扩大、资产总额的增加，显著增强了中小企业的发展后劲。

当前和今后一个时期，全省上下要以“中小企业成长工程”

为主线，以转变发展方式、推进节能减排、优化产业结构为重点，着力转变企业发展方式，着力提高企业自主创新能力，着力完善企业发展的外部环境，全面提高中小企业整体素质和市场竞争力，特别是要重点抓好六个方面的工作。

1. 加强经济监测、预测，为中小企业提供宏观指导服务。要进一步健全经济运行监测体系，及时通过各种媒体发布经济信息和产业政策，对中小企业经营发展给予宏观指导，避免中小企业因经营决策失误造成不必要的经济损失和资源浪费。

2. 大力发展工业园区，为中小企业集群发展搭建平台。依托工业园区聚集和发展中小企业，可以节省耕地占用、节约资源能源、减少污染排放，可以加强产业链的衔接配套、促进产业结构优化升级、有效提高地方产业竞争力。因此，要科学规划建设工业园区，为中小企业集群发展搭建平台，将中小企业引上新型工业化的发展道路。

3. 组织产学研合作，不断提高中小企业自主创新能力。鼓励和引导中小企业与高等院校、科研机构相互融合，共同开发新技术、新产品，推进科技成果的转化和产业化。要引导中小企业加强知识产权保护，组织实力较强的企业实施知识产权战略，加快形成自主知识产权，争创自主品牌，增强技术创新能力。

4. 推进节能减排，引导企业走资源节约型、环境友好型的发展道路。要大力推广共性节能减排技术，淘汰落后技术、工艺和装备，支持企业节能技术改造，推广应用节能新技术、新工艺、新产品，提升企业节能、节地、节水、节材水平；要大力发展资源综合利用型和环保节能型产业，扶持再生资源回收利用产业，倡导社会循环式消费；要在中小企业中全面推行清洁生产，从源头减少废物排放。

5. 搭建创业平台，支持创办中小企业。创业基地将社会公共资源与市场主体培育紧密相连，是将创业活动导入新型工业化的重要途径，要依托开发区和各类工业园区发展创业辅导基地或科技孵化器，降低创业门槛，改善创业服务，引导中小企业集群式发展、高起点创业。

6. 实施成长工程，促进中小企业做强做大。全省要抓好三个重点：一要“育苗”，支持和鼓励高起点创办中小企业，提高企业存活率，从源头上提升中小企业发展质量；二要“助长”，选择成长性好的企业和项目，在技术改造、人才培训、市场开拓和投资融资等方面搞好服务，扶持、培育一大批中型企业，使之成为延伸产业链和壮大产业集群的重要支撑；三要“培优”，精选一批在不同行业或产品领域处于领先地位的企业，支持它们创造精品名牌和驰名、著名商标，使之成为核心竞争力强的行业龙头、产业骨干，成为大型企业的“预备队”、产业集聚的“领跑者”。

三、关于全省国有企业的改革与创新

推进全省国有企业的改革与创新、壮大搞活国有企业，对于湖北工业经济发展，有其举足轻重的地位和作用。从“一五”计划开始，国家一直把湖北作为重要的老工业基地和重工业基地进行了大量投资，逐渐形成了国有资产存量多、国有企业影响大、国有经济地位重的基本格局。长期以来，全省工业经济的主力军一直都是国有及国有控股企业。1990 年、1995 年、2000 年，全省国有及国有控股工业企业的总资产分别占全省工业企业总量的

82.36%、70.84%、83.41%，当年完成的工业总产值分别占全省工业企业总量的73.06%、55.64%、62.95%，主营业务收入分别占全省工业的77.71%、56.94%、64.68%，全省“六大千亿元支柱产业”的主力军都是国有及国有控股企业。同时，由于历史原因导致的国有企业体制不顺、机制不活，长期积累的矛盾大、困难多、包袱重等问题也比较突出。在改革开放初期，国有企业总体上处于三分之一明亏、三分之一潜亏的困难局面，纺织业、食品加工业等少数行业甚至一度出现了全行业亏损。我省国有企业上述两方面的特点表明，必须坚定不移地、不失时机地推进国有企业改革。不推进改革，就难以盘活庞大的国有资产存量，就难以激发整个工业经济的活力，工业经济就难以担负起加快湖北发展的重任。

（一）全省国有企业改革的历史进程

从20世纪80年代初至21世纪初，我省国有企业改革大致经历了三个阶段。第一阶段是“换牌子”。20世纪改革开放初期，一批行业主管部门翻牌为企业，国有工厂改为公司。第二阶段是“卸包袱”。20世纪末21世纪初，全省国有企业重点推进了企业办社会职能的剥离、不良债务的处理、职工身份的转变等工作。第三阶段是“转机制”。国有企业通过改革改制，逐步实现产权多元化，法人治理结构逐步建立和完善起来。

全省新一轮国有企业改革始于2003年。本轮改革的最大特点是围绕国有经济的科学发展这个主题，以新的国有资产监管体制改革为契机，突出产权改革这个核心，把改革、发展、调整、监管和国企党建有机结合起来，既增强国有企业的活力，又调整国有经济的布局和结构；通过国有资产监管体制改革，实行政资分开、政企分开，实行权利、义务、责任相统一，管资产与管人管事相结合，使得国有资产的出资人代表职责得到真正落实，有效解决了困扰我们多年的国有资产产权不明、责任不清的问题，为现代产权制度和现代企业制度建设奠定了基础；牢牢坚持发展为第一要务，坚持改革为发展开路，调整为发展定向，监管为发展提速，党建为发展助力，较好地处理了改革发展中的几个重大关系，从而为工业经济发展注入了强大动力。在国企改革的具体做法方面，主要体现为“六个一批”。

1. 坚持“三统两分”的原则，率先下放属地管理一批。省属企业是本轮改革的重点之一，按照“统一领导、统一部署、统一政策，分行业、分级实施”的原则，从2001年开始，我省共下放省属企业50户。省政府在政策和资金方面，对下放企业及地方政府给予了大力支持。目前50户下放企业改制任务已基本完成，其中实施破产17户，改制重组33户；共安置职工11.6万人，其中解除劳动关系6.2万人，内退1.5万人，退休3.9万人，改制后重新上岗职工2.7万人。50户省属下放企业通过改制重组获得了新生，成为地方经济发展新的增长点。

2. 坚持分类搞活的原则，全面推进改制一批。2004年，省委、省政府提出用2~3年时间，完成“50户大型国有企业改制为混合所有制企业，100户国有骨干企业转制为民营企业，100户民营企业成为湖北经济发展排头兵”的任务。50户大型国有企业涉及资产总额2047亿元、职工人数59万人；100家国有骨干企业涉及资产总额366亿元、职工人数16万人。经过全省上下的共同努力，截至去年底，列入规划目标的50户大型国有企业和100户国有骨干企业的改制任务全面完成，并组织了检查验收。

3. 突出重点攻难关，改革脱困一批。省政府确定省建总、省工建总、蒲纺、荆襄、省汽车集团、东风轮胎等6户困难企业以及三环集团、双环集团、大冶有色、鄂钢、清江、冶钢等6户骨干企业作为改革脱困和改制重组的重点。12户重点企业总资产481.54亿元，总负债360.68亿元，净资产120.86亿元，职工总人数21万人。经过几年的奋力推进，12户重点企业改革脱困和改制重组取得突破性进展。6户特困企业的改革脱困，均已出现了重大转机，企业由过去的包袱变成了财富，由改革发展的难点转化为新的经济增长点，职工从失望中看到了希望。

4. 按照分类处理、分级负责的要求，脱钩改制一批。省直机关所属企业有净资产的整体划转省国资委监管；无净资产的企业，由主管部门指导企业采取多种形式改制脱钩，对于职工安置费用缺口，经评估审核后，省政府给予了2.52亿元补贴。2005—2007年，省直部门共对218户企业实施了脱钩改制，共分流安置职工14.8万人；88户脱钩后的困难企业已移交托管中心管理。与此同时，各市州也在积极推进这一工作，11个市州已将144户企业授权本级国资委履行出资人职责。

5. 坚持调整重组相结合，发展壮大一批。全省各地把调整重组作为推进企业发展的重要途径来抓，一批国有企业通过实施跨地区、宽领域的联合重组，实现了资本集中、资源集聚和经营集约。特别是汽车、钢铁、能源、化工、烟草等行业的调整，取得了明显成效，产业的集中度明显提高。能源集团与长江电力的重组、鄂钢与武钢的重组、双环集团与宜化集团的重组、武汉3家商业类上市公司的整合、以武汉卷烟厂为龙头的全省18家烟厂的整合等，都是近几年国有企业调整重组的成功案例。

6. 积极争取政策性破产，劣势企业退出一批。到目前为止，我省共有587个项目（全口径统计）列入全国兼并破产计划，共核销金融机构不良债权132亿元，安置职工59.73万人。其中，在2004—2008年四年政策性破产计划中，我省申报的31个项目全部获得批准，数量居中部地区第一。这31个项目涉及81784名职工，可核销银行不良债权超过50亿元。这些项目的实施，解决了我省一大批“老、大、难”企业的退出问题，使得大量的资源向优势企业集中，盘活了大量的存量资产。

通过上述“六个一批”的改革举措，全省呈现出国有企业数量减少，国有经济质量提高、结构优化、效益改善的良好态势，国有经济在工业经济发展中的主力军作用日益显著。国有企业改革不仅带动了全省工业的持续健康发展，还带动了相关领域配套改革的深化，包括对政府管理体制、金融外贸体制、财税体制、劳动保障体制、国资监管体制等多方面的改革和完善，都产生了广泛而深远的影响。

（二）进一步深化国有企业改革与创新的着力点

当前，我省国有企业的改革与发展依然存在一些突出的问题。一是国有经济整体竞争力还不强。产业缺块头、企业缺龙头、产品缺拳头的现象仍然存在，除武钢、东风汽车、三峡总公司等中央在鄂企业和宜化、华新水泥等少数国有企业外，很多国有企业资产规模小、产品技术含量低、自主创新能力弱，缺乏核心竞争力。二是建立现代企业制度任务还很艰巨。与建立现代企业制度的要求相比，大部分国有企业的法人治理结构不够完善，董事会、监事会、经理层相互制约监督的机制还未建立健全，一部分企业的产权结构还不合理，导致企业经营面临体制机制障碍，出资人监管面临内部人控制问题。三是调整重组的力度还不够。与市场经济发展要求相比，与先进省市相比，与目标任务相比，调整重组还有较大差距，国有资本的集中度还不高，资源的聚合效应还没有有效发挥。特别是近几年来，我省没有一家国有企业在证券市场新上市融资，使不少基础较好的国有企业错失了宝贵的发展机遇。四是国资监管还存在薄弱环节。特别是在出资企业的预算管理、财务管理、投资担保、绩效考核上还存在一些薄弱环节。对此，我们必须头脑清醒，正视问题，正视差距，进一步增强加快国有企业改革与发展的紧迫感和责任感，奋起直追，迎难而上，推动全省国有经济又好又快发展。

今后一个时期，全省国有企业改革与创新工作要按照“四个一批”（壮大一批优势产业，培育一批龙头企业，打造一批名牌产品，建好一批市场平台）的思路，努力实现“四个明显”（国有资产总量明显增加，国有经济竞争力明显增强，国有企业市场地位明显提高，国有资本盈利能力明显改善）的目标。其主要措施是：

1. 着力制度创新。国有企业改革的关键是建立现代企业制度，重点是理清出资人、董事会、监事会、党委会、经理层的职责边界，优化董事会结构，逐步落实董事会选聘、考核、奖惩经理人员的职权，形成各负其责、协调运转、有效制衡的公司治理结构。要做到这一点，就必须继续深化国有企业改革，认真解决好前期改革的各类遗留问题，即继续完成剩余未完成改制企业的改制工作，解决已改制企业的遗留问题，筹措资金促进职工安置资金尽快支付到位；抓好非工业领域企业的改革，积极推动交通、商贸、城建、文化等非工领域国有企业的改革；全面完成党政机关所办工商企业的脱钩改制，真正落实“政企分开、政资分开、政事分开”，为国有企业参与市场竞争创造一个公平公正的体制环境；积极开展董事会试点，促进国有企业真正按照现代企业制度的要求革故鼎新、脱胎换骨、转换机制。

2. 着力调整重组。尽快通过对国有企业实施跨地区、宽领域的联合重组，实现资本集中、资本积聚和资源集约，进一步做大做强。国有企业的调整重组应当抓住关键的少数，既要培植“五指”，搞好战略布局，更要握紧“拳头”，形成强大的竞争能力。当前，我省推进调整重组已经具备了两个方面的条件：从我省内部来看，湖北的企业已经进入了加速发展、加速裂变的阶段，具有了一定的资本实力，2006 年底，全省国有及国有控股工业企业的资产规模达到了 6566.74 亿元，为调整、重组、联合、对外扩张提供了良好的条件。也就是说，湖北的企业已经到了聚变裂变的重要阶段。适应这种加速发展、加速裂变的形势，迫切需要我们保持清醒认识，认真谋划全省国有经济布局和结构调整规划。从外部环境来看，当前国际资本、沿海产业面向中部的“两大转移”，也为我省调整重组工作提供了千载难逢的机遇。应当积极开展内外联合重组、产业关联重组、上下联动重组、要素互补重组、增资扩股重组、战略投资重组，统筹推进资源、资本、资产、资金“四资”联动运作，推动生产要素向优势产业、企业和产品集中，实行资源整合、优势叠加，优化国有经济布局结构，提高资源配置效率。与此同时，还应认真做好困难企业的资产、债务处置和依法关闭破产工作，加快劣势企业退出市场的步伐。

3. 着力加强监管。市场经济充满风险，企业经营必然伴随着一系列的财务风险、法律风险、经营风险。一辆汽车的行驶速度不仅取决于动力系统，更取决于预防紧急情况的制动系统。必须全面加强对国有企业发展过程的出资人监管，有效防范各类风险。一是要以国有产权保护为核心加强产权管理。要采用现代的价值管理理念促进国有产权有序流动、合理配置和保值增值。要切实做好企业改制上市、重组整合过程中的产权界定、资产划转、产权转让、资产评估等产权管理工作，积极推进国有产权进场交易、竞价转让，实现产权管理的制度化、公开化和标准化。二是要完善组织、制度、监督、责任四大工作体系。在组织体系方面，需要继续探索出资人职责如何到位、县级国资监管体制如何建立等重大问题。在制度体系方面，要进一步加强立法工作，不断完善国资监管法规制度体系。加强企业法律顾问制度建设，防范企业法律风险。在完善责任体系方面，需要进一步推动业绩考核制度的科学化和薪酬管理制度的规范化，真正做到强激励、硬约束。在监督体系方面，需要完善国有企业的财务监督机制、监事会监督、重大事项管理机制等。

4. 着力优化服务。一方面，各级政府、各有关方面要围绕企业的改革发展，进一步增强服务意识，提高服务能力，完善相关政策，优化服务环境。当前重点是完善有利于国有企业改革发展的税收、土地、财政、融资、科技创新扶持等政策。另一方面，要全面加强企业家队伍和人才队伍建设。努力营造尊重知识、尊重人才的社会氛围，鼓励大家勇于到企业创业，激励企业负责人积极进取，激发企业家及各类人才的创业热情，努力造就一支优秀的企业家队伍和人才队伍。

四、关于切实解决全省工业经济发展中的突出问题

根据工业经济发展的内在规律及世界上发达国家发展工业经济的实践与经验，当一个国家或地区的工业化处于中期阶段之时，必须切实解决好资本、技术、体制机制以及基础产业和基础设施等一系列重大问题，唯此才能保持工业经济持续快速健康发展。从我省工业经济发展实际出发，当前和今后一个时期，必须着力解决好以下三大问题。

（一）加快推进企业技术创新

湖北是科教大省，科教优势是湖北最大的优势。我省企业技术创新具备良好的基础。近年来，省委、省政府十分重视加快企业技术创新工作，出台了《关于增强自主创新能力，建设创新型湖北的决定》等一系列政策，极大地调动了企业创新的积极性，取得了明显成效。一是科技投入力度明显加大。2007 年，全省科技活动经费投入 220 亿元，比 2006 年增长 16%；研发（R&D）经费支出 109 亿元，比 2006 年增长 18%。二是拥有了一大批科研实力雄厚的科研院所和技术开发机构。到 2007 年，全省拥有国家级工程技术中心 11 家，省级 55 家；国家示范生产力促进中心 4 家，省级 6 家；国家级创业服务中心 13 家，省级 18 家。三是取得一批重大成果。2003—2007 年，全省累计取得省部级重大科技进步 3799 项，其中达到国际领先水平的成果 1133 项；累计申请专利 58081，获专利授权 21361 项，授权数量居全国第 11 位。在光纤光缆、光通信、激光加工、“3C”和“3S”软件、生物医药、电动汽车等领域，创新实力居国内领先水平。有 4 项网络及光通信技术标准获国际电联批准，成为国际标准；“光纤光栅传感监

测系统”经专家鉴定，其技术水平国际领先；东风混合动力电动汽车在国内率先实现商业化销售；在国内研制出实用化复合型质子交换膜，突破了国内燃料电池核心组件 CCM 制备难题。四是高新产业快速发展。2007 年全省高新技术产业实现增加值 861 亿元，比 2006 年增长 26%，是“十五”以来增长最快的一年。高新技术产业增加值占全省规模以上工业增加值的比重达 30.5%。

同时，还必须看到，我省技术创新虽然取得了明显成就，但也存在一些困难和问题。一是传统产业科技投入不足。近年来，全省通信设备、计算机及其他电子设备制造业的科技投入强度在 5%左右，医药制造业在 2.5%左右，而一些传统产业大多在 1%以下，行业发展后劲不足。二是地区间发展不平衡。武汉、襄樊两地区聚集了全省科技人员的 60%，科技经费的 70%，科技信息资源的 60%和三分之二的高新技术产业。而占我省总面积 80%、人口 70%的其他县市的科技资源比较贫乏，影响着全省经济的协调发展。三是中小企业融资困难。由于我省目前风险投资基金规模过小，一些发展前景较好的中小企业又受其信用等级的限制，融资困难，影响了企业创新活动的开展。

在经济全球化日趋发展的今天，国际竞争日益激烈。面对发达国家在经济、科技领域占有的优势，我国及我省多数企业往往因难以掌握核心技术而受制于人。只有加快企业技术创新，增强企业自主开发能力，采用先进适用技术加快改造传统产业和开辟新兴产业，才能为调整经济结构、转变发展方式提供重要支撑，才能不断提升企业的综合实力和综合竞争力。我省已处于创新发展的关键时期，必须顺应全球经济发展趋势，通过加快企业技术创新，加快经济发展方式转变，推动产业结构优化升级，提高湖北竞争力。其主要途径有：(1) 加快建设以企业为主体、市场为导向、产学研相结合的技术创新体系。引导和支持创新要素向企业集聚，全面落实鼓励企业加大科技投入的各项政策，使企业真正成为研发投入、技术创新活动和创新成果应用的主体。继续支持行业龙头企业创国家级、省级企业中心；鼓励企业参股、控股省内外科研院所，或到境外采用收购、兼并等形式设立研发机构。(2) 完善产学研联合创新机制。支持企业与高等院校、科研院所联合建设实验室、研发中心、技术联盟等各类合作创新组织。加强技术创新服务体系建设，为科技成果向现实生产力转化营造良好的环境。大力发展科技中介服务机构，培育面向块状经济、中小企业的公共创新服务平台。加强对产业共性技术开发的组织协调，建立健全引导扶持产学研联合攻关的合作创新机制。(3) 组织实施重大技术创新项目。坚持以市场需求为导向，研究提出并组织实施一批带动作用强、技术水平高、市场前景好的重大技术创新项目。支持引导企业不仅在大力引进关键技术和设备上做文章，更要在引进、消化吸收再创新和集成创新上下功夫，力争在一些核心技术上实现突破。(4) 建设创新型人才队伍。强化“人才是第一资源”的意识，加强创新人才培养，加快创新人才集聚，努力造就一支规模宏大、结构合理、素质优良的创新型人才队伍。发挥市场在人才资源配置中的基础性作用，充分调动和激发人才的创新活力。完善并落实人才引进的各项优惠政策，努力引进更多地国内外人才来湖北创新创业。

（二）建设和完善交通设施

交通运输业是国民经济的基础产业，对包括工业在内的经济社会发展起着重要的支撑、保障和引导作用。经济活动的各个领域，无论是资源开发、产品加工还是商品流通，首先要解决的就是设备、原料和能源的输入与产品的输出问题。在市场经济条件下，交通的规模决定流通的规模，交通的速度决定流通的速度，交通的效率决定流通的效率，经济发展的“三驾马车”，都离不开交通发展带来的人流、物流、资金流、技术流和信息流。交通还是促进经济分工分业、聚变裂变的重要因素。要促进湖北工业经济又好又快发展，就必须充分发挥交通基础设施的先导效应和先行作用。

湖北地处中国腹地、长江中游，在全国交通运输格局中具有承东启西、接南纳北、通江达海、辐射全国的独特交通区位优势，省会武汉素有“九省通衢”的美誉。近年来，湖北综合交通发展取得了长足进步，为全省经济社会发展特别是工业经济发展做出了突出贡献。交通基础设施的建设和完善，不但优化了湖北工业经济的产业结构及布局，有效降低了现代物流的运输成本，而且拉动了经济增长，增加了就业机会。但我们也要清醒地认识到：发展不够、优势不优仍是湖北综合交通发展面临的最大实际和主要问题，突出表现在“四个不相适应”：一是交通基础设施规模总量与全省经济社会发展需求不相适应，综合交通网络覆盖面偏低、规模效应难以体现，主要运输通道的能力较为紧张。二是现有各种交通运输方式自成体系发展与综合交通一体化的发展要求不相适应，各种交通运输方式相互之间缺乏衔接配套，综合交通的整体效益未能充分发挥。三是交通结构现状与“两型”社会发展的要求不相适应，水路优势不优，成为综合交通体系中的“短板”；城市轨道交通起步较晚，城区公共交通发展滞后的问题依然突出；管道运输基础较为薄弱，能源供应缺乏有效保障。四是现有交通保障体系与建立综合交通体系的要求不相适应，一体化的综合交通服务信息平台和体制机制亟待建立完善。

根据湖北工业经济发展要求，今后一个时期我们要以推进武汉城市圈综合交通一体化为抓手，充分发挥湖北综合交通运输在全国交通运输格局中的突出优势，为我省承接国际和沿海发达地区产业转移、实现跨区域的经济交流与协作，提供快进快出、大进大出的运输保障。总体思路就是要“完善七通道、构筑三圈、打造六枢纽、建设一系统”，着力构建一体化的武汉城市圈综合交通体系。一是着力完善“承东启西，接南纳北”的七条综合运输大通道，通过完善武汉至河南郑州方向、武汉至安徽合肥方向、武汉至江西南昌方向、武汉至湖南长沙方向、武汉至川渝方向、武汉至陕西西安方向综合运输通道和京九、大广综合运输通道，形成向外连接周边中心城市、城市群和区域经济中心的放射状通道布局；二是着力构筑“功能明确，环形放射”的三个交通圈，通过构筑武汉主城区核心交通圈、连接武汉市新城的紧密交通圈和连接城市圈内其他八城市的辐射交通圈，形成连接城市圈各市的环型放射状网络；三是着力打造“配套完善，衔接紧密”的六个枢纽，通过建设武汉全国性综合交通枢纽等“一主五辅”六个综合交通枢纽，加强通道和圈层的联系，促进各交通方式的优化衔接和协调配套发展；四是着力建设“资源共享，集约高效”的综合交通信息系统，促进各交通方式的信息共享和系统融合发展，提高交通基础设施的服务能力和运行效率。与此同时，根据武汉城市圈总体发展战略和“两型”社会建设的要求，近期目标是率先实现“五大突破”。

1. 率先在推进武汉新港建设上取得突破。以武汉新港的跨越式发展为契机，打破地域限制，遵循市场规律，合理定位和布局港口功能，以资本为纽带、通过合资合作等形式全面推进区域港口资源整合，实现“深水深用，浅水浅用”，提高岸线资源的利用效益。通过实施港口规模扩大、腹地扩张的“双扩”发展战略和港工贸互动（港口—工业—贸易）、港区城联动（港口—园区—城市）的“双动”发展战略，使武汉新港成为港口辐射区发展外向型经济的重要窗口、港城互动区临港产业布局的重要依托、中部地区重要运输枢纽和物流平台、武汉城市圈经济协调发展的重要基础。

2. 率先在武汉城市圈铁、水、公、空、管等综合交通重点工程建设上取得突破。以铁路客运专线建设和扩能改造为重点，提升武汉铁路枢纽作为全国四大铁路枢纽、六大客运中心的地位。以引导武汉临空经济区的形成和发展为目标，加快完成天河机场扩建改造工程，将武汉机场打造为大型航空枢纽。以打通承东启西、接南纳北的高速公路通道为重点，进一步提升武汉、黄石等国家公路运输枢纽的服务功能。以建设武汉中心城区至周边新城和圈内城市的城际快速通道为重点，加快城市圈交通一体化进程。到2012年，形成以全国性综合交通枢纽建设为载体的全国铁路路网中心、长江中游航运中心、华中地区最大的航空枢纽港以及邮件、快件和邮政物流集散中心。

3. 率先在加快城市圈道路运输一体化发展上取得突破。以加快道路运输业科技创新为载体，在武汉城市圈率先实现道路运输信息一体化。以加快道路客运公交化改造为载体，在武汉城市圈率先实现道路客运公交一体化。以改革和创新道路运输体制机制为载体，在武汉城市圈率先实现道路运输政策和管理一体化。

4. 率先在优化各种交通运输方式的衔接上实现突破。以综合客货运枢纽的建设为重点，强化枢纽衔接和一体化的运输设施配置。重点依托港口、场站、机场、商业中心等重要客货集散地，加快建设适应各自功能特点、不同交通运输方式紧密衔接的综合客货运枢纽。以综合交通信息一体化建设为重点，依托通信基础设施一体化建设，加快建设各类管理服务信息平台，加强各种交通运输方式之间和各区域之间的协作，构建完善支撑综合交通可持续发展的支持保障系统。

5. 率先在打造“两型”交通实践上取得突破。以推广全国科技环保示范路——神（农架）宜（宜）公路的成功经验为重点，着力打造生态文明交通品牌。积极争取将武汉城市圈作为全国推广“低能耗、低排放、高经济性”清洁环保车船示范点，积极引导发展节油环保、高效低耗的运输车船，优化交通运力结构，加强节能减排降耗。

（三）超常规地发展能源

我省能源短缺，缺煤少气，尤其是电煤有97%依赖外省调入，电煤资源短缺成为制约我省经济社会发展的瓶颈。因此，必须在组织电煤供应、保障能源供给上采取超常规措施。当前和今后一个时期应采取的措施是：

1. 大力推进电煤战略性投资。解决电煤长远供应问题，必须下大气力推进电煤战略性投资。一是要大力推进以资本换资源。各发电集团驻鄂机构，要通过向上级主管部门争取政策，支持和鼓励火电企业到产煤省以参股、控股或买断资源等多种方式投资，掌控电煤资源主动权。在3~5年内，力争省内装机容量在100万千瓦以上的电厂，都要实现对外投资，其投资所得到的资源要占到本企业电煤供应量的三分之一以上。二是要大力推进以产权换资源。对现有火电企业，各发电集团要通过出让产权，吸引外省国有大型煤矿来我省火电企业投资，形成矿、电联合新格局，形成稳固的电煤资源渠道。对新上火电机组，原则上必须要有国有煤矿参与投资，并切实落实电煤资源。

2. 建立电煤战略储备制度。确保电煤供应安全，必须建立我省电煤战略储备制度，在电煤供应紧张时，以战略储备补充供应，从而确保全省经济社会发展对电力的需求。在1~2年内，电煤战略储备量要达到100万吨左右，3~5年内电煤战略储备量要达到200万吨以上。为实现这一目标，必须尽快推进三个战略储煤配送基地建设，即枝城港储煤配送基地、平鄂港储煤配送基地和余家湖港储煤配送基地。

3. 扩大火电企业自身储煤能力。我省火电企业储煤场地普遍不足，是电煤库存偏低的重要原因之一，必须采取措施尽快加以改变。各火电企业要筹措专门资金，一是专项用于改建或扩建自有储煤场，使储煤能力达到本企业机组30天的耗用水平；二是专项用于电煤接卸设备的更新改造，提高接卸效率，最大限度地提高铁路运输能力。

4. 增加省内产煤企业供给电煤能力。在外省电煤资源严重不足的情况下，各火电企业必须考虑适当使用本省煤炭资源。本省煤炭资源用于电煤供应的数量按年200万~300万吨以上组织。按照平等互利、地域相近、运输方便的原则，确立省内煤炭生产企业与省内火电企业点对点衔接方式，逐步提高省产煤炭供给电煤的数量。

5. 利用长江水道开拓水运电煤资源。要充分利用长江黄金水道优势，各火电企业要加大从四川、重庆、贵州等省份调入电煤力度，以补充山西、河南、陕西等主产煤省电煤资源供应不足。各沿江火电企业要采取措施改扩建码头或租借码头，疏通入港航道，充分发挥长江黄金水道运能，增加水运煤调入量。

6. 积极争取电煤铁路运能。要切实做好我省电煤铁路运输工作，铁路部门要把我省电煤运输当作货物运输的重中之重，特别是在迎峰度夏、度冬关键时期，要全力组织好省内各电厂的电煤运输，确保电煤供应。同时，要成立专班，联合陕西省相关部门，积极向国家发改委、铁道部争取西康铁路复线建设，打通陕煤入鄂瓶颈，增加湖北电煤供应能力。

7. 大力发展非煤电力。新上一批核电、风电、燃气发电、生物质发电项目，组织余压余热发电，最大限度地减少我省电力工业对电煤的依赖。下一步还要组织力量，着眼于从根本上解决全省能源供应问题，抓紧研究制定包括煤炭在内的煤电油气运等“湖北省能源发展战略”，并尽快组织实施，以此保障全省工业经济持续快速健康发展。

[本文系作者在省政府分管工业期间，向省委、省政府主要领导同志提交的研究报告；经批示，刊载于省委政研室主办、2008 年 7 月 25 日出刊的《内部参阅》第 36 期；后收入《湖北发展研究报告（2009 年卷）》，武汉大学出版社 2009 年 6 月出版。]

在更高起点上承接产业转移

（2008 年 7 月 30 日）

省第九次党代会提出，扩大对内对外开放是实现今后五年经济又好又快发展的关键，必须坚定不移的以开放促改革、促发展。省委九届二次全会进一步提出，要大力实施开放先导战略、提高开放型经济水平，要坚持把承接国际资本和沿海产业转移作为扩大开放的重中之重。近期以来，在省委、省政府的强力推动下，全省上下积极承接“两大转移”，并取得了显著的成效。然而，面对日趋激烈的区域竞争，面对稍纵即逝的发展机遇，我们必须进一步增强责任感和紧迫感，必须进一步采取有力措施，在更高的起点上，更加积极主动、更加卓有成效地承接“两大转移”。

一、更加积极主动地承接“两大转移”

随着经济全球化深入发展，更多的资金、技术、知识、信息和人力资本在全球范围内流动。无论是一个国家还是一个地区，无论是国内企业还是外资企业，只有尽可能地利用全球范围内的各种机遇，集中各方面的优势资源，才能加快提升技术水平和自主创新能力，才能不断增强综合实力，形成新的竞争力。当前，国际和沿海产业转移的两大潮流加速推进，并在中国内陆地区会合，呈现出规模扩大、范围拓宽、层级提升的强劲势头。最大限度地利用好这一难得的历史机遇，是决定湖北未来发展的一个重大问题，也是当前面临的一项十分紧迫的现实任务。

1. 国际资本和产业加速转移。国际产业转移，主要指发达国家或地区通过国际贸易和国际投资等方式，将产业转移到次发达国家或地区，以及发展中国家或地区，带动移入国产业结构的调整和优化升级。迄今为止，国际上发生过五次大规模的产业转移，最近的一次就是20世纪90年代以来，随着经济全球化和国际产业结构调整的加快，全球制造业向亚太地区特别是中国转移，使中国日益成为并将继续成为世界制造业基地。

近年来，国际资本和国际产业转移出现了新的态势：（1）产业链条整体转移趋势明显，关联产业协同转移现象增多。跨国公司发挥其社会化协作程度高和横向联系广的优势，主动引导和带动相关行业的投资，鼓励为其配套的生产服务企业和供应商一同到东道国投资，在当地发展配套产业并建立关联产业群。跨国公司除了转移传统的制造业外，还将研发、设计、中试、营销甚至公司总部等生产经营环节，向其他地区转移。这种产业链条整体转移并带动关联产业协同转移的新趋势，使得国际产业转移的速度、规模和范围都达到前所未有的水平。（2）跨国公司投资日益多样化，主导着全球的产业调整转移。近年来，除了传统的直接投资和股权收购外，证券投资、跨国并购、股权交换、合资合作、非股权安排等各种形式的产业投资层出不穷。其中，证券投资和跨国并购日益成为最主要方式，目前已分别占全球资本流动的75%和跨国直接流动的60%。我国加入WTO后，利用外资政策取得的重大突破之一，就是鼓励外商以并购方式参与国有企业改革与发展，至此我国吸引外资进入了投资、融资、并购重组等多种方式并行推进的新阶段。其中，并购重组是新趋势。跨国并购从功能上讲，既有水平并购，即同一行业内部相互竞争的企业之间发生的并购行为；也有垂直并购，即并购对象是上下游企业或客户，并购双方处于产业链上的不同环节，各自具有相互补充的独特优势资源；还有混合并购，即经营业务和经营活动无关联的公司之间的并购行为。(3) 高新技术产业出现转移趋势。发达国家不仅将高新技术产业的加工组装环节转移到发展中国家，而且将配套的零部件生产、物流、营销甚至部分研发活动等，也通过项目外包和业务离岸化等方式向外转移。(4) 服务业成为产业转移的新的热点。服务外包是当今国际产业转移的一种新形式，具有信息技术承载度高、附加值高、资源消耗低、环境污染少、吸纳就业能力强、国际化水平高等特点。

2. 沿海产业转移不断加速。改革开放以来，沿海地区借先行之势，经济迅速腾飞。但经济全球化、区域经济一体化进程的加快，其超常发展的有利因素开始出现弱化的趋势，特别是在经济高强度发展后，现有的资源和环境的承载力都面临巨大的挑战。这使得沿海经济的发展开始走上产业转移和产业升级并行的轨道，一般制造业向内陆转移的力度不断加大。特别是去年以来，为了进一步促进加工贸易转型升级，为了优化加工贸易的区域布局，国家对加工贸易政策进行了重大调整，因而加速推进了东南沿海产业向中西部转移的步伐。

当前，沿海产业转移的特点有四：一是产业转移规模越来越大。据测算，到2010年，仅广东、上海、浙江、福建四省市需要转出的产业产值将达到1.4万亿元左右，且大都是以产业链条为纽带的整体配套转移；二是转移的产业主要以加工制造业为主，尤其是劳动密集型加工工业转移的势头强劲；三是对资源能源依赖较强的上游产业转移趋势明显；四是与沿海地区相邻且交通运输条件较好的省区，在吸引产业转移方面明显占优，中部正日益成为沿海企业转移的重点区域。在这一进程中，湖北具有承东启西、连南接北的区位优势，既可成为沿海产业转移的承接地，也可作为沿海产业向西部转移的“桥头堡”或“中转站”；湖北科教实力雄厚，产业基础良好，配套能力强，同时又具有资源和劳动力优势，既有发展资金技术密集型产业特别是高技术产业的优势，又具有发展资源、劳动密集型产业的优势；同时，湖北武汉在交通、市场上也具有突出的辐射力和活力，不仅能承接沿海加工贸易型产业的转移，而且更有利于发展面向内需、面向国内大市场的产业。在当前国际经济放缓、国内经济向更加依靠内需特别是消费拉动转型的大环境下，湖北的这一优势正在成为越来越突出的引资亮点。

3. 现存机遇不等于现实机遇。国际和沿海两大产业转移潮流加速在中部会合，给我们带来了千载难逢的重大机遇。但必须清醒地看到，能不能利用好这一机遇，能在多大程度上利用这一机遇，依然需要付出艰苦的努力。产业转移在加速，但可以承接产业转移的区域很广，承接地很多。这种竞争局面使我们承接国际和沿海产业转移具有诸多的不确定因素。

一是“两大转移”并非必然选择中国。在多年发展的基础上，我国支撑经济发展的一些条件正在发生变化。特别是由于各种因素使得产业成本呈上升趋势，一些周边国家更加低廉的资源和劳动力成本优势逐渐凸显，再加上出口的便利，吸引了相当多的国际资本、港澳台地区资本甚至我国沿海的产业资本向其转移。尤其是一些新兴的国家如越南、泰国以及印度等，在吸引产业转移方面都有一整套政策和措施，且力度很大。近年来，这一趋势正在逐步加快和扩展。

二是“两大转移”并非必然选择中部。即使产业转移要进入中国，也并不一定只能选择中部。一方面是东南沿海地区在留。东南沿海地区不仅积极承接国际高端产业转移，而且千方百计把一部分产业转移到当地。如广东省政府早在2005年就出台了《关于我省山区及东西两翼与珠江三角洲联手推进产业转移的意见（试行）》，通过财政资助等政策推动，在粤北山区和东西两翼建设产业转移工业园。另一方面是西部在争。我国西部地区通过西部大开发，基础设施有了突飞猛进的进展，在不少省市区，基础设施的条件甚至比中部地区还好。加上丰富的资源、更低的成本，其在吸引产业转移方面的竞争力不可小视。仅四川一个省，目前已有135家世界500强企业投资或设立办事机构，2007年引进省外到位资金1972.8亿元，增长79.9%。另据统计，今年一季度西部地区实际利用外资达20.46亿美元，同比增长260%，在全国利用外资总额中的比重由去年同期的4%提高到7%。

三是“两大转移”并非必然选择湖北。即使产业转移选择中部，也并不一定必须落在湖北。近年来，中部其他五省都在“暗中较劲”、各显神通、频出新招，纷纷加大招商引资工作力度，特别是瞄准跨国公司和沿海产业，积极引进大项目，形成你追我赶之势。河南、江西、安徽、湖南均有接壤沿海地区的地利，有率先融入沿海泛经济区的先机，有自己独特的资源优势，近几年来不断加大力度，在招商引资的规模、层次和水平上不断取得新突破。据综合开发研究院（中国·深圳）对珠江三角洲地区外迁企业的一项抽样调查显示，“目前企业转移的主要迁往地是三部分，即广东省内的东西两翼及北部地区；山东、湖南、江西、广西、福建、陕西等地；越南”。

四是“两大转移”的黄金周期是有限的。新一轮国际产业转移的黄金周期可能只有5~10年，而国内产业转移早于5年前就已经开始，并且也不会无限持续下去。根据有关方面分析，沿海地区大规模的产业转移估计在今后5年左右完成，承接产业转移的时机稍纵即逝。

总之，机遇千载难逢、机遇稍纵即逝、机遇只属于做好了充分准备的人们。显然，面对国际和沿海产业转移不断加速的两大潮流，我们必须以更大的决心、更新的思路、更强的力度、更加有效的措施，必须牢固树立“抢”的意识，抢抓机遇、抢占先机，抢市场、抢项目，在承接“两大转移”进程中，努力实现新的突破，赢得新的发展。

二、充分认识我省承接产业转移的良好基础

扩大对内对外开放，不仅要认清国际国内出现“两个转移”的大趋势和大背景，也要充分认识现阶段湖北自身经济发展的优势和特征，唯有“知彼知己”，方能够“百战百胜”。当前，支撑全省经济发展的区位优势、交通优势、资源优势、产业优势、科教优势和人才优势仍然存在，并将继续发挥重要作用。同时，我们更要敏锐地、清晰地认识到湖北经济发展中已经出现的两大阶段性特征。

特征之一：湖北经济正处于快速发展期。从“十五”末期开始，湖北经济逐渐呈现出又好又快的发展势头，成为改革开放以来发展得最好最快的时期。2007年，地区生产总值达到9150.01亿元，增长14.5%，是1979年以来增幅最高的一年，并连续16

个季度保持在两位数以上的增长速度，连续9个季度保持12%以上的增长水平，加快发展的态势十分明显。其最突出的表现是：

（1）工业经济保持快速增长。2007年，全省规模以上工业增加值达到2822.97亿元，增长23.6%，增速比上年加快3.6个百分点，与2002年的1170.48亿元相比，年均递增19.2%。其中，支柱产业和重点企业发挥了重要的支撑作用，汽车、石化和钢铁产业率先突破“千亿元”大关，武钢等13家企业年销售收入过百亿元大关。同时，轻重工业结构趋向协调，产业支撑点不断扩大。2007年，轻工业完成增加值832.39亿元，同比增长28.4%；重工业完成增加值1990.58亿元，增长21.7%，轻工业增幅连续22个月快于重工业增幅。

（2）重点企业项目加快推进。大企业、大项目的龙头引领作用进一步增强，并以此带动产业链延伸和扩张。2007年，武钢、东风汽车、东风本田、武烟集团、东风汽车股份、大冶有色、宜化集团等企业生产效益较快增长，工业总产值增幅达到了27%~86%，领跑效应显著，支撑力、辐射力和影响力增强。同时，富士康、中芯国际、80万吨乙烯、宜昌多晶硅等一批重大项目陆续开工建设，投产后将成为带动产业链的龙头。此外，中小企业特别是民营科技型中小企业加速成长，在全省经济发展中的作用不断增强，工业增加值的增幅2006年和2007年连续两年超过了大型企业的增幅。

（3）区域经济实力不断增强。2007年与2002年相比，全省各市州的工业取得长足发展，大部分城市成倍增长，一批大中项目投产或正在建设，积累了发展的后劲。一批中等城市加快步伐，县域经济“一主三化”格局已经形成，活力明显增强，对全省经济的拉动作用明显。武汉市进一步强化了龙头带动作用，武汉城市圈建设顺利推进，并取得显著成效。2007年，规模以上工业增加值为1794.07亿元，占全省工业63.6%，比2002年提高3.1个百分点。同时，武汉城市圈已成为吸引外资特别是承接世界500强企业和沿海产业转移的主要阵地。我省经济持续又好又快的发展，充分展示了内在优势的巨大潜力和空间，并由此成为扩大对内对外开放的有效平台和重要载体。

特征之二：湖北经济正处于聚变裂变期。在我省经济多年积累集聚的催生之下，在政府引导和市场机制的双重作用之下，生产要素和重要资源已开始加速向优势企业、优势产业、优势区域集聚，并由此推进产业链的延伸与扩张。同时，生产要素和资源加速向优势企业、产业、区域流动集聚，有效地促进了产业结构和企业组织结构的优化升级，大大提升了企业的竞争力和扩张力，一大批企业开始裂变式发展。

一是龙头企业通过战略性重组发展成富有实力的企业集团。加快推进产权制度改革，大部分国有大中型骨干企业已初步建立了现代企业制度，重点企业改制重组成效明显，在引进外来战略投资者、债务重组等方面取得了较大突破，企业间的强强联合进展顺利。同时，企业并购成为吸引国内外战略投资者、做大做强优势企业的主要方式。一些企业集团积极参与国际分工，不断做大做强，有的进入跨国集团采购链，有的开始掌控国际细分市场的话语权。例如，我省武烟集团整合资源、由18变1的成功，已为实践所证明。再例如，香港中信泰富投资有限公司出资收购了冶钢集团公司钢铁主业资产，成立了新冶钢有限公司，使企业迅速获得新生，并实现超常规发展。还如，省能源集团在整合资源并成功改制的基础上，成功引入长江电力股份公司31亿元现金投资，去年底又完成中国国电集团公司增资，成功实现了股权多元化。如果今年再上市成功，总资产将超过300亿元。还有，武钢成功重组鄂钢、柳钢、昆钢三家钢铁企业，钢铁产能跃上2500万吨。

二是一批优势企业走上裂变式扩张道路。一批优势企业在历经过产品经营、资本经营之后，凭借其雄厚实力，加快了重组裂变的步伐。如东风公司经过重组之后，裂变成为神龙汽车有限公司、东汽股份、东风本田、东汽有限四家过百亿元企业。另一方面，一批优势企业内部创业式裂变正在形成新的产业扩张路径。一些国有企业内部职工自主创业，催生出一批中小企业，成为我省产业集群发展的一个基本途径。如安陆的粮机企业集群、武穴的医药企业集群、京山的轻工机械集群等，都是这种创业式裂变的典型。

三是形成了一批功能明晰、相互配套的产业集群。近年来，全省大力实施“三个三工程”和中小企业成长工程，按照“集聚产业、突出特色”的要求，对工业发展空间布局进行合理调整和优化，把产业集聚与区域分工以及工业园区有机地结合起来，产业集群得到快速发展。初步统计，全省已形成销售收入过亿元的各类产业集群206个，其中销售收入过10亿元的90个、销售收入过50亿元的17个。206个产业集群的关联企业10667家、员工136万多人。产业集群的集聚效应，有力地推动了全省经济尤其是工业经济的发展。我省仙桃、汉川、大冶等地之所以成为我省经济发展较快的地区，与其产业结构调整和产业集群的快速发展密切相关。产业集群已经成为我省调整经济结构、提高创新能力的推动力量，成为节约能源资源、发展循环经济的有效途径，成为中小企业、民营企业发展的聚集地，成为城镇化和社会事业发展的重要支撑，成为全省经济最具活力的新的增长点。

现阶段全省经济发展的两大特征表明，以现有经济发展实力为基础、以整合现有资源和优化资源配置为核心、以推进产业集聚和企业裂变式发展为抓手，既是激活我省巨大优势和潜力、促进全省经济又好又快发展的有效途径，更是高水平打造国际资本和沿海产业转移最佳承接地的有效载体。

三、在更高起点上推进招商引资和承接产业转移

经过多年来坚持不懈地努力，我省对内对外开放和承接产业转移的基础条件发生了显著变化。面临新的发展态势、新的机遇和挑战，我们必须努力推进开放向更高层次迈进，即在更大范围内通过资源整合，打造更大规模、更高层次吸引产业和要素集聚的平台，使湖北真正成为人流、物流、商流、资金流、信息流、智力流等资本和要素流入并集聚扩张的“洼地”。当前，我们至少可以通过以下几种方式，大力推动资源整合，形成更大规模、更高层次吸引承接产业转移的平台。

第一，通过深化产权制度改革，推出一批具有发展实力和发展潜力的国有及国有控股企业，积极吸引国际和沿海战略投资者进行并购重组。至 2007 年底，由省国资委履行出资人职责的企业共 39 家，总资产 638 亿元，净资产 188 亿元。其中资产总额在 10 亿元以上的企业 6 户，按资产规模排序分别为省能源集团、大冶有色金属公司、三环集团公司、省投资公司、省铁路公司和省盐业公司。2007 年统计内 37 户出资企业实现销售收入 454. 9 亿元，利润总额 46. 4 亿元。近期要通过深化改革、调整重组，到 2010

年将省出资企业由39家整合至20家左右，并重点抓好九大龙头企业和业务板块的发展，实现数量减少、规模扩大、质量提高、效益改善。不仅如此，经初步统计，2007年全省国有及国有控股工业企业户数为1413户，这些都是战略投资者并购重组、有效承接产业转移的重要资源。面对产业转移的新形势和新机遇，我们要统筹策划，将吸引沿海特别是国际战略投资者并购重组与深化产权制度改革结合起来，打造全新的优势企业龙头。特别是要瞄准世界500强跨国公司和国内500强知名企业，寻求战略合作，引进战略投资者。有针对性地开发一批国有企业中的产权、股权转让项目，吸引境内外投资商来湖北并购重组。近期，拟对大冶有色金属公司实施战略重组，通过改革改制、引进战略投资者、争取上市、整合省内有色金属资源和相关企业等“四部曲”，尽快将该公司打造成为年销售收入500亿元以上的大型企业集团。

第二，充分利用湖北的工业、农业、旅游、流通服务业及基础设施等方面的优势，精心选择一批具有显著开发价值和发展空间的重大项目，吸引国内外投资者进行整体开发。充分利用湖北农业、矿产、旅游等特色优势资源，积极吸引国内外资本投资嫁接，大力发展新兴产业。以加快新型工业化进程为主线，加大重点产业、重点行业、重点项目的招商引资力度，推动经济结构调整和产业升级。着力在汽车、钢铁、石化、电子信息、纺织服装、食品等六个年销售收入过千亿元的支柱产业，在公路及航运建设、铁路建设、电力建设三个投资过千亿元的基础产业及相关领域，开发一批大项目，引进外来投资者，提升产业竞争力。加大服务业招商引资力度，加快发展物流、旅游、文化、金融服务、信息服务、中介服务等重点行业，鼓励国内外知名生产性服务企业、跨国公司来湖北设立地区总部、服务中心、分支机构、研发中心等。

第三，充分利用上市公司资源，吸引国内外投资者投资参股或并购扩张。到2007年底，全省共有65家公司在境内外证券市场上市，其中境内上市公司64家，占全国同期境内上市公司总数(1549家)的4.13%。全省上市公司总市值5410亿元，占全国(400616亿元)的1.35%。65家上市公司极其珍贵的“壳资源”，既是利用资本市场低成本扩张的有效平台，也是承接“两大产业转移”的有效载体。在国际资本和沿海产业加速转移的新形势下，一方面要鼓励和支持绩优上市公司开展有利于地方经济结构调整与优化升级的市场化并购重组，积极参与行业整合、产业整合，通过整体上市、资产注入、引进战略投资者并购重组等方式，对上下游配套企业进行重组和改造，努力把上市公司打造成为辐射带动能力强的行业龙头，促进产业集群的发展。另一方面，要积极推动高风险上市公司的优化重组。要采取积极措施，区分不同情况，运用股权转让、引进战略投资者、资产置换等多种方式，加大优质资产注入力度，使之“枯木逢春”并进而做大做强。同时，要充分利用上市公司的平台，通过外资并购、“壳资源”转让等方式，引进境外、省外的资本和产业，承接国际国内资本和产业转移。

第四，选择一批具有明显转化前景和升值空间的科技成果，吸引国内外风险投资和战略投资者，合力推进产业化。湖北科教力量和人才数量都位居全国前列，各类科研院所众多，每年都要产生大批的科技成果，并由此推动全省高新技术产业的发展。要以科技成果为载体，着力吸引海内外投资者来湖北选择一批创新性突出、成长性强、易于产业化的科技项目，通过承接国际资本和沿海产业转移，引导生产要素向科技型、创新型企业集聚，促进科技成果向现实生产力的转化。为此，要认真组织实施重大科研专项和推进计划，瞄准国际产业发展前沿，研制、转化、储备一批有发展前景的科技成果。积极吸引国内外资本组成产业化实体，转化一项成果、发展一家企业、培育一个产业。同时，也可将现有的具有实力的科研院所实施改制，转换经营机制，以此为载体，承接“两大转移”。近期，拟对省化学研究院进行转制改制，使之由科研事业单位直接改为混合所有制、非国有控股的股份制公司，建立现代企业制度。新公司将按《公司法》和公司章程规范运作，适时引进海内外战略投资者，争取3年左右实现公开发行股票并上市，进而把企业做大做强。

第五，推出一批功能明晰、相互配套、成长性强的产业集群，使之与国际和沿海产业的链条式转移相对接。承接国际和沿海产业转移，在优惠政策趋同和低成本优势减弱的情况下，产业配套能力成为越来越重要的因素。提高产业配套能力的一个有效手段就是发展产业集群。根据已经出台的《湖北省产业集群“十一五”发展规划》，“十一五”时期，按照“规划科学、产业突出、特色明显、竞争力强”的要求，着力培育具有配套服务功能的产业集群，形成年销售收入5个过500亿元、10个过100亿元、20个过50亿元、30个过30亿元、100个过10亿元的产业集群。为此，必须进一步完善产业配套，努力吸引沿海整体性的产业链及企业集群的转移，建设更高水平的产业集聚区。充分发挥开发区在招商引资中的载体作用，支持各类工业园区培育优势产业和主导产业，大力引进产业龙头型项目和与之配套的项目，降低产业配套成本，发挥集聚效应，形成一批具有较强竞争能力的产业集群，以产业集群的发展更好地承接国际和沿海产业转移。

我们可以从以上几个方面着手，通过策划项目、论证项目、包装项目，力争每年推出50~100个甚至更多的重大项目，“主动出击”赴沿海、港澳地区和国外进行新一轮招商引资，争取形成一批高效率的产业转移和资本投资平台，成长为一批新的重大的产业增长点。以此促进国际产业和生产要素更大规模、更快速度、更高质量地转移至湖北，以此形成扩大开放和承接产业转移的全新格局。

四、进一步营造承接产业转移的良好环境

1. 认真做好承接产业转移的各项对接。在各地招商引资竞争日益激烈的情况下，承接两大产业转移，必须发挥优势，突出特色，增强对投资者的吸引力。当前，要从湖北的资源禀赋、产业基础、区位状况和消化吸收能力出发，确立承接产业转移的对接区域、重点产业领域和承接要素。一是做好区域对接。在引进镜外资本方面，要“巩固港台、发展日韩、开拓欧美”，在引进内资方面，瞄准“长三角”“珠三角”，重点抓住广东外资企业和浙江民营经济向内地转移的机遇，同时密切关注台湾企业向大陆投资政策的调整，跟踪相关产业和项目，有目的、有针对性地做好对接工作。二是做好资源对接。充分利用湖北特色资源优势，大力承接资源精深加工企业，发展下游产品，拉长产业链，提高产品的科技含量和附加值，把资源优势转化为经济优势和产业优势，促进优势资源产业转型升级。三是做好产业对接。重点围绕支柱产业搞好对接，舍得拿出优势企业和优质资产，以特色产业和主

导产品为核心，引进战略投资者，使主导产业由“点状”向“块状”聚集发展，加快形成专业化分工、系列化生产、集聚式配套的产业格局。四是做好企业对接。企业是市场主体，要主动走向承接产业转移的前台。引导企业认真研究国家产业政策和国际国内市场发展趋势，充分发挥和利用自身特色产品、资源、资金等优势，有重点、有针对性地包装推出招商引资项目。鼓励和引导企业加强品牌对接，通过承接发达地区高新技术产业转移，大力引进外地知名品牌，借梯上楼，努力提高湖北产品的知名度和市场竞争力。五是做好物流对接。目前，湖北物流成本偏高，已成为制约承接国际和沿海产业转移的瓶颈之一。如何变交通区位优势为商务流通优势，是加快承接沿海产业转移需要解决的迫切问题。要着力抓好大型物流园区、现代物流企业以及物流运输、公共信息、存储配送等物流平台建设。进一步加快交通骨干项目建设，完善对外交通网络，构建大交通、大流通格局。

2. 积极完善优势工业园区的产业发展环境。工业园区是承接产业转移、加速产业集聚、培育产业集群的主要载体。目前，湖北已有 100 多个开发区和重点园区，其中包括 3 个国家级开发区。要以这些园区为基地，结合产业转移的实际需要，做好园区规划，科学合理布局，明确各类园区产业定位和发展方向，大力完善产业配套和发展环境，积极打造特色优势产业园区。一是提升园区建设的整体水平。要大力推进以道路、水、电、气、通信为主的基础设施建设，发挥基础设施的先导效应，增强吸引力和凝聚力，使引进的项目尽快落户并产生效益。综合运用政策和市场手段，充分利用行政资源，进一步建立和完善投入机制，鼓励和吸引多种投资主体以多种方式参与园区基础设施建设，有条件的园区可按市场运作方式成立具有独立法人资格的基础开发公司，建立起长期、稳定的园区基础设施建设投融资机制，推进园区上规模、上等级、上水平，提高园区对产业转移项目的吸纳和承载能力。二是加大招商引资工作的力度。围绕承接产业转移，积极拓宽招商引资范围，进一步创新招商引资机制，搭建与国际接轨的招商引资新平台。推进招商引资制度化，建立长期稳定的招商引资机制和渠道，实行目标责任制，形成政府推动和园区自主相结合共同招商的局面。要推进招商引资社会化，出台相关政策，引导和鼓励全社会参与招商。三是创新工业园区开发的机制。各地政府要指导工业园区制订科学的产业发展规划和招商引资项目指导目录，支持园区根据本地优势选择、培育优势产业和主导产业，发挥聚集效应，形成产业集群和龙头企业。同时，在着力建设好现有园区的基础上，有条件的地方要建设一批承接国际和沿海产业转移的专门园区，努力使工业园区成为承接产业转移、带动本地经济快速发展的基地和龙头。本地暂无条件或不适宜承接的转移产业，可以按照市场导向和产业布局原则，转移到其他具备吸纳条件的外地园区落户，发展共建共享、收益分成的“飞地经济”，实现优势互补、互利双赢。

3. 切实加大承接产业转移的政策支持力度。承接国际和沿海产业转移，必须发挥政府的配置市场资源功能和引导作用，加大政策支持力度，切实解决存在的突出矛盾和问题，营造良好的投资和创业环境。一是加大政策创新力度。要在用足用好现有政策的同时，努力推动政策创新，增强承接产业转移的竞争力和吸引力。省委、省政府正在制定并将出台促进承接两大产业转移的意见，明确承接产业转移工作的目标任务和财政、税收、金融、要素等方面的支持政策。二是加强政务环境建设。以开展转变干部作风、加强机关行政效能建设活动为契机，推进政府职能转变，规范行政审批，改进服务方式，提高行政效率，树立诚信形象，为外来投资者提供最优的政务环境。要进一步简化行政审批，除国家有规定实行核准外，均实行备案制。对重大项目的核准、备案，公司设立审批，工商、税务、海关登记，用地申请，报建等环节实行全程代理制，开辟“快速通道”。三是营造良好的社会环境。要加大宣传力度，提高全社会对承接产业转移重大意义的认识，在全社会营造亲商、安商、富商的浓厚氛围。要让投资者在社会上有地位，政治上有荣誉，权益上有保障。要用感情和服务吸引客商、留住客商、凝聚“人气”，使客商在湖北能安心发展、成功兴业，形成“搞好一个，引进一批，带动一片”的生动局面。

五、着力破解承接产业转移中的各种难题

承接产业转移，归根结底要靠降低区域的综合商务成本，包括各类生产要素成本、组织生产要素成本及产业配套的成本。从目前的情况来看，影响湖北商务成本的重要因素是用地难、用工难、融资难和产业配套难。要加快我省承接国内外产业转移的步伐，必须妥善解决这“四难”问题。

1. 着力破解用地难问题。自国家推行土地新政以来，全国各地都呈现出了用地难问题。但湖北的用地难与沿海地区的用地难有着本质的区别。以深圳为例，深圳可供开发的国土面积仅余下不足200平方公里，可供连片开发的土地更是少之又少。因此，沿海部分城市已出现了绝对的土地资源短缺。而我省的用地难是

相对的，主要表现为用地指标的紧张。即使是建设用地指标，我省的情况也大大好于沿海省份。按照国家第二轮（1997—2010年）土地利用整体规划，截至2005年底，我省仅使用了48%的非农建设用地指标，还余52%的指标可供2006—2010年使用，而广东、上海等地到2005年就已使用了规划指标的90%以上。在2003年之前，我省实际上不存在用地指标短缺问题。如2002年，国家下达给湖北的农用地转建设用地指标为10740公顷，我省实际仅使用5497公顷。2003年至2006年，我省基本处于供需平衡，如2006年国家下达给湖北的农用地转建设用地指标为9800公顷，我省实际使用为9419公顷，供需基本平衡。但在2007年，国家下达给湖北的农用地转建设用地计划指标为8100公顷，但各地申报的需求数高达14900公顷，缺口高达6800公顷，其中急需用地计划缺口2500公顷。自2007年起，湖北也进入了用地难阶段。

妥善解决用地难问题，首先要转变观念。就是要树立土地是稀缺资源，并且是战略资源的观念，摒弃盲目以廉价甚至免费土地吸引投资者、不问土地投入产出效率等急功近利的做法。土地优惠政策只能给予龙头企业或少数能带来长远竞争力的企业。其次，高效使用各地的用地指标。各地、各类开发区、工业园区都应根据自己的实际情况，制定并严格实施供地标准。实现供地量与投资额、产出效率、建筑密度、容积率、科技含量、治污水平等指标挂钩，未达标准的，则不单独供地。省本级可集中调剂一部分机动指标，向用地效率较高的地区倾斜。优先满足那些科技含量高、投资规模大、经济效益好、污染程度低的项目的用地需求。将用地指标和新增工业项目向开发区和工业园区集中。同时，还要通过兴建多层标准厂房等形式解决中小型产业转移项目的用地问题。鼓励企业节约用地，走内涵式扩张之路。第三，挖掘存量土地潜力。对土地征而未供、供而未用、用而不足的项目进行清理，达不到投资强度的削减面积，超过时间未开工的收回再供。对闲置的土地、厂房、企事业单位的未充分利用土地，通过置换、盘活等方式将其土地资源加以再利用。对于历史上形成的占地面积过大的企业，可通过协商补偿等方式将超标部分土地回购再利用。第四，鼓励各地创造性解决用地难问题。如认真研究国家政策，精心选择一批有影响力的优质项目，争取更多的专项用地指标。探索在我省试行一些沿海地区曾经采取过的做法，如允许用地效率较高而用地指标严重短缺的地方，在增加本地用地指标后，在异地实行占补平衡。第五，积极争取国家给予武汉城市圈土地改革试验权。争取国家给予武汉城市圈与上海浦东新区、天津滨海新区和成渝城乡统筹试验区同等的土地改革试验权，推进重点地区农村集体土地制度改革和土地使用权流转。试行集体土地进入市场交易，允许农民直接将集体土地以出租、转让、入股等形式供应给企业，这样既可以保障农民的长远利益，又可为我省承接产业转移提供新的土地来源。

2. 着力破解用工难问题。按照发展经济学理论，经济发展过程中存在一个“刘易斯拐点”，在这个拐点出现之前，由于农村中存在大量的剩余劳动力，工业和服务业面临近似无限供给的劳动力供应，因此劳动者工资得以长期保持在低位。而一旦达到这一拐点，即农村剩余劳动力基本吸纳完毕后，劳动力供应就会出现不足，劳动者工资就会快速上升，出现“用工难”的现象。我国在2005—2006年出现了“刘易斯拐点”。

自2006年起，湖北也开始出现用工难现象。但是，湖北的用工难和沿海相比也有自己的特点。(1) 湖北是一个劳动力净输出省。湖北有约 600 万劳动者的净输出，而且周边的河南、四川、重庆、安徽、江西、湖南也都有大量的劳动力净输出，也就是说湖北处于一个劳动力净输出地区的中心。(2) 湖北的普通劳动者供应不足是由于高流动性和湖北工资水平相对较低造成的。由于户口等因素限制，普通劳动者到沿海地区工作多是以打工者的身份，赚取的是沿海较高的临时短期收入，在当地成家置业的不多。因此，沿海地区高昂的房价和生活费用对他们影响不大，没有成为流动性的重大障碍。因此，普通劳动者的流动性很高。据调查，湖北的劳动力输出的目的地主要是珠三角地区和长三角地区，两地普通劳动者的工资水平约比湖北及周边地区高出 50%。(3) 专业技术人员的流动性小于普通劳动者。由于专业技术人员到沿海工作多有成家置业的打算，因此，专业技术人员必须要求他们的收入包含对沿海城市高房价和高生活费用的补偿。这造成了专业技术人员流动性较低，相应地，沿海和湖北专业技术人员的收入差距较大。以武汉和深圳为例，深圳普通劳动者的工资约比武汉高出 50%，而专业技术人员的工资在深圳要高出约 200%。由于湖北是一个专业技术人员富集省，因此，专业技术人员的短缺程度远不如普通劳动者。

解决湖北的用工难问题，要在以下几个方面下功夫。第一，重视劳动者收入增长的合理诉求，通过合理的收入水平和改善用工环境吸引劳动者。湖北及周边地区劳动力资源十分丰富，只要湖北的劳动者收入水平与沿海的差距有所缩小，就能吸引相当数量的劳动者从沿海回流，甚至吸引周边地区的劳动力流入。随着湖北经济的发展，劳动者的收入理应得到合理增长。各地政府应根据当地收入水平、物价水平、用工情况，及时调整当地的最低工资标准。同时引导企业建立规范的员工薪酬制度，建立员工薪酬与企业效益、物价水平及生活费用连动增长机制。严格执行《劳动合同法》，保障劳动者的合法权益，无条件地实施各种法定社会保障制度，营造良好的用工环境。企业要在内部建设上下功夫，善待劳动者，建立起和谐的劳资关系。第二，做好承接产业转移时的产业选择。湖北劳动力成本相对较低，因而有承接劳动密集型产业的优势，承接劳动密集型产业也应当是湖北重点承接的产业之一。但湖北在承接低附加值的劳动密集型产业时，仍需慎之又慎，应把重点放在承接有一定附加价值率的劳动密集型产业上。同时，应利用我省的科教优势和专业技术人员劳动力成本优势更明显的特点，重点承接服务外包、高科技产业等。第三，各级政府要为企业做好用工服务。通过政府搭台的形式举办劳动力供需恳谈会，建立用工信息定期发布制度，解决用工求职信息不对称问题。同时，还可在政府支持下，通过社会培训和企业培训两条腿走路，解决技术工人“用工难”问题。政府支持职业教育的发展，针对本地企业用工需求，开展短期职业技能培训。支持企业开展职工培训，鼓励企业在职工培训上舍得投入、加大投入，自己解决技术工人短缺问题。

3. 着力破解融资难问题。从国内金融市场的现状来看，在目前流动性过剩为主要特点的背景下，融资难问题是一个结构性问题。信用记录好的大中型企业在银行融资上，总体看不存在问题。在我国资本市场蓬勃发展的今天，效益好、运行规范的大中型企业通过上市直接融资也不存在问题。融资难的问题主要集中在中小企业、民营企业。因此，湖北解决融资难的重点，是解决中小企业、民营企业的融资难。

破解融资难问题，首先要支持企业与金融机构之间建立互信和信息交流机制。督促企业规范经营，保持良好的信用记录，财务规范运作并依法透明公开。在各类金融机构越来越重视企业信用和规范运作、财务透明度的今天，企业不能提供这样的保证是无法取得金融机构、信贷市场、资本市场的信任和支持的。各级政府、开发区要支持中小企业、民营企业和金融机构之间的信息交流，开展多种形式的银企恳谈会，积极向金融机构推荐诚信规范的企业。企业应主动配合金融机构做好信用评估，提高授信等级。其次，积极探索我省缓解中小企业、民营企业融资难的办法。鼓励全国性银行向我省信用好、运作规范的中小企业多发放贷款，合理确定其在鄂的各级分行的贷款审批权限，减少贷款审批环节。鼓励发展多种类型的中小企业贷款担保公司，鼓励中小企业相互担保。扶持本地中小型金融机构的发展，如城市商业银行、信用社、村镇银行的发展。用好财政的贴息贷款，将财政贴息贷款更多地倾斜到信誉好、规范运作、对承接产业转移发挥关键作用的企业。第三，充分利用资本市场。2007 年，国内资本市场的融资额超过 8000 亿元，已成为大中型企业的重要融资市场。但我省企业利用资本市场的意识还很弱。如中小企业板市场自 2004 年开办以来，已有超过 200 家上市公司，其中浙江有 44 家上市公司、广东有 32 家、江苏 25 家，但我省仅有 3 家，其中有两家还是 2007 年刚上市的。这也说明我省企业上市融资潜力巨大。随着我省各级政府、各类企业资本市场意识的提高，以及即将到来的创业板市场的开通，将为我省企业提供大量的上市融资机遇。第四，发展湖北资本市场。发展湖北本地的各种形式风险投资公司、股权投资公司、产业投资基金，吸引国内外风险投资公司、股权投资公司和产业投资基金来湖北投资，为湖北发展高科技企业、承接产业转移项目提供资本金投入。借鉴国家支持天津滨海新区发展，批准设立渤海产业投资基金的做法，争取国家批准设立武汉城市圈产业投资基金。发展湖北产权交易市场，积极争取发展武汉柜台交易市场，为湖北及中部地区企业的股权投资人提供退出渠道和流动性，吸引更多的省内外股权投资资金投入中小企业。

4. 着力破解产业配套难问题。产业配套难是一个产业从传统聚集区转移至另一个新区时普遍遇到的问题，解决得好不好，直接关系到产业的接受区能否尽快形成一个新的有竞争力的产业聚集区。要解决产业配套难问题，首先，要转变招商引资方式。从过去的项目招商转变到产业链招商，从过去的承接项目转移转变到承接产业集群转移。这就要求每一个地区、每一个开发区都要明确一个或几个承接产业的目标，然后围绕目标产业的龙头企业、上下游配套企业开展招商活动，最后形成一个或多个产业集群。遍地开花式的招商活动是不能解决产业配套问题的。其次，要明确解决产业配套的方式。一种是“内加外”方式，即本地有一定的产业配套能力，在改造升级的基础上，再加上引进配套企业解决产业配套问题。使用这种方式解决配套问题，要求引进的目标产业与本地已有的产业基础相匹配。在我省有一定工业基础的地方，这种方式值得推荐。另一种方式是“外加外”，即所有的配套都靠引进配套企业解决。在没有产业基础，或者目标产业和原有的产业基础不匹配的地方，只有靠这种方式解决产业配套问题。第三，协调全省各地、各开发区承接产业转移的规划。编制全省性的指导各地承接产业转移的规划，既是发挥我省整体优势、避免招商过程中的恶性竞争的需要，也是建立各具特色的产业优势、增强各地产业配套能力和产业聚集能力的需要。可借鉴国家发改委为各省、区、市编制优先发展产业规划的做法，为各市、州、县的开发区和工业园区编制优先发展产业和优先承接目标产业的规划，协调各地的产业发展和承接产业转移。可先行在武汉城市圈范围编制产业发展和承接产业转移规划，按照经济一体化的要求，协调武汉城市圈的产业布局和产业发展。然后在襄樊、宜昌及全省编制承接产业转移规划。承接产业转移规划应和全省及各地的产业结构调整和产业升级规划相协调，严格控制引入高污染、高耗能的产业和企业，促进全省承接产业转移和产业发展的和谐进行，并形成产业合力。

（本文系作者于2008年7月30日在全省扩大开放工作会议上所作中心发言之文稿，后被多家报刊登载。）

努力为湖北发展提供精神动力

（2008 年 8 月 29 日）

贯彻落实省委九届四次会议精神，为全省经济又好又快发展提供思想保证和精神支撑，是当前全省宣传战线的重要任务。全省宣传文化工作者要进一步强化中心意识、大局意识、发展意识、服务意识，准确认识现阶段湖北经济运行的新特点，全面把握当前全省经济发展的新任务，深刻理解科学发展的新要求，精心策划服务经济发展的新举措，为助推全省经济社会又好又快发展做出宣传文化战线应有的贡献。

一、着力为湖北经济发展提供有效的思想保证

一个区域的经济发展，首先取决于思想解放的力度和思想统一的程度。宣传文化工作服务经济发展，首要任务就是进一步推动思想大解放，进一步统一广大干部群众的思想认识，进一步巩固全省人民团结奋斗的共同思想基础。

一是要引导全省人民进一步解放思想，牢固树立科学发展观。科学发展观是指导当前一切工作的世界观和方法论。省委、省政府多次强调，我们与沿海发达地区的差距，表面上看是经济社会发展方面的差距，深层次的原因还是思想观念上的差距。解决认识问题、缩小思想差距，最重要、最紧迫的任务就是进一步解放思想、牢固树立科学发展观。要通过宣传教育帮助广大党员干部树立全面协调、统筹兼顾、可持续发展的观念；树立好中求快、

奋勇争先的观念；树立开放合作、互利共赢的观念；树立改革创新、开拓进取的观念。中央将于9月下旬在全党部署开展深入学习实践科学发展观活动，全省宣传战线要按照中央和省委的部署，广泛深入地开展科学发展观主题宣传教育活动，通过理论宣讲、新闻宣传、读书竞赛、文艺演出等多种形式，扎实推进科学发展观进机关、进学校、进社区、进企业、进农村，引导干部群众准确把握科学发展观的科学内涵、精神实质和根本要求，推动人们把思想认识从制约湖北发展的观念、做法和体制中解放出来，以思想的大解放促进经济社会的大发展。

二是要引导全省人民全面认识省情，坚定加快发展的信心。省委九届二次全会强调，对我省拥有的比较优势要重新审视、充分发挥。要通过宣传教育引导人们重新认识湖北农业资源丰富、多种农产品产量位居全国前列的农业优势；重新认识湖北在汽车、钢铁、石化等产业领域拥有一批国家重点骨干企业，产业基础雄厚的大工业优势；重新认识湖北科教力量、人才数量均位居全国前列的科教和人才优势；重新认识湖北文化底蕴深厚、旅游资源丰富的生态和文化优势；重新认识湖北承东启西、连南接北的交通区位优势。要引导人们准确把握湖北加快发展的有利条件。当前，我省经济发展的基本面很好，继续朝着又好又快的方向发展；近几年打基础、管长远的工作取得了重大进展，为加快发展积蓄了能量；各项改革有序展开，体制机制创新力度不断加大；培育市场主体和优势产业的工作成效卓著，一批重大项目相继落户湖北；社会事业全面发展，社会大局和谐稳定。可以说，我省经济社会发展正处于一个难得的上升期。今年是改革开放30周年，全省宣传战线要以此为契机，精心组织理论研讨会、形势报告会、摄影图片展等活动，全面展示湖北发展的比较优势和巨大成就，进一步鼓舞斗志、凝聚人心，努力把全省人民齐心协力谋发展的积极性调动起来，把广大干部群众立足新起点、实现新跨越的创造性激发出来。

三是要引导全省人民认清历史责任，增强抢抓机遇的紧迫感。当前，湖北正面临着千载难逢的发展机遇。国家大力实施促进中部地区崛起战略，为我们加快发展提供了坚强后盾和政策支持；武汉城市圈“两型”社会建设综合配套改革试验区建立，为我们大胆探索创造了有利条件和广阔空间；国际资本和沿海产业加快向内地转移，为我们扩大开放、招商引资开辟了新的路径和机缘。同时，要清醒认识到机遇稍纵即逝，而且往往与挑战相伴而生，湖北发展还面临着资源短缺、能源不足、资金紧张、物价高涨等突出问题以及周边省份巨大的竞争压力。宣传文化工作要引导全省人民特别是广大党员干部树立不进则退、慢进亦退的危机意识和机不可失、时不我待的进取精神，进一步增强抢抓历史机遇的责任感紧迫感，始终保持奋发有为的精神状态，用好、用足前所未有的战略机遇，努力实现湖北的跨越式发展。

二、着力为湖北经济发展营造良好的舆论氛围

良好的舆论环境、正确的舆论引导是经济社会又好又快发展的重要保障。宣传工作要把营造良好舆论氛围作为服务经济发展的中心任务，不断壮大积极健康向上的主流舆论。

第一，要坚持正确导向。胡锦涛总书记考察人民日报社时指出，舆论引导正确，利党利国利民；舆论引导错误，误党误国误民。可以说，正确的导向是宣传工作的生命线。全省宣传战线要

始终坚持团结稳定鼓劲、正面宣传为主的方针，唱响主旋律、打好主动仗，准确把握宣传基调，切实加强正面引导，充分发挥宣传党的主张、弘扬社会正气、通达社情民意、引导社会热点、疏导公众情绪、搞好舆论监督的重要作用。要密切关注舆情变化，有效引导社会热点，最大限度地压缩噪音杂音的传播空间，牢牢掌握舆论引导的话语权主动权。要不断完善突发事件舆论引导机制，坚持快报事实、慎报原因的原则，做到宣传部门第一时间介入、新闻发言人第一时间发布、主流媒体第一时间报道，推动公共危机的有效解决。

第二，要突出宣传重点。当前要围绕省委九届四次全会精神，在重要时段、重要版面开设专题、专栏，突出宣传省委、省政府转变经济发展方式、实施开放先导战略、推进新型工业化、发展县域经济等新思路新举措；突出宣传省委、省政府推进武汉城市圈“两型”社会试验区建设、武汉新港建设、大东湖生态水网工程建设、打造鄂西生态文化旅游圈、建设仙洪新农村试验区等新部署新进展；突出宣传全省各地在复杂环境中抢抓新机遇、在发展软肋中寻找新空间的新经验新成效，引导全省人民积极投身于湖北经济社会发展。还需要特别强调的是，今年全国和全省大事多、喜事多，热点难点问题也不少，新闻宣传工作既要突出重点，又要防止以偏概全。对经济宣传、解决民生问题的宣传、灾后重建的宣传、纪念改革开放30周年的宣传等，都要统筹兼顾，适时适度。要始终把科学发展的宣传放在首要位置，用科学发展的宣传统领其他方面的宣传。

第三，要强化对外宣传。在区域之间经济依存度越来越高的情况下，一个地区能否加快发展，很大程度上取决于是否拥有良好的对外形象。因此，对外宣传已成为宣传工作服务经济建设的重要途径。全省宣传战线要抓住一切有利时机，着力做好对外宣传工作，向全国乃至全世界展示湖北“开放进步、文明和谐”的良好形象。要认真做好重大涉外经贸活动和重点招商引资项目的宣传，向各地客商全面准确地介绍湖北。要广泛邀请省外和境外媒体来湖北采访采风，精心组织海外“湖北文化周”活动，用“请进来”与“走出去”相结合的方式向全世界推介湖北。要大力实施外宣精品工程，制作档次高、适用性强、形式多样的对外宣传品，推动湖北文化精品走出去，增强湖北文化的国际影响力。要高度重视互联网在对外宣传中的重要作用，切实加强网络文化建设与管理，做大做强一批重点新闻网站，办好一批有影响的网络论坛、博客，用覆盖最广泛、传播最快捷、影响最深远的方式提升湖北的知名度和美誉度。

三、着力为湖北经济发展提供强大的智力支持

在现代经济中，以知识为代表的智力要素在生产中所起作用越来越大，离开了智力要素的投入，就难以转变经济发展方式，实现产业升级。我省是社科大省，具有明显的理论优势，全省宣传战线特别是社科界要进一步整合资源，加大现实问题研究的力度，加大重大成果宣传的力度，加大优秀成果转化的力度，提高智力因素对经济的贡献率，为经济发展提供智力支持。

1. 要深入研究事关湖北发展的重大现实问题。一是要开展战略性研究。战略性问题涉及湖北发展全局，发展战略正确，经济社会发展就会持续健康快速。近几年来，省委、省政府制定了新型工业化战略、开放先导战略等，湖北的经济发展正迎来一个新

的局面。我们要增强战略思维，树立战略眼光，进一步研究农业、工业、现代服务业、文化产业、高新技术产业等方面的发展战略，研究武汉城市圈、鄂西生态文化旅游圈、仙洪新农村试验区等区域发展模式，丰富我省的发展战略。二是要开展关键性问题研究。科学发展观是推动我国经济社会发展的根本指导方针，是我们必须长期坚持的重要战略思想。转变不符合科学发展观的体制机制，积极探索建立促进科学发展的体制机制，是把科学发展观落实到经济社会发展各环节、实现又好又快发展的关键。从各地的实践来看，在一个区域内落实科学发展观，至少要建立起高效的行政管理体制、有效的政策激励机制、科学的评价考核体系、有力的监督约束机制、灵敏的社会公平调控机制等。我们要在这些方面积极开展理论研究，推动建立完善有利于科学发展的体制机制。三是要开展对策性研究。当前，能源紧张、资金短缺、土地供应不足，成为制约我省经济发展的突出问题，要针对这些问题开展对策性研究，提出既符合国家宏观调控政策、又能破解发展难题的对策建议，供省委、省政府决策参考。

2. 建立完善成果转化应用的体制机制。研究的目的在于应用，只有转化为决策，转化为推动发展的思路，才能发挥智力成果的最大价值。我省是社科大省，社科研究力量雄厚，每年获国家社科基金资助的立项课题数和资助金额都保持在全国前三位，产生了一批决策参考价值大、推动发展效果好的研究成果，如武汉城市圈建设理论等。要进一步探索完善有利于成果转化应用的体制机制，大胆探索借鉴市场机制、通过招标竞标等办法，强化对重大课题的扶持力度。完善激励约束机制，进一步明确国家和省资助课题的时间要求、质量要求、人员要求。完善评价考核机制，以是否服务于决策、服务于发展、服务于湖北为基本标准，判断成果价值大小。进一步改进服务方式，改善服务质量，为研究成果服务于经济社会发展提供便捷快速的“绿色通道”。

3. 要进一步整合研究资源。湖北社科界有社科院系统、高校系统、党校系统、军队系统、企业系统等五路大军，每一路大军都具有很强的实力。近几年，虽然以省社科研究基金和重大研究项目为纽带，在整合全省社科研究力量方面做了一些探索，但总体上看还远远不够。下一步要深化改革，大力探索整合全省社科力量的有效机制和实践形式。

四、着力为湖北经济发展营造良好的社会环境

经济社会的发展，离不开良好的发展环境。近年来，我们不断加大精神文明建设力度，强化工作措施，着力营造良好的政务环境、法制环境、市场环境、人文环境和生态环境，在推动科学发展、促进社会和谐方面发挥了重要作用。要紧紧围绕繁荣湖北、和谐湖北、信用湖北、文明湖北建设的要求，加大工作力度，进一步为湖北经济社会发展营造良好环境。

其一，要培育文明和谐的社会风尚。最重要的是培育诚信风尚。要围绕诚信建设，广泛组织开展共铸诚信活动，完善社会信用体系，提高社会信用程度。窗口行业要从群众反映强烈的诚信缺失问题入手，大力推行诚信服务，树立诚信守诺的良好形象。各级党政机关要把诚信建设融入全省正在开展的执行力建设活动中去，体现到遵章守纪、依法行政等诸多方面。要把和谐创建贯穿于精神文明创建的各个环节各项工作，完善党群干群沟通渠道，健全社会利益表达机制，引导人们以建设性思维正确看待当前经

济社会形势，正确处理个人、社会和国家的关系，培育和谐心态，树立和谐理念。

其二，要培育鼓励创新、宽容失败的社会氛围。创新是民族进步的灵魂，是国家兴旺发达的不竭动力，但创新并不是“一发即中、一帆风顺”的。想前人之未想、说前人之未说、做前人之未做，本身就是一种冒险，而冒险总是面临风险，其失败的概率就大。有专家统计，科研成功率平均不到10%，而失败率却在90%以上。可以说，“失败往往是创新的常态”。能否宽容失败、如何鼓励创新，是一个社会创新氛围是否浓厚的试金石。宣传文化工作要把培育创新氛围放在重要位置，在大力宣传创新成果、创新人才的同时，引导人们正确看待创新成败，努力改变我国文化传统中“成王败寇”的观念，形成尊重试验、鼓励创新、宽容失败的良好氛围，促进全省创新智慧竞相迸发、创新人才大批涌现、创新能力不断提升。

其三，要培育全民创业的社会环境。改革开放以来，沿海发达地区之所以发展得快，一个重要原因在于形成了全民创业环境。目前，仅浙江省就有400万人在全国各地投资经商创业，还有100万人在世界各地经商，诞生了阿里巴巴、万向、雅戈尔、广厦等一大批知名企业，凝练了“白天当老板、晚上睡地板”和“千方百计、千山万水”的创业精神。浙江是我们学习的榜样，省委九届四次全会强调鼓励全民创业，我们要为全民创业营造良好氛围。要大力宣传各方面的扶持政策，增强人们自主创业的信心；大力宣传各地涌现的创业典型，倡导“崇尚创新、鼓励创业、创业有功、致富光荣”的风尚；大力倡导与人为善、宽容仁爱、和衷共济、发展共赢的社会风尚，充分理解创业的艰辛和曲折，正确看待和处理创业中出现的新情况、新问题，引导百姓创家业、能人创企业、干部创事业，形成人人创业、竞相创业的社会环境。

五、着力为湖北经济发展创造适宜的文化条件

优秀的精神产品，健康的文化活动，一方面能满足人们的精神生活，陶冶人们的情操，提升人们的文化素质；另一方面，在文化与经济相互融合的今天，精神产品和文化活动本身也形成潜力巨大的产业门类，大多是高新科技成果转化的重要载体，为其他产业提供大量的产品附加值，提升综合实力。要认真贯彻党的十七大关于推动文化大发展大繁荣的新要求，努力形成有利于出精品、出人才、出效益的文化体制机制，进一步提高湖北文化软实力，为经济社会发展创造优良的、适宜的文化条件。

一是要抓好精神文化产品生产。要围绕纪念改革开放30周年、庆祝中华人民共和国成立60周年、纪念辛亥革命100周年以及中宣部“五个一工程”评选，加强重点选题规划和实施，推出一批文艺精品，同时要重点策划创作生产具有市场前景、深受人们喜爱的文艺精品。要引导广大文艺工作者深入社会生活，把握社会本质，把好创作导向。要以对人民、对历史、对实践负责的态度，从抗灾救灾、重点工程建设、新农村建设等火热的经济社会生活中汲取创作元素，注入精神内涵，创作一批具有湖北特色、反映时代精神的优秀产品，激励人们奋发向上，支持改革，加快发展。要把群众标准作为文化产品的根本标准，坚决不搞“评奖是目的、领导是观众、仓库是归宿”的文化产品。

二是要按照“三结合”的思路组织文化活动。要探索与全省

中心工作结合、与经济结合、与旅游结合的有效途径，广泛开展丰富多彩的文化活动，丰富人们的精神生活，满足人们的精神需要，营造有利于投资、有利于发展的文化氛围。近年来，各地相继举办了武汉国际杂技艺术节、三峡国际文化旅游节、武当国际旅游节、随州炎帝神农文化节等一些有影响的文化活动，成为我省重大宣传文化活动品牌。今后要继续组织好这些文化活动，进一步把活动做精做细，做出实效。

三是深化文化领域的改革开放，做大做强文化产业。要认清全国文化体制改革发展的大势，认清湖南、河南、云南等兄弟省市改革先行带来的巨大竞争压力，认清我省文化产业还不够壮大特别是核心层赢利模式单一的现状，切实增强危机感、紧迫感。行百里者半九十，必须锲而不舍、一鼓作气、坚持不懈地推进文化体制改革和机制创新。要高度重视文化企业上市工作，按照现代企业制度的要求转企改制，稳步推进上市准备工作。要抢抓国际资本和沿海产业向内地转移的历史机遇，用好各种加强文化建设的政策机遇，整合内部资源，扩大外部合作，实施品牌战略，用改革的办法、开放的办法、创新的办法、市场经济的办法解决前进中的问题，努力推进我省文化大发展大繁荣，努力实现由文化大省向文化强省的历史性跨越。

（本文系作者于2008年8月29日在省直宣传文化系统作辅导报告之文稿的最后一部分。）

“两圈一带”展宏图

（2008年12月28日）

站在新的历史起点上，面对新的发展机遇，省委、省政府科学谋划未来，继提请中央批准建设武汉城市圈“两型”社会综合配套改革试验区之后，又不失时机地提出构建鄂西生态文化旅游圈，在全省形成以武汉为龙头、长江经济带为主轴、武汉城市圈和鄂西生态文化旅游圈为两轮的“两圈一带、双轮驱动”的区域发展新格局。这是省委、省政府从实际出发，坚持统筹兼顾、推动科学发展的重大举措，对把湖北建成促进中部地区崛起的重要战略支点，具有着重大而又深远的意义。

坚持与时俱进：适时调整和完善区域经济发展战略

发展经济学告诉我们，在不同的经济发展阶段，应该有相应的区域发展战略。在经济发展的初始阶段，通常需要让一部分地区先行发展，以实现区域经济的突破。但随着先行地区的快速发展，也容易带来区域之间发展不平衡问题。因此，当经济发展到一定阶段之后，需要在保持先行地区继续发展的同时，着力加快其他地区的发展，以实现区域之间的协调进步。

湖北区域经济发展战略的沿革。湖北区域经济发展战略遵循着这样的规律，经历了一个不断丰富和完善的过程。20世纪80年代，着眼东部开放先行，根据“通江达海”的地理区位优势，提出了建设长江中游经济带战略。90年代，根据湖北核心增长极、次增长极的布局，提出以武汉为核心，以黄石、襄樊、宜昌为顶点的“金三角”战略。21世纪初，根据一个经济区域需要一个核心增长极和核心经济区域的发展规律，结合湖北实际，提出“武汉城市圈”战略。这些战略，都是根据“发展不够是湖北的最大实际”提出来的，都发挥了应有的战略作用，但也都是力求重点突破的非均衡发展战略。

党的十六大以后，中央实施促进中部地区崛起战略，并明确要求把湖北建成促进中部地区崛起的重要战略支点。这体现了中央对湖北发展的关怀与期望，也突出了湖北在中部发展中的重要地位。围绕这一目标，省第九次党代会提出了“进一步推进武汉城市圈一体化”“推动一江（长江）两线（汉十、荆襄高速）经济带建设”“进一步增强宜昌、襄樊两个省域副中心城市的经济实力”等符合湖北实际的发展思路，这对于全面提升湖北经济社会发展水平有着重要的指导作用。然而，按照科学发展观的要求，如何实施区域统筹协调发展，特别是统筹武汉城市圈以外8个市州（林区）的发展，缩小湖北西部与东部的差距，把既非武汉城市圈成员、亦非“一江两线”的地区融入全省发展的大格局之中，仍然是一个亟待解决的突出问题。

湖北发展由“重点突破”向“多点支撑、协调共进”转变。从全省区域发展战略层面看，鄂西地区包括襄樊、荆州、宜昌、十堰、荆门、随州、恩施和神农架等8个市州（林区），在全省具有重要地位。8个市州（林区）人口总量、区域面积分别占全省50%和70%，地域辽阔、资源丰富、生态良好、文化多样，是全国重要的生态功能区、最大的水电基地，也是我省重要的农产品基地和制造业基地；既有两个省域副中心——宜昌市、襄樊市，又有我省唯一的少数民族自治州。无论是从政治还是经济上看，这一地区的发展都关系全省大局，必须寻找一个切入点和突破口，改变鄂西地区发展相对滞后的局面。与此同时，经过30年的改革开放，湖北综合经济实力不断增强，三次产业结构不断优化，发展质量和效益不断提升，湖北发展已进入工业化中期。为了进一步推动全省经济发展，也必须重新审视省情，推进适合当今发展阶段的区域发展战略。

因此，省委、省政府在着力抓好武汉城市圈“两型”社会试验区建设的同时，一直在谋划如何加快鄂西地区发展步伐，使湖北发展由“重点突破”逐步向“多点支撑、协调发展”转变。为此，省委、省政府主要领导同志多次深入鄂西调研，广泛听取各方面意见和建议，形成建设鄂西生态文化旅游圈的战略构想，省委、省政府出台了《关于建设鄂西生态文化旅游圈的决定》。今年7月、12月召开的省委九届四次全会和九届五次全会更加明确地提出“在继续推进武汉城市圈‘两型’社会综合配套改革试验区建设的同时，加快建设鄂西生态文化旅游圈，推进湖北长江经济带新一轮开放开发”的区域发展新思路。“两圈一带、双轮驱动”战略启动实施，标志着区域发展战略覆盖到全省，湖北发展进入区域协调共进的新阶段。

还要看到，建设鄂西生态文化旅游圈也是应对宏观环境变化的抉择。鄂西地区有独特优势，这就是，生态文化旅游资源丰富，宜万铁路和沪蓉高速公路湖北段开通后，发展旅游业空间和潜力巨大。国内外经验表明，旅游业完全可以成为区域经济发展的引擎。在世界经济放缓，我国强化扩大内需、调整产业结构政策的特定背景下，湖北大力发展旅游业及相关服务业，可以推动基础设施建设，拉动消费需求、吸引社会投资，有利于抢抓国家扩大内需的政策机遇，有利于抢抓产业转移的机遇，有利于调整产业结构、转变发展方式，也有利于规避国际市场萎缩带来的挑战，探索一条内生型发展道路。

总之，鄂西生态文化旅游圈是对武汉城市圈的呼应和拓展，长江经济带是贯穿全省东西的纽带，“两圈一带、双轮驱动”，使湖北区域发展实现了从“点、线”向“面、圈”层次的飞跃，是对湖北省情和发展规律认识的深化，是完善湖北发展战略、统筹区域发展的宏伟构想。它反映了建设资源节约型、环境友好型社会的共性要求，有利于发挥我省综合优势，充分调动各方面积极性，广泛凝聚人心，激活各种经济资源，形成湖北发展的新能量和新支撑点，加快把湖北建成促进中部地区崛起重要战略支点的历史进程。

武汉城市圈：构筑湖北乃至中国中部经济的核心增长极

区域经济发展理论认为，无论如何追求区域之间的发展平衡，总是客观存在着一个核心增长极和核心经济区域。区域之间的矛盾，其实并不在于一时的差距，而在于这个核心增长极和核心区域是否具有“外溢效应”，是否能够和其他城市或地区进行经济协作。而“溢出”、协作的前提，在于这个核心增长极和核心经济区域具有辐射能力、带动实力。

武汉城市圈是湖北经济的核心增长极。武汉城市圈以其占全省 31. 2%的土地面积和 52. 2%的人口，贡献了全省 60. 7%的地区生产总值、61. 8%的全社会固定资产投资、63. 5%的社会消费品零售总额和 52%的地方财政收入，是湖北名副其实的核心经济区域，也理所当然地成为湖北经济发展的先导区域。没有这个区域的发展，就没有湖北整个区域经济的发动机和火车头。

与长三角、珠三角、环渤海三大经济圈相比，武汉城市圈有着自己的特点。它是一个以核心增长极为中心、行车距离一小时的城市经济圈。武汉城市圈的这种地理集中性，以及城市密度、产业基础，使之能够发展成为一个土地利用率高、空间距离近、要素和信息组合成本低的大都会经济圈。因此，湖北重点突破要抓武汉城市圈，推动全省区域协调发展同样要抓武汉城市圈。加速武汉城市圈起飞是全局发展的战略需要。

自 2003 年省委、省政府作出建设武汉城市圈的重大战略决策以来，圈内城市协调发展的各项工作一直在扎实推进之中，区域一体化的发展态势已经形成，其带动辐射作用日益增强。

2007 年 12 月，国家批准武汉城市圈为全国资源节约型和环境友好型社会建设综合配套改革试验区，赋予武汉城市圈建设新的内涵，要求武汉城市圈全面推进各个领域的改革，在重点领域和关键环节率先突破、大胆创新，尽快形成有利于能源资源节约和生态环境保护的体制机制，切实走出一条有别于传统模式的工业化、城市化发展新路。今年 9 月，国务院批复了武汉城市圈改革试验总体方案，各项改革工作全面展开。这表明，武汉城市圈"两型"社会试验区和其他综合配套改革试验区一道，开始引领中国新一轮改革开放。湖北因此走到全国改革开放前沿，进入科学发展先行试验行列。

把武汉城市圈建成"两型"社会的示范区。建设武汉城市圈"两型"社会试验区，核心是改革创新，切入点是节约能源资源和保护生态环境，关键是转变发展方式，根本目的是实现又好又快发展。我们必须以敢为天下先的气魄和勇气，锐意改革创新，全面推进试验区建设，使武汉城市圈成为全国“两型”社会建设的典型示范区。一是着力推进综合性制度创新。主要是在资源节约、环境保护、科技创新、产业结构优化升级、统筹城乡发展、节约集约用地、财税金融、对外开放、行政管理等九个方面先行先试，创新体制机制。二是着力转变发展方式。充分发挥科教优势，牢牢抓住新型工业化这个“牛鼻子”，大力发展“两型产业”，在巩固壮大汽车、钢铁、石化、烟草等传统支柱产业的同时，大力发展先进制造业、高新技术产业、现代服务业和农产品加工业，增强区域经济实力和产业竞争力。三是着力推进重大项目建设。抓好武汉新港、青山循环经济示范区、大东湖水网生态工程、武汉临空经济区、武汉保税物流中心、城际铁路和高速公路等重大项目建设，以项目建设带动经济发展。四是着力推进能源资源节约和生态环境保护工作。继续落实现有的各项节能减排工作措施，杜绝高耗能高污染的企业落户试验区。加强湿地保护，推进城市水业产权改革，强化和完善环境监管，提高土地集约化和规模化经营水平。五是着力推进城市圈一体化发展。按照“五个一体化”的要求，积极推进圈内产业对接、市场对接、科技对接、交通对接和其他方面的对接合作，建立健全城市圈一体化发展的长效机制。一方面，要继续举全省之力支持武汉发展；另一方面，武汉市要以国际大都市为标杆，加大制度创新力度，进一步增强集聚、辐射、服务功能和综合承载能力。通过努力，使武汉城市圈成为继长三角、珠三角、环渤海湾地区之后中国新的发展极。

鄂西生态圈：着力搭建鄂西经济社会发展的新平台

为什么旅游业可以成为区域经济发展的突破口，能够带动区域经济发展？因为旅游业是一种关联性极强的复合产业，能够拉动工农业和其他服务业发展，能够发挥区域经济资源的综合优势，还具有节约资源、保护环境、扩大就业、传播先进文化等社会功能。省委、省政府提出构建鄂西生态文化旅游圈，其基本内涵是以丰富的生态文化资源为基础，以“一江两山”等核心旅游区为支撑，以改革开放为动力，努力使鄂西生态文化旅游圈成为国内一流、国际知名的生态文化旅游目的地和生态文明示范区，实现湖北由旅游资源大省向旅游经济强省的跨越。

鄂西生态文化旅游圈的总体目标是构筑“四圈”。力争到2020年，成为集生态观光、休闲度假、民俗体验、文化考察、健身娱乐等多功能为一体的综合性旅游圈，成为生态保护良好、生态旅游发达、生态经济繁荣的生态文明圈，成为集荆楚文化、三国文化、土苗民俗文化、山水文化、宗教文化等为一体的特色文化圈，成为经济结构优化、产业特色鲜明、城乡统筹发展、社会和谐稳定的科学发展圈。它既有利于鄂西发挥生态文化比较优势和后发优势，实现特色化、差异化发展，又有利于湖北全省以建设鄂西生态文化旅游圈为抓手，促进经济结构调整和发展方式转变，统筹区域发展，探索物质文明、精神文明和生态文明协调发展之路，促进鄂西地区乃至全省经济社会又好又快发展。

鄂西生态文化旅游圈为鄂西发展提供了一个整合开发当地丰富自然资源、鼓励创新创造的平台。在这个平台上，一是发展壮大旅游产业。以“一江两山”为龙头，以长江三峡观光度假旅游区、武当山文化遗产旅游区、神农架原始生态旅游区、清江土苗民俗风情旅游区、楚文化及三国文化旅游区、大洪山历史文化旅游区等六大核心旅游区为支撑，把鄂西打造成为国内一流、世界知名的生态文化旅游目的地。二是加强重点项目建设。尽快建成武神生态旅游公路、十房高速公路和恩施大峡谷至利川腾龙洞旅游公路等重点交通项目，缩短旅游在途行程时间。贯通鄂西至湖南、重庆、陕西等周边省市的旅游公路，建设神农架等支线机场和重点旅游码头，形成对外辐射的水陆空立体交通网络。三是加大政策扶持力度。完善产业发展政策，特别是建立多元化的投融资体系，激活包括民间资本在内的社会资本。同时在生态补偿、土地利用、财税支持、发展激励等方面，进一步加大政策扶持力度，促进旅游圈的发展。四是深化改革开放。着力在机制创新上下功夫，在加强统筹规划和加大引导性、基础性投入的同时，充分发挥市场配置资源的基础性作用，建立以旅游业为引擎的产业联动发展和资源整合、利益共享等体制机制，提高资源配置市场化的深度和广度，增强内在发展动力。五是统筹经济社会发展。把旅游圈建设与产业结构调整结合起来，与节能减排结合起来，与生态建设结合起来，与城乡建设结合起来，与社会主义新农村建设结合起来，严格控制高消耗、高污染的产业，大力发展资源节约型和环境友好型产业，增强基础设施、城乡建设和第三产业的旅游服务功能，促进农（林）业、工业、交通、信息、文化、商贸服务等各类产业与旅游业联动发展、协调发展。

长江经济带：促进“两圈”互动及协调发展的主轴

中国区域发展进入沿海、沿江并重时代。沿江发展正由长三角地区向整个长江流域推进。沿江七省二市组成的长江流域经济带，不仅经济总量约占全国的40%，是当前我国生产力布局的主要轴线，而且浦东新区、武汉城市圈试验区、长珠潭试验区、成渝试验区等新一轮改革的领跑区域，都在其范围内。长江流域经济带是中国经济的未来核心区域。

湖北长江经济带是湖北经济发展的主轴。长江干线湖北段全长1062公里，占长江干流总长的38%，在沿江各省市中排名第一。以武汉等沿江7个大中城市和25个县（市）、7万多平方公里地域面积构成的湖北长江经济带，是整个长江流域经济带的重要组成部分，是湖北的一大优势。2007年，以全省五分之二的土地面积、二分之一的人口，提供了全省三分之二以上的地区生产总值。这里自然资源丰富，水能、磷矿等资源享誉全国；江汉平原农业基础好，是我国重要的粮、棉、油生产加工基地；这里产业基础较好，开始形成高新技术产业带，先进制造业带，大运量、高耗水原材料工业带，优质特色农产品生产加工带和沿江快速大通道。武汉市是长江流域经济带中段的最大城市和交通物流科技中心，宜昌是世界最大的水电基地。稠密的人口和较高的经济发展水平，使长江经济带成为湖北最具发展活力的区域；加之“两型”社会综合配套改革试验区建设，湖北长江经济带实际上不仅是长江中游最富实力的区域，也是全国新一轮改革开放的前沿地区，理所当然地成为湖北经济发展的主轴。

湖北长江经济带具有肩挑鄂东和鄂西的“扁担功能”。如果单纯根据行政区划和地理位置，湖北长江经济带与“两圈”高度重叠。但提出这个战略的着眼点与落脚点也正是这种重叠效应。因为“两圈”不能彼此孤立发展，需要区域互动、产业融合，湖北需要整个省域共同进化。湖北长江经济带不仅地处内陆腹心，而且是长江流域经济带的中心区域。它东接长三角城市群，西联成渝城市群，凭借着沟通沿海与西部的地理位置、丰富的人力资源、较高的劳动力素质、地处祖国腹地的巨大市场优势，正日益成为承接产业转移的热点地区。长江干流、沪蓉高速公路和铁路、汉丹铁路和汉十高速公路连接两圈及圈内外，构成人流、物流、商流、信息流、资金流、人才流的大通道。长江经济带能够有效发挥肩挑鄂东和鄂西的扁担功能，既是湖北经济快速发展的主轴，也是促进“两圈”互动、协调发展的主轴，对实现全省经济社会协调发展至关重要。

如前所述，湖北早在20世纪80年代就提出长江中游经济带开放开发的战略。在新的历史时期，必须赋予湖北长江经济带以新的内涵。总的是：以武汉为中枢，以宜昌、荆州、咸宁、黄冈、鄂州、黄石等大中城市为节点，以沿江25个县（市）为依托，充分发挥传承和扩散功能，呼应浦东新区建设和西部大开发，东引西联，积极承接产业转移，打造沿江高新技术、先进制造等产业走廊，加大长江水资源的开发利用和保护力度，建设综合交通运输体系，使湖北长江经济带成为全流域乃至全国的现代产业密集带和物流大通道。

四大举措促进湖北长江经济带新一轮开放开发。一是科学规划，合理布局，把武汉城市圈、鄂西生态文化旅游圈的发展与长江经济带建设融为一体，整体推进。要根据湖北长江经济带东强西弱态势，培育壮大宜昌、襄樊两个省域副中心。宜昌已成为长江中游与上游地区的接合部。应加快宜昌发展，使其与武汉相呼应，成为湖北长江经济带发展的西部增长极。二是依托湖北支柱产业优势和沿江地区的资源禀赋，加快建设产业密集带。大力发展沿江高新技术产业带、先进制造产业带、优质特色农产品生产加工带、精品旅游带，促推全省新型工业化、城市化进程。三是依托“黄金水道”和区位优势，建设综合交通运输体系。长江的水资源和航运潜力是湖北长江经济带的最大优势。要加强沿江港口和航道建设，尤其要依托武汉新港、宜昌三峡物流中心，发展深度加工和大运量工业，在推进港、工、贸一体化上下功夫。把武汉新港打造成为集先进港口技术为一体的现代港，中西部走向海外的国际港，水水、水陆中转的枢纽港，向着“亿吨大港，千万标箱”的目标迈进。加快水运与铁路、公路、航空网络的对接，形成具有湖北特色、环保节能的综合运输体系，推动现代物流业等产业发展。四是加大长江治理、开发和保护力度，构建防洪保安和水环境保护体系，创新资源节约和环境保护的体制机制，使湖北沿江七市率先建成生态城市带。

“两圈一带”：助推湖北科学发展的新蓝图

宏伟蓝图已经绘就，发展号角已经吹响。今后工作的关键是要以科学发展观统揽全局，树立战略思维，加强统筹规划，抓好分类指导，全面落实“两圈一带”战略目标和任务。

坚持重点推进与协调发展的有机统一。武汉是全省发展的龙头，武汉城市圈是全省经济的核心区域，宜昌、襄樊是省域副中心城市，长江经济带是湖北经济布局的主轴。我们在统筹谋划发展的同时，仍然要集中有限资源优先支持重点区域，通过重点推进带动全省发展。同时要充分调动各方面的积极性，支持和鼓励其他地区发挥后发优势，开发特色资源，发展“两型”产业，科学开发，有效保护，避免走先污染、后治理的老路。

坚持“好”与“快”的有机统一。鄂东是我国老工业基地，交通区位、科教资源、产业基础相对较好，已经步入发展的快车道，但与沿海地区相比，又有很大的差距，而且治理污染、节能减排的任务较重。鄂西地区产业基础和基础设施条件相对薄弱，面临着加快发展与保护生态环境的双重压力。在这种情况下，决不能把“好”与“快”对立起来、把开发与保护对立起来。必须始终坚持把发展作为第一要务，坚定抓发展的决心和信心，正确处理“好”与“快”的关系、发展与保护的关系，发挥各自优势，选准发展路子，确定发展重点，坚持“好”字优先，“好”中求快，促进经济社会又好又快发展。

坚持改革创新与推进发展的有机统一。制度是经济增长的变量。制度赋予活力，制度决定效率。推动湖北科学发展更需要制度创新。不论是加快推进武汉城市圈“两型”社会试验区建设，还是鄂西生态文化旅游圈建设，体制机制创新都是关键，是根本。没有体制机制创新，资源节约型、环境友好型的发展模式无法探索；没有体制机制创新，鄂西生态文化旅游圈无法突破区划界限，无法整合资源。我们要坚持以改革促发展，加大改革创新力度，以正在开展的深入学习实践科学发展观活动为契机，推动全省新一轮思想大解放，营造改革开放良好氛围。以完善社会主义市场经济体制为取向，推进各方面的体制改革创新，加快重要领域和关键环节的改革步伐，着力构建充满活力、更加开放、有利于科学发展的体制机制。

坚持自力更生与开放合作的有机统一。建设“两圈一带”，面临资源整合、筹资融资、培育市场主体等难题。解决这些问题离不开国家、省委省政府支持，但主要靠各地自力更生、改革开放。要坚决摒弃“等、靠、要”的思维定势，敢于超越，勇于进取，以更加开阔的视野、更加开放的姿态，充分激活本地生产要素，充分利用国内外两种资源、两个市场。抢抓中部崛起战略、国际国内产业转移等重大机遇，坚定不移地实施开放先导战略，“借梯上楼、引水行舟”。坚持对外开放和对内开放相结合，坚持“引进来”和“走出去”相结合，坚持扩大规模与提高水平相结合，坚持以改善投资环境、承接产业转移为重点，以武汉市开放开发为龙头，全面提高湖北经济的国际竞争力和对外开放水平。要加强区域合作，充分发挥大武汉的龙头作用，认真做好长江经济带、鄂西生态文化旅游圈与武汉城市圈对接的大文章。打破行政区域、行业界限，建立区域合作机制，实现资源共享、优势互补、互利共赢。建立区域政府、社会和企业多层次的交流协商制度，深入研究区域合作战略、政策与机制，拓宽合作领域，提高合作水平。在注重省内合作的同时，还要加强对外合作，积极推进长江流域经济一体化，加强湖北与长三角、珠三角、中部地区及其他地区的合作。积极争取国家和有关部委的支持，广泛建立部省合作机制。

坚持政府引导、市场主导、人民群众广泛参与的有机统一。建设“两圈一带”，全省人人有责。必须大力宣传实施“两圈一带”战略的意义和作用，吸引全省人民广泛参与，营造各方面共同推进的浓厚氛围。各级政府要在发展规划、重大基础设施建设、政策扶持、行业监管等方面，充分发挥主导作用；同时注重发挥市场配置资源的基础性作用，建立多元化投融资机制，创新企业管理机制，培育市场主体，提高市场运作水平；还要鼓励人民群众参与建设，充分调动各方面的积极性。

欣逢盛世是我们的历史机遇，锐意进取是我们的历史责任。“两圈一带”构建了湖北新的战略格局，开拓了湖北发展的新境界。新一轮大发展的序曲已经奏响，重铸辉煌的时代已经到来。让我们信心百倍，激情满怀，只争朝夕，奋勇争先，在推动“两圈一带”的进程中，加快科学发展，尽快把湖北建成促进中部地区崛起的重要战略支点。

（本文系作者主持撰写的关于湖北经济发展的四篇大文章之一，原载于2008年12月28日《湖北日报》。在此基础上，省委、省政府在全省正式提出“两圈一带”发展战略。）

着力推动文化事业和文化产业繁荣发展

（2009年9月8日）

文化是民族血脉得以延续的精神纽带，是国家得以振兴崛起的精神支撑，是人类社会得以发展进步的精神力量，也是社会文明程度和发展水平的重要标志。党的十七大突出强调了加强文化建设、提高国家文化软实力的极端重要性，对兴起社会主义文化建设新高潮、推动社会主义文化大发展大繁荣作出了全面部署。省委、省政府认真贯彻落实中央关于文化建设的重要方针，深刻认识区域间综合实力竞争的现实背景，全面把握湖北发展的历史方位，明确提出要进一步认清文化省情，充分发挥湖北的文化优势，努力实现湖北由文化资源大省向文化强省的历史性跨越。

面对社会主义文化建设的新形势、新要求，面对推动文化大发展大繁荣的庄严使命，我们必须在理论与实践的结合上，深入研究文化发展繁荣及文化强省建设中的一系列重大问题，着力推动全省文化事业和文化产业繁荣发展。

一、关于文化在经济社会发展中的重要地位和作用

推动文化事业和文化产业繁荣发展，首先需要把握文化的科学内涵和重要作用。

目前，对于“文化”的概念，由于研究者的考察视角和分析重点各不相同，国内外先后提出了170多种解释。理论上认可度较高、实践中使用较普遍的，是《现代汉语词典》中关于“文

化”的解释。词典的释义说文化是“人类在社会历史发展过程中所创造的物质财富和精神财富的总和，特指精神财富”。这一表述包括两层含义：“人类在社会历史发展过程中所创造的物质财富和精神财富的总和”这一句，是指广义的“文化”，其涵盖面十分广泛。胡锦涛总书记2006年在中国文联第八次全国代表大会、中国作协第七次全国代表大会上讲话时指出：“一部人类社会发展史，是人类生命繁衍、财富创造的物质文明发展史，更是人类文化积累、文明传承的精神文明发展史。人类社会每一次跃进，人类文明每一次升华，无不镌刻着文化进步的烙印。”这里讲到的文化就是指的广义文化。与广义“文化”相对的，是狭义“文化”，即“特指精神财富”。1871年英国文化学家泰勒在《原始文化》一书中提出，文化“乃是包括知识、信仰、艺术、道德、法律、习俗和任何人作为一名社会成员而获得的能力和习惯在内的复杂整体”，这是狭义“文化”早期的经典界说。毛泽东同志在论及新民主主义文化时说：“一定的文化是一定社会的政治和经济在观念形态上的反映。”这里的“文化”，也属狭义文化。一般而言，凡涉及精神创造领域的文化现象，包括社会的意识形态以及与之相适应的制度和组织机构，以及新闻出版、文学艺术、哲学社会科学等各种承载精神财富和价值观念的表现形式，均属狭义文化，其对应的是经济、政治和社会。当前，我们所讲的“社会主义文化建设”“推动文化大发展大繁荣”意义上的“文化”，就是指狭义的文化。

在人类社会发展进程中，文化的重要地位和作用至少体现在以下四个方面：

（一）文化是社会进步的重要推动力量

文化作为旗帜和方向，引领人类社会的发展。社会的变革往往以思想文化创新为先导，社会的进步离不开思想文化的飞跃。其具体表现是：

1. 文化为社会进步提供思想保证。文化是指路的明灯，思想是行动的先导。一个民族、一个国家、一个政党，只有具备正确的理论指导，才能走向光明的未来。春秋战国时期，我国诸子百家的文化瑰宝，为古代中国的繁荣兴盛奠定了强大的思想基础。近代欧洲的崛起源于公元 14 世纪意大利文艺复兴。文艺复兴发轫于文学、艺术、哲学等领域，后来扩展到整个思想文化领域，使欧洲社会彻底冲破了中世纪宗教思想的束缚，为商品经济和资本主义的发展营造了宽松、自由的社会环境。我国改革开放走过了 30 年的光辉历程，党的十七大报告在评价 30 年改革开放时指出，“改革开放以来我们取得一切成绩和进步的根本原因，归结起来就是：开辟了中国特色社会主义道路，形成了中国特色社会主义理论体系”。可以说，正是中国特色社会主义理论的指导，才巩固了全国人民团结奋斗的共同思想基础，才带来了社会主义中国的蓬勃生机和旺盛活力。

2. 文化为社会进步提供精神动力。精神现象是人类特有的现象，坚定的理想信念、顽强的拼搏精神、高超的才能智慧，是人们攻克时坚、战无不胜的力量源泉。尤其是文化作为一种精神力量，能够转化为推动发展的强大物质力量。在长征精神鼓舞下，红军战胜了物资极度匮乏、环境极其恶劣等艰难险阻，创造了人类奇迹；在抗洪精神鼓舞下，人们战胜自然灾害的能力发挥到了极致；在重点工程建设中、在去年抗雪救灾和抗震救灾斗争中、在当前应对国际金融危机中，精神的力量始终激励着人们战胜困难、开拓奋进。

3. 文化为社会进步提供智力支持。文化创新能力直接反映和体现一个国家、民族和社会的整体创新能力，通过文化创新所形成的先进的思维方式、思想意识、价值观念、道德规范等文化因素，为社会进步指明了方向、开辟了道路。特别是在现代科技日新月异、知识经济时代来临的大背景下，文化对社会发展的智力支撑作用日益突出。邓小平同志指出："科学技术是第一生产力。"人才是科技生产力中最基础、最活跃、最重要的因素。只有坚持以文化人、推进文化创新，才能不断提高社会成员的思想道德素质、科学文化素质和现代文明素养，才能在经济社会发展的各个领域造就一大批领军人物和优秀人才，从而有效提升科学技术水平，进一步解放和发展生产力。正是从这个意义上讲，有人把人类社会发展阶段划分为农业经济时代、工业经济时代、信息经济时代、文化经济时代。

4. 文化为社会进步营造舆论氛围。社会实践反复证明，"舆论引导正确，利党利国利民；舆论引导错误，误党误国误民"。新闻舆论具有宣传党的主张、弘扬社会正气、通达社情民意、引导社会热点、疏导公众情绪、搞好舆论监督的重要作用，对社会精神生活和人们思想意识有着重大影响。在我国革命、建设和改革开放时期，新闻舆论发挥了不可替代的动员和组织作用。随着经济社会快速发展和科技不断进步，信息传递和获取越来越快捷，新闻舆论对社会进步的促进作用越来越突出。

5. 文化为社会进步创造和谐环境。友爱和睦的人际关系、安定和谐的社会氛围，是社会发展进步的重要条件。文化的教育、认识、审美等功能，对个人而言，能陶冶情操、提升修养；对群体而言，能统一思想、规范行为；对社会而言，能化解矛盾、促进和谐。世界经济社会发展史表明，国民生产总值从人均1000美元到3000美元的阶段，既是黄金发展期，也是矛盾凸显期。这一时期，伴随着经济快速发展，各种社会矛盾聚集，人们的精神压力增大、苦恼烦恼增多；特别是当前金融危机的蔓延极易激化旧矛盾、引发新矛盾。这就尤其需要发挥文化沟通心灵、促进和谐的独特作用，用文化的力量来理顺情绪、化解矛盾，从而达到维护社会稳定、促进社会和谐、推动社会发展的目的。

（二）文化是国家软实力的重要内容

“软实力”一词是美国哈佛大学教授约瑟夫·奈提出来的。他认为，一国的综合国力可分成硬实力和软实力两种形态。硬实力是指处于支配地位的要素总和，包括基本资源（如土地面积、人口、自然资源）、经济力量、科技力量和军事力量等；软实力则是指国家的凝聚力、文化被普遍认同的程度和参与国际机构的程度等，是让他人自愿地接受你的意图（故事的力量源于文化和意识形态的吸引力）。约瑟夫·奈认为一个国家的软实力主要体现在文化影响力、意识形态影响力、制度安排上的影响力和外交事务中的影响力等四个方面。

文化软实力是“软实力”的重要组成部分，它是指一个国家或地区基于文化而具有的凝聚力、生命力、创造力和传播力，以及由此而产生的感召力和影响力。综合近年来一些学者的论述，文化软实力主要表现为悠久灿烂的历史文化、科学先进的价值观念、众多的思想文化大师、良好的整体国民素质、锐意不竭的文化创新精神、繁荣兴旺的教科文体事业、坚实发达的文化产业基础、强大有效的文化传播能力等。相对于物质层面的硬实力，文化软实力具有独特的作用：(1) 具有强大的凝聚力。两院院士杨叔子同志有一段名言，“一个国家、一个民族，没有现代科学、没有现代技术，就会落后，一打就垮；一个国家、一个民族，没有人文精神、没有民族精神，就会异化，不打自垮”。(2) 具有持久的生命力。唐朝诗人李白评价楚文化时写道：“屈平词赋悬日月，楚王台榭空山丘。”全国政协副主席孙家正同志曾说过一句很精彩的话，“当物质的繁华成为过眼烟云的时候，跨越时空、像日月一样永恒照耀人类社会前进步伐的，依然是文化的光辉”。(3) 具有深远的影响力。文化所蕴含的思想观念、聪明智慧和民族精神，支撑着一个国家经济、军事、科技的创新和发展；文化所表达的政治理念、文化传统和价值标准，影响着一个国家的地位和形象。(4) 具有独特的竞争力。国际思想界流传着这样一句名言：19 世纪靠军事改变世界，20 世纪靠经济改变世界，21 世纪靠文化改变世界。当今世界经济发展趋势表明，人类在满足基本物质需求的条件下，必然向满足精神需求的方向迈进。世界发达国家文化产业的崛起，既体现了产业演进的客观规律，更体现了人类从攫取自然资源满足物质需求走向发挥文化创造力、实现人的全面发展、实现人与自然和谐共存的伟大文明进程。世界范围内产业结构转变趋势表明，文化正在同土地、劳动和资本融合在一起，成为新的重要生产要素；创造新思想和新的表达方式、传播方式的能力，正成为决定全球化、信息化背景下区域竞争力的关键因素。从这个意义上说，文化软实力是一个国家的核心竞争力。我们必须充分认识发展文化软实力的重要战略地位与作用，促使文化软实力真正“硬”起来，使之成为国家和地区综合竞争力不可或缺的重要组成部分。

（三）文化是维护国家安全的重要战略领域

文化是民族得以传承、国家得以维系的精神支柱，是国家政权、社会制度得以建立和维护的重要基础。文化不安全将引发思想认识的混乱、价值观的迷茫，进而带来社会的不稳定、不安定，造成更大的安全问题。随着全球化进程的加快，文化安全的重要性日益突出，成为深层次的国家安全。

1. 做好意识形态工作是维护国家安全的必然要求。当前，和平与发展仍然是时代主题，但国际竞争日趋激烈，国际形势中的中国文化因素和国内形势中的国际文化因素都在增加。世界范围内各种思想文化交流、交融、交锋更加频繁，“西强我弱”的国际舆论格局没有根本改变，西方敌对势力对我国实施西化、分化活动一刻也没有停止。他们四处推销自己的意识形态、社会制度、发展模式，千方百计对我国进行思想文化渗透，散布针对我国的负面舆论。国内极少数“维权人士”勾结境外媒体，造谣污蔑，攻击我国政治制度；极少数人打着学术研究的幌子，将意识形态领域的重大问题作为学术问题进行研究，出现了一些噪音、杂音。我们在意识形态领域面临的斗争和较量将是长期的、复杂的。只有确保文化安全，国家安全才有可靠保证。

2. 提高对外文化交流与传播能力是维护国家安全的时代课题。传播力决定影响力。现在西方文化特别是美国文化在全球处于霸主地位，世界文化市场总额的80%由欧美占据，传播于世界各地的新闻90%以上由西方七国垄断。美国出产的影片占全球总放映时间的50%以上、电影总票房的三分之二。西方发达国家的文化产业、文化产品正以前所未有的规模和速度进入中国市场，而我国的文化产品走向世界的还不多。比如我国出版业在世界出版贸易中所占份额只有0.04%，图书进出口版权比是10：1，文化贸易逆差非常严重。面对西方强势文化的压力，我们只有不断提高对外文化交流和传播能力，牢牢掌握民族文化、主流文化的话语权，才能有效维护国家安全。

3. 加强网络文化建设是维护国家安全的迫切需要。随着信息技术的高速发展，互联网正以前所未有的速度扩张，广泛深刻地影响着社会生活。根据权威部门发布的《第24次中国互联网络发展状况统计报告》显示，截至2009年6月，我国网民数达到3.38亿人，手机网民数达到1.55亿人，国家CN域名数达1357.2万，三项指标继续稳居世界第一。据我省通信管理局披露，截至2009年6月，全省网民数达到1100万人，备案网站近8.7万家。打开电脑，登录互联网，文化安全就在我们身边。网络的发展为世界各民族文化的交流和沟通提供了便利，极大地促进了全球各种文化资源的共享。但网络又是一把双刃剑，互联网以其特有的快捷性、隐蔽性、自由性，使人们有可能接触到大量的不良信息和有害精神产品，从而对一个国家的主流文化价值体系造成侵害。当今互联网上90%的信息是英语信息，中文信息仅占1%，以美国为首的西方势力以新兴媒体为渠道，向中国大量倾销带有其政治模式、价值观念和生活方式的各类信息，潜移默化地影响中国公众的世界观、人生观和价值观，声称“要用互联网崩裂中国的长城”。切实加强网络文化建设，有力应对西方强势文化的挑战与冲击，有效维护文化安全，是加强文化建设的重大而紧迫的课题。

（四）文化产业是国民经济的重要组成部分

随着文化与经济相互融合、相互渗透的不断加深，以文化为内容、以产业为载体的新的经济形态逐步成长壮大，成为最具活力、最有潜力的朝阳产业。在一些发达国家和地区，文化产业已经成为国民经济的支柱产业。国家统计局把文化产业划分为核心层、外围层、关联层。“核心层”包括新闻服务、出版发行、版权服务、广播电影、电视服务以及文化艺术服务等类别；“外围层”包括以互联网信息为主的网络文化服务，以旅游、娱乐为主的文化休闲娱乐服务，以广告、会展、文化商务代理为主要内容的其他文化服务等类别；“关联层”包括文化用品、设备及相关文化产品的生产和销售活动等类别。文化产业在工业化、信息化进程中具有重要作用。

1. 文化产业是以文化价值为核心的经济产业，可以通过文化产品的生产经营产生巨大经济效益。文化产业作为以文化价值为核心的大规模社会生产和消费活动，可以持续创造经济价值和增加社会财富。因为社会生产力越发达，人们对生活质量的要求就越高，对非物质性的精神文化需求就越大，文化产业的发展空间就越广阔，文化产品的经济效益也就越好。英国失业母亲罗琳突发奇想，创作《哈利·波特》系列小说，几年时间由身无分文变成亿万富婆，其小说平均每个单词带来的收入超过300英镑。2005年湖南卫视的《超级女声》节目，带动的系列经济效益达到上亿元。

2. 文化产业直接面对全球市场，具有巨大经济容量和广阔发展前景。伴随全球化和信息化的大趋势，高度发达的信息通信技术使文化内容、文化产品可以在全球范围内自由流动。据有关资料介绍，美国影片《泰坦尼克号》投资2亿美元，但在全球的票房收入达18亿美元，投资回报率极高。2000年美国影视和音像产品首次超过航天航空业，成为第一大出口产业，占据了40%以上的国际音像市场份额。日本确立“文化立国”战略，仅2003年销往美国的动漫片及相关产品的总收入为43.6亿美元，是日本出口到美国的钢铁总收入的4倍。

3. 文化产业为其他产业提供丰富附加值，在更为广阔和悠远的时空中实现经济价值和社会贡献。随着时代的发展，文化生产与物质生产日益趋同，很多领域已很难区分哪是纯粹的物质生产、哪是纯粹的文化生产，两者叠加的部分越来越大。很多物质产品由于注入文化内涵而提升了价值。如“米老鼠”“唐老鸭”“长江七号”等玩具，很难说它们是精神产品还是物质产品。一双鞋子、一个书包因为上面印有“奥特曼”“蓝猫”等图案，价钱就比同样的产品高出几十元、上百元。在文化传播、文化覆盖越来越广泛的今天，经济活动中注入的文化内涵越多，其产品的档次和附加值就越高，竞争力就越强，效益就越好。

4. 在当前国际金融危机背景下，发展文化产业是克服困难、应对挑战的重要途径。文化作为人的精神活动、思想意识、艺术创造，除受经济的制约外，还受历史积淀、传统演化、社会需求等多种因素影响，一旦形成就具有相对的独立性和稳定性，其发展与经济发展不完全同步。文化产品具有科技含量高、资源消耗低、环境污染少的特殊优势，在物质消费疲软的时候，文化产品反而可能成为消费热点；在经济增长放缓的时候，文化产业反而可能成为新的经济增长点；在以资本、原材料为核心要素的物质生产出现明显衰退的时候，文化创意产业反而可能显现出新的生机。20 世纪大萧条时期，美国政府为应对经济危机，采取了一系列扶助文化艺术相关行业的政策，如联邦戏剧计划、联邦音乐计划、联邦艺术计划、联邦作家计划、公共艺术品计划等，好莱坞等迅速崛起，美国成为文化出口大国。1997 年亚洲金融危机使日、韩两国的传统制造业受到极大冲击，两国政府为摆脱困境，加快产业结构调整，实施以文化产业“刺激内需、拉动出口”的“文化立国”战略，推动了本国文化产业的发展。日本动漫和电子游戏产业发展成为第三大产业，日本成为文化产业规模仅次于美国的第二大国。韩国影视、动漫、网络游戏等优势产业也迅速发展，成为世界第五大文化产业强国。这些国家的文化产业在经济危机中表现出的产业特征和发展规律，值得我们探究和借鉴。金融危机、经济危机虽然不能必然带来文化产业的兴旺发达，但只要我们抓住机遇，改革创新，就能够实现文化发展的逆势上扬，推动经济增长方式转变和经济结构调整，有效缓解和抵消各种不利因素对经济社会发展的影响。

二、关于树立和落实新的文化发展观

我们党历来重视文化建设。早在革命战争年代，毛泽东同志就将文化作为与政治、经济并列的范畴，指出“一定的文化是一定社会的政治和经济的反映，又给予伟大影响和作用于一定社会的政治和经济”。在中华人民共和国成立前夕，毛泽东同志就预言，“随着经济建设高潮的到来，不可避免地将要出现一个文化建设的高潮”。改革开放以来，我们党的文化自觉进一步增强，提出了一系列推动文化发展的重要思想和战略部署。邓小平同志提出一手抓物质文明，一手抓精神文明，做到两手抓、两手都要硬；江泽民同志在党的十六大报告中提出物质文明、政治文明和精神文明协调发展；胡锦涛同志提出经济建设、政治建设、文化建设、社会建设“四位一体”的中国特色社会主义事业总体布局。从“两手抓、两手都要硬”，到“三个文明”协调发展，再到“四位一体”，三次布局三次飞跃，体现了我们党对文化发展规律把握的不断深化。党的十六大以来，通过深入贯彻落实科学发展观，我们党在实践中解放思想、与时俱进，逐步提出和形成了与科学发展观相适应的新的文化发展观，概括起来有九个方面。

1. 关于文化的地位和目标。深刻认识文化建设是中国特色社会主义事业总体布局的重要组成部分，文化越来越成为民族凝聚力和创造力的重要源泉、越来越成为综合国力竞争的重要因素，丰富精神文化生活越来越成为我国人民的热切愿望。因此，在推进全面建设小康社会的进程中，必须像重视经济建设那样重视文化建设，必须像重视人民经济权益那样重视维护人民文化权益。到 2020 年，我国文化发展的目标是：社会主义核心价值体系深入人心，良好思想道德风尚进一步弘扬，覆盖全社会的公共文化服务体系基本建立，文化产业占国民经济比重明显提高、国际竞争力显著增强，适应人民需要的文化产品更加丰富。

2. 关于文化的发展方向。牢牢把握社会主义先进文化前进方向，坚持贴近实际、贴近生活、贴近群众，着力建设社会主义核心价值体系，发展面向现代化、面向世界、面向未来的，民族的、科学的、大众的社会主义文化，努力使社会主义文化始终与时代同步伐、与中国特色社会主义事业共发展。

3. 关于文化的发展目的。坚持以人为本、服务群众，多做有利于维护人民群众切身利益的事，多解决人民群众反映强烈的突出问题，多提供有利于保障人民群众基本文化权益的文化产品和服务，满足人民群众日益增长的精神文化需求，确保人民群众共享文化发展成果、共同保护文化成果、共同参与文化活动、共同开展文化创造。

4. 关于文化的发展动力。创新是文化的本质特征，是推进文化发展繁荣的不竭动力。着力推进文化创新，不断增强文化发展活力。坚持改革创新和科技进步，破除制约文化发展的体制性障碍，解决制约文化发展的深层次矛盾和问题，形成有利于出精品、出人才、出效益的体制机制。大力推动文化内容、形式和传播手段创新，焕发创造激情，增强创新能力，不断解放和发展文化生产力。

5. 关于文化发展思路。坚持“两手抓”：一手抓公益性文化事业，努力构建覆盖城乡、惠及全民的公共文化服务体系；一手抓经营性文化产业，积极培育市场体系和市场主体，繁荣社会主义文化市场。坚持一手抓繁荣、一手抓管理，做到依法管理、科学管理、综合管理，推动文化全面协调健康发展。

6. 关于文化发展格局。推动形成以公有制为主体、多种所有制共同发展的文化产业格局。坚持以市场为主导，大力发展经营性文化产业，充分发挥国有文化企业的骨干作用，保护好、引导好民营企业投资文化产业的积极性；推动形成以民族文化为主体、吸收外来有益文化的文化市场格局，既深刻认识我国民族文化的历史意义和现实意义，注重从祖国文化宝库中汲取营养，也善于借鉴其他国家和民族文化的长处，充分汲取世界优秀文明成果的精华；大力实施“走出去”战略，积极开拓国际市场，推动中华文化更好地走向世界。

7. 关于文化发展的投入保障。通过多种渠道加大投入力度，切实做到各级财政每年对文化建设投入增幅不低于同级财政经常性收入增幅；落实从城市住房开发投资中提取1%用于社区公共文化设施建设的政策；积极引导社会力量以兴办实体、捐赠、赞助、免费提供设施等多种形式参与公共文化服务；引入竞争机制，采取建立基金、政府采购、项目补贴、定向资助、贷款贴息等方式，推动重要公共文化产品生产、重大公共文化服务项目和公益性文化活动的开展。

8. 关于文化发展的领导力量和依靠力量。始终坚持党对文化工作的领导，坚持党管意识形态、党管媒体、党管干部。各级党委政府要把文化发展摆上重要议事日程，纳入经济社会发展总体规划，与经济、政治、社会建设领域的工作一同研究部署、一同检查落实。在工作方向上加强领导、在政策措施上积极支持，把各项工作落到实处。文化建设归根到底靠班子、靠队伍、靠人才，要充分发挥人民群众在文化建设中的主体作用，最大限度地激发广大文化工作者的积极性和创造性。

9. 关于文化发展的管理体制和工作机制。加快建立健全党委统一领导、党委宣传部门指导协调、党政各部门各负其责、社会各方面齐抓共管的管理新格局。按照谁主管谁负责和属地管理的原则，认真落实管理责任，使各地区各部门更好地履行管理职能，确保所属舆论阵地坚持正确的舆论导向，所属文化单位提供健康向上的文化产品，所属互联网站和各种媒体成为传播有益信息的渠道，所属党校、高等院校、社科研究单位成为宣传科学理论、先进文化的重要阵地。

这九个方面的新理念回答了新的历史条件下文化为什么要发

展、实现什么样的发展、怎样发展和发展为了谁、发展依靠谁等一系列重大问题，是科学发展观在文化建设领域的集中体现，是我们在新的历史时期推动文化大发展大繁荣、兴起社会主义文化建设新高潮的理论依据和基本遵循，我们要把这些理念贯彻落实到文化建设的各个方面，并在实践中不断发展和完善。

当前，贯彻落实新的文化发展观，需要把握好三个问题：(1) 认清文化“双重属性”的关系。文化产品既有意识形态属性，又有产业属性。我们既不能用文化的意识形态属性排斥它的产业属性，阻碍文化走向市场；也不能因为文化的产业属性而忽视它的意识形态属性，使文化发展走向歧途。要坚持一手在意识形态领域搞建设，一手在产业形态领域抓发展。(2) 坚持“两个效益”相统一。文化的双重属性必然带来“两个效益”的关系问题。要正确区分公益性文化和经营性文化中“两个效益”的不同要求。对公益性文化来说，就是要追求社会效益的最大化，不搞产业化。对经营性文化来说，既要讲社会效益，也要讲经济效益，两者并不是对立的。在社会主义市场经济条件下，人们越来越多地通过市场满足文化需求。购买优秀文化产品的人越多，受教育的面就越大，社会效益就越广泛，经济效益也就越好。从这个意义上说，没有经济效益，社会效益也难以落实，文化产业也无法实现再生产。反之，如果文化产品不讲社会效益，不能满足人民群众健康有益的文化需求，就会逐渐被边缘化直至被逐出市场，经济效益也无从谈起。要鼓励文化企业在确保正确导向的前提下，争取更大的经济效益。当经济效益同社会效益发生矛盾或冲突时，经济效益要服从社会效益。(3) 促进“体制内外”共同发展。努力形成以公有制为主体、多种所有制共同发展的文化产业格局，既要高度重视国有文化单位的发展壮大，确保国有文化资本的主导地位；同时也要大力鼓励、引导非公有资本进入政策许可的文化产业领域，大力发展体制外的民营文化企业，大胆使用体制外的优秀文化人才。

三、关于湖北的文化省情

经过历史的长期积淀和近些年的不懈努力，我省在文化建设方面具备了许多有利条件和发展优势，为进一步加快文化建设打下了坚实基础。

（一）湖北文化具有明显的比较优势

省委九届二次全会把文化优势作为湖北的五大优势之一明确提出来，是对省情的深刻认识和准确把握。湖北的文化优势很多，比较突出的至少有以下四个方面。

1. 历史文化资源优势。湖北人杰地灵，文华昌盛。光辉灿烂的荆楚文化博大精深，源远流长。以炎帝神农文化、楚文化、三国文化等为特色的历史文化，以辛亥首义和一批老区、苏区为代表的革命文化，以武当山、四祖寺、五祖寺为代表的宗教文化，以三峡、神农架等为亮点的山水文化，以巴土、江汉平原风情为特点的民族民俗文化，以屈原、王昭君、孟浩然、陆羽、毕昇、李时珍、张居正、张之洞、闻一多、李四光等为代表的名人文化，还有古代青铜矿冶文化、近代工业文化、孝文化等，各类历史文化资源交相辉映、异彩纷呈、影响广泛。我省还拥有武当山古建筑群、钟祥明显陵两大世界文化遗产，拥有武汉盘龙城、江陵纪南城、随州擂鼓墩、大冶铜绿山古矿冶等四大古文化遗址，拥有武汉、荆州、襄樊、随州、钟祥等五座国家历史文化名城和 52 处全国重点文物保护单位。全省馆藏文物 121.3 万件（其中一级文物 10418 件），位居全国前列，国宝级文物曾侯乙编钟、越王勾践剑、郭店楚简、云梦秦简等享誉海内外。我省戏曲剧种众多，京剧、楚剧、汉剧、黄梅戏、花鼓戏、南剧、山二黄、皮影戏等各具特色，深受群众喜爱。我省民间文化丰富，民间艺术、民间故事等历史悠久，风格独特。

2. 社会科学研究及文化创作优势。湖北是全国的社科大省，全省社科研究机构、社科专家、社科研究成果均在全国前列。近年来，涌现了一大批具有重要理论价值和实践价值的优秀研究成果，为改革开放和现代化建设提供了有力的理论支撑。我省文学艺术、新闻出版作品的创作和生产具有一定优势。文学创作成绩斐然，《张居正》等一批优秀作品获茅盾文学奖、鲁迅文学奖和“五个一工程”奖。舞台艺术成就突出，《家住长江边》《筑城记》《十二月等郎》等获国家文华大奖。去年，我省参加央视青歌赛取得历史最好成绩；今年，我省民族歌舞亮相央视春晚受到好评。在刚刚揭晓的中宣部“五个一工程”奖中，我省《古丢丢》等五件作品入选。影视剧创作稳步推进，《旗舰》《在那遥远的地方》在央视一套黄金时间播出，《南下南下》等影视作品即将制作完成。

3. 文化产业优势。市场主体逐步壮大。在国有文化方面，湖北日报传媒集团、省广电总台、长江出版传媒集团、知音传媒集团、今古传奇报刊集团等国有文化集团在改革中壮大；在民营文化方面，江通动画、百步亭国际传媒等不断成长，发展势头良好。文化品牌不断涌现，楚天都市报、特别关注、知音、湖北经视、长江文艺、湖北京剧、武汉杂技等文化品牌在发展中成长。产业实力不断增强，现在已初步形成了报业、期刊业、出版发行业、广播影视业、文娱演艺业、印刷复制业、文化旅游业、文博业、动漫业等优势产业集群。其中，报刊实力雄厚，期刊稳居全国前二，报纸稳居中部龙头。全省拥有《楚天都市报》《特别关注》《知音》《知音漫客》《小学生天地》《新传奇》等6个发行量过百万的报刊。据省统计局初步统计，2008年，我省实现文化产业增加值450.1亿元，占全省GDP的3.9%，同比增长22.2%，扣除价格上涨因素增长13.08%。今年上半年，我省文化产业增加值258.19亿元，与上年同期相比增长15.76%。

4. 文化设施优势。近几年我省公共文化设施建设成效显著，以琴台大剧院等为龙头的一大批新建或改建的影剧院、文化馆、博物馆、图书馆等公共文化服务设施逐步启用，特别是“八艺节”的举办，促进我省文化设施建设迈上了一个新台阶。省博物馆率先免费开放，在全国引起强烈反响。投资过6亿元的省图书馆新馆在沙湖之滨动工，建成后将成为我省又一文化地标。

（二）湖北文化消费进入快速增长期

根据国际经验，人均GDP在1000美元以内，人们主要关心的是基本的物质消费需求的满足。人均GDP在1000美元至3000美元之间，人们消费需求进入物质消费需求与文化消费需求并重的时期。人均GDP超过3000美元以后，人们的物质消费需求增长将逐步趋缓，文化消费需求逐步占据主导地位。2008年我省人均GDP超过2500美元，文化消费正进入快速增长期，这为推进湖北文化事业和文化产业繁荣发展提供了极好机遇。一方面文化娱乐消费以前所未有的速度和规模拓展。2007年“八艺节”期间54台参评剧目、22台参赛剧目演出150多场次，平均上座率达

85%以上。《家住长江边》等8台精品剧目进企业、进机关、进军营、进校园，演出222场，观众达400万人次。2008年，全省演出市场十分火爆，一些大型演唱会逐渐从武汉市向中等城市和部分县市延伸，全省营业性演出近2万场次。2009年春节期间，武汉市民的文化娱乐消费同比上升11.58%。这一切无不折射出公众对文化生活的渴求。另一方面，人们的文化消费品位不断提高，求知型消费愿望更加强烈，“百家讲坛”等节目引起广泛关注，财经类、养生类书籍日趋畅销，一批优秀影视剧成为热门。此外，人民群众的文化参与、文化创造意识不断增强，文化权益、文化民生受到高度重视。这种趋势，并不仅仅是受国际金融危机影响出现的短期逆势上扬，随着经济发展方式的转变和内需的拉动，国内文化消费潜力还将进一步释放，发展文化产业将迎来一个千载难逢的战略机遇期。

近年来，省委、省政府高度重视文化建设，先后出台了一系列重要文件。全社会参与文化建设的积极性日益高涨，共同推进文化建设、共享文化发展成果的局面正在形成。在看到有利因素的同时，必须清醒地看到我省文化建设还面临着一些新问题、新挑战，突出反映在四个方面：一是提高认识问题。受传统发展观的影响，在少数领导干部中还存在重经济、轻文化，重文化的意识形态属性、轻文化的产业属性，重政府计划调节、轻市场配置资源，重经济效益、轻社会效益等思想观念。二是创新体制问题。当前文化体制改革滞后于经济体制改革的问题还非常突出。主要是文化市场体系培育不够，市场在文化资源配置中的基础性作用还没有得到应有的发挥；市场主体不强不大，缺乏在全国领军、实力雄厚、核心竞争力强的大企业集团，全省还没有一家文化上市企业；区域限制和行业壁垒较多，部门之间、跨区域之间难以整合发展；社会办文化的氛围不浓，民营资本进入文化领域还不够，民营文化企业发展不快、块头不大。三是加大投入问题。文化领域是一个需要大投入的领域，像公益性文化建设、群众性文化活动、公共文化设施建设、文化体制改革、文化产业发展扶持等，都需要一定的政策或资金投入。当前，文化投入缺乏硬指标，各地对文化投入非常不平衡，投入的数量同需求相比，差距很大。四是积聚人才问题。解放和发展文化生产力，关键在人才。近年来我省采取了很多措施，在文化的各个领域集聚了一大批人才，但青黄不接的现象还比较严重，特别是缺乏文化经营管理人才、文化经纪人才。同时，留住人才的任务也非常繁重，需要进一步研究对策，采取措施，认真加以解决。

当前，全国各地都将文化建设摆在了突出位置，无论是广东、江苏、山东等发达省份，还是四川、陕西、云南等西部省份，或是河南、湖南、安徽等中部省份，都纷纷提出了文化发展的新目标，全国文化发展呈现出千帆竞发、百舸争流的局面。面对社会主义市场经济体制日益完善的新要求，面对人民群众精神文化生活的新期待，面对文化与经济政治社会日益交融并相互促进的新趋势，面对现代传播技术广泛应用的新变化，各级党委、政府一定要站在战略和全局的高度，进一步增强紧迫感和责任感，以更先进的理念、更开阔的思路、更有效的政策、更得力的措施，进一步加快发展文化事业和文化产业，进一步解放和发展文化生产力，推动全省文化大发展大繁荣。

四、关于推动全省文化事业和文化产业繁荣发展的着力点

推动文化大发展大繁荣是一项长期的战略任务，必须抓住机遇，精心谋划，认真组织，稳步推进。要按照宏观性、长远性、系列性、前瞻性和可操作性的原则，明确推动文化事业和文化产业繁荣发展的工作着力点，用抓工程的理念和办法推动文化建设，以“工程”和项目整合资源、打造品牌、拓展产业、壮大实力、抓出实效，努力把湖北建设成为文化事业繁荣、文化产业发达、文化人才荟萃、文化实力和竞争力较强的文化强省。当前和今后一个时期，主要是实施好理论武装工程、思想道德建设工程、舆论传播工程、文艺精品打造工程、公共文化服务工程、文化体制改革工程、文化产业发展工程、文化人才建设工程等“八大工程”。

1. 理论武装工程。没有科学的理论，先进文化就失去根基，就没有核心。用中国特色社会主义理论体系武装全党、教育人民，是文化建设的首要任务。实施理论武装工程，就是要坚持用马克思主义中国化最新成果武装全省干部群众，推进中国特色社会主义理论体系的学习宣传普及，着力研究解决经济社会发展中的重大理论和现实问题，推动马克思主义学习型政党建设，推动我省由社科大省向社科强省跨越。要通过扎扎实实的理论武装工作，使学习的成效切实转化为高举中国特色社会主义伟大旗帜的坚定意志，转化为坚持中国特色社会主义共同理想的坚定信念，转化为运用科学理论分析和解决问题的实际能力，转化为推动科学发展促进社会和谐的过硬本领，转化为与人民群众同呼吸、共命运、心连心的真挚感情，转化为增强党性修养、提高思想觉悟的自觉

行动。精心组织中国特色社会主义理论体系的宣传教育，围绕开展深入学习实践科学发展观活动，努力营造学习实践活动的良好氛围，引导广大干部群众深刻理解科学发展观的历史地位、科学内涵、精神实质和根本要求，不断提高科学发展的能力和水平。切实加强和改进学校思想政治理论课，推动马克思主义中国化最新成果进教材、进课堂、进头脑。面向基层开展形式多样的宣讲活动，促进马克思主义中国化的最新成果深入人心。要精心组织重大理论问题和湖北现实问题的研究，围绕“两圈一带”等重大战略以及制约我省科学发展的突出问题开展对策性研究，努力为全省经济社会又好又快发展提供智力支持。要加强理论阵地建设，制定进一步繁荣湖北省哲学社会科学的意见，推动各级各类研究机构的交流合作，形成强大合力。培育一批国内一流、具有国际影响的优势学科和研究基地，办好一批理论类报刊、网站、栏目，打造“楚天舒”等一批理论工作品牌。

2. 思想道德建设工程。加强思想道德建设对于激发社会活力、弘扬社会正气、维护社会稳定等具有重要作用。实施思想道德建设工程，就是要以全体公民为对象、以未成年人和大学生为重点，大力推进社会主义核心价值体系建设，着力提升公民思想道德素质，建设美好精神家园。社会主义核心价值体系包括四个层次，即马克思主义指导思想、中国特色社会主义共同理想、以爱国主义为核心的民族精神和以改革创新为核心的时代精神、社会主义荣辱观。积极探索用社会主义核心价值体系引领社会思潮的有效途径，把握趋势、正面引导、重在建设，妥善处理思想文化领域的问题，既尊重差异、包容多样，又有力抵制各种错误和腐朽思想的影响，努力促进社会团结和谐。社会主义核心价值体系是理论与实践相结合、知与行相统一的产物，必须融入国民教育和精神文明建设全过程，融入我省经济、政治、文化、社会建设的各个领域。广泛开展思想道德建设，着力宣传一批先进典型，并不断放大先进典型的效应。思想政治工作对于社会和谐具有重要作用，要围绕解决人民群众最关心、最直接、最现实的利益问题，加强和改进基层思想政治工作。高度重视未成年人思想道德建设和大学生思想政治教育，把社会主义核心价值体系体现到学校教育教学和日常管理的各个环节，真正做到进教材、进课堂、进头脑。深入开展群众性精神文明创建活动，深化“文明湖北”建设，弘扬湖北人文精神，不断提高公民文明素质和社会文明程度。建设社会主义核心价值体系，绝非一日之功，必须立足当前、着眼未来，多做打基础、利长远的工作，建立健全长效机制，不断营造浓厚氛围。

3. 舆论传播工程。文化与传播有着天然的联系，文化的功能和作用必须通过一定的载体或媒介进行传播才能实现。传播力决定影响力。可以说，在信息技术高度发展的当今时代，谁的传播手段先进、传播能力强大，谁的思想文化和价值观念就能更广泛的流传，谁就能更有力地影响世界。实施舆论传播工程，就是要大力推动全省报刊、广电、网络等传播媒体的建设和发展，打造现代传播体系，构建新型传播格局，切实加强舆论引导，把全省人民的智慧和力量凝聚到加快湖北发展上来。做大做强主流媒体。全省主流新闻媒体在文化传播中起着至关重要的作用，是现代传播体系中的关键环节。巩固以湖北日报传媒集团、长江出版传媒集团有限公司、知音传媒集团为龙头的报刊出版业的优势地位，5年内打造10个以上发行量过100万份的大型报刊，建设全国一流的报刊出版业方阵。打造以湖北广电总台为骨干、以湖北卫视为龙头的强势广播电视媒体，推动湖北卫视提档进位，收视率3年内进入全国前10位。大力发展新兴媒体。努力发展移动多媒体广播电视、网络广播影视、数字多媒体广播、手机广播电视。加大对以荆楚网为龙头的新闻网站建设力度，力争3年迈进全国省级重点新闻网站第一方阵。加大对搜索聚合、博客播客、网络视听和手机媒体等新技术新业务的开发应用力度，推动网络媒体与传统媒体良性互动，抢占新兴传媒宣传制高点。加强网络文化建设，加快湖北精品文化数字化工程。强化网上舆情研判和引导壮大网络评论员队伍。提高网络管理装备技术水平。着力提高对外文化传播能力。对外传播能力较弱是我们文化的软肋。联合国教科文组织每年公布影响世界的一百本书、影响世界的一百种报纸、影响世界的一百条新闻、影响世界的一百首歌曲，中国的作品基本不能入围。我省的情况与全国大体一致，很少有作品进入西方主流社会、主流人群和主流媒体，提高对外文化传播能力迫在眉睫。要整合各方资源，建立全方位、多层次、宽领域的“大外宣”格局。要加强对境外受众接受心理、接受习惯和思维特性的研究，主动设置议题，努力掌握话语权。

4. 文艺精品打造工程。文艺精品是文化价值的主要载体，是文化软实力的集中体现，是衡量文化发展水平的重要标志。实施文艺精品打造工程，就是要建立完善文艺精品的创作、生产和传播体系，不断推出具备国家水准、反映时代精神、体现湖北特色的文艺精品，进一步满足广大人民群众精神文化需求，彰显湖北文化魅力。要完善文艺精品创作生产规划。研究制订涵盖各文艺门类中长期创作生产规划和年度创作生产计划。按照系列化、项目化、品牌化的要求，围绕重大题材、重大节庆、重大活动，结合湖北特色文化资源，建立重点文艺作品项目库。要切实加强文艺精品生产。充分利用中华人民共和国成立60周年、辛亥革命100周年和第九届中国艺术节等重大契机，规划、推出一批优秀文化产品。优秀影视剧在文化市场中具有强大号召力和广泛影响力，要切实改变我省影视剧创作滞后的问题，探索建立影视剧创作生产激励机制、投融资机制等，充分利用全国一流剧本、一流导演、一流基地，拍摄一流影视剧，提高湖北影视剧制作水平。要拉长文化精品的产业链，多次开发、多次挖掘品牌价值。要切实抓好优秀作品宣传推介。任何文化产品，包括文化精品要进入市场，都必须遵循市场经济规律，加强市场营销。要高度重视宣传、推介和包装，为文化精品扩大影响、开拓市场创造条件。选择具有市场潜力、深受群众喜爱的文化产品，组织首发、首映、首演及展演、展播、展映活动，形成推介优秀文化作品的强大声势。借鉴发行代理制、经营权拍卖制等市场办法，提高湖北文化产品的市场占有率，加快文艺精品的产业化、普及化步伐，实现社会效益与经济效益的有机统一。

5. 公共文化服务工程。在文化建设中，公共文化以其普及性、公益性发挥着重要的基础作用。公共文化服务体系最能体现文化的民生精神，最能体现人民群众在文化成果方面的共建共享，是维护好、实现好、发展好人民群众基本文化权益的主要途径。实施公共文化服务工程，就是要坚持以人为本，加强公共文化服务体系建设，切实保障人民群众的基本文化权益。坚持政府主导，加大投入力度。建设公共文化服务体系，要坚持公益性、基本性、均等性、便利性的原则，坚持以政府为主导、以公共财政为支撑、以公益性文化事业单位为骨干、以基层为重点，鼓励全社会积极参与。创新公共文化服务方式。要进一步落实中央对文化建设的投入政策，逐步构建起完善发达的公共文化服务体系，努力保障人们的基本文化权益。坚持覆盖城乡，实施重点工程。公共文化服务体系建设的重点在基层、难点在农村，要逐步建立以城带乡、城市文化辐射农村的机制。继续抓好广播电视村村通、文化信息资源共享、乡镇综合文化站和村级文化室建设、农村电影放映、农家书屋、流动舞台演出车和流动电影放映车配送等文化重点工程。深入研究新时期群众文化的需求结构和发展趋势，以农民、城市农民工、下岗失业人员、离退休人员为重点服务对象，采取“三下乡”、大学生文艺老区行、农民工文化之夜、向特殊人群免费开放文化场馆设施等活动形式，丰富群众的文化生活。坚持“保护为主、抢救第一、合理利用、加强管理”的原则，保护利用文化遗产。加大对世界文化遗产，历史文化名城、名镇、名村及各级文物保护单位的保护和利用力度。加强三峡工程湖北库区、南水北调工程丹江口库区、熊家冢等文物保护，建设好辛亥革命博物馆、盘龙城遗址保护等工程。抢救保护珍贵非物质文化遗产，建设一批非物质文化遗产保护区。做好文化典籍整理工作。

6. 文化体制改革工程。改革是推进文化大发展大繁荣的强大动力。当前，文化体制改革正处于由试点向面上推开的关键时期，进入破解深层次矛盾和问题的关键阶段。实施文化体制改革工程，就是要按照中央确定的“路线图”“时间表”和“任务书”，紧紧抓住转企改制这个中心环节，整体谋划，突出重点，加大力度，加快进度，推动改革在重点领域、关键环节实现率先突破。着力深化公益性文化事业单位改革。研究建立公共文化服务指标评估体系，研究制定促进公益性文化事业发展专项政策。积极推进内部人事、收入分配和社会保障制度改革，推行全员聘用制度和岗位管理制度，引入竞争激励机制，激发内在活力，提高服务水平。着力培植文化市场主体。企业是市场的细胞，文化市场主体是文化繁荣发展的重要力量。要加快转企改制，催生文化市场主体，特别是要推进国有经营性文化单位公司制改造，完善法人治理结构，建立现代企业制度。积极推动一批具有竞争力的文化企业改制上市，不断做大做强。要降低准入门槛，让民营资本进入更广泛的文化领域，积极鼓励民营资本以投资、参股、控股、兼并、收购、承包、租赁等方式参与国有文化单位的转企改制和资产重组，充分发挥民营资本在推动文化发展中的作用。要积极引进战略投资者，充分利用资本市场，建立完善文化投融资机制，壮大文化企业群体。着力建设文化市场体系。把建立统一开放、竞争有序的文化市场体系作为重要任务，积极促进文化产品市场、文化服务市场和各类文化要素市场的健康发展，为发挥市场在文化资源配置中的基础性作用构建交易平台。着力完善宏观管理体制。大力推动行政管理体制改革和政府职能转变，进一步理顺文化行政管理部门与所属企事业单位、中介组织的关系，把政府职能切实转到制定规划、完善政策、强化服务、宏观管理上来。整合现有文化、广播影视、新闻出版执法队伍，组建文化市场综合执法机构。

7. 文化产业发展工程。文化产业发展水平是文化大发展大繁荣的重要标志。要实现从文化资源大省向文化强省的跨越，必须在发展文化产业上取得重大进展。实施文化产业发展工程，就是要突出荆楚文化特色，大力实施品牌发展战略，逐步形成布局合理有序、主体实力较强、市场开放繁荣的文化产业发展体系，逐步形成以公有制为主体、多种所有制共同发展的文化产业发展格局。积极发展重点文化产业和新兴文化业态。要以国务院通过的《文化产业振兴规划》为依据，研究制定我省“十二五”文化产业发展规划，抓紧建立文化产业项目库，加快建设一批重大文化产业项目。着力发展文化创意、影视制作、印刷复制、广告、演艺娱乐、文化会展、动漫等重点产业，加快发展数字出版、数字传输、新型文化装备制造等新兴产业。充分利用我省科教文化富集和通信发达的优势，加快推动文化与经济、科技、旅游、教育等方面的融合与互动，不断催生新型文化业态，推动文化产业升级，拓展文化产业空间。要做大做强文化企业。大力推动湖北长江出版传媒集团有限公司、湖北日报传媒集团、湖北省广电总台、湖北知音传媒集团等整合重组省内相关资源，鼓励和支持到省外开展兼并、联合和重组，尽快壮大规模、提高集约化水平。大力推动全省广电网络整合，加快组建全省一网、模数转换、双向互动、统一运营的广播电视网络公司。加大文化企业上市力度，力争有5家左右文化企业上市融资，培育和引进一批文化领域的战略投资者，加快发展大型骨干文化企业。到“十二五”期末，力争形成2家总资产和销售收入双过百亿元的大型文化企业，3~5家销售收入达到30亿元以上的骨干文化企业。力争到“十二五”期末文化产业增加值占全省GDP的比重达到6%。加快文化产业园区和基地建设。加强对文化产业园区和基地布局的统筹规划，坚持标准，突出特色，建设好楚天传媒和181创意产业园、湖北长江出版生产流通基地、传奇文化产业园、知音文化产业园、中国光谷创意产业园、江通动画产业园、古隆中三国文化产业园、武当文化产业园、炎帝神农文化产业园区等一批各具特色的文化产业园区，发展具有地域和民族特色的文化产业集群。优化文化产业的区域布局，努力将武汉打造成为中部地区重要的文化中心和全省的文化高地，形成以武汉为龙头，以武汉城市圈、鄂西生态文化旅游圈为支撑的文化发展空间布局。

8. 文化人才建设工程。国以才立，业以才兴。推动文化事业和文化产业繁荣发展，归根到底要靠班子、靠队伍、靠人才。实施人才队伍建设工程，就是要以领导班子建设为龙头，着力在社科、新闻、出版、文艺、文化产业经营管理领域，培养造就一支高素质的人才队伍，为文化大发展大繁荣提供组织和人才保障。切实加强领导班子建设。以建设宣传思想文化领域高素质的党政干部队伍为龙头，选好干部、配强班子，特别是选好配强“一把手”，在重要舆论部门、文化企业等领导班子中，要充实一批思想素质好、业务能力强、懂文化、会经营、善管理的复合型干部和创新创业型干部，储备一批优秀后备干部。切实抓好高端文化人才的培养、引进和使用。力争通过5年的努力，重点培养和引进一批领军型、复合型高端文化人才，使全国宣传文化系统“四个一批人才”入选数量位居全国前列，各类紧缺人才基本满足宣传文化事业发展需求。继续实施全省宣传文化系统“五个一批”人才培养工程，重点抓好中青年文化人才队伍建设，培养造就一批名理论家、名作家、名记者、名编辑、名评论员、名主持人、名艺术家，促进大师级、大家级人才的不断涌现。加大各类高端文化人才和急需紧缺文化人才的引进力度，将引进海外高端文化人才纳入“湖北省引进海外高层次人才‘百人计划’”，享受同等待遇。每年面向省内外引进一批财经、金融、新媒体技术、创意策划、经纪营销等领域的优秀人才进入文化领域。健全省级荣誉制度和青年文化人才表彰制度，评选表彰“楚天艺术家”和“湖北青年十大文化杰出人才”。高度重视基层文化队伍建设，选派有专长的大学生到基层从事文化工作。

当前，我省的文化建设已经站在一个新的起点上，继续推进全省文化事业和文化产业的繁荣发展，需要全社会的共同参与、共同努力。还要强调的是，文化是民族的血脉和灵魂，是一个国家或地区综合实力的重要组成部分，是推动地区经济社会发展的重要力量。“秦砖汉瓦的金碧辉煌早已淹没于历史烟云，但唐诗宋词的清风雅韵至今散发着千古幽香”。很多时候，知识比金钱更宝贵，思想比利剑更锋利，美德比美貌更动人，价值观比物质财富更具超越力，软实力比硬实力更具影响力，这就是文化的价值和魅力！我们坚信，在省委、省政府的坚强领导下，在全省各级各部门和广大人民群众的共同努力下，湖北一定能够实现由文化资源大省向文化强省的新跨越！

[本文系作者经过深入调研于 2009 年 9 月 8 日向省委、省政府主要领导同志提交的研究咨询报告，并提出相关工作建议；之后经领导同志批示和各方共同努力，出台了《中共湖北省委、湖北省人民政府关于推动文化大发展大繁荣的若干意见（鄂发〔2009〕31 号文件）》。]

展望湖北四十年后的辉煌

（2009 年 9 月 26 日）

在这秋风送爽、丹桂飘香的美好时节，在党的十七届四中全会胜利闭幕、全国各族人民喜迎新中国六十华诞的美好时刻，“新中国 60 年——回顾与展望：中国经济百年论坛”隆重开幕了。我谨代表中共湖北省委、省人民政府，对论坛的成功举办表示热烈祝贺！对各位专家和嘉宾的光临，表示热烈的欢迎和衷心感谢！

一

中华人民共和国成立 60 年，特别是改革开放 30 多年，不仅是中国经济史上，而且是世界经济发展史上，最辉煌的篇章之一。它不仅改变了中国的命运，也重塑了世界经济格局。按照我国“改革开放的总设计师”邓小平同志规划的蓝图和当前经济发展实际，大致在 21 世纪中叶，中国经济完全可以期待发展到一个更高水平——这个时段大体是一百年。

翻开世界经济发展史，我们发现，在世界工业化史上，后进国家追赶先行工业化国家，存在着一个“百年经济奇迹”现象。比如，荷兰从 1600—1700 年，英国从 1700—1820 年，美国从 1820—1914 年，日本从 1868—1968 年，都有一个持续一百年的经济增长。百年经济奇迹成就了这些国家，这或许是一个国家经济崛起的重要规律。

引鉴历史是为了瞩目未来，研究整体是为了揭示局部。湖北是中部地区的重要省份。在中国近代经济史上，它是中国为数不多的工商业中心之一。在61年的对外开埠中，有41年的时间国际贸易总额仅次于上海，是国际化内陆商都，被誉为“东方芝加哥”，因此历史上有着“大上海、大武汉”之称。但由于种种历史原因，这种地位一度衰弱。

中华人民共和国成立60年来，特别是改革开放30多年来，湖北发生了翻天覆地的变化，经济总量不断跃上新台阶。1952年，我省GDP仅为24.51亿元，2008年则突破万亿元大关，达到1.13万亿元，在全国31个省区市中GDP总量居第十位。今年上半年，即使在金融危机的影响下，我省经济增长速度仍然达到11.4%，远高于全国平均水平。

展望未来40年，也就是中华人民共和国成立100周年之时，湖北经济发展将实现“华丽转身”，前景将更加美好。在全国经济格局中，将成为联结东部、中部、西部的战略节点，成为联结国际国内两个市场的内陆经济中心，成为联结东西、贯通南北的战略综合交通枢纽，成为中国先进制造业基地、高新技术产业基地、优质农产品生产加工基地和现代物流基地。一句话，湖北将成为中部经济要素富集、充满创新活力的区域，成为支撑、牵引中部地区发展的重要战略支点。

我们作出这样的展望和判断，一方面，是因为我国经济发展进入新的阶段，发展战略发生了一系列重大转变，即由外需导向模式向内需外需共同拉动模式转变、由沿海地区率先开放发展向沿海沿江并重发展转变、由部分地区重点突破向东中西部协调发展转变。这一系列转变将使湖北在中国经济发展格局中的战略地位进一步突出，因此可以抢占更多的先机；另一方面，是因为助推湖北发展的传统优势和新兴优势将进一步发挥，经济潜能将进一步释放，因而推动湖北经济产生新的飞跃、实现新的跨越。

二

湖北的战略优势至少有六个方面。

一是大经济圈优势。打开中国地图我们可以发现，从北部的北京到南部的广州、从东部的上海到西部的成都拉出的两条相互垂直的线条，其交汇之处正是湖北。在中国地图上还可以发现，中国几大经济圈分布活跃在东西南北，它们是长三角经济圈、京津冀经济圈、成渝经济圈和珠三角经济圈。而湖北及武汉城市圈得中独厚。以大都市武汉为圆心，以1000公里为半径，在列车四小时、飞机两小时行驶的范围内，涵盖了全国70%的大中城市，这一区域正是中国经济发展水平最高、人口最稠密、市场容量和发展潜力最大的地区。对于任何战略性开发中国内陆市场的产业或企业而言，湖北都是理想的投资区域。

二是大交通优势。湖北是中部地区最大的综合交通通信枢纽。京广、京九、焦柳铁路纵贯南北，襄渝、汉丹等铁路横穿东西。京珠、沪蓉和宜黄、黄黄、汉十等高速公路纵横交错。湖北省内有七个机场，武汉天河机场为中部地区最大空港，已开通日、韩等国际航班。再加上长江黄金水道的通江达海功能以及必经中部的管道运输，使湖北的交通十分便捷。省会武汉自古就有“九省通衢”之称，是全国四大综合交通枢纽之一。同时，北京至广州同轴电缆、南京至重庆光纤光缆在武汉交汇，形成了湖北辐射全国的现代通信网络。

三是大能源优势。能源是经济崛起的重要条件。湖北水资源丰富，全省水能资源技术可开发量3133万千瓦，已开发和正在开发的装机容量2726万千瓦，居全国首位。三峡水利枢纽工程，装机容量2240万千瓦，是世界上最大的水利枢纽工程。再加上葛洲坝电站、清江水电群和丹江口电站等，湖北作为水电之都名副其实。今后随着火电、核电、风电等能源建设工程的加快拓展，湖北将形成大能源的格局，从而为经济发展奠定坚实基础。

四是大水网优势。在不同的经济发展阶段，不同资源有不同的价值。未来学家说，19世纪的战略资源是煤炭，20世纪的战略资源是石油，21世纪的战略资源将是淡水。就世界而言，中东地区就在为水而战，“得水者得天下”并不耸人听闻。湖北境内有长江、汉江和清江三条大江。其中，长江在湖北境内流程1061公里，占干流通航里程的二分之一。湖北是千湖之省，洪湖、梁子湖及武汉东湖等久负盛名。这不仅意味着水资源潜力巨大，而且城市建设也将因为有湖、因为有水，而多了活力、魅力和灵气。

五是大产业优势。湖北是中国重要的工农业生产基地之一，经济社会发展综合水平在中部地区居领先地位。湖北素称“鱼米之乡”，是全国重要的商品粮棉油生产基地和最大的淡水产品基地。湖北省工业基础雄厚，综合配套能力较强，现已形成门类比较齐全的现代工业体系。湖北是全国最大的水电基地、全国第二大汽车生产基地和全国三大钢铁基地之一。“十一五”期间，湖北将重点培育和支持汽车、钢铁、石化、电子信息、食品、纺织服装等六个销售收入过千亿元的支柱产业。由于武汉大都市拉动，旅游业、金融业、通信业、物流业、文化产业等现代服务业发展方兴未艾。总体上看，我省产业结构不断优化。1952年我省三次产业结构比为56.7∶15.6∶27.7，呈现“一三二”格局；到2008年，我省三次产业构成比为15.7∶43.8∶40.5，呈现“二三一”格局。今后，伴随着现代服务业的发展，产业结构将进一步向“三二一”转变。

六是大科技优势。湖北物华天宝，人杰地灵，素有“惟楚有才”的美誉。湖北现有普通高校87所，在校大学生109万人，研究生7.6万人，是全国第三大教育中心。全省拥有各类科研和研发机构1378家，有50多位“两院”院士，各类专业技术人员110余万人。全国共有5个国家实验室，湖北就有一个；湖北的国家重点实验室数居全国第三位。湖北激光研究、鱼类基因工程研究等居世界领先地位；光电子信息、生物工程、新材料研究居全国领先地位。湖北良好的科教优势，既为高新技术产业的发展提供了广阔的空间，也为未来发展提供了不可多得的人力资本。

三

优势是经济增长的重要条件，利用这些条件、发挥这些优势，需要激励机制，更需要载体或平台。当前，湖北三大平台或三大名片为利用这些优势提供了良好的基础性条件。

平台之一：把湖北建成促进中部地区崛起的重要战略支点。湖北的重要地位，在国家实施中部地区崛起战略中凸显出来。2005年8月，胡锦涛总书记视察湖北时，要求湖北建成促进中部地区崛起的重要战略支点，这是党中央从国家战略层面对湖北的科学定位，体现了党和国家对湖北的高度重视和殷切希望，它将吸引各种要素向湖北聚集，推动湖北加快发展。

平台之二：构建武汉城市圈“两型”社会建设综合配套改革

试验区。从2005年开始，国家先后批准上海浦东新区、天津滨海新区、成都和重庆为综合配套改革试验区。2007年12月，国家批准武汉城市圈、长株潭城市群为“两型”社会建设综合配套改革试验区。这就形成了“东有沪津、西有成渝、中有两湖”的改革开放新格局。如果说，我国第一轮改革开放由原来的五大经济特区、14个沿海城市推动，那么，新一轮的科学发展则转由以武汉城市圈等6个综合改革试验区引领的新阶段。这将使湖北在新的历史起点上，站到了中国新世纪新阶段改革开放和科学发展的最前沿。

平台之三：获批国家高技术产业基地建设。9月20日，国家发展改革委员会发文，正式批复认定武汉为综合性国家高技术产业基地。基地将以光电子信息、生物、新能源与节能环保、新材料、先进制造业及高技术服务等6个领域为发展重点，并按照核心区、拓展区和辐射区三个层次规划，形成以武汉东湖新技术开发区为核心，涵盖武汉经济技术开发区、吴家山台商投资区、青山循环经济产业示范区、葛店经济技术开发区，辐射带动周边高新技术开发区共同发展的产业格局。这也是继北京、上海、天津、深圳、西安、湖南长株潭地区等6个城市（地区）之后获批的第七个综合性国家高技术产业基地。它将在政策、资金、人才等方面得到国家大力支持，从而使之有能力有条件在若干关系长远发展的领域抢占经济技术制高点，进而推动产业革命、催生新兴产业，形成新的经济增长点。

回顾过去，我们群情激动，感慨万千；展望未来，我们信心百倍，豪情满怀。湖北优势明显，机遇多多。站在新的历史起点，面向未来40年发展，省委、省政府科学谋划，不失时机地提出了

"两圈一带"的区域发展战略。即以湖北长江经济带为主轴、以武汉城市圈和鄂西生态文化旅游圈为两轮，推动湖北区域的整体发展。它是湖北区域协调发展的战略展开，必将推动六大优势与三大平台对接。我们坚信，40年后，湖北经济规模将会巨量放大，经济结构将深刻变化，经济发展方式将根本转变，湖北一定会成为中部地区崛起的重要战略支点。

不谋全局不足以谋一域。从历史看今天、看未来，我们以史为镜，可以少走弯路；从世界看中国、看湖北，我们借他山之石，用以攻玉。衷心希望参加论坛的各位专家和嘉宾为湖北的经济发展出谋献策，多提宝贵意见和建议。可以相信，这次会议取得的丰硕成果，将对湖北经济社会又好又快发展产生重要作用及深远影响。

（本文系作者于2009年9月26日在"中国经济百年论坛"开幕式上的讲话，原载于2009年9月29日《湖北日报》。）

综论加快经济发展方式转变问题

（2010年4月22日）

2010年是21世纪第二个十年的开端，我国的现代化建设又到了一个选择和谋划未来的重要关口。在这一关键时刻，党中央深谋远虑、高瞻远瞩，向全党全国发出了“加快经济发展方式转变”的伟大号召，提出“要紧紧抓住机遇，承担起历史使命，把加快经济发展方式转变作为深入贯彻落实科学发展观的重要目标和战略举措，毫不动摇地加快经济发展方式转变，不断提高经济发展质量和效益，不断提高我国经济的国际竞争力和抗风险能力，使我国发展质量越来越高、发展空间越来越大、发展道路越走越宽”。省委、省政府在全面把握国际国内形势、深入分析省情的基础上，明确提出：“要坚定不移地加快经济发展方式转变步伐，更加自觉地把保持经济平稳较快发展与加快经济发展方式转变有机结合起来，坚持在发展中促转变、在转变中谋发展，在做大总量中增强实力、在结构调整中提升水平、在科学发展中富民强省。”面对新的形势、新的任务和新的要求，全省宣传思想文化工作者要进一步强化中心意识、大局意识、责任意识和服务意识，努力为加快全省经济发展方式转变提供有效的思想保证、舆论氛围、智力支持和文化支撑，为助推全省经济社会又好又快发展做出应有的贡献。

一、中央关于加快经济发展方式转变的战略部署

（一）关于加快经济发展方式转变的重要性和紧迫性

经济发展方式是指一国或地区实现经济增长、经济结构优化和经济质量提高的方式和模式。通俗地讲，就是运用什么要素、借助什么手段、通过什么途径推进经济发展。过去，我们一般讲“转变经济增长方式”，党的十七大《报告》提出“转变经济发展方式”。从经济增长方式到经济发展方式，两者既相联系又有区别。一般来说，经济增长方式是指通过生产要素数量增加和质量改善来实现经济增长的方式和模式。通常把主要依靠生产要素投入、追求产品数量扩张的增长方式，称为粗放型或外延型增长方式；把注重依靠科技进步和提高劳动生产率、提高经济效益的增长方式，称为集约型或内涵型增长方式。经济发展方式的内涵更加丰富，既涵盖要素结构的变化，也包括产业结构、需求结构、城乡结构、区域结构的变化，还包括资源和生态环境的状况以及社会分配、社会保障，甚至包括社会公平、社会公正等。转变经济发展方式，就是从粗放型增长向集约型增长转变，从低级经济结构向高级、优化的经济结构转变，从单纯的经济增长向全面协调可持续发展转变。从“增长”到“发展”的改变，体现了我们党对实践经验的总结和理论认识的深化，它更为科学合理，更加符合“又好又快”的要求。

早在20世纪90年代初，党的十四届五中全会通过的《关于制订国民经济和社会发展“九五”计划和2010年远景目标的建议》曾明确提出，“要实行两个具有全局意义的根本性转变，一是经济体制从传统的计划经济体制向社会主义市场经济体制转变，

二是经济增长方式从粗放型向集约型转变”。党的十七大立足于我国改革开放和社会主义现代化建设全局，全面分析工业化、信息化、城镇化、市场化、国际化深入发展的形势，明确提出了加快经济发展方式转变的战略任务，要求促进经济增长由主要依靠投资、出口拉动向依靠消费、投资、出口协调拉动转变，由主要依靠第二产业带动向依靠第一、第二、第三产业协同带动转变，由主要依靠增加物质资源消耗向主要靠科技进步、劳动者素质提高、管理创新转变。按照这一总体要求，近年来举国上下积极推动经济发展方式转变，从宏观领域到微观领域都取得了可喜进展。

然而，我们在经济发展方式转变方面取得的成效还是初步的，离科学发展的要求还有很大差距，在重点领域和关键环节上仍然相当滞后。一是经济增长高度依赖国际市场，投资率偏高、国际贸易顺差偏大、消费率偏低的增长格局不可持续。目前我国的外贸依存度已从改革开放之初的 9.7%上升到 60%，远高于世界平均水平；去年我国的投资率上升到 46.8%，为改革开放以来的最高水平；最终消费率降到了 48.6%，为改革开放以来的最低水平。二是主要依靠物质投入的传统发展方式与资源环境的矛盾日益突出，部分地区资源承载能力已接近极限，资源环境约束矛盾日益突出，外延性扩张模式难以为继。据测算，现在我国每百万美元 GDP 所消耗的能源数量是美国的 3 倍、德国的 5 倍、日本的近 6 倍，我国经济增长成本高于世界平均水平 25%以上。三是经济发展技术含量不高，企业技术创新能力不强，产业结构不合理，大量低水平产业粗放生产，部分产能严重过剩。四是居民收入在国民收入分配中的比重偏低，劳动报酬在初次分配中的比重偏低，城乡居民、不同社会群体收入差距过大，不仅造成投资和消费不平衡，而且影响社会和谐稳定。五是广大人民群众对生活水平和质量的要求不断提高，对干净的水、新鲜的空气、优美的环境等方面的要求越来越高，对“蓝天长驻、青山长在、碧水长流”的愿望和期待越来越强烈，但生态总体恶化的趋势尚未根本扭转，环境治理任务相当艰巨。上述五个方面的情况表明，我国原有经济发展方式的不适应性更加凸显，加快经济发展方式转变日益成为保证我国经济发展与社会和谐的内在要求。尤其是国际金融危机使我国转变经济发展方式问题更加显现出来，国际金融危机表面上是对经济增长速度的冲击，实质上是对经济发展方式的冲击。综合判断国际国内经济形势，加快转变经济发展方式是适应全球需求结构重大变化、增强我国经济抵御国际市场风险能力的必然要求，是提高可持续发展能力的必然要求，是在后国际金融危机时期国际竞争中抢占制高点、争创新优势的必然要求，是实现国民收入分配合理化、促进社会和谐稳定的必然要求，是适应全面建设小康社会奋斗目标新要求、满足人民群众过上更好生活新期待的必然要求。总之，转变经济发展方式已刻不容缓！

站在新的起点上，适时转变发展方式，是生产力演进规律的客观要求，也是经济发达国家的成功经验。从世界发达国家经济发展的历程看，有一条堪称规律的结论不容置疑：一个国家要保持充满活力、持续向上的发展态势，关键是让经济发展方式始终与时俱进，找到符合时代潮流、契合自身发展阶段的现代化路径。近 300 年的世界现代化史，就是一部发展方式的演进史、更新史、转变史。例如英国，正是依靠工业革命，使之由农业社会率先转向工业立国，才使英国这个孤悬一隅的小岛孕育了超凡的能量，成为跨越两个世纪世界发展的领头羊。再如美国，正是重视科技发明，倡导自主创新，牢牢把握世界科技革命的重大机遇，才使之一跃成为具有自主创新能力的国家，成为跃居世界第一位的经济大国、经济强国。

中华人民共和国成立之前的200年，我国也曾有过辉煌，但总体上是世界现代化进程的落伍者。正是中华人民共和国的诞生和改革开放的自信，才使中国人清晰地提出“用100年时间基本实现现代化”的目标。为顺利达到这一宏伟目标，我国已经并正在推进三大历史性转折：一是社会制度转型。1949年中华人民共和国的成立，完成了由半殖民地半封建社会到新民主主义社会，进而到社会主义社会的历史性转变，从根本上扫清了中国走向现代化的制度障碍，为当代中国一切发展进步奠定了根本政治前提和制度基础。二是经济体制转轨。30年前，我们以“摸着石头过河”的勇气、以“杀出一条血路”的决心，拉开了改革开放的恢宏巨幕，开始了从计划经济体制到社会主义市场经济体制的转变。经济体制的转轨，激活了中国现代化的动力源泉，带来了改革开放30年的飞速发展。欧美发达国家用了将近300年才使10亿左右人口进入工业社会，我国仅用了60年就将13亿人口带入工业社会，演绎了人类发展史上的传奇。三是发展方式转变。这是决定我国现代化命运的又一次重要抉择，将确定中国现代化的正确路径，奠定未来中国全面协调可持续的发展格局。1979年到2009年，我国在长达31年的时间里实现了GDP年均9.9%的快速增长。据有关部门测算，今后11年GDP年均增长只要达到5.5%左右，就可以实现2020年比2000年人均GDP翻两番的战略目标。如果我国经济再平稳较快发展几十年，到21世纪中叶即中华人民共和国成立100周年之时，就能够实现社会主义现代化的宏伟目标，创造出一个大国长达半个多世纪持续较快发展的伟大奇迹。因此，党中央明确指出：加快经济发展方式转变是我国经济领域的一场深刻变革，关系改革开放和社会主义现代化建设全局，全党全国必须增强主动性、紧迫感、责任感，推动经济发展方式转变不断取得扎扎实实的成效。

（二）关于加快经济发展方式转变的主要任务

胡锦涛同志在省部级主要领导干部深入贯彻落实科学发展观、加快经济发展方式转变专题研讨班上的讲话中明确指出，转变经济发展方式关键是要在“加快”上下功夫、见实效，并先后用50个“加快”，突出强调了八项主要任务。

1. 加快推进经济结构调整。当前，经济结构不合理依然是我国经济发展方式存在诸多问题的主要症结。必须把调整经济结构作为转变经济发展方式的战略重点，按照优化需求结构、供给结构、要素投入结构的方向和基本要求，更加重视经济发展的质量和效益、更加重视自主创新和能力建设、更加重视人的全面发展。要从解决对经济发展全局影响较大的结构性问题入手，既着眼于化解过去积累的矛盾和问题，又为经济不断迈上新台阶、长期保持平稳较快发展创造条件。要加快调整国民收入分配结构，坚持和完善按劳分配为主体、多种分配方式并存的分配制度，着力提高低收入者收入，增加居民财产性收入，逐步提高居民收入在国民收入分配中的比重和劳动报酬在初次分配中的比重；要加快调整城乡结构，把破除城乡二元结构、统筹城乡发展作为激发经济社会发展活力的重要引擎，促进公共资源在城乡之间均衡配置、生产要素在城乡之间自由流动，形成城乡经济社会发展一体化新格局；要加快推进城镇化，按照统筹兼顾、合理布局、完善功能、以大带小的原则，促进大中小城市和小城镇科学定位、协调发展，提升城镇化发展质量和水平，挖掘和释放我国最雄厚的需求潜力；要加快调整区域经济结构和国土开发空间结构，努力实现区域间基本公共服务均等化，建立体现区域特色和比较优势的产业体系，形成区域经济优势互补、良性互动的机制，推动主体功能区建设，形成人口、经济、资源、环境相协调的国土开发格局，全面推动区域经济协调发展。

2. 加快推进产业结构调整。调整的重点是适应需求结构变化趋势，优化三次产业结构，加快产业结构升级，完善现代产业体系，全面提升产业技术水平和国际竞争力。要加快推进传统产业技术改造，鼓励企业使用新技术、新工艺、新材料、新设备，大力推动信息化与工业化融合，推动传统产业优化升级；要加快发展战略性新兴产业，加快发展新能源、节能环保、新材料、新医药、生物育种、信息网络、新能源汽车等产业，着力培育新的经济增长点；要加快发展服务业，促进服务业拓宽领域、增强功能、优化结构，不断提高供给能力和水平。

3. 加快推进自主创新。加快经济发展方式转变，根本出路在于推进自主创新。要加快提高自主创新能力，加强基础研究和战略高技术研究，推进原始创新、集成创新和引进消化吸收再创新，力求突破更多重要关键技术、获得更多自主知识产权，造就一批拥有核心技术和自主品牌、具有国际竞争力的企业；加快科技成果向现实生产力转化，促进科技与经济更紧密结合，促进科技支撑与产业振兴、企业创新相结合，促进重大技术和产品推广应用，抓紧建设一批特色产业基地、培育一批战略性新兴产业，推动产业规模优势转化为创新能力优势；加快科技体制改革，加快建立以企业为主体、市场为导向、产学研相结合的技术创新体系；加快建设宏大的创新型科技人才队伍，坚持用事业凝聚人才、用实践造就人才、用机制激励人才、用法律保障人才，造就数以亿计的高素质劳动者、数以万计的专门人才和一大批拔尖创新人才。

4. 加快推进农业发展方式转变。坚持走中国特色农业现代化道路，以确保国家粮食安全、增加农民收入、实现可持续发展为目标，加强农业基础地位，推进农业发展方式转变。加快构建粮食安全体系，形成供给稳定、储备充足、调控有力、运转高效的粮食安全保障体系；加快构建现代农业产业体系，形成优势突出和特色鲜明的产业带，引导加工、流通、储运设施建设向优势产区聚集，培育与生态保护、休闲观光、文化传承等密切相关的循环农业、特色农业、乡村旅游业以及农村第二、第三产业等；加快推进农业科技创新，促进农业技术集成化、劳动过程机械化、生产经营信息化；加快推进农业经营体制机制创新，推动家庭经营向采用先进技术和生产手段的方向转变，推动统一经营向发展农户联合与合作和形成多元化、多层次、多形式经营服务体系的方向转变，加快推进覆盖全程、综合配套、便捷高效的农业社会化服务体系。

5. 加快推进生态文明建设。深入实施可持续发展战略，大力推进资源节约型、环境友好型社会建设，推动整个社会走上生产发展、生活富裕、生态良好的文明发展道路。加快推进节能减排，严格实施排放总量控制、排污许可和环境影响评价制度，全面推行清洁生产和节能技术，深入开展节能减排全民行动；加快污染防治，重点控制工业污染物排放，加强水污染、大气污染、固体废物污染防治，全面治理工业污染、生活垃圾和污水污染、农业面源污染；加快建立资源节约型技术体系和生产体系，推动全社会形成节约能源资源与保护生态环境的生活方式和消费模式；加快实施生态工程，强化对水源、土地、森林、草原、海洋、生物等自然资源的生态保护，不断改善生态环境。

6. 加快推进经济社会协调发展。转变经济发展方式，与社会发展特别是民生领域工作密切相关。必须针对社会发展和民生领域的突出问题，大力推进以改善民生为重点的社会建设。加快提高教育现代化水平，按照面向现代化、面向世界、面向未来的要求，合理配置教育资源，全面推进素质教育，更新教育观念，创新培养模式，推进教育改革，优化教育结构；加快实施扩大就业的发展战略，实施更加积极的就业政策，完善就业机制，扩大就业规模，优化就业结构，创新就业模式，强化公共就业服务；加快社会保障体系建设，加大财政对社会保障的投入力度，建立覆盖城乡居民的社会保障体系，稳步提高社会保障水平，有序提升社会保障统筹层次；加快发展面向民生的公益性社会服务，加大政府对公益性社会服务的投入力度，加强基本公益性社会服务设施建设，加大对公益性社会服务机构的扶持力度，发挥公益性社会服务在加快经济发展方式转变方面的重要作用。

7. 加快发展文化产业。坚持把发展公益性文化事业作为保障人民基本文化权益的主要途径，加快构建覆盖全社会的公共文化服务体系，抓好重点文化惠民工程，建设基本文化设施，提高基层公共文化服务供给能力；加快发展经营性文化产业，实施重大文化产业项目带动战略，加快文化产业基地和区域性特色文化产业群建设，打造有自主知识产权、有市场影响的文化品牌，培育新的文化业态，着力构建传输快捷、覆盖广泛的文化传播体系，培育一批有实力、有竞争力的文化骨干企业和一批战略投资者，壮大文化产业整体实力；加快开拓文化市场，建立健全门类齐全的文化产品市场和文化要素市场。加强对外文化交流和对外文化贸易，推动文化产品和服务出口，拓展国际文化市场，增强中华文化在国际上的竞争力和影响力。

8. 加快推进对外经济发展方式转变。要把握对外开放的阶段性特点，完善内外联动、互利共赢、安全高效的开放型经济体系，不断提高开放型经济水平。加快调整出口贸易结构，在稳步扩大我国出口所占世界份额的基础上，积极推动出口贸易从规模速度型向质量效益型转变，鼓励劳动密集型产品提高质量、改进工艺、增加附加值，支持拥有自主知识产权、自主品牌机电产品和高新技术产品出口；加快调整进口贸易结构，推动进口市场多元化，扩大先进技术、关键设备和零部件进口，促进节能降耗环保产品进口；加快提高利用外资质量和水平，创新利用外资方式，鼓励外商投资现代农业、高新技术产业、先进制造业、清洁能源、节能环保产业、服务业特别是现代服务业，鼓励跨国公司同国内研发机构和企业开展研发合作；加快实施“走出去”战略，支持有实力的企业建立国际经营网络、扩大市场份额、在国际市场上打出品牌，推动国际能源资源互利合作，促进对外劳务合作规范发展，积极推动自由贸易区建设。

（三）关于建立完善有利于经济发展方式转变的体制机制

加快经济发展方式转变，既是一场攻坚战，也是一场持久战，其关键和难点在于调整利益格局，其最大的症结和着力点在于建立完善有利于经济发展方式转变的体制机制。为此，必须坚持社会主义市场经济的改革方向，不断深化经济体制、政治体制、文化体制、社会体制以及其他各方面体制改革，努力在重要领域和关键环节实现改革的新突破，着力构建充满活力、富有效率、更加开放、有利于科学发展的体制机制，形成有利于加快经济发展方式转变的制度安排。

第一，通过深化改革不断完善社会主义市场经济体制，形成加快经济发展方式转变的制度安排和政策导向。党的十七大强调，实现又好又快发展，关键要在加快转变经济发展方式、完善社会主义市场经济体制这两个方面取得重大进展。转变经济发展方式和完善社会主义市场经济体制，前者侧重于生产力，后者侧重于生产关系，两者相辅相成、相互促进。同时抓好这两个重点，实现生产力与生产关系的有机统一，也就抓住了整个经济社会发展的“牛鼻子”。

要建立完善的社会主义市场经济体制，充分发挥市场在配置资源中的基础性作用。一是必须大力培育市场主体，增强市场主体在经济发展方式转变中的动力和活力，形成有利于节约资源、降低成本、提高效益、注重环保的企业运行机制。要深化垄断行业改革，在可以放开市场的所有领域特别是服务业领域放开市场，引入竞争机制，让企业在平等竞争环境中发展壮大。二是必须理顺价格关系，完善价格形成机制，以利于抑制过度需求、增加有效供给、调整分配关系。当前的紧迫任务之一是加快资源要素价格改革，从而使资源性产品价格在反映市场供求关系的同时，更加充分地反映资源稀缺程度和环境损害成本，以更好地促进能源资源节约和环境保护。今年要推进电力、天然气、水等资源性产品价格改革和环保收费制度改革，进一步理顺资源价格形成机制，完善污染者付费制度。三是必须下更大决心、用更大气力推进财税体制、收入分配制度改革，健全相关法律法规，形成有利于加强社会事业和改善民生的保障机制，形成有利于加快经济发展方式转变的利益导向。四是要进一步完善财税政策、信贷政策、环保政策、土地政策、贸易政策和技术标准，加强发展规划引导，形成系统的政策体系和强大的政策合力，切实体现区别对待、有保有压，以更加完善的体制和更有针对性的政策加快经济发展方式转变、保障科学发展。五是要着眼于建立经济发展方式转变的长效机制，进一步加快转变政府职能。要尽可能减少行政手段，更多地运用经济手段和法律手段，切实履行好经济调节、市场监管、社会管理和公共服务的职能。

第二，深化社会事业领域的改革，建立加强社会事业和改善民生的体制机制。转变经济发展方式，必须统筹经济社会发展，加快解决经济社会发展“一条腿长、一条腿短”的问题，更加重视发展社会事业和改善民生。当前，我国社会事业领域比较突出的问题是，政府责任不到位和包揽过多同时并存，该管的没有管到位，该放的没有真正放下去，发挥市场机制、社会资本和民间组织的作用不够，调动各方面积极性的体制机制不健全，社会事业发展的活力不足。这种情况制约了社会事业发展，也制约了经济发展。

推进社会事业发展，必须处理好政府和市场的关系、公平和效率的关系、尽力而为和量力而行的关系，必须下大气力推进和深化社会事业领域的各项改革。一是把维护社会事业的公益性、保障人民群众基本公共服务需求作为政府的主要职责。要进一步转变政府职能，加强公共服务职能，加快健全覆盖全民的基本公共服务体系，推进基本公共服务均等化。在社会事业特别是涉及民生方面，包括就业、社保、教育、文化、医药卫生等，都要建立健全保障人民基本需求的制度。二是把应该由社会和市场发挥作用的真正交给社会和市场。社会需求总是呈现多层次和多样性。怎样确定政府的职责范围、划分政府与市场的界限，这是社会事业领域必须明确的一个问题。当前，各方面反映公共服务领域政府包揽多、社会资本进入难。政府把责任和保障面定得过宽，不仅会降低保"基本"的能力和水平，还会影响社会各方面参与发展社会事业的积极性和活力。各项社会事业都应当区分"基本"和非"基本"。非"基本"的社会事业交给社会和市场，通过发展相关产业，满足多层次、个性化的需求，政府要履行监管责任。这样不仅可以为社会资本开辟更大的投资空间，利用社会资本加快社会事业发展，同时也有利于政府集中力量办好该办的事情。三是由政府保障的基本公共服务，也要深化改革、提高绩效。在服务提供上，应该更多地利用社会资源，建立购买服务的机制。要逐步做到凡适合面向市场购买的基本公共服务，都采取购买服务的方式；不适合或不具备条件购买服务的，再由政府直接提供。要鼓励社会资本投资建立非营利性公益服务机构。各类社会机构和企业愿意参与基本公共服务的，只要具备资质、符合条件，都应当鼓励进入。这样就能有效动员和综合利用社会资源来加强和改善基本公共服务，提高服务质量和效率。

第三，以完善政绩考核评价机制为抓手，增强加快经济发展方式转变的自觉性和主动性。加快经济发展方式转变、推动科学发展，正确的政绩导向是关键。目前，国际上越来越重视将结构、资源环境、人的发展等方面的指标，作为评价发展水平的依据。20世纪80年代，联合国开发计划署就提出了包括人均GDP、平均预期寿命、成人识字率在内的“人类发展指数”，用于评价各国的发展水平。我国在对传统计划经济体制进行改革的过程中，引入 GDP 指标，是一个大的进步。随着我国经济社会的不断进步，我们对发展的认识也在不断深化，也需要拓宽发展评价体系的内涵，在重视速度的同时，更加重视质量和效益，更加注重对结构优化、自主创新、资源节约、环境保护、就业和民生改善等方面的评价，形成较为完善的体现科学发展观的评价体系。

为此，必须进一步总结经验，不断完善促进科学发展的干部考核评价机制，促进各级领导班子和领导干部以正确政绩观贯彻落实科学发展观。考核地方和部门工作业绩，既要看发展速度和规模，更要看经济结构是否优化、自主创新水平是否提高、就业规模是否扩大、收入分配是否合理、人民生活是否改善、社会是否和谐稳定、生态环境是否得到保护、可持续发展能力是否增强。总之，要看是否真正做到好字当头、又好又快，从而使加快发展方式转变成为各级党委和政府的自觉行动。

二、湖北加快经济发展方式转变的主攻方向

加快转变经济发展方式，既是中央提出的战略举措，也是事关湖北经济发展全局的、重大而紧迫的战略任务。

改革开放以来，我省经济社会发展取得重大成就，城乡面貌发生了深刻变化。2009 年，我省地区生产总值达 12831.52 亿元，增幅为 13.2%，高于全国 4.5 个百分点，为全国应对危机保增长做出了重要贡献。同时，结构调整成效显著，电子信息、汽车、钢铁、石化、食品、纺织等六大支柱产业进一步壮大；民生工程有效推进，城市和农村人均可支配收入继续较快增长；化学需氧

量、二氧化硫排放量提前一年实现“十一五”减排目标。我们在看到成就的同时，也必须清醒认识到，转变经济发展方式仍然任重道远。主要是全省经济增长的内在动力有待进一步增强，经济结构有待进一步优化，经济运行质量和效益有待进一步提高，资源环境压力有待进一步缓解。具体分析：一是从产业驱动上看，2009年我省三次产业结构为14.9：46.1：39.0，这种“二三一”的产业格局表明，工业依然是全省经济增长的主要推动力，这是近年来实施工业兴省战略取得的重大成果。但从产业结构演进规律以及发达国家与地区的经验来看，我省的第三产业发展相对滞后。因此，必须在加快发展第二产业的同时，以更大的力度发展第三产业，尽快提高服务业特别是现代服务业对经济增长的贡献率，使湖北的产业结构进一步优化。二是从对经济增长的拉动看，在相当程度上依赖高投资支撑。2003年全省实现社会消费品零售总额增长10.8%，完成全社会固定资产投资增长11.1%，两者增速的差距仅为0.3个百分点，2004年扩大为12个百分点，2009年则扩大为22.6个百分点。与投资快速增长相比，消费需求和出口需求对经济的原动力作用还未完全释放出来，对经济增长的拉动力也未完全显现。三是从湖北经济增长模式看，高能耗、粗放式增长的状况令人担忧，值得高度关注。湖北能源资源十分匮乏，缺煤、少油、乏气，能源需求对外依存度较大，是全国第四大能源调入省份，湖北煤炭储量不到全国的1%，每年需要的煤炭90%以上依赖外省调入；石油剩余可开采量不到全国的1%，自采量只能满足全省10%左右的需求；天然气产量低，只能满足全省5%左右的需求；水电资源虽然比较丰富，但电力的支配权在国家电网，电力由国家统一调配，且水电资源开发率已超过85%，进一步开发的潜力十分有限。与此同时，能耗水平偏高又加剧了能源紧张状况。2008 年，湖北单位 GDP 能耗为 1.31 吨/万元，比 2005 年的 1.51 吨/万元下降 12.46%，但仍比全国高 18%。如果不下大气力解决粗放式增长问题，能源资源供给将难以为继，生态环境将难以承载。四是从社会事业和解决民生问题看，诸多方面和领域亟待进一步加强。近年来，我省在发展科技、教育、文化、医疗等社会事业方面，在改善民生方面，做了大量卓有成效的工作。但由于种种原因，许多方面仍严重滞后，诸多领域“欠账”不少，全省城乡居民收入在全国的位次滞后于经济规模的位次。上述情况表明，不加快转变经济发展方式，我省核心竞争力就难以有根本性提高，整个经济持续健康发展也就难以实现。所以，打好转变经济发展方式这场硬仗，是解决我省经济发展中面临的实际困难和突出问题的重大战略选择。

加快转变经济发展方式，当前我省面临着诸多机遇和有利条件。（1）经济社会发展进入新阶段。2009 年我省人均 GDP 跨越 3000 美元大关（人均 GDP 为 22450 元，换算成 3288 美元）。按照发展经济学的观点，这是一个国家和地区经济社会现代化发展的一个标志性阶段，经济社会结构将发生重大转型与变化，经济社会发展处于“重要关口”。这一阶段，全省城镇化、工业化进程会加速发展，居民消费类型也将发生大的转变。随着城乡居民消费需求的升级，城镇化、新兴产业、现代服务业将加速发展，也将促使产业结构逐步由“二三一”向“三二一”转变。这一切，对于加快转变经济发展方式来说，可谓恰逢其时。（2）转变经济发展方式具备经济实力支撑。1978 年我省生产总值仅为 151 亿元，1992 年首次突破 1000 亿元，2004 年突破 5000 亿元，2008 年首次突破1万亿元大关，达到11330亿元，跨入“GDP万亿元俱乐部”。去年全省GDP仍以两位数速度增长，湖北正进入新一轮快速增长期。2009年全省规模以上工业企业超过1.4万家，今年固定资产投资有望突破万亿元，全省经济发展不仅势头良好，而且后劲十足。这一切，将有利于实现发展与转变的良性互动，将有利于加速全省经济发展方式转变的进程。(3)科教优势将在转变发展方式中发挥独特作用。在我省诸多优势中，科教优势是居于首位的最大优势。现拥有122所大专院校，各类人才达400余万人，科研活动人员20万人，科研机构1300多家，在鄂两院院士57人。2008年湖北省科技进步指数排名全国第11位，居中部六省之首。2009年，全省高新技术产业增加值达到1331亿元。前不久，国务院批准武汉东湖高新区为全国第二家自主创新示范区。湖北科技教育所具有的强大优势，为将经济增长转到“更多地依靠劳动者素质提高、科技进步和管理创新”上来，提供了强大的技术和人才支撑。(4)国家扩大内需政策再现湖北发展优势。国家扩大内需的机遇，对于我们内地省份而言是最大、最重要的机遇。湖北地处内陆，对外贸易规模不大，但内生经济优势突出。再加上地处全国交通物流枢纽，辐射整个中部地区和“四小时经济圈”，是拓展内需战略的首选重点。(5)一大串“金字招牌”助推湖北经济发展方式转变。当前湖北正处于厚积薄发的新起点，处在新一轮快速增长期，处于多重机遇叠加的“好运期”。从国务院发布《关于促进中部地区崛起的若干意见》，到武汉城市圈被批准为“两型”社会建设综合配套改革试验区，再到东湖高新区成为国家自主创新示范区，短短几年时间，湖北发展被提升到前所未有的国家发展战略层面。60多个国家部委及国务院直属机构与省政府签订合作协议，为湖北经济快速增长和转变发展方式提供了有力支撑和坚强后盾。

加快我省经济发展方式转变，必须明确方向、突出重点，着力在以下十个方面狠下功夫。

1. 以实施“两圈一带”战略为着力点，努力实现区域经济协调发展。2008 年 12 月召开的省委九届五次全会提出，要大力实施“两圈一带”战略，即在继续推进武汉城市圈和鄂西生态文化旅游圈建设的同时，启动湖北长江经济带新一轮开放开发。国家中部崛起战略提出之后，我们加快了武汉城市圈建设，旨在使湖北真正成为中部崛起重要战略支点；而建设鄂西生态文化旅游圈和加快湖北长江经济带开放开发，则是着眼于区域协调发展。可以说，“两圈一带”战略体现了区域发展的均衡性、协调性和可持续性，是湖北加快转变经济发展方式的重要战略平台。

要充分发挥武汉城市圈的龙头示范作用。着力探索“两型”发展模式，率先建立转变发展方式的体制机制和政策导向。强力推动武汉新港、武汉孝感临空经济区、城际铁路、汉口北国际商品交易中心等重大项目建设。在示范区建设上，着力建设武汉东西湖综合性示范区、青山—阳逻—鄂州大循环经济区、大东湖“两型”社会示范区、梁子湖“两型”社会示范区四个省级示范区。充分发挥武汉市的辐射带动作用，着力壮大周边 8 市的经济实力，缩小区域发展差距，共同增强武汉城市圈科学发展、服务全省、辐射周边的综合能力，为形成中部地区重要经济增长极、培育长江中游城市群奠定坚实基础。

要加快鄂西生态文化旅游圈建设步伐。坚持以生态为基础、文化为核心、旅游为引擎，以资源整合和交通网络建设为重点，抓紧实施鄂西生态文化旅游圈总体规划和交通、生态、文化旅游三个专项规划，抓好神农架机场建设、清江画廊整体开发、武当山文化旅游扩复建等重点工程建设，加快建成支撑区域长远发展的综合交通网络，重点建设一批有地域特色的生态文化旅游大项目。支持宜昌、襄樊两个省域副中心城市加快发展，逐步形成宜荆荆城市群、襄十随城市带，充分发挥其在鄂西圈建设中的支撑带动作用。积极推进鄂西生态文化旅游圈与武汉城市圈在基础设施、产业发展、生态建设和体制机制等方面的对接，逐步缩小鄂西地区与鄂东地区的发展差距，努力实现全省区域经济协调发展。

要积极推进湖北长江经济带新一轮开放开发。充分发挥“一带”连“两圈”的优势，抓紧实施湖北长江经济带开放开发总体规划，抓紧出台水资源及生态环境保护、产业发展、综合交通、城镇建设、国土资源开发、对外开放等6个专项规划。以港口、航道和船型标准化建设为重点，加快长江“黄金水道”建设步伐。整合岸线资源，突出抓好武汉长江中游航运中心、宜昌三峡物流中心建设，加快建设一批重点港口，以港兴城，以港兴业。以干流发展带动支流发展，以内河航运发展带动流域地区的经济社会发展。明确功能定位和产业布局，建立融资平台，以产业支撑带动长江经济带发展。加快建设汉宜及荆岳铁路、宜巴及杭瑞高速、鄂东及荆岳大桥、引江济汉通航工程，打造江汉航运圈。加快沿江现代农业示范带、临水优势产业带和城镇群建设，推进沿江城乡一体化。重视“荆州段”的开发建设，着手建设洪湖、石首等新节点城市，更好地发挥“腰身”作用。认真贯彻落实国务院《促进中部地区崛起规划》中关于建设“沿长江经济带”的战略部署，积极开展与安徽皖江经济带的对接，加强与湖南、江西沿江地区的合作，为形成中部地区国土开发主轴——“沿长江经济带”做出积极贡献。

2. 以有效发挥投资、消费和出口需求的协调拉动作用为着力点，努力实现全省经济均衡发展。国家实施扩大内需的方针政策，为以内生型经济为主导的湖北经济发展提供了良好的政策环境和宏观导向。我省紧紧抓住这一重大机遇，有力地促进了社会需求与经济增长的同步回升。2009 年全省经济增长中，投资需求是主导力量，对 GDP 增长的贡献率为 73.1%，在全省 GDP 增长 13.2%之中拉动 9.6 个百分点；消费需求对 GDP 的贡献率为 31.2%，拉动 4.1 个百分点；出口需求支撑经济增长的贡献和拉动为负，对 GDP 的贡献率为-4.3%，拉动力为-0.5 个百分点。因此，今后一个时期，我们一方面要继续贯彻落实中央扩内需、保增长的政策措施，同时要从湖北实际出发，一手抓扩大内需、一手抓拓展外需，着力扩大投资、消费、出口需求，有效发挥“三驾马车”的协调拉动效应。

继续扩大投资需求。投资是拉动我省经济发展的主导力量，必须充分发挥政府投资对扩大投资的引导作用，充分调动企业投资积极性，千方百计扩大民间投资和利用外资。要进一步拓宽投融资渠道，进一步强化社会资本的投入，进一步加大扶持中小企业发展的力度，进一步鼓励和激发民间资本发展壮大，形成社会自主性的投资动力；必须全面实施我省重点产业调整和振兴规划，着力优化产业结构，努力扩大产业规模，在保持投资合理增长的同时不断优化投资结构；必须把增加投资和转变发展方式结合起来，推动传统产业升级和新兴产业快速发展，坚决淘汰落后产能，抑制盲目重复建设，最大限度提高投资效益，培育和形成新的经济增长点；必须认真做好事关长远发展重大项目的谋划和前期工作，结合编制“十二五”规划，充实完善项目库，保证重大项目建设有序接替。

着力扩大消费需求。更加重视扩大居民消费需求，提高消费在有效需求中的比重及其对经济增长的贡献率。多渠道增加城乡居民收入，特别是增加农民和城镇中低收入居民的收入，建立城乡居民收入的稳定增长机制。进一步加大社会保障力度，健全社会保障“安全阀”，营造提振居民消费信心的良好氛围。拓展消费空间，促进消费需求持续较快增长，落实好国家和地方扩大消费的各项政策措施，积极鼓励汽车、摩托车、家电、普通商品住房等升级类消费，拓展文化、旅游等休闲消费领域。制定和完善刺激消费的政策，优化消费环境，发展消费信贷，鼓励和支持消费者扩大消费、合理消费。

积极扩大出口需求。在全球经济一体化的大格局下，要坚定不移地实施互利共赢的对外开放战略，充分利用国际国内两种资源、两个市场，不断提高经济发展的外向度。要积极调整外贸结构，努力扩大外贸出口。2009 年，我省外贸出口占 GDP 比重（5.3%）远远低于全国平均水平（24.5%），这既是差距更是潜力。按照“保份额、调结构、促平衡”的要求，加快转变外贸增长方式，优化出口产品结构。大力提高出口产品的科技含量和附加值，推动计算机、通信、软件及相关产业、汽车及零部件、钢铁、船舶和消费电子等机电产品、高科技产品出口上规模、上档次。在巩固传统市场的基础上，大力开拓新兴市场，促进外贸出口稳步回升。加速推进武汉综合保税区建设，打造口岸立体运输体系，改善物流、交通和口岸大通关条件，加快铁水、江海、陆空联运配套设施建设，促进贸易投资便利化。

3. 以推进自主创新和科技成果转化为着力点，努力实现全省经济持续发展。加大自主创新力度，不断提高科技进步对经济发展的贡献率，是转变发展方式的根本途径。只有以自主创新为基础的发展，才是持续稳定的发展；只有以自主创新为核心的竞争力，才是可持续发展的竞争力；只有在自主创新方面实现突破，才能使转变经济发展方式取得实质性进展。湖北自主创新的基础条件在全国名列前茅，丰厚的科技资源和优越的创新平台，既为我省加快产业结构优化升级提供了难得机遇，也为转变发展方式提供了强大动力。

要大力提升自主创新能力。进一步完善鼓励自主创新和发展新兴产业的政策措施、激励机制、市场环境，把招商引资、扩大经济规模与自主创新、增强核心竞争力结合起来，加大研发经费投入，加大关键技术的攻关，着力培育自主知识产权和自主品牌，形成一批紧跟世界科技前沿、具有广泛市场前景的科技成果，增强湖北整体经济实力和持续发展的后劲。

要积极推进科研成果产业化。进一步推动高新技术企业深化体制改革和机制创新，鼓励高校和科研院所科技人员创新创业，推进高新技术企业上市融资，促进高校和科研院所科研成果产业化，发展壮大高新技术产业。通过体制机制创新，推进官产学研的高效融合。要认真落实省政府《关于深化改革创新机制加速全省高新技术产业发展的意见（试行）》中“四个70%”的规定，即高校、科研院所以技术转让方式将职务科技成果提供给他人实施的，可从技术转让所得的净收入中提取70%，用于一次性奖励科技成果完成人和为成果转化做出重要贡献的人员；采用股份形式实施转化的，可将成果形成股权的70%奖励给成果完成人和为成果转化做出重要贡献的人员；高校、科研院所可以用非政府科技计划项目节余经费出资入股或增资入股，其所获股权的70%奖给课题组成员；高校、科研院所承担政府科研项目所形成的职务科技成果，在一年内未实施转化的，在不变更职务成果权属的前提下，成果完成人可创办企业自行转化或以技术入股在鄂进行产业化转化，并可享有该成果在企业中股权的70%。同时，鼓励高校、科研机构主动融入以企业为主体、以产学研合作为重点的技术创新活动。

要加快产业结构优化升级。坚持走新型工业化道路，大力实施“工业兴省”战略。落实十大重点产业调整和振兴实施方案，提高优势产业竞争力。坚持用高新技术改造传统产业，大幅提高传统产业的科技含量，提高传统产业的质量效益和市场竞争力。围绕构建现代产业体系加大产业投资、延伸产业链条、发展产业集群，策划、储备并启动一批重点技改项目，以投资结构调整推动产业结构优化升级，实行集聚式、集约式发展。继续壮大“千亿元产业”，抓好重点项目建设、龙头企业培育和工业重点市投资。加快发展先进制造业，巩固和扩大我省汽车产业的优势地位，大力振兴装备制造业，重点发展一批重大产品和成套设备。加快80万吨乙烯等重大工业项目建设进度，大幅提升钢铁有色产业深加工能力。加快发展轻纺工业、食品工业。推进信息化与工业化融合，加快用高新技术改造提升传统产业，加快重点行业兼并重组，促进优势产业向高端化和规模化方向发展。

要着力培育战略性新兴产业。积极发展具有较高科技含量、广阔市场前景、资源消耗低、带动系数大、就业机会多、综合效益好的战略性新兴产业，既可以对当前调整产业结构起到重要支撑作用，更可以引领未来经济社会可持续发展的方向。全面提高东湖高新区自主创新和辐射带动能力，使之成为科技发展试验区、先进产业聚集区、自主创新示范区、改革开放先行区。加快全省高新技术发展步伐，推进智力成果资本化、科技成果产业化，提高对全省经济增长的贡献率。加快制定和实施我省战略性新兴产业发展规划，并根据不同产业制定实施方案。以重大项目投资推动新兴产业发展，着力推动电子信息、生物医药、节能环保、新能源、新材料等产业加快发展。

4. 以加快发展现代服务业为着力点，有效推动第三产业优化升级。扩大内需是推动经济增长最为稳定的因素，而服务业是扩大内需的重要实现形式。我省要以金融、物流、信息服务等现代服务业为重要抓手，健全服务产业体系，促进服务业提档升级，努力扩大经济增长的乘数效应。

加快发展金融服务业。尽快形成武汉金融中心的框架，成为区域性的银团贷款中心、票据业务中心、资本市场中心、产权交易中心、保险业务中心、金融教育研究中心和金融后台服务中心。积极鼓励和大力支持中小金融机构通过改制、重组、并购等形式做大做强。支持具备条件的民营资本依法试办股份制中小银行和参股控股金融机构，积极创造条件吸引更多海外金融机构来鄂落户或开设分支机构。

加快发展物流产业。强化生产物流，延伸流通物流，推进第三方综合物流，为新型工业化、农业产业化、城市化提供高效率、高质量物流服务。加快建设综合交通运输体系，打造全国公路重要交通枢纽、全国铁路中心网（四大路网中心之一）、长江中游航运中心、中部最大航空港。大力推进武汉城市圈、宜荆荆、襄十随三大物流圈建设。运用网络技术特别是物联网技术，推进流通现代化。加快建设一批现代物流园区和专业物流中心，培育一批大型现代物流企业和企业集团，引进一批国际知名物流企业来鄂设立基地公司，把湖北建成中部地区乃至全国重要的物流中心区。

加快发展文化旅游产业。充分挖掘荆楚文化资源，发挥自然资源优势，重点建设“一江两山”国际旅游区，加快建设武汉城市圈旅游区、清江土家族民俗生态旅游区，大力发展红色旅游、三国文化旅游、休闲度假等专项特色旅游。积极开发有荆楚特色的旅游商品，引导休闲旅游规范化、规模化和特色化发展。加快旅游企业改制重组，支持旅游企业集团壮大规模，鼓励国内外知名旅游企业来鄂开发旅游资源。

加快发展信息服务业。加大信息资源整合力度，促进电信网、互联网、广电网三网融合，积极发展电子商务、电子政务，推进社会服务信息化。加快发展软件产业，开发具有自主知识产权和国际竞争力的软件产品。大力发展以客户需求设计及产品研发为主的信息技术外包服务，拓展金融、保险、证券、航空等领域以及采购、财务管理、人力资源管理、数据处理、远程维护等环节的信息业务流程外包服务，推进数据分析、研究用户化解决方案的知识处理外包服务。

加快发展中介服务业。按照服务专业化、功能社会化的方向，引导和扶持中介服务业加快发展，大力拓展和规范会计、审计、税务、律师、租赁、资信、评估、科技服务等中介服务。加快发展会展业，积极扶持全国性和国际性的知名展会，培育具有产业特色和地方特色的常设性会展。鼓励通过与国内外知名中介机构的合资合作，引进先进服务理念、手段和技术，提升全省中介服务业的总体水平。经过努力，尽快形成种类齐全、分布合理、运作规范、接轨国际的现代中介服务业体系，建成以武汉为龙头、带动其他城市、辐射中西部地区的中介服务网络。

与此同时，还必须加快发展社区和农村服务业。努力丰富和活跃社区生活性服务业，满足广大人民群众多层次多样化的需求。大力开拓农村市场，落实国家家电、汽车、摩托车等下乡补贴政策，积极发展农家店和村级综合服务社，建设日用消费品、农产品、生产资料等经营网点，挖掘和释放农村消费潜力。

5. 以深入推进农业产业化经营为着力点，加快转变农业发展方式。随着工业化、城镇化的不断推进，人们对农产品的多样化需求日益显现出来，传统农业“包袱”恰恰是湖北发展的一笔巨大财富，农业的传统优势完全可以转化为发展的新优势。要通过推进农业产业化经营，加快转变传统的农业发展方式，推动农村经济社会又好又快发展。

要大力推进农业适度规模经营。深化农村土地制度改革，在稳定农村基本经营制度的前提下，加快制度创新步伐，有条件的地方可以发展专业大户、家庭农场、农民专业合作社等规模经营主体，使农民和农业经营者能够得到规模经营和产业化经营的增值收益。落实财政、税收、金融、科技、人才等优惠政策，支持农民专业合作社加快发展，对服务能力强、民主管理好的合作社给予补助。突出抓好组织推进、组织示范、人才培训、农超对接和品牌培育工作，引导农民专业合作社统一农资采购、统一生产管理、统一产品销售，提高农民的组织化程度和生产经营水平。

要大力发展农产品加工业。湖北是农业大省，发展农产品加工业的潜力巨大。要坚持以发展高产、优质、高效、生态、安全农业为目标，以市场为导向，推进农业现代化、农业产业化，形成优势农产品种植与加工产业链、优质畜牧水产养殖与加工产业链、特色林果生产与加工产业链，发展壮大湖北现代农业与农产品加工产业，实现由农业大省向农业强省的跨越。要积极推行农业标准化生产。加强农业标准的制定工作，引导龙头企业和合作社推行标准化生产，支持有实力的龙头企业参与制定国家标准。切实加强农产品质量安全工作，加快农产品质量安全监管体系和检验检测体系建设。大力发展无公害农产品、绿色食品、有机农产品，建立完善农产品市场准入制度和产品质量可追溯制度，提高农产品质量安全水平。实施新一轮菜篮子工程建设，加快园艺作物生产设施化、畜禽水产养殖规模化。还要千方百计增强农业科技创新和推广能力。全面推进农业科技创新示范基地建设、示范企业创新能力建设、技术源头创新能力建设，以大专院校、科研院所为骨干，整合相关部门和企业力量，抓住制约农业发展和农产品加工的关键问题，加强联合攻关，增强我省农业科技自主创新能力。加快国家现代农业示范区、县乡农业科技示范园建设，优化创新岗位结构，加快成果转化。

要加快建立完善农产品市场体系。支持重点农产品批发市场建设和升级改造，落实农产品批发市场用地等扶持政策，发展农产品大市场大流通。加大力度建设粮棉油等大宗农产品仓储设施，完善鲜活农产品冷链物流体系，支持大型涉农企业投资建设农产品物流设施。鼓励生产经营者运用期货交易机制规避市场风险，积极探索将淡水产品拓展为期货交易品种。发展会展经济，支持农产品营销。全面推进双百市场工程和农超对接，减少流通环节，降低流通成本。大力培育农村经纪人，充分运用地理标志和农产品商标促进特色农业发展。建立健全农产品信息体系，强化信息引导和产销衔接。

6. 以增强县域经济实力和产业竞争力为着力点，推动县域经济发展方式转变。发展壮大县域经济，是全省经济发展的重点，也是转变经济发展方式的重点。2009 年全省县域生产总值达到 7208. 6 亿元，比上年增长 15%，占全省 GDP 的比重达到 56. 2%，对全省 GDP 增长的贡献率达到 59. 3%，为全省经济社会平稳较快发展做出了突出贡献。要继续坚持“一主三化”方针，大力推进“工业兴县（市）”战略，以调整结构为主线，以自主创新为中心环节，着力培育特色产业，着力培育市场主体，不断增强县域经济实力和产业竞争力。

围绕壮大县域经济，加快调整结构上水平。针对我省县域经济发展不够快、总量不够大以及发展方式比较粗放、产业层次偏低、过度依赖资源消耗、技术创新能力不强等困难和矛盾，一手抓壮大县域经济规模，一手抓县域经济结构调整，努力在提升总量中促进转变、在转变中加快发展。要调整产业结构，自觉执行国家产业政策，推进企业集中、产业集聚、土地集约，坚持走新型工业化道路。引导企业特别是中小企业加强管理和技术创新，加快技术改造，推进节能减排，大力开拓市场，提升企业竞争力。要坚持以工业化引领县域经济发展。工业是县域经济的首要支撑，是县域发展的“第一产业”，工业强则县域经济强。必须大力实施“工业兴县（市）”战略，狠抓产业发展、项目建设和企业培育，把抓发展的主要精力向工业集中、各类资源向工业汇集、各项优惠政策向工业倾斜。大力推进“四个一批”工程，有重点地培植一批规模大、起点高、带动力强的农业产业化龙头企业，带动现代农业发展，促进农民增收。要大力推进工业化与城镇化融合发展，坚持以产业发展带动城镇建设，以城镇建设推动产业发展。

着力培育优势产业和产业集群。构筑县域经济发展的产业支撑，必须锲而不舍地培育优势产业，大力发展产业集群。首先要找准特色定位。各县（市）要根据自身的区位特点、资源禀赋、历史文化、环境条件，因地制宜求发展，找准能够发挥比较优势的主导产业，形成自身的经济特色，走差异化的发展道路。其次是抓好园区建设。着力提升工业园区产业集聚、项目集群能力，努力打造一批销售收入过百亿元的工业园区。切实搞好园区规划，合理确定园区空间布局、功能配套，不断改善园区基础设施条件，切实做到高起点谋划、高水平发展，提升园区产业承载能力。再次要大力发展产业集群。重点扶持一批成长型产业集群，延长产业链条，提升竞争力，打造一批百亿元和千亿元产业集群与产业基地。要重点培育集群领军企业，通过引进龙头骨干企业，推动集群内企业的重组联合。突破集群发展的薄弱环节，围绕集群壮大与升级，完善产业链和服务链。推动集群内服务体系建设，搭建物流、展示、融资担保等共性服务平台，降低企业生产成本，提高资源配置效率和市场反应速度，构建良好的产业生态环境。

大力培育市场主体。坚定不移地实施开放先导战略，把招商引资作为重中之重，把发展壮大市场主体作为基础和关键，通过大招商促进大开放、大引进、大发展，真正把县域经济发展落实到项目和企业上来。要着力实施“市场主体增量行动”，进一步落实创业扶持政策，放宽市场准入条件，拓宽准入领域，激发创业热情，释放创业能量，放手、放心、放胆发展民营经济。大力实施“中小企业成长工程”，促进一批小企业成长为规模以上企业、一批规模中小企业成长为行业龙头企业。着力培育大企业，大力引进一批国内外知名企业来我省投资兴业，培育一批行业的龙头和“旗舰”企业。抓住有利时机，鼓励和支持优势企业兼并重组，培育一批技术先进、核心竞争力强、主业优势明显的大企业大集团，带动县域经济发展。与此同时，发展县域经济，还必须大力推进科技创新和发展低碳经济。转变发展方式要以推进技术创新为动力，引导创新要素向企业聚集。加快科技创新、成果转化、科技资源共享等科技服务平台建设，大力支持集成创新。加强质量和建设标准，培育自主品牌，提高市场竞争力。要以推进节能减排、发展低碳经济为重要抓手，加快构建节约型产业结构和消费结构，建立健全落后产能退出机制，大力发展循环经济，推进县域经济可持续发展。

7. 以加速推进城镇化为着力点，努力促进城乡统筹发展。当前，我省正处于工业化、城镇化加速发展的重要时期。推进城镇化有利于引导和帮助人们实现住房梦、城市梦和创业梦，蕴含着巨大的收入增长潜力、消费增长潜力和投资增长潜力。而且，工业化与城镇化互为条件，城镇化为工业化提供市场需求、生产和生活环境方面的支持，工业化为城镇化提供各类产品供给和就业方面的支持，两者相互依存、相互推动。推进城镇化既可扩大投资，还可提高人们生活质量，从而为转变经济发展方式带来重大机遇。据统计，2002 年我省城镇化率高于全国平均水平 2.6 个百分点，2009 年则低于全国平均水平（46.6%）0.7 个百分点。这表明我省城镇化水平不高，未来发展的空间和潜力还很大，我们必须抢抓机遇，千方百计加快推进城镇化。

要完善省域城镇体系。规划是城镇建设的龙头，引领着城镇发展的方向，必须充分发挥规划的导向作用。要以“十二五”规划编制为契机，抓紧编制全省城镇化发展总体规划，分城市圈（群）和大城市、中等城市和县城、中心镇三个层次，进一步完善我省城镇体系。坚持大中小城市协调发展的指导思想，支持武汉中部地区中心城市建设，完善宜昌、襄樊省域副中心城市功能，壮大荆州、黄石、十堰等大中城市实力，推动武汉城市圈和宜荆荆、襄十随城市群做强做大；积极发展中等城市，鼓励具备产业基础的县城扩大城镇规模；改变“遍地开花”发展小城镇的模式，优先建设中心镇，进一步引导鼓励撤并规模小、辐射带动能力弱的村镇，减少村镇数量，逐步缩小城乡人均占地规模，促进集约用地、科学发展。

要深化户籍制度改革。扩大内需的一个重要方面，就是要以城镇化为支撑，使城镇化成为扩大内需的引擎。当前，我国的城镇化有相当一部分还属于“准城镇化”，已经进城的农民工绝大多数并没有市民化。将这个人口群体的潜在需求释放出来，扩大内需、拉动投资便可以落到实处。因此，我们应积极创造农村劳动力向非农产业转移、农民转为市民的制度条件。要进一步落实中小城市、小城镇特别是县城和中心镇落户条件的政策，继续实施“迎接新市民”工程，促进符合条件的农业转移人口在城镇落户并享有与当地城镇居民同等的权益。多渠道多形式改善农民工居住条件，鼓励有条件的城市将有稳定职业并在城市居住一定年限的农民工逐步纳入城镇住房保障体系。采取有针对性的措施，着力解决新生代农民工问题。

要深入推进新农村建设。要加大资源要素向农村配置的力度，积极推动公共设施和公共服务向城镇延伸。各级政府应利用增加的可用财力，投入过去长期依靠农民投资投劳建设的农村交通、水利、通信等基础设施，推进农业发展方式转变。推广仙洪新农村建设试验区改革创新经验，通过示范村的带动促进新农村建设。推广鄂州市“城乡一体化”试点经验，实现农业工业化、农村城镇化。推广武汉市东西湖区经验，建立“以工补农，以城带乡”的机制，积极探索利用市场的力量推进新农村建设，调动大企业投资农村房地产开发的积极性，形成企村共建、以企带村的发展模式。

8. 以构建“两型”社会为着力点，大力推进生态文明建设。构建资源节约型、环境友好型社会，建设生态文明，是转变经济发展方式的内在要求。

要大力发展循环经济和低碳经济。低碳经济是以低能耗、低污染、低排放为基础的经济模式，其实质是提高能源利用效率和创建清洁能源结构，发展低碳技术、产品和服务，以在保持经济稳定增长的同时消减温室气体的排放量。国家批准武汉城市圈为“两型”社会建设试验区，为湖北抢占发展低碳经济的先机提供了重要平台。当前，要继续抓好武汉市青山区、东西湖区和荆门市等国家循环经济试点，加快建设一批生态工业园区和再生资源基地，完善循环经济发展模式，不断延伸产业链，实现资源、能源和废弃物的合理有效利用。依法实行清洁生产强制审核，运用先进适用技术和节能环保技术，加快传统产业改造和升级，实现低能耗、低排放、高效益。继续开展环保专项治理活动，建立淘汰落后产能退出机制，加大落后产能淘汰力度。积极推进资源枯竭型城市经济转型，建立清洁发展机制。低碳经济的核心是大力发展新能源产业，要合理开发水力发电，积极发展核电，大力开发风力发电，稳步开发生物质能，加快发展太阳能产业，促进能源结构的优化调整。以提高能效和碳生产率为核心，发展低碳经济。

要用生态理念指导服务业发展。充分利用我省生态环境资源优势，以“一江两山”为重点，实现开发与保护同步规划、同步建设，加快建设一批生态旅游景区。突出景区管理的环境责任，不断提升景区生态价值，以生态体验为核心，整合自然、人文要素，为消费者提供高质量的生态旅游服务。命名一批生态旅游示范景区和生态旅游服务企业，培养一批生态旅游专业人才，提升湖北省旅游业的核心竞争力。以“节地、节能、节水、节材”为重点，以最少的能源投入、最低的资源消耗和最小的环境干扰，营造安全、健康、舒适的绿色空间，改善人居环境，推动绿色建筑的发展。按照安全、高效、环保的要求，推进现代物流业发展。从商贸环境、商品采购销售、生产者责任等方面入手，推行生态商贸模式。强化绿色管理，倡导健康饮食，突出环境保护，促进餐饮、娱乐业健康发展。

要抓好生态农业和农村生态建设。调整农业产业结构，推广“种、养、加”相结合的循环农业模式，实现大农业内部的产业对接。大力发展高效生态农业，以保障食品安全为重点，建立一批适应国内外市场需求的无公害农产品、绿色产品、有机产品生产基地，积极推进优势农产品生态化，形成湖北农业新优势。通过现代生物技术，培育高抗品种，提高作物抗病虫害能力。落实财政补贴政策，鼓励发展无公害农业、绿色农业和有机农业。积极开展农村生态建设和环境保护，支持开展生态市（州）、生态县（市、区）、生态乡（镇）、生态村创建活动。

9. 以大力发展文化事业和文化产业为着力点，不断提升文化对经济增长和经济发展方式转变的贡献。大力发展文化事业和文化产业，有利于优化经济结构和产业结构，有利于拉动居民消费结构升级，有利于扩大就业和创业，是加快经济发展方式转变的重要途径和重要方面。2009年，全省文化产业实现增加值556.55亿元，比上年增长21.8%，占同期生产总值的4.3%，文化产业增加值增长速度高于GDP增长速度（13.2%）8.6个百分点，高于第三产业增长速度（12.3%）9.5个百分点，对推进经济发展的贡献不断增强，成为经济社会发展的一大亮点，充分显现了优结构、扩消费、增就业、促跨越、可持续的独特优势和突出特点。在新的形势下，我们要善于用新的思路办法破解改革难题，用新的体制机制保障文化繁荣发展，努力使文化建设成为转变经济发展方式的重要抓手。

要加快发展文化事业。坚持把发展公益性文化事业作为保障人民基本文化权益的主要途径，以公益性、均等性、基本性、便利性为基本原则，加快构建覆盖全社会的公共文化服务体系。要优先安排涉及群众切身利益的文化项目，优先建设重点文化基础设施，优先落实公共文化建设的资金投入，积极推进文化惠民工程建设，不断完善实用、便捷、高效的公共文化基础设施网络。继续深化公益性文化单位改革、引入竞争和激励机制，培养造就文化领域创新型、复合型、外向型、科技型人才，大力推进文化精品生产，不断提高公共文化服务质量和水平。积极围绕特色文化资源策划文化活动，围绕群众需求开展文化活动，充分调动群众自办文化和自发开展文化活动的积极性，大力推进“一县一品”文化品牌建设，推出一批既反映本土特色又深受群众喜爱的优秀文化作品和特色品牌，不断满足人民群众日益增长的多样化、多层次、多方面的精神文化需求。

要做强做大文化产业。加快发展文化产业，关键是要下大决心创新体制机制，花大气力培育龙头企业，加大文化市场培育力度，加强文化产业经营管理人才的培养，在遵循文化发展规律和市场经济规律的基础上，从最有优势、最有潜力、最有前景的重点领域率先突破，努力使文化产业成为湖北新的支柱产业。抓紧实施重大项目带动战略。建立文化产业项目库，加强文化产业园区和基地布局统筹规划，建设一批重大文化产业项目，坚持标准，突出特色，建设好楚天传媒和181创意产业园、湖北长江出版生产流通基地、知音文化产业园、中国光谷创意产业园、江通动画产业园等一批各具特色的文化产业园区，发展具有地域和民族特色的文化产业集群。牢固树立品牌意识。充分发挥重大项目和文化品牌的示范效应与产业拉动作用，着力在挖掘内涵、充实内容、丰富载体、拉长链条上下功夫，使我省文化产业领域现有品牌企业、品牌产品、品牌活动上档次、上水平、上规模。大力推进文化产业结构调整。着力发展文化创意、影视制作、印刷复制、广告、演艺娱乐、文化会展、动漫等重点产业，加快发展数字出版、数字传输、新型文化装备制造等新兴产业，支持发展数字多媒体广播、手机广播电视等。适应当今世界产业融合的大趋势，大力推进文化产业与各领域的深度对接，形成广泛渗透、融合互动的发展新格局。做大做强市场主体。积极推进湖北长江出版传媒集团有限公司、湖北日报传媒集团、湖北有线电视网络、湖北知音传媒集团等整合重组省内相关资源，鼓励和支持到省外开展兼并、联合和重组，尽快壮大规模、提高集约化水平。大力扶持有潜力、发展前景好的民营文化企业，引导民营资本进入文化产业快速成长的领域，鼓励其兼并重组扩张。支持、引导和鼓励文化企业按规定吸收民间资本、社会资本和境外资本，逐步形成多渠道、多元化的投融资机制。积极扶持和发展外向型文化企业，推动以文化产品和服务为主的文化“走出去”。加大文化企业上市力度，培育和引进一批文化领域的战略投资者，加快发展大型骨干文化企业。

要优化文化发展环境。在发展文化事业和文化产业进程中，各级政府要履行好“公共服务、政策调节、社会管理、市场监管”的职能，切实承担起提供公共服务、保障人民基本文化权益的职责，并为各类文化主体创造良好的政策环境、法制环境和市场环境。要正确处理政府与市场、政府与社会之间的关系，不断创新体制机制，既充分发挥政府的主导作用，又充分调动社会各方面的积极性、主动性、创造性，努力形成多元投入、协力发展的新格局。要正确处理促进繁荣与加强管理的关系，一手抓发展繁荣、一手抓加强管理，在促进繁荣的过程中不断加强和改进管理，通过科学有效的管理促进发展繁荣。要统筹文化市场综合执法与文化行政体制改革，进一步理顺文化宏观管理体制，为加快文化发展营造良好环境。

10. 以发展社会事业和改善民生为着力点，努力实现全省经济社会协调发展。改善民生既是发展的目的，也是发展的动力，是转变经济发展方式的重要内容。

要不断增加居民收入和扩大就业。认真落实深化收入分配制度改革的各项措施，出台相应配套政策，在经济发展的基础上逐步增加全省城乡居民收入。着力提高低收入者的收入，特别是提高农民收入，逐步提高扶贫标准和最低工资标准，建立企业职工工资增长机制和支付保障机制。保护合法收入，调节过高收入，取缔非法收入，逐步扭转收入分配差距扩大趋势。要千方百计扩大和稳定就业。继续实施更加积极的就业政策，以促进高校毕业生、就业困难人员和农民工就业为重点，统筹做好就业工作。发挥援企稳岗政策的作用，稳定就业岗位。引导和促进劳动密集型企业、中小企业、民营企业和各种服务业加快发展，创造更多就业岗位。促进以创业带动就业，加强城乡劳动者职业能力和公共就业服务体系建设。继续实施特别岗位培训，集中开发一批公益性岗位，吸引大学生到社区基层从事公共服务，对困难群体实施就业援助。

要建立覆盖城乡居民的社会保障体系。全面推进城镇企业职工养老保险省级统筹，抓好城镇企业职工基本养老保险关系转移接续工作。认真组织新型农村社会养老保险试点，落实被征地农民社会保障政策措施。做好企业退休人员基本养老金调标工作。认真抓好医疗保险工作，降低起付线，提高年最高支付限额和住院报销比例，改进异地就医管理服务，提高参保者受益水平。完善城乡低保制度，逐步提高保障标准，适度扩大贫困地区低保覆盖面。继续加强社会保险费征缴和监管。完善特困群众生活补贴与物价涨幅的联动机制，确保基本生活水平不因物价上涨而下降。建立健全困难群众临时救助和医疗救助制度，完善城乡社会救助体系。加快推进养老服务体系建设，着力发展社区养老服务。

要坚持教育优先发展。大力推进义务教育均衡发展。健全农村义务教育经费保障机制，积极改善农村和贫困地区办学条件，解决好困难家庭子女上学问题。继续加强职业教育，整合教育资源，改进教学方式，着力培养学生的就业、创业能力。支持高校教育改革，提高高等教育质量，增强高校培养高素质人才、科技创新和服务社会的能力。以实施“百人计划”“双百计划”和完善“首席技师”制度为抓手，鼓励高技能和高层次人才创新创业。

要抓好医疗卫生工作。积极稳妥地推进医药卫生体制改革，认真解决人民群众反映强烈的“看病难”“看病贵”问题。要进一步加强公共卫生体系建设，促进基本公共卫生服务逐步均等化；加快健全城乡基本医疗保障体系，切实减轻群众医药费用负担；改革和完善医药服务体系，全面提高医药服务的效益和质量。加强城乡社区卫生服务体系建设。启动国家中医药临床研究基地建设。强化血吸虫病防治，全面落实以传染源控制为主的防治策略。大力推进以机代牛、血防改厕、洲滩禁牧等措施。继续抓好重大传染病及各类职业病的防治。同时，保障和改善民生还必须抓好食品药品安全和安全生产。进一步落实各级政府安全监管和各类企业安全生产的主体责任。建立食品药品安全预警系统，开展食品药品监管综合执法试点。深入开展对食用农产品生产、食品生产和进出口、食品流通、餐饮消费、畜禽屠宰和保健食品、化妆品的综合整治。继续推进矿山、危险化学品、特种设备、道路交通、地质灾害等重点安全专项整治，坚决遏制重特大事故发生。高度重视消防工作，增强全社会消防安全意识。全面加强应急队伍建设及制度建设，不断提升应急管理水平。

三、宣传思想文化工作要为转变经济发展方式多做贡献

加快经济发展方式转变，是当前和今后一个时期经济工作的

重中之重，是全党全社会的共同任务，是宣传思想文化工作服务大局第一位的任务。推进经济发展方式转变，不仅是经济领域的一场深刻变革，也是人们思想观念的一场深刻变革。凝聚全社会加快经济发展方式转变的思想共识，需要进行广泛、深入地宣传和动员；推动中央和省委、省政府政策措施的贯彻落实，需要进行全面、准确的阐释和解读；激励干部群众投身转变经济发展方式的实践，需要营造浓厚的舆论氛围。可以说，宣传思想文化工作的成效如何，直接影响着人们对转变经济发展方式认识的深度、推进的力度、落实的程度。我们一定要充分认识做好加快经济发展方式转变宣传工作的重要性，做到在思想上高度重视、工作上自觉主动，切实为转变经济发展方式提供思想保证、智力支持、舆论环境和文化条件。

1. 自觉融入加快经济发展方式转变的工作大局。当今时代，经济与文化日益交融，在为经济发展提供强大精神动力的同时，文化的经济功能明显增强，经济的文化含量不断提高，文化在综合国力竞争中的地位和作用越来越突出。有人认为，人类社会发展阶段历经农业经济时代、工业经济时代后，目前正进入文化经济时代。文化经济时代的到来，引发了全球发展方式的深刻变革，推动了经济与文化的深度融合。经济具有文化特性，高度重视文化因素，经济发展就有强劲动力；文化具有经济属性、产业属性，自觉融入经济，文化才能发展繁荣。全省宣传思想文化系统要牢牢把握文化与经济融合的时代趋势，深刻认识转变经济发展方式对宣传思想文化工作提出的新要求，主动融入转变经济发展方式的工作大局之中。

加快经济发展方式转变，进一步凸显了文化建设的地位和作用。党的十七大明确把文化作为国家软实力，提出“当今时代，文化越来越成为民族凝聚力和创造力的重要源泉、越来越成为综合国力竞争的重要因素，丰富精神文化生活越来越成为我国人民的热切愿望”，号召全党全国大力“推动文化大发展大繁荣，兴起社会主义文化建设新高潮”。2009 年 9 月，国务院公布了《文化产业振兴规划》，明确把发展文化产业提升为国家发展战略。最近，中央领导同志又多次强调指出，“文化是一个民族的精神和灵魂，是一个国家和民族真正有力量的决定性因素。思想、文化的力量，可以深刻影响一个国家发展的进程，改变一个民族的命运”。强调“国家的影响力取决于经济、科技和军事实力，但归根结底取决于文化实力。文化的影响力更深刻、更具渗透性”。这些都表明，党和国家对文化地位作用的认识、对文化建设规律的认识，上升到了一个全新的高度。实践表明，社会的进步往往以思想文化发展为依托，国家的发展往往以思想文化繁荣为支撑，经济的变革往往以思想文化创新为先导。经济发展方式的转变，又一次呼唤着思想、文化的力量。我们一定要抓住新的机遇，加快文化发展，积极推动全社会形成先进的思维方式、思想意识、价值观念和道德规范，促进全社会提升整体创新能力，在推进经济发展方式转变中发挥思想文化的独特作用。

加快经济发展方式转变，进一步拓展了文化建设的空间和舞台。在现代经济中，文化因素越来越重要，经济“文化化”的特征日益突出。所谓经济“文化化”，是指在经济运行过程中，文化内涵不断增强，文化要素的作用更加显现，人文精神和文化资源在各种资源中所占的比重日趋扩大，经济产品中的文化含量不断丰富，生产、流通、分配、消费过程中愈来愈多地被注入文化的理念和内涵。在当前经济社会发展进程中，文化正在逐步超越土地、劳动和资本，成为新的重要生产要素，成为决定全球化、信息化背景下区域竞争力的关键因素。一个国家，当文化表现出比物质和货币资本更强大力量的时候，当经济、产业和产品体现出文化品格的时候，这个国家的经济才能进入更高的发展阶段，才能具有可持续发展和持续创造财富的能力。加快经济发展方式转变，为充分发挥文化的作用提供了更为广阔的空间和舞台。我们要积极推动文化与经济的融合，注重为物质产品生产注入文化内涵，创造、培育文化形态的无形资产，使经济发展更有活力、更有后劲、更有竞争力。

加快经济发展方式转变，进一步丰富了文化建设的载体和手段。随着经济发展方式的转变，以文化价值为核心、以文化产品为载体的新经济形态逐步成长壮大，文化“经济化”的趋势日益显现。所谓文化“经济化”，是指在文化发展过程中，经济成分不断增加，市场手段不断引入，文化生产、文化管理中愈来愈渗透各种经济要素，文化活动愈来愈自然地融入经济活动之中，文化产品、文化服务日益具有经济功能和市场效益。经济发展方式的加快转变，为文化建设特别是文化产业的发展提供了更多的载体和平台。我们要牢牢把握文化“经济化”的趋势，牢固树立与科学发展观相适应的文化观，既高度重视文化的意识形态属性，又充分认识文化的经济属性、产业属性，充分运用经济手段和市场力量发展文化产业，推进文化繁荣。总之，转变经济发展方式为文化建设带来了新机遇，提出了新要求，全省宣传思想文化工作者一定要认清大局，把握大势，迅速把思想统一到中央关于加快经济发展方式转变的总体部署上来，统一到全省经济发展方式转变的目标和要求上来，在融入经济社会发展大局、促进经济发展方式转变上做出新贡献。

2. 努力为加快经济发展方式转变提供坚强思想保证。加快经济发展方式转变是关系改革开放和现代化建设全局的重大抉择，必须引导广大干部群众不断深化思想认识，切实增强主动性、紧迫感和责任感。

要在统一思想上下功夫。思想是行动的先导。很多同志对转变经济发展方式特别是“加快”的紧迫性认识不足，对转变经济发展方式的重大举措理解不深，迫切需要进一步统一认识，切实把思想和行动统一到中央和省委、省政府关于转变经济发展方式的决策部署上来。要以领导干部为重点，以广泛开展学习型党组织创建活动为抓手，切实组织好各级党委（党组）中心组关于加快经济发展方式转变的主题学习。今年，省委中心组围绕转变经济发展方式计划组织10个专题的学习。各地各部门党委（党组）中心组要重点突出转变经济发展方式，紧密结合各自实际组织学习。要积极开展理论宣传和普及，继续组织撰写“楚天舒”系列文章，开展送理论下基层、社科专家咨询团市州行、社科普及周、网上访谈等活动，深入回答广大干部群众关心的理论问题和社会热点难点问题。要通过学习教育，引导广大干部群众不断深化对转变经济发展方式的时代背景、重大意义、主要任务、目标要求的认识和理解，不断增强投身转变经济发展方式伟大实践的自觉性和坚定性。

要在更新观念上下功夫。现在，有些同志特别是一些领导同志习惯于粗放经营，习惯于依靠物质资源消耗和低成本劳动投入促进经济增长，在发展方式上形成了一些思想束缚。要转变经济发展方式，首先必须转变思想观念。要进一步开展解放思想大讨论活动，引导广大干部群众深刻认识国际国内经济发展环境对转变发展方式提出的紧迫性要求，深刻认识当前经济发展面临的结构性矛盾，进一步促进人们解放思想，彻底抛弃过时的发展思维，改变传统的习惯思维，切实冲破制约发展方式转变的各种思想束缚，自觉推动经济发展方式转变。

要在凝聚力量上下功夫。转变经济发展方式涉及利益调整，涉及社会方方面面。在当前社会转型的关键时期，既要加快经济发展方式转变，又要保持社会和谐稳定，必须切实加强社会主义核心价值体系建设，加强理想信念教育，加强基层思想政治工作，不断理顺情绪、化解矛盾、凝聚人心，不断激发全省人民共克时艰、锐意进取、勇于挑战、敢于创新的精神力量，为转变经济发展方式创造和谐的社会环境。

3. 努力为加快经济发展方式转变提供强大智力支持。在转变经济发展方式进程中，必然会出现许多新情况、新问题，迫切需要在理论上、实践上有新的探索、新的突破。我省是社科大省，具有明显的理论优势。全省宣传思想文化系统特别是社科界要进一步整合力量，加强理论研究，努力为转变经济发展方式提供智力支持。一是要深化战略决策研究。转变经济发展方式是一个重大的战略课题，要结合湖北省情，组织力量对湖北为什么要转变经济发展方式、如何转变经济发展方式、怎样加快经济发展方式转变等问题进行研究。刚才我在第二个部分提出的实施“两圈一带”战略问题、优化区域结构问题、发展县域经济问题、推进城镇化问题、发展现代服务业问题、加强自主创新问题、改善民生问题等，都需要理论工作者和实际工作者深入调查研究，不断提出新的思路、新的对策和新的举措，既为省委、省政府提供决策咨询，又为广大干部群众解疑释惑。二是要加强基层实际问题研究。转变经济发展方式是一项长期的历史任务，新情况新问题层出不穷。此外，不同地方不同单位有不同的具体情况，需要研究的课题各不相同，全省社科界要深入实践、深入基层、深入群众，不断研究新情况、提供新经验，切实为加快我省经济发展方式转变提供智力支持。

4. 努力为加快经济发展方式转变营造良好舆论环境。正确的舆论引导是加快经济发展方式转变的重要保障。要深刻理解中央和省委、省政府决策部署的精神实质和根本要求，突出重点、统筹安排，有声有色地做好加快经济发展方式转变的宣传。一是深刻阐释加快经济发展方式转变是贯彻落实科学发展观的根本要求。宣传中要突出科学发展的理念，贯穿科学发展的要求，引导人们深刻认识到贯彻落实科学发展观是战胜各种风险挑战、保持经济社会又好又快发展的根本之道，进一步增强用科学发展观指导实践的自觉性坚定性。二是深入宣传加快经济发展方式转变的重要性、紧迫性。通过深入宣传，引导人们深刻认识到如果不加快经济发展方式转变，今后的发展代价就会越来越大、空间就会越来越小、道路就会越走越艰难，从而进一步增强责任感紧迫感。三是大力宣传中央和省委、省政府加快经济发展方式转变的重大举措。要紧紧围绕“八个加快”，大力宣传中央和省委、省政府在推进经济结构调整、产业结构调整、自主创新、农业发展方式转变、生态文明建设、经济社会协调发展、文化产业发展、对外经济发展方式转变等方面采取的重大举措和出台的重大政策，宣传政府在扩大就业、完善社会保障体系、改革收入分配制度、促进房地产市场平稳健康发展、加快推进医药卫生事业改革发展、切实保障和改善民生等方面的政策措施，推动形成支持转变、促进转变、加快转变的良好局面。四是充分反映加快经济发展方式转变的积极成效。及时宣传各地各部门推进经济发展方式转变的新举措，宣传各个领域创新发展思路、破解发展难题、提高发展质量的新经验，宣传各级政府发展社会事业、改善民生的新成效，宣传各级党组织围绕科学发展抓党建、抓好党建促进科学发展的生动实践。通过深入宣传，引导人们充分看到转变经济发展方式的实践成果，进一步振奋精神、坚定信心。此外，在整个宣传工作中，一定要坚持“三贴近”原则，用干部群众身边的事、用干部群众喜闻乐见的形式，使之认识到在转变发展方式的进程中，自己也是转变发展方式的受益者。例如，《经济日报》采写的《再识一吨钢》《再识一袋水泥》《再识一车煤》《再识一亩地》《再识一粒米》等系列报道，就为我们树立了样板，值得我们很好的学习。

5. 以昂扬向上的精神状态积极投身文化建设的大潮之中。在新的形势下，文化既是精神产品，也是经济的载体；文化产业既是助推经济发展的软实力，也是战略性新兴产业，是重要的经济增长点。文化建设已成为加快转变经济发展方式的主战场，广大宣传文化工作者既是经济社会发展的推动者，也是经济建设的实践者；既活跃在经济发展大舞台的“幕后”，也奋战在大舞台的“前沿”。因此，宣传思想文化系统的同志要以勇于担当的责任意识、奋发有为的进取精神、务实高效的工作作风，积极投身文化建设大潮，推动文化事业文化产业繁荣发展。

要深化文化体制改革。当前，文化体制改革已进入在面上推开、向纵深拓展的新阶段，要进一步解放思想、转变观念，加大力度、加快进度，根据公益性文化事业和经营性文化产业不同的改革路径，按照中央确定的路线图、时间表、任务书，积极推动文化体制改革取得决定性进展，不断解放和发展文化生产力。要抓住重点、突破难点，着力推进国有经营性文化单位转企改制；要面向基层、创新机制，积极推进公共文化服务体系建设；要通过政府推动、市场引导，推动文化产业实现跨越式发展；要完善宏观管理、强化政策保障，保持改革的力度与管理的完善程度相适应，确保改革积极稳妥推进。推动文化事业文化产业繁荣发展，当前应抓紧做的一项工作，就是要精心编制文化发展“十二五”规划。文化发展规划具有引导性、全面性、长期性，是文化建设健康发展的基本保证。进入规划一有百有，没进入规划一切没有。要按照与国务院《文化产业振兴规划》相衔接，与省委、省政府31号文件相衔接，与全省经济社会发展“十二五”规划相衔接的要求，精心制定全省文化事业文化产业发展“十二五”规划，为推动文化大发展大繁荣提供科学指导和有力保障。各地各部门要认真调研、精心谋划，积极争取将本地本部门重点工程和重大项目纳入全省的整体规划之中。

要大力推进文化产品生产。文化之所以能成为产业，是因为某种文化产品能带来精神享受，具有广泛的受众，因而有利可图，方成为产业。因此，文化是文化产业的“源头活水”，只有创造出能为社会大众喜闻乐见、能够引领时代前进的先进文化，才能走活文化产业这盘棋。进一步说，支撑文化产业发展的，是真正热爱文化、有精益求精的文化追求、有甘坐冷板凳的耐心和勇气的文化人。宣传思想文化系统要把推动文化产品的创作生产作为重要职责，规划创作项目，完善生产机制，强化组织指导，营造良好环境，不断激发广大文艺工作者的积极性和创造性，努力推出更多具备国家水准、反映时代精神、体现湖北特色、深受群众欢迎的文化精品。文化艺术、广播影视、新闻出版等部门是推进文化产品创作生产的主力军，要切实履行职能，充分发挥优势，整合各方资源，着力抓好文学、音乐、戏剧、影视剧、图书等各种文化产品的创作生产。

要着力提高自身素质。当前，文化建设面临许多新情况、新问题，要以科学的态度，尊重规律、研究规律、按规律办事，不断提高文化建设的科学化水平。文化领域既有一般行业属性，又有特殊的意识形态属性，这对宣传思想文化工作者的素质提出了更高的要求。在新的形势下，要“努力造就一大批敢于创新、善于创新的创新型人才，一大批既熟悉文化工作又懂经营善管理、既熟悉艺术又有现代科学素养的复合型人才，一大批精通外语、熟悉国外文化市场规则、善于开拓国际文化市场的外向型人才，一大批掌握现代科技知识、具有研发能力、能够占据科技制高点的科技型人才，构建一支门类齐全、结构合理、梯次分明、素质优良的文化工作者队伍”。我们一定要加强学习、大胆创新、勇于实践，努力成为文化领域创新型、复合型、外向型、科技型人才。

综上所述，加快转变经济发展方式是当前和今后一个时期的中心工作和重要任务，全省宣传思想文化工作者一定要认清形势、明确责任，围绕中心、服务大局，为加快经济发展方式转变、促进全省经济社会又好又快发展做出新的更大的贡献！

（本文系作者于2010年4月22日在全省宣传文化系统干部大会上所作报告之文稿。）

深入解放思想与转变发展方式

（2010年5月7日）

思想是行动的先导。解放思想是我们党确定的“解放思想、实事求是、与时俱进”的思想路线的重要组成部分，是改革开放和发展中国特色社会主义的重要法宝。解放思想还是加快发展的“原动力”，是开启思路的“金钥匙”，是攻坚克难的“突破口”，是提升干部素质的“大学校”。“解放思想，黄金万两!”改革开放30多年来，湖北同全国一样，先后经历了五次思想大解放的历程，每一次解放思想都有力地推动了全省经济发展和社会进步。

第一次思想解放是以真理标准大讨论和党的十一届三中全会召开为标志，突破“两个凡是”的思想束缚，使党和政府的工作重点果断转移到以经济建设为中心的轨道上来。这一时期，湖北农村积极推行家庭联产承包责任制，极大地解放了农村生产力，基本解决了农民的温饱问题；城市进行企业扩权试点，探索经济体制改革，武汉市成为省会城市中第一个进行综合改革的试点城市。湖北开始迈出改革开放的新步伐。

第二次解放思想是以1992年邓小平同志“南方谈话”和党的十四大召开为标志，突破姓“社”姓“资”的束缚，推动了社会主义市场经济体制的建立。这一时期，湖北采取“抓大放小”“三改一加强”“五个一批”等举措，深化国有企业改革以及投资、财税、物价、金融等体制改革，加强市场体系建设和现代企业制度建设，社会主义市场经济体制的基本框架初步确立。

第三次解放思想是以党的十五大召开为标志，冲破姓“公”姓“私”的思想束缚，打破了所有制问题上公有制一统天下的局面，推动了经济社会全方位、深层次地向前发展。这一时期，湖北倡导“八破八立”，推进“三个新一轮”，大力推进企业改制重组、股份合作，努力探索公有制的多种实现形式。明确提出大力推进工业化、农业产业化和城镇化，提出县域经济以民营经济为主体，民营经济取得突破性发展。

第四次解放思想是以党的十六大召开为标志，有效突破传统发展模式的困扰，把经济社会的发展推向科学发展的更高境界。湖北抢抓促进中部地区崛起的重大战略机遇，提出构建促进中部地区崛起重要战略支点的目标。全面完成农村税费改革任务，在全国率先推行乡镇综合配套改革，农民负担过重的问题得到有效解决。推行“一主三化”“三个一批”“三个一律”等改革发展的举措，做好“打基础、利长远”的工作，省属国有企业改革基本完成，武汉城市圈建设和县域经济发展取得重要进展。大力实施开放先导战略，招商引资和对外贸易取得新进展，投资环境进一步优化，对外开放水平和层次不断提高。

第五次思想解放是以党的十七大召开为标志，在全党开展深入学习实践科学发展观活动的大背景下，致力于在新的历史起点上推进全省经济社会又好又快发展。自 2008 年 9 月至今年 2 月，全省上下紧紧围绕“推动科学发展、加快构建促进中部地区崛起的重要战略支点”这一重大主题，在省委“10+5+X”解放思想大讨论活动的示范带动下，全省共开展解放思想大讨论、大研讨 7300 多场次，掀起了新一轮思想解放热潮。本轮解放思想的重点是从“重物轻人”的发展理念中解放出来，切实增强以人为本意识；从计划经济的思维定势中解放出来，切实增强市场经济意识；从因循守旧的思想束缚中解放出来，切实增强改革创新意识；从狭隘封闭的内陆意识中解放出来，切实增强开放合作意识；从畏难懈怠的精神状态中解放出来，切实增强开拓进取意识。通过本轮以解放思想为先导的学习实践科学发展观活动，集中解决了一批人民群众最关心、最直接、最突出的问题，让人民群众得到了实惠；积极应对国际金融危机，保持了全省经济平稳较快发展；比较系统地形成了以“两圈一带”战略为重点的推动湖北科学发展的新思路，有力推进了体制机制创新，为全省科学发展提供了重要的制度保障；党群干群关系进一步密切，党的执政基础进一步巩固；各级党组织和党员领导干部领导科学发展的能力进一步提升。

2010 年是 21 世纪第二个十年的开端，我国的现代化建设又到了一个选择和谋划未来的重要关口。在这一关键时刻，党中央发出了“加快经济发展方式转变”的伟大号召，提出“要紧紧抓住机遇，承担起历史使命，把加快经济发展方式转变作为深入贯彻落实科学发展观的重要目标和战略举措，毫不动摇地加快经济发展方式转变，不断提高经济发展质量和效益，不断提高我国经济的国际竞争力和抗风险能力，使我国发展质量越来越高、发展空间越来越大、发展道路越走越宽广”。省委、省政府在全面把握国际国内形势、深入分析省情的基础上，明确提出“要坚定不移地加快经济发展方式转变步伐，更加自觉地把保持经济平稳较快发展与加快经济发展方式转变有机结合起来，坚持在发展中促转变、在转变中谋发展，在做大总量中增强实力、在结构调整中提升水平、在科学发展中富民强省”。解放思想永无止境，加快转变经济发展方式的新形势、新任务，对全省上下进一步解放思想提出了新要求。我们要在巩固前段思想解放成果的基础上，继续深入开展新形势下的思想解放大讨论活动，进一步树立与科学发展观要求相适应的思想观念。要通过思想观念的进步，扫除阻碍科学发展的思想障碍，引导广大干部群众自觉地从传统路径依赖的意识中解放出来，以全球视野、战略思维和现代意识谋划湖北的未来发展，助推全省经济发展方式加快转变。

第一，破解“将加快经济发展与发展方式转变对立起来”的思想观念，坚持在发展中促转变、在转变中谋发展，毫不动摇地加快全省经济发展方式转变。加快经济发展方式转变是经济领域的一场深刻变革，也是事关湖北改革开放和经济社会发展全局的一项重大而紧迫的战略任务。但从我省当前实际看，加快转变发展方式的共识有待进一步形成，一些影响加快转变的思想障碍还在束缚部分干部群众的思想，突出的是把发展与转变对立起来，认为湖北目前是欠发达省份，有的地方还处在工业化中期甚至是初期阶段，这个阶段的中心任务仍然是加快发展，而不是加快转变。有的甚至认为节能减排、环境整治提高了经济发展的成本，延缓或阻碍了经济发展。显然，这些思想障碍不破除，就无法推进经济发展方式转变。下一步开展解放思想活动，要着力引导干部群众立足新的实践，树立加快发展方式转变的新理念。

深刻认识加快转变发展方式才能赢得发展主动权。近年来，通过深入贯彻落实科学发展观，我省已进入从传统发展模式向科学发展模式转轨的重要阶段。但从总体上看，我省经济增长的技术含量还不高，企业创新能力还不强，产业结构还不优，经济运行质量还不高。当前世界各经济体和国内发达地区都在为未来经济发展作战略筹划，纷纷把新能源、新材料、节能环保、低碳技术、绿色经济作为新一轮产业发展的重点，把加强技术创新、加大技改力度、提升传统产业档次作为转变发展方式的关键环节，力图抢占未来发展新的制高点。湖北缺煤、少油、乏气，资源不足，如果我们还停留在“三来一补”的发展思维上，满足于粗放型经营，就不可能抢占发展的制高点，就会在激烈的竞争中处于被动局面。

深刻认识加快转变发展方式才能提升发展层次。目前我省一些地方的发展过多地依靠高能耗、低利润的加工生产，其重要原因是我们还处在国际产业分工的较低层次。发展经济学研究表明，国际产业分工有五个层次，最低端是供应资源，第二层次是一般商品生产，第三层次是重化制造工业，第四层次是金融服务业，最高层次是技术创新。我国 20 世纪 50—60 年代处于最低端（资源供应）。30 年前改革开放时，东部沿海地区承接国外一般商品及其产业的转移，具有外向型加工贸易经济的特征，很快进入了第二层次。在 20 世纪 90 年代轻纺工业化初步完成后，中国的重化工业加速发展，目前正整体转向第三层次。我们必须通过转变发展方式，谋求在产业分工中提升层次，从总体上逐步站稳第三层次。武汉市作为全省经济发展的“龙头”则要着眼于第四甚至是第五层次加快发展。我们要加大产业结构调整力度，进一步淘汰落后产能，发挥钢铁、汽车、装备制造、石油化工等产业优势，在此基础上大力发展战略性新兴产业、现代服务业等，为发展增添新的引擎，努力提升湖北的发展层次。

深刻认识加快转变发展方式才能实现可持续发展。随着经济快速发展和人民生活水平提高，我省能源资源约束和环境压力越来越突出，如果不加快转变发展方式，经济发展将难以为继。必须通过加快转变发展方式，走生态文明之路，让人民喝上干净的水、呼吸新鲜的空气、置身于优美的环境，享有“蓝天长驻、青山长在、碧水长流”，走经济社会协调发展之路。总之，我们要引导干部群众增强“等不起”的紧迫感、“慢不得”的危机感、“坐不住”的责任感。引导干部群众不单是被动的“不得不转”，而是看准方向、瞄准目标“主动转”；不单是自上而下的“要我转”，而是真心实意、只争朝夕的“我要转”，即自觉加快转变经济发展方式，推动全省经济又好又快发展。

第二，破解“推进自主创新难度大、风险大、见效慢”的思想障碍，树立战略眼光和开放思维，千方百计提高自主创新能力。加大自主创新力度，不断提高科技进步对经济发展的贡献率，是转变发展方式的根本途径。近年来，省委、省政府高度重视自主创新问题，出台了《关于增强自主创新能力，建设创新型湖北的决定》，武汉东湖高新区获批国家自主创新示范区，湖北推进自主创新、加快转变发展方式，面临着十分难得的机遇。但是，在现实发展进程中，一些同志仍然缺乏自主创新的危机感和紧迫感，片面追求量的扩张、规模扩大，忽视自主创新，忽视核心竞争力的培育。有的同志担心推进自主创新难度大、风险大、见效慢，因而安于现状，徘徊不前，跟不上时代发展的步伐。对此，我们必须进一步解放思想，更新观念，引导广大干部群众运用创新的思维推动自主创新。

深刻认识没有自主创新，就难以实现产业结构优化升级。增强自主创新能力是优化产业结构、推进产业升级的中心环节。当前我省调整产业结构的重点是提高生产要素的配置效率、提高技术密集型产业的比重，并用高新技术改造传统产业，着力使用新技术、新工艺、新材料、新设备，大力推动信息化与工业化的融合。实现结构优化升级的关键是掌握具有自主知识产权的高新技术，而获取这种技术，只能依靠自主创新。为此，必须进一步完善鼓励自主创新和发展新兴产业的政策措施、激励机制、市场环境，把招商引资、扩大经济规模与自主创新结合起来，加大研发经费投入，加大关键技术的攻关，着力培育自主知识产权和自主品牌，形成一批紧跟世界科技前沿、具有广泛市场前景的科技成果，增强湖北整体经济实力和持续发展的后劲。

深刻认识没有自主创新，就难以提升核心竞争力。在改革开放初期，通过引进与模仿实现经济增长是很有必要的，但历史走到今天这个阶段，随着劳动力成本的提高，传统的比较优势正在丧失，如果还安于替人打工的现状，那就可能永远处于产业链的低端，不但十分辛苦，而且从根本上受制于人，这才是最大的风险。没有自主知识产权的高新技术产业，只能是为外地公司、外国公司做代工的加工组装型产业，在国际产业分工中只能获得微小的利益。我省工业化总体水平还不高，特别是县域经济工业化程度低，所以招商引资、扩大规模仍然要抓紧抓好，但必须从现在起，增强核心竞争力意识，立足于把做大与做强、求量与提质、求快与求好结合起来。在发展高新技术及其产业方面树立自主意识，通过自主创新，掌握关键技术，提升产业水平。

深刻认识没有自主创新，就难以推动“两型”社会建设。武汉城市圈被国家批准为“两型”社会综合配套改革试验区，这是推动湖北科学发展的重大机遇。但是，在人均资源短缺的情况下，要推进“两型”社会建设，必须依靠科技创新，改变大量消耗自然资源的粗放增长模式，走科技含量高、资源消耗低、环境污染少的新型工业化道路。“两型”社会所要求的低碳经济、循环经济、环保产业等，离不开自主创新。“两型”社会所要求的资源节约型技术体系和生产体系的建立、生态工程的实施以及节约型、环保型生活方式和消费模式的推行，都离不开自主创新。因此，增强自主创新能力，是推进“两型”社会建设的必由之路。

第三，破解“将文化建设与经济发展割裂开来”的思想观念，自觉提升经济发展的文化内涵，着力发展文化事业和文化产业。随着经济不断发展，文化建设的地位日益凸显，文化与经济日益交融。但也有的同志对文化建设的重要性认识不足，有的把经济与文化截然分开，当成“两张皮”；有的甚至把文化建设当成“包袱”，认为搞文化建设就是单纯花钱。要加快发展方式转变，就要引导干部群众深刻认识经济发展中的文化因素，不断提升经济发展中的文化内涵，用文化的大发展大繁荣，助推全省经济发展方式的转变。

文化与经济相互交融势不可挡。当今时代，文化与经济日益交融、彼此渗透、相互促进，文化的经济功能明显增强，经济的文化含量不断提高，文化在经济社会发展全局中的地位和作用越来越突出，文化与经济的相互交融越来越成为一种趋势。在经济运行过程中，文化内涵不断增强，文化要素的作用更加显现，人文精神和文化资源在各种资源中所占的比重日趋扩大，经济产品中的文化含量不断丰富，生产、流通、分配、消费过程中越来越多地被注入文化的理念和内涵；在文化发展过程中，经济成分不断增加，市场手段不断引入，文化生产、文化管理中日趋融入各种经济要素，文化活动越来越自然地融入经济活动之中，文化产品、文化服务日益具有经济功能和市场效益。在文化与经济相互交融的时代趋势下，文化在经济发展中的重要地位和作用更加凸显，文化正在同土地、劳动、资本一起，成为新的重要的生产要素。

文化软实力助推经济发展。中央领导同志反复强调，“国家的影响力，取决于经济、科技和军事实力，但归根结底取决于文化实力。文化的影响力更深刻、更具渗透性”，“思想、文化的力量，可以深刻影响一个国家发展的进程，改变一个民族的命运”。重视文化，首先不在于文化产业的产值，而在于文化有着“影响一个国家发展的进程，改变一个民族的命运”的巨大力量。从推动经济发展的实际情况看，思想文化的力量能为经济发展营造更好的环境，正确的经济发展方针政策和工作举措以及正确的舆论导向，能使党委、政府的决策部署在人民群众中入耳、入脑、入心，内化为共同的价值追求，外化为个体的自觉行动，从而形成推动经济发展的强大合力；思想教育是观念更新的重要抓手，能引导广大干部群众深刻认识经济发展面临的困难和矛盾，促进人们彻底抛弃过时的发展思维、改变传统的习惯思维、冲破制约经济发展的各种思想束缚；在经济运行过程中不断注入文化元素，可以推进文化与工业、农业、旅游业等相关产业的深度融合对接，推动各类产业加快转型升级步伐，实现可持续发展；以文“化”品牌，可以不断充实品牌的文化内涵，努力彰显品牌的价值理念，用文化的感召力提高品牌的知名度和消费者对品牌的忠诚度；文化为各类产业、各种产品提供丰富的附加值，在更为广阔和悠远的时空中实现经济价值和社会贡献。在今天，已很难找到没有文化标记的产品，很难找到不借助文化影响的销售，也很难找到不体现文化意义的消费，所有物质产品都能通过注入文化内涵而提升价值；随着文化传播、文化覆盖越来越广泛，物质产品的文化意蕴越深厚，其档次和附加值就越高。经济发展的文化含量越丰富，其竞争力就越强，经济效益和社会效益就越好。

文化产业是重要的经济增长点。发展文化产业，有利于优化经济结构和产业结构、有利于拉动居民消费结构升级、有利于扩大就业和创业，文化产业已成为新的经济增长点。2009 年，我省文化产业实现增加值 556.55 亿元，比上年增长 21.8%，占同期生产总值的 4.3%，文化产业增加值增长速度高于 GDP 增长速度（13.2%）8.6 个百分点，高于第三产业增长速度（12.3%）9.5 个百分点，对推进经济增长的贡献不断增强，成为经济社会发展的一大亮点，充分展示了文化产业在优结构、扩消费、增就业、促跨越中的独特优势。做大做强湖北文化产业，必须抓紧实施重大项目带动战略，建设一批重大文化产业项目、一批各具特色的文化产业园区、一批具有地域和民族特色的文化产业集群。大力推进文化产业结构调整，加大文化企业上市力度，培育和引进一批文化领域的战略投资者，通过资源整合加快发展大型骨干文化企业，做大做强市场主体，使文化产业真正成为全省的支柱产业。

第四，破解“强调改善民生会影响和制约经济发展”的思想观念，坚持发展为了民生、民生促进发展，着力抓好以民生为重点的社会建设。近年来，我省在发展科技、教育、文化、医疗等社会事业方面，在改善民生方面，做了大量卓有成效的工作。但总体来看，改善民生还有大量工作要做。而一些领导干部还存在把加快发展与改善民生对立起来的观念，认为湖北财力有限，把大量资金用于改善民生，势必会减少对经济建设的投入，从而影响和制约经济发展。这种认识不仅不利于扩大内需和促进发展，而且违背发展的目的、影响社会和谐。实际上，改善民生既是实现发展成果由人民共享、促进社会和谐稳定的迫切要求，也是扩内需、调结构、解决经济发展诸多难题的“金钥匙”。

改善民生是发展的最终目的。发展是为了最大限度地满足人民日益增长的物质文化需求，是为了维护人的尊严、增进人的幸福。为发展而发展，扭曲了发展的价值目标，因而不是科学发展。我们党始终把实现好、维护好、发展好最广大人民根本利益作为一切工作的出发点和落脚点。因此，着力推进以民生为重点的社会建设，让人民共享发展成果，保障广大劳动群众权益，促进社会公平正义，让广大劳动群众实现体面劳动，生活得更幸福、更有尊严，既是我们党的最根本价值取向，也是各级政府的神圣职责和任务。

改善民生是拉动内需和加快发展的内在动力。扩大内需是推动经济增长最为稳定的因素。改善民生的直接结果是提高城乡居民收入，进而直接刺激消费，拉动内需，促进经济增长。同时，改善民生会使居民消费类型和消费方式发生转变，促进服务业的发展和第三产业的优化升级。特别是在当前应对国际金融危机的背景下，在国家实施扩大内需政策的形势下，改善民生对以内生型经济为主导的湖北经济发展的作用更加凸显。2009 年全省经济增长中，投资需求是主导力量，对 GDP 增长的贡献率为 73. 1%，在全省 GDP 增长 13. 2%之中拉动 9. 6 个百分点；消费需求贡献率为 31. 2%，拉动 4. 1 个百分点；出口需求的贡献和拉动为负。这其中，改善民生对于扩大内需发挥了重要作用。还要看到，改善民生，发展社会事业，有利于提高广大劳动者的思想道德素质和科学文化素质，提高劳动能力和劳动水平，从而为经济社会发展提供高质量的人力资源。

改善民生是促进社会进步的重要手段。社会进步是科学发展的要求，也是人民群众的期盼。经济发展是社会进步的基础，但社会进步仅靠经济发展是远远不够的，只有在推动经济发展的同时，着力抓好以民生为重点的社会建设，才能有力促进社会进步，确保社会和谐稳定。民生问题包括居民收入、就业、社会保障、教育、医疗卫生、住房、食品药品安全和安全生产等诸多方面，关乎老百姓的切身利益，关乎人民群众的日常生活，关乎社会公平正义。民生连着民心，民心凝聚民力。如果各级党委、政府能时时以民生为念，顺民意、解民忧、惠民生，就可以赢得民心、集中民智、凝聚民力，就可以形成促进社会进步的强大力量。因此，重视民生是执政之基，改善民生是理政之本，惠及民生是施政之要。我们只有从思想上高度重视民生问题，在行动上切实落实惠民政策和措施，才能真正保障和改善民生，促进社会进步，维护社会和谐稳定，为推动湖北科学发展创造良好环境。

第五，破解“只重招商引资和项目建设、忽视体制机制创新和政策导向”的思想观念，坚持以制度创新促发展方式转变，尽快形成有利于加快转变经济发展方式的制度保障和政策导向。加快转变发展方式既是一场攻坚战，也是一场持久战。其关键和难点在于调整利益格局，其最大的症结和着力点在于建立完善有利于经济发展方式转变的体制机制。但在具体工作中，有些同志往往只重视抓招商引资和项目建设，这当然是正确的，然而往往忽视制度创新和政策导向，以至抓“标”丢“本”，抓了当前、丢了长远。下一步，在解放思想活动中，我们要加强以改革促发展、以制度创新促转变的引导，切实为加快发展方式转变提供制度保障。

科学发展观内在地包含制度创新的要求。科学发展既包括生产力的发展，也包括生产关系的发展，即生产关系的调整与变革，也就是制度创新。实践证明，制度创新是科学发展的题中应有之义，是推动科学发展的长期任务。有效的制度建设和制度创新，能够为实现科学发展提供可预期的、稳定的机制，使科学发展的优势日益显现、发挥出来，属于生产关系范畴的制度创新能产生出巨大的生产力。党的十七大强调，实现又好又快发展，关键要在加快转变经济发展方式、完善社会主义市场经济体制这两个方面取得重大进展。转变经济发展方式和完善社会主义市场经济体制，前者侧重于生产力，后者侧重于生产关系，两者相辅相成、相互促进。同时抓好这两个重点，实现生产力与生产关系的统一，也就抓住了整个经济社会发展的“牛鼻子”。

加快经济发展方式转变，必须以体制机制创新作保障。转变经济发展方式，涉及经济社会运行机制的创新、利益格局的调整、监督约束机制的建立等，这些都必须以制度作保障。比如，近年来一些地方为追求短期GDP最大化，盲目铺摊子、上项目、搞粗放扩张，根本原因就在于没有科学的体制机制作保障，市场在资源配置中的基础性作用难以顺畅发挥。这种情况说明，要加快经济发展方式的转变，必须建立完善社会主义市场经济体制，必须创新行政管理体制，加快转变政府职能。因此，从某种意义上说，影响经济发展方式转变的最大障碍，就在于体制机制的滞后。转变经济发展方式的攻坚战，就在于创新体制机制。

建立健全有利于经济发展方式转变的体制机制是一项复杂的系统工程。转变经济发展方式涉及诸多方面，推进制度创新也是一个系统工程。要通过深化改革不断完善社会主义市场经济体制，形成加快经济发展方式转变的制度安排和政策导向；要大力培育市场主体，增强市场主体在经济发展方式转变中的动力和活力，形成有利于节约资源、降低成本、提高效益、注重环保的企业运行机制；要理顺价格关系，完善价格形成机制，以利于抑制过度需求、增加有效供给、调整分配关系；要推进财税体制、收入分配制度改革，健全相关法律法规，形成有利于加强社会事业和改善民生的保障机制，形成有利于加快经济发展方式转变的利益导向；要进一步完善财税政策、信贷政策、环保政策、土地政策、贸易政策和技术标准，加强发展规划引导，形成系统的政策体系和强大的政策合力。尤其是，要以完善政绩考核评价机制为抓手，形成较为完善的体现科学发展观的评价体系，把对结构优化、自主创新、资源节约、环境保护、民生改善等方面的评价，纳入考核地方和部门工作业绩的范畴等，需要统筹兼顾，协调各方，真正使加快发展方式转变成为各级党委和政府的自觉行动。同时，我们还要按照中央和省委《关于建立健全深入学习实践科学发展观长效机制的意见》要求，进一步从健全完善党员干部理论学习制度、健全完善党员领导干部民主生活会制度、健全完善促进经济社会可持续发展的政策措施、健全完善领导班子和领导干部考核评价办法、健全完善基层党建领导体制和工作机制、健全完善改进干部作风的制度规定、健全完善落实科学发展措施的机制和办法、营造深入学习实践科学发展观的舆论环境等八个方面建立健全长效机制，努力形成保障和促进科学发展的政策导向、舆论导向和用人导向。

（本文系作者于2010年5月7日在省委理论中心组集中学习时的发言稿；之后，由省委统一印发全省。）

大力加强文化产品和服务出口工作

（2010年7月5日）

近年来，党中央、国务院高度重视文化产品和服务出口工作。《文化产业振兴规划》明确提出，要落实鼓励和支持文化产品与服务出口的政策，扩大对外文化贸易。中央领导同志今年也多次强调，要进一步加强对外文化交流和文化贸易，推动文化产品和服务出口，拓展国际文化市场，增强中华文化在国际上的竞争力和影响力。因此，大力加强文化产品和服务出口工作，是摆在我们面前的一项重要而紧迫的战略任务。

一、充分认识加强文化产品和服务出口工作的重要性和紧迫性

1. 加强文化产品和服务出口工作，是提升对外开放水平、增强区域经济竞争力的迫切需要。当今世界，经济全球化深入发展，不仅深刻影响着世界各国的经济政策和经济活动，而且深刻影响着世界各国的文化政策和文化活动。近年来，全球文化贸易快速发展，文化贸易成为国际贸易领域的重要特征。从发达国家经济贸易结构变化来看，对外文化贸易所占比重日益增大，如美国文化娱乐视听产品是仅次于航空工业的主要换汇产品，居其出口贸易第二位。伴随着我国加入世界贸易组织，文化进出口贸易有了历史性增长。但与美国、德国、英国、日本等文化贸易出口强国相比，中国对外文化贸易还存在很大差距。美国在国际文化市场

份额高达 42.6%，我国只占 15%。大力加强文化产品和服务出口，已是当务之急。湖北作为文化底蕴深厚的中部大省，要主动顺应经济全球化发展趋势，在实施开放先导战略中积极谋划文化“走出去”，全面做好文化产品和服务出口工作，努力使文化贸易成为提升我省对外开放水平、增强区域经济竞争力的重要支撑。

2. 加强文化产品和服务出口工作，是推动文化产业发展、调整和优化产业结构的重要途径。加快经济发展方式转变是我国经济领域的一场深刻变革，关系改革开放和社会主义现代化建设全局。胡锦涛总书记强调指出，要加快拓展国际文化市场，推动文化产品和服务出口，切实发挥对外文化贸易在加快经济发展方式转变中的重要作用。从产业结构演进规律和发达国家历史经验来看，经济发展到一定阶段，产业结构必须优化升级，才能更好持续运行，其中第三产业的比重一般应占到国民生产总值的 70%。目前，我省三次产业结构为 14.9∶46.1∶39.0。这种“二三一”的产业格局表明，工业依然是全省经济增长的主要推动力，第三产业发展相对滞后，服务业对经济增长的贡献率偏低。在我省加快经济发展方式转变过程中，加强文化产品和服务出口、扩大对外文化贸易大有可为。它有利于提高包括文化产业、贸易业以及相关产业在内的服务业对经济增长的贡献率，有利于形成新的经济增长点，增强经济增长内在动力，促进全省产业结构进一步优化。同时，加强文化产品和服务出口还可以有效推动我省服务贸易和货物贸易均衡发展，优化对外贸易质量和结构，促进对外贸易全面协调可持续发展。

3. 加强文化产品和服务出口工作，是维护国家文化安全、提升湖北文化软实力的必然要求。当前，世界范围内各种思想文化交流、交融、交锋更加频繁，“西强我弱”的国际舆论格局还没有根本改变，敌对势力对我西化、分化、丑化的活动一刻也没有停止，意识形态领域渗透和反渗透的斗争更趋激烈和复杂。由于文化产品兼具意识形态属性与商品属性的独特性，因此，文化贸易领域长期以来就是国际政治斗争和意识形态较量的主战场。敌对势力利用文化产品、文化服务、文化资本大肆宣扬西方的价值观念和政治制度，特别是近年来把互联网等现代媒体作为制造和扩散反华舆论的重要渠道。面对意识形态领域斗争的尖锐性和复杂性，能不能在对外文化交流和文化贸易中占据主动，能不能在国际文化市场持续扩大产品份额，已经成为维护国家文化安全、提升我国文化软实力的重要方面。荆楚文化作为中华文化的重要组成部分，理应走出国门、发扬光大，积极向世界传递中国暨湖北的正面信息和良好形象，努力在国际上争取话语权和主动权。因此，我们在文化发展方面要有世界眼光、战略思维和开放意识，坚定不移地实施文化“走出去”战略，积极参与国际文化市场竞争，不断提升湖北文化软实力。

二、深刻把握我省文化产品和服务出口工作面临的机遇与挑战

1. 发展态势良好。近年来，我省准确把握文化发展规律和趋势，积极推进文化产品和服务出口，文化“走出去”步伐不断加快，对外文化贸易取得积极进展和明显成效。2009 年我省文化产品和服务出口总额达到 4800 多万美元。其中，节日用品及娱乐用品出口 1233.2 万美元，居中部首位，同比增长 10.3%；塑像及装饰品出口 586.1 万美元，同比增长 110%；印刷品出口 549.5 万美

元，同比增长54.8%。总的来看，我省文化产品和服务出口呈现出以下几个明显趋势：一是出口额度逐步增长。“十五”期间我省文化出口额年均增长15.1%，2006年文化出口1840.6万美元，比2005年增长32.2%，增幅较“十五”出口均值提高了17.1个百分点。2006—2009年，我省文化出口增长161%，年均增长40.25%。二是出口类别逐步增多。从剧目演出、图书出版、印刷复制、娱乐用品、手工艺品等传统行业，逐步拓展到与高新科技相关联的动漫、游戏、信息软件等新兴文化产业领域，同时还积极开展服务外包、合作研发、虚拟交易等多种业务。三是出口市场逐步扩大。我省文化产品和服务出口一半以上是输往欧盟和美国，近年来逐步向日本、韩国、加拿大、东盟、南美等国家和地区扩大了出口份额，积极在全球范围内参与文化市场合作与竞争。四是出口影响逐步提升。随着对外文化交流活动日趋频繁，对外文化贸易日益深入，湖北文化软实力在国际上的影响日渐提升，荆楚文化在世界上逐步闪烁出耀眼的光芒。省京剧院《三打白骨精》在美国纽约演出引起轰动，纽约市市长布隆·伯格亲自签署文件，把每年2月19日定为“中国京剧日”。省歌剧舞剧院《钟鸣楚天》在西班牙演出，被马德里市长称赞为“马德里演出最好的晚会之一”。

2. 发展环境有利。从外部环境来看，当前我国综合国力不断增强、国际影响日益提升，世界各国了解中国的愿望更加强烈，“中华文化热”持续升温。同时，党中央、国务院对文化产品和服务出口工作高度重视，出台了一系列有力的政策措施，这为文化产品和服务出口提供了广阔空间和大好机遇；从内部环境来看，我省经济社会发展已经进入到一个新的阶段，文化在经济社会发展中的价值和优势更加凸显，特别是在当前加快转变经济发展方式过程中，文化产业被作为全省战略性、支柱性新兴产业来重点培育，这为文化产品和服务出口创造了良好条件和内在动力；从文化自身来看，我省文化体制改革深入推进，文化事业和文化产业快速发展，文化企业的市场竞争力不断增强，文化出口平台建设成效显著，对外文化贸易态势良好，这为全省文化产品和服务出口奠定了坚实基础和比较优势。可以说，我省对外文化贸易的总体趋势长期向好。

3. 面临困难不少。虽然我省文化产品和服务出口取得了一定成绩，但总体上仍处在起步发展阶段，还存在不少问题。如规模总量偏小、结构不尽合理、营销手段落后、知名品牌不多，特别是缺乏在国际上有较大影响力的文化企业和企业集团，现有重点出口文化企业的竞争力和抗风险能力相对较弱。我们必须全面地分析形势、辩证地看待问题，努力在抓好机遇中扩大自身优势，在应对挑战中化解不利因素，进一步增强工作的责任感和使命感，更加积极地实施文化“走出去”战略，更加自觉地推动文化产品和服务出口。

三、扎实推进我省文化产品和服务出口工作

结合我省实际，要深入贯彻落实科学发展观，统筹国内国际两个市场、两种资源，统筹对外文化交流与对外文化贸易，统筹扩大出口规模与调整出口结构，创新思路、突出重点、强化措施，进一步加强文化产品和服务出口工作，努力在更大范围、更广领域、更高层次上参与国际合作和竞争，推动我省对外文化贸易迈上一个新的台阶，不断提高荆楚文化的国际影响力和竞争力。

1. 着力培育文化外贸主体。积极探索和创新市场化、商业化、产业化的运作方式，着力培育一批具有国际竞争力的外向型文化企业。要在出版发行、广播影视、文艺演出、动漫游戏、信息软件、装饰工艺等领域，有计划、有步骤地重点支持一批具有较好外贸基础的国有和民营文化企业做大做强，鼓励扶持一批具有自主创新能力、特色鲜明、外向度高的新兴文化企业，积极兴办一批适应国外市场需求的境外文化实体和企业。

2. 着力打造国际知名品牌。品牌对于文化产品和服务出口来说，是一种最重要的无形资产。好的创意则是发展文化产业、形成文化品牌的一把“金钥匙”。要充分发挥湖北文化资源优势，运用现代高新科技，通过创意设计为静态的文化资源注入鲜活的当代因素，推动文化产品内容形式创新，展示荆楚文化独特魅力，打造具有自主知识产权和核心竞争力的国际知名文化品牌，不断提高我省文化产品的附加值。

3. 着力发展新兴文化业态。充分利用数字技术、网络技术改造传统文化产业，发展新兴文化产业，努力提高新兴文化业态在文化贸易中的比重。要以数字内容产业为重点，大力发展游戏动漫、数字影视、网络出版物、纸质有声读物、电子书等新兴文化业态，加快发展综合性门户网站和专业性对外文化服务网站、手机电视、手机报等新兴文化传播载体，积极开展文化增值服务，不断提升出口的整体效益。

4. 着力搭建文化出口平台。积极探索符合国际惯例和市场运作规律的营销方式，推进出口平台和海外营销网络建设，不断创新文化“走出去”的渠道、途径和方式方法。要充分利用各类国际性文化展（节）会以及网络平台，做好文化产品的推介和营销。依托国际销售网络和传输渠道，加强文化产品和服务出口。发展和培育一批文化外贸营销企业、中介机构、经纪公司，为我省文化走出去提供信息、智力和服务支撑。

5. 着力优化对外文化贸易环境。目前，我省还没有制定对外文化贸易的相关规划，文化“走出去”的政策环境、市场环境和服务环境都有待进一步优化。要将对外文化贸易纳入全省经济社会“十二五”发展规划和文化、商务等行业“十二五”发展规划。建立健全文化贸易统计制度。贯彻落实好国家支持文化企业出口的一系列优惠政策。制定我省对外文化贸易扶持政策，完善文化出口审批和收汇管理，为文化出口创造良好环境。

6. 着力构筑人才保障体系。国以业立，业以才兴。文化产业是知识含量高、科技含量高、文化含量高的产业，在文化产品设计、生产、推广、营销、贸易过程中，人才发挥着决定性的作用。要牢固树立“人才资源是第一资源”的观念，主动适应对外文化贸易形势和要求，着力培养和引进一批创新型、复合型、科技型、外向型文化人才和熟悉外贸业务的文化企业家，不断优化队伍结构，为进一步加强我省文化产品和服务出口工作构筑强有力的人才队伍保障体系。

（本文系作者参加中宣部召开的“文化产品和服务出口工作座谈会”时的发言稿，后刊载于2010年7月5日出版的《湖北宣传》第7期。）

自觉提升经济发展的文化内涵

（2010年10月15日）

当今时代，文化与经济日益交融、彼此渗透、相互促进，文化的经济功能明显增强，经济的文化含量不断提高，文化在经济社会发展全局中的地位和作用越来越突出。高度重视经济发展中的文化因素，不断提升经济发展中的文化内涵，是新形势下推动经济社会科学发展的必然要求。

一、深刻把握文化与经济相互交融的时代趋势

在现代社会中，文化与经济相互交融的趋势日益凸显。一方面，在经济运行过程中，文化内涵不断增强，文化要素的作用更加显现，人文精神和文化资源在各种资源中所占的比重日趋扩大，经济产品中的文化含量不断丰富，生产、流通、分配、消费过程中越来越多地被注入文化的理念和内涵。另一方面，在文化发展过程中，经济成分不断增加，市场手段不断引入，文化生产、文化管理中日趋融入各种经济要素，文化活动越来越自然地融入经济活动之中，文化产品、文化服务日益具有经济功能和市场效益。在文化与经济相互交融的时代趋势下，文化在经济发展中的重要地位和作用更加凸显。

1. 文化为经济发展指明道路和方向。文化为经济发展提供理论引导和价值支撑。人类社会发展史已经反复证明，社会的进步往往以思想文化发展为依托，国家的发展往往以思想文化繁荣为

支撑，经济的变革往往以思想文化创新为先导。我国改革开放三十年来，经济建设取得了举世瞩目的伟大成就。党的十七大报告在评价三十年改革开放时指出，“改革开放以来我们取得一切成绩和进步的根本原因，归结起来就是：开辟了中国特色社会主义道路，形成了中国特色社会主义理论体系”。可以说，正是中国特色社会主义理论的创立和指导，才带来了中国经济的蓬勃生机和旺盛活力。

2. 文化提升经济发展的层次和水平。人类社会发展阶段历经农业经济时代、工业经济时代之后，必将逐步进入文化经济时代。如果说农业经济时代的发展依靠的是自然力，工业社会的发展依赖的是资源、资本和技术，那么，随着文化经济时代的来临，文化将逐步会同土地、劳动和资本一起，在经济运行中发挥主导作用，成为推动经济发展的主导因素之一。创造新思想及新的表达方式、传播方式的能力，正成为决定全球化、信息化背景下区域竞争力的关键因素。世界发达国家的发展历程表明，当一个国家的文化能够表现出比物质和货币资本更强大力量的时候，当经济、产业和产品能够更好地体现出文化品格的时候，这个国家的经济才能进入更高的发展阶段，才能具有可持续发展和持续创造财富的能力。在文化经济时代，文化作为一个民族的精神和灵魂，是一个国家和民族真正有力量的决定性因素。思想、文化的力量可以深刻影响一个国家发展的进程，改变一个民族的命运。在文化经济时代，国家的影响力取决于经济实力、科技实力和军事实力，但因其文化的影响力更深刻、更具有渗透力，而归根到底取决于文化实力。可以说，文化发展是未来发展的制高点，谁能掌握文化发展的主动权，谁就将取得未来发展的战略主动权。

3. 文化直接影响经济发展的质量和效益。文化为各类产业、各种产品提供丰富的附加值，在更为广阔和悠远的时空中实现经济价值和社会贡献。随着时代的发展，文化生产与物质生产日益趋同，很多领域已很难区分哪是纯粹的物质生产、哪是纯粹的文化生产，两者重合叠加的部分越来越大。在今天，已很难找到没有文化标记的产品，很难找到不借助文化影响的销售，很难找到不体现文化意义的消费，所有物质产品都能通过注入文化内涵而提升价值。如“米老鼠”“唐老鸭”“长江七号”等玩具，很难说它们是精神产品还是物质产品。一双鞋子、一个书包，因为上面印有“奥特曼”“蓝猫”等图案，价钱就比同样的产品高出几十元、上百元。随着文化传播、文化覆盖越来越广泛，物质产品的文化意蕴越深厚，其档次和附加值就越高；经济发展的文化含量越丰富，其竞争力就越强，经济效益和社会效益就越好。

二、努力提升经济发展的文化内涵

在文化无处不在、无时不有的今天，只有不断提升文化内涵，经济发展才能具备更强大的动力；只有善于发挥文化优势，经济发展才能拥有更广阔的空间。

1. 注重为经济发展营造文化氛围。良好的文化氛围是推动经济又好又快发展的重要保障。心齐气顺，力量才能有效凝聚；风清气正，事业才能健康发展。要强化舆论引导，大力宣传推动经济发展的方针政策、工作举措和美好前景，使党委政府的决策部署在人民群众中入耳、入脑、入心，内化为共同的价值追求，外化为个体的行动自觉，从而形成推动经济发展的强大合力。要推动观念更新，开展多种形式的解放思想大讨论活动，引导广大干部群众深刻认识经济发展面临的困难和矛盾，促进人们彻底抛弃过时的发展思维，改变传统的习惯思维，冲破制约经济发展的各种思想束缚。要调适社会心理，积极倡导与人为善、宽容仁爱、和衷共济、合作共赢的社会风尚，努力激发奋力开拓、锐意进取、勇于创新的精神力量，不断理顺情绪、化解矛盾、凝聚人心、集中民力。

2. 注重为经济发展注入文化元素。有人说，当今世界一流企业卖标准，二流企业卖品牌，三流企业卖产品。这是经济发展中不同企业所处的分工链条的位置，体现了高端、中端和低端的档次，综合起来就是整体经济的质量和内在素质。制订各类标准是为经济发展提供方向和检测器，表面上是各种技术数据的综合，实质上是经济思想、思维方式的体现，是文化层面的思维理念在经济领域的延伸。可以说，在经济运行过程中不断注入文化元素，是企业发展壮大、产业转型升级的必由之路。要以“文”化产业，推进文化与工业、农业、旅游业等各类产业的深度融合对接。在制定产业规划、推动产业发展时，充分考虑文化因素、深入挖掘文化内涵、努力提升文化品位，推动各类产业加快转型升级步伐，实现可持续发展；要以“文”化企业，大力培育反映时代精神、体现中国特色的企业文化，并将其有机融入企业经营管理的全过程，在产品的研发、设计、生产、营销等各个环节最大限度地增加文化元素，以文化打造企业核心竞争力；要以“文”化品牌，不断充实品牌的文化内涵，努力彰显品牌的价值理念，用文化的感召力提高品牌的知名度、提升消费者对品牌的忠诚度。

3. 注重在经济发展中提升文化形象。地方形象影响着发展的活力、开放的程度和地方的美誉度，是一个地方软实力的重要体现，在区域经济社会发展中具有重要作用。地区形象好，对内具有凝聚力、向心力和号召力，对外具有亲和力、影响力和吸引力，可以以此吸引人流、物流、商流、信息流、资金流在本地区汇聚，以软实力引进硬资源。要着眼于增强文化软实力、营造良好发展环境，精心总结、提炼、培育、弘扬地方人文精神，着力构筑地方形象的文化内核。要采取多种形式，全方位、多层次、宽领域地展示本地区的壮丽山川、人文精神、发展优势，在全国乃至全世界树立良好形象。要坚持请进来与走出去相结合，依托地方特色文化资源组织各类经贸、文化、节庆活动，开展各种形式的文化交流，努力打造本地特有的文化名片，让地方形象更加鲜活、生动、具体，更加深入人心。

三、充分发挥文化事业和文化产业在转变经济发展方式中的重要作用

大力发展文化事业和文化产业，有利于优化经济结构和产业结构、有利于拉动居民消费结构升级、有利于扩大就业和创业，既是培育新的经济增长点、提升经济发展文化内涵的重要途径，也是加快经济发展方式转变的重要方面。2009 年我省文化产业实现增加值 556.55 亿元，比上年增长 21.8%，占同期生产总值的 4.3%，成为经济社会发展的一大亮点。在新的形势下，我们要善于用新的思路办法破解改革难题，用新的体制机制保障文化繁荣发展，努力使文化建设成为转变经济发展方式的重要抓手。

一是要加快发展文化事业。坚持把发展公益性文化事业作为保障人民基本文化权益的主要途径，以公益性、均等性、基本性、便利性为基本原则，加快构建覆盖全社会的公共文化服务体系。

要优先安排涉及群众切身利益的文化项目，优先建设重点文化基础设施，优先落实公共文化建设的资金投入，积极推进文化惠民工程建设，不断完善实用、便捷、高效的公共文化基础设施网络。继续深化公益性文化单位改革、引入竞争和激励机制，培养造就文化领域创新型、复合型、外向型、科技型人才，大力推进文化精品生产，不断提高公共文化服务质量和水平。

二是要做强做大文化产业。抓紧实施重大项目带动战略，建立文化产业项目库，加强文化产业园区和基地布局统筹规划，建设一批重大文化产业项目、一批各具特色的文化产业园区、一批具有地域和民族特色的文化产业集群。充分发挥重大项目和文化品牌的示范效应及产业拉动作用，着力在挖掘内涵、充实内容、丰富载体、拉长链条上下功夫，使我省文化产业领域现有品牌企业、品牌产品、品牌活动上档次、上水平、上规模。大力推进文化产业结构调整，着力发展文化创意、影视制作、印刷复制、广告、演艺娱乐、文化会展、动漫等重点产业，加快发展数字出版、数字传输、新型文化装备制造等新兴产业，支持发展数字多媒体广播、手机广播电视等。加大文化企业上市融资的工作力度，培育和引进一批文化领域的战略投资者，通过资源整合加快发展大型骨干文化企业，做大做强市场主体。大力扶持有潜力、发展前景好的民营文化企业，引导民营资本进入文化产业快速成长的领域，鼓励其兼并重组扩张。支持、引导和鼓励文化企业依法依规吸收民间资本、社会资本和境外资本，逐步形成多渠道、多元化的投融资机制。积极扶持和发展外向型文化企业，推动以文化产品和服务为主的文化“走出去”。积极围绕特色文化资源策划文化活动，充分调动社会办文化的积极性，不断满足人民群众日益增长的多样化、多层次、多方面的精神文化需求。

三是要优化文化发展环境。在发展文化事业和文化产业进程中，各级政府要履行好“公共服务、政策调节、社会管理、市场监管”的职能，切实承担起提供公共服务、保障人民基本文化权益的职责，并为各类文化主体创造良好的政策环境、法制环境和市场环境。要正确处理政府与市场、政府与社会之间的关系，不断创新体制机制，既充分发挥政府的主导作用，又充分调动社会各方面积极性、主动性和创造性，努力形成多元投入、协力发展的新格局。要正确处理促进繁荣与加强管理的关系，一手抓发展繁荣、一手抓加强管理，在促进繁荣的过程中不断加强和改进管理，通过科学有效的管理促进发展繁荣。要统筹文化市场综合执法与文化行政体制改革，进一步理顺文化宏观管理体制，为加快文化发展提供有利条件和良好环境。

（本文原载于中共湖北省委机关刊物《政策》杂志 2010 年第 9 期。）

论着力推进湖北跨越式发展

（2011年6月28日）

今年是“十二五”的开局之年，也是我国21世纪头20年重要战略机遇期“第二个十年”的复始之年。在这重要的历史关头，站在新的起点上的湖北如何发展，是全省上下深入思考和亟待回答的重大问题。省委、省政府审时度势、统揽全局，顺应发展潮流、回应人民期待，响亮地提出要把科学发展、跨越式发展写在湖北“十二五”发展的旗帜上，镌刻在“厚积而勃发”的荆楚大地上；明确提出要在转变方式中加快发展，在结构调整中提升水平，在做大总量中增强竞争力，在科学发展中富民强省。

一、跨越式发展就是湖北的科学发展

（一）跨越式发展通常是量与质的结合

“跨越”，按照《现代汉语词典》的解释，就是“越过地区或时期的界限”。跨越式发展是指后发国家或地区在一定历史发展阶段和环境条件下，充分挖掘和发挥自身优势，借鉴吸纳先进国家或地区的经验和优秀成果，用新思路、新机制、新方法实现经济超常规增长或跨越某个发展阶段，最终实现赶超的一种发展模式。它直接表现为经济总量的迅速放大、经济质量及竞争力的不断提升、经济位次的快速前移，是一个国家或地区经济起飞的显著标志。

跨越式发展具有相对性和阶段性，是与渐进式发展相比较而存在的一种超常规发展方式。社会生产力发展是一个由不发达向发达阶段演进的过程，人类社会也是一个不断从低级向高级阶段发展的过程。但是，它并不排除某个历史时期中的某个国家或地区的超常规、跨越式发展。整体的常规与局部的超常规、先行者的渐进式与赶超者的跨越式，都是经济和社会发展的正常现象，符合辩证的、历史的逻辑。

跨越式发展是渐进与突变的统一，是经济在自然演进的过程中，因为社会生产力的累积而在一定时点上爆发、在一个特定发展阶段呈现出来的“关键性一跃”。因此，跨越式发展不是没有发展基础、盲目超越发展阶段、违背发展规律的“大跃进”，它有机地统一于一个国家或地区长时期的发展进程中。好比一首优美的乐曲，在流畅柔和的曲调中出现一节高亢的强音，相互映衬，相得益彰。

跨越式发展的目标是赶超先进发达国家或地区，这种“赶超”和“跨越”通常是量与质的结合。量上主要表现为 GDP 的超常增长以及相关的经济指标的跃升；从质上说，GDP 的持续性超常增长必然伴随经济投入结构和经济产出结构的调整提升，而结构优化提升又必然引起资源配置效率的提高、人民生活质量的改善，从而使一个国家或地区经济实现质的飞跃。因此说，跨越式发展是一种快速度的发展，要在遵循发展规律的前提下，用尽可能短的时间达到目标；跨越式发展是一种高水平的发展，要在科技进步的推动下，努力实现产业、技术、质量、效益的新跨越；跨越式发展是一种赶超先进的发展，要在提高综合竞争力的前提下，缩小与发达地区的差距，甚至赶上和超过发达国家或地区；跨越式发展也是一种非均衡的发展，它不是全面、平行地推进，而是可以在不同的领域有先有后、有所侧重；跨越式发展是一种可持续发展，要在经济社会发展和人口、资源、环境相协调的情况下，提高可持续发展能力，使经济社会发展始终充满生机与活力。

（二）跨越式发展必须具备一系列条件

跨越式发展并不是任何地方、任何时期都会发生的，必须具备一系列条件：（1）经济发展水平的“落差”及对发达国家或地区的开放。差距也是潜力，差距产生了可资跨越的空间。通过对发达国家或地区的开放，输入先进的生产力要素特别是先进科技和管理，大幅增加资本和技术投入，充分利用和引进智力资源，实现超常规发展。（2）良好的优势和基础。如良好的自然条件和资源优势，特别是长期发展形成的产业基础、交通设施、生态环境以及历史人文积淀，等等。具备这些有利条件，必将“厚积而勃发”。（3）科技创新能力和水平。科技创新能改变劳动手段和劳动对象，促进劳动质量的提高和产业结构优化，从而成为区域经济发展的先导和重要因素，促进相对落后地区跨越先进者曾经“爬行”过的某些阶段，避开曾经走过的某些弯路。（4）制度和体制条件。制度变迁与体制优化是影响经济增长的重要因素，制度与体制因素通过影响生产要素的配置效率，决定着经济增长的速度与质量。例如完善的市场经济体制有利于发挥市场在资源配置中的基础作用、保障技术创新与制度创新，有利于建立各类市场主体平等竞争的环境，以保证生产要素与知识的自由流动。（5）人力资源的开发与提升。人力资源是生产力中起决定作用的因素，制度创新、技术创新和资本管理都离不开人力资源的支撑，必须开发和引进各类精英人才，建立人才高地。（6）权威、高效的政府。在实施跨越式发展战略的进程中，政府的作用十分重要。作为政府，必须保证社会的稳定性与连续性，必须通过制定扶持政策和营造良好环境以鼓励创新、保障平等竞争，必须强有力地引导产业结构调整和优化升级。为此，必须建立起权威、高效、勤廉、务实的政府。(7) 艰苦奋斗和进取精神。落后与先进的竞争起点是不同的，也是不平等的。落后者赶超先进者，就要付出更多的努力和奋斗。艰苦奋斗反映了人类的进取精神，具有永恒价值，它也是一种非市场化的力量，用多少金钱也难以买到。如果不艰苦奋斗、艰苦创业，就难以实现跨越式发展，穷国、穷地永远翻不了身，永远赶不上先进。

对于跨越式发展的一般含义，通常也有不同的理解。第一种理解，指某一国家或地区的经济、社会、产业、技术等在发展过程中，跳过其他国家或地区一般都要经历的阶段，而直接进入更高的发展阶段。例如实现西藏经济社会跨越式发展；以信息化带动工业化，实现跨越式发展。此可称之为“阶段性跨越”。第二种理解，指某一国家或地区在发展过程中，由于发展速度较快而“跨越”某个参照对象。例如2010年中国GDP总量超过日本位居世界第二位，某省经济总量在国内排序中前移了两位。此可称之为“赶超性跨越”。第三种理解，指某一国家或地区在某一方面的发展，达到或超过了某个点或面，跨越了自身原有的水平，进入了新的状态，站在了新的起点上。例如某省GDP总量跨越了1万亿元大关，进入“万亿俱乐部”。这可称之为“台阶式跨越”。在现实经济生活中，人们所讲的“跨越式发展”，通常是上述“三种理解”的复合，或者是在某种场合适当有所侧重。

（三）推进跨越式发展是湖北坚持科学发展的根本体现

在当代中国，坚持“发展是硬道理”的本质要求，就是坚持科学发展，就是把科学发展观贯穿到改革开放和现代化建设的各个方面；在当今湖北，坚持科学发展的根本体现就是以更加奋发有为的精神状态推进经济社会跨越式发展。按照科学发展观的总体要求，根据区域竞争力要素，根据我省的基本省情和发展阶段性特征，推进湖北跨越式发展，至少体现在五个方面：

1. 经济总量实现新的跨越。实现跨越式发展，必须充分发挥各种优势，充分挖掘各种潜力，努力保持较快的发展速度，推动全省经济总体规模和综合实力迈上新台阶。“十二五”时期，必须实现发展速度高于全国平均水平、高于中部平均水平，确保地区生产总值从1.5万亿元到2.5万亿元的跨越，并力争总量倍增，进入“3万亿俱乐部”；实现人均生产总值从4000美元跃升到6000美元以上，实现年投资规模从1万亿元到2万亿元的跨越；在经济总量扩张的同时，进一步提高经济效益，力争地方财政一般预算收入在2010年基础上翻一番，达到2000亿元以上。

2. 转变发展方式取得重要进展。跨越式发展不仅要有经济规模的扩张，同时要有经济发展质量和经济结构层次的提升。加快转变经济发展方式作为全省经济社会领域的一场深刻变革，必须贯穿经济社会跨越式发展的全过程和各领域。今后一个时期，加快转变经济发展方式必须坚持把经济结构战略性调整作为主攻方向，把科技进步和创新作为重要支撑，把保障和改善民生作为根本出发点和落脚点，把建设资源节约型、环境友好型社会作为重要着力点，把改革开放作为强大动力。经过艰苦奋斗，促进全省经济增长向依靠投资、消费、出口协调拉动转变，向依靠第一、第二、第三产业协调带动转变；由主要依靠资源、能源、劳动力等要素驱动向主要依靠科技进步、劳动者素质提高、管理创新转变；产业结构向传统产业优化升级和战略性新兴产业加快发展转变，着力提高全省经济社会发展的全面性、协调性、可持续性。

3. 综合经济竞争力显著增强。在国际国内竞争加剧，“前有标兵、后有追兵”条件下，实现跨越式发展必须着力增强综合经济竞争力。前不久，中国社科院发布了第五部《中国省域经济竞争力发展报告（2009—2010）》蓝皮书，湖北省经济竞争力排名全国第11位，仍居中部榜首，居第二方阵（第11—20位）之首。据介绍，经济综合竞争力指标体系涵盖了宏观经济竞争力、产业经济竞争力、可持续发展竞争力、财政金融竞争力、发展环境竞争力、政府作用竞争力、发展水平竞争力和统筹协调竞争力等多项指标。提升综合竞争力的关键是发展现代产业体系，提高产业核心竞争力。为此，必须坚持走新型工业化道路，根据市场需求变化和科技进步新趋势，充分发挥我省产业在全国乃至全球经济中的比较优势，大力发展结构优化、技术先进、清洁安全、附加值高、吸纳就业能力强的现代产业体系。要以东湖国家自主创新示范区为依托，准确把握新产业的变化方向，突破核心技术，抢占产业制高点，大力培育发展战略性新兴产业。同时要大力发展现代农业和现代服务业，促进全省产业结构优化升级，提升发展的质量和产业竞争力。

4. “两型”社会建设和改善民生同步共进。实现湖北科学发展、跨越式发展，必须加快建设资源节约型、环境友好型社会，提高生态文明水平，走绿色发展之路。同发达地区相比，我省发展阶段和发展水平不同，但转变发展方式、建设“两型”社会的要求一样、标准一样，必须一步到位。在实践中，要千方百计越过发达地区曾经走过的忽视环境、破坏生态、大城市病等弯路，绝不能再走“先粗放再集约、先污染后治理”的老路。“十二五”时期，要努力形成节约能源资源和保护生态环境的产业结构、增长方式、消费模式，实现经济增长与资源永续利用、生态环境改善的有机统一，使全省经济社会发展始终充满生机活力。经济社会发展的根本目的是为了最大限度地满足人民群众日益增长的物质文化需要，全面提升人民群众的幸福指数，因此必须坚持经济发展与改善人民生活同步共进，发展成果与人民群众共建共享。“十二五”时期，要以强省富民为目标，持续提高城乡居民收入水平，努力实现居民收入增长和经济发展同步、劳动报酬增长和劳动生产率提高同步。要统筹推进社会事业发展，建立健全覆盖城乡居民的基本公共服务体系，努力推进基本公共服务均等化，努力实现学有所教、劳有所得、病有所医、老有所养、住有所居，实现经济增长与人民群众幸福指数良性互动、同步提升，奋力推进人民生活由初步小康到全面小康的跨越。

5. 促进中部地区崛起重要战略支点的功能和作用进一步提升。把湖北建设成为促进中部地区崛起的重要战略支点，是党中央对湖北发展的科学定位，我们要为之不懈奋斗。“十二五”时期，要进一步加大力度、强化措施，以只争朝夕的精神，加快把湖北建设成为中部乃至全国重要的先进制造业基地、高新技术产业基地、优质农产品生产加工基地、现代物流基地和综合交通运输枢纽；建成华中地区经济要素富集、充满创新活力的区域，中部地区发展现代服务业的重要平台和促进中部地区崛起的重要增长极，在科学发展、社会和谐、改革创新等方面走在中部地区前列；进一步增强自主创新示范功能、对外开放服务功能、“两型”社会建设引领功能，为促进中部崛起做出更大的贡献。

总之，跨越式发展就是湖北的科学发展，旨在快速发展的同时实现质与量的统一、快与好的统一、物与人的统一、人与自然的统一。要通过跨越式发展，力争一年迈出一大步，五年跨上新台阶，使湖北在中部、在全国的位次逐步得到提升，为全面建成小康社会、构建促进中部地区崛起的重要战略支点，打下具有决定性意义的坚实基础。

二、实现跨越式发展是当代湖北人的神圣职责

“十二五”时期，湖北发展机遇更好，发展基础更好，发展条件更好。激烈的竞争迫使我们跨越式发展，宝贵的机遇激励我们跨越式发展，良好的基础和条件支撑我们跨越式发展，跨越式发展成为我们的必然选择，当代湖北人没有任何理由不担当起这一重要而又神圣的历史责任。

（一）跨越式发展是后发国家和地区实现崛起的基本规律

综观世界现代经济史，也是一部后进国家或地区通过抢抓机遇、跨越式发展，不断超越先行国家或地区，实现追赶的历史。所谓“后发优势”“追赶假说”“蛙跳理论”等，都是总结、解释后进国家或地区实现赶超的理论模型。在世界范围内，“百年经济奇迹”现象推动着新兴国家的崛起，也推动着世界经济中心不断转移。1600—1700 年，荷兰成为全球化的先驱；1700—1820 年，英国成为第一个工业化国家；1820—1913 年，美国通过“完全成熟的工业化”走上世界巅峰；日本自 1868 年明治维新学习西方，到 1968 年超过德国，成为世界第二大经济体。这些“百年经

济奇迹”本身就是一种跨越。而在这些“百年经济奇迹”之中，又存在着跨越式发展的若干阶段或时期。比如美国，南北战争以后，美国开辟了约40年繁荣发展的“典范时期”，在1890年工业总值超过英国。二战以后，德国、日本等国经过“辉煌30年”，实现了经济和技术上对英法等先行工业化国家的全面超越。

改革开放以来的中国发展也是一种经典的跨越式发展。正如邓小平所说，中国的发展不应是那种平平稳稳的、低速度的发展，而应是飞跃式的、跳跃式的发展，是一种以高速度加速度形式出现的发展。他提出了“发展是硬道理”“发展太慢也不是社会主义”的著名论断。他说：“我国的经济发展，总要力争隔几年上一个台阶。”“可能我们经济发展规律还是波浪式前进。过几年有一个飞跃，跳一个台阶，跳了以后，发现问题及时调整一下，再前进。”改革开放30多年来，中国GDP以年均近10%的速度增长，由5年前不到20万亿元增加到2010年接近40万亿元，经济总量在世界的排名由1978年的第13位上升到2010年的第2位，中国经济在世界格局中的地位发生了巨大的变化。所谓“中国经济奇迹”，其实就是跨越式发展的奇迹。

中西部地区跨越式发展，是整个中国跨越式发展的有机组成部分，也是中国跨越式发展的必然规律和必由之路。中国是一个发展中的大国，大国的突出优势之一就是区域经济的梯度发展。改革开放初期，邓小平就提出了“两个大局”的重要思想。他指出：“沿海地区要加快对外开放，使这个拥有两亿人口的广大地带较快地先发展起来，从而带动内地更好地发展，这是一个事关大局的问题。内地要顾全这个大局。反过来，发展到一定的时候，又要求沿海拿出更多力量来帮助内地发展，这也是个大局。那时沿海也要服从这个大局。”如果说改革开放前30年的中国跨越式发展主要是东部地区创造经济奇迹的话，那么，随着西部大开发战略、促进中部地区崛起战略的实施，中国未来的增长将是包括中西部在内的全面跨越式发展，必将极大地推进全面小康社会建设和现代化建设进程，成就中国明日之辉煌。

（二）跨越式发展是把湖北建成促进中部地区崛起重要战略支点的必然要求

2005年8月，胡锦涛总书记视察湖北时强调，一定要全力以赴推动经济社会发展上台阶，使湖北真正成为促进中部地区崛起的重要战略支点。把湖北建成促进中部地区崛起的重要战略支点，是党中央从战略高度对湖北发展的科学定位和殷切希望，也是湖北在新一轮中国经济发展中应该肩负的历史使命。

所谓“支点”，就是国家战略的重点、着力点、支撑点、增长点，也是国家政策杠杆的“撬点”，通过“支点”撬动“板块”，以影响、辐射、带动全局。因此，“支点”在重要性上、作用上、辐射引领带动功能上、影响力上，“异、优、重、特”于其他地方。所谓“中部地区崛起的重要战略支点”，就是中部地区的核心增长极。所谓“增长极”，并不仅仅是GDP数量上的优势，而是区域经济的“中心度”和带动力。

武汉作为区域经济中心，由来已久。近代武汉就是中部地区的商业中心。在国内贸易方面，武汉当时有各类商业组织130多个，各省旅鄂商务团体200多个，是名副其实的全国性贸易中心；在国际贸易方面，1905年洋行户数达到114户，人数达到2151人。外国商号最多时达250家，在66年的开埠中，出口额有42年仅次于上海，成为我国屈指可数的国际贸易商埠。正如有关研究者所说："汉口为国内主要的物资集散城市，向有'九省通衢'的称号，湖北、湖南、江西、河南、四川、甘肃、陕西、云南、贵州九省物产，都集中于汉口而为分配，九省需要物资亦以汉口取给，商圈的广大，国内很难找出第二处。"孙中山先生也曾预言，未来"武汉将更加重要，确为世界最大都市之一"，规模上"略如纽约、伦敦之大"。在进入21世纪前后，武汉再度成为世界关注的焦点城市之一。1999年，联合国工业发展组织认为，武汉是迈向中国中西部大市场的桥头堡。美国出版的《未来杂志》引述世界发展联合会的研究报告指出，全球在未来三十年最有机会跃升为超级城市的十个地方，中国占有两个席位，武汉是其中之一。武汉对开拓中国市场的战略价值，决定了武汉、湖北的"卓越的商业地位"。它不仅是一个潜在的重要商贸中枢，而且是促进东、中、西部三大区域协调发展的战略性城市，是吸引各类市场主体和生产要素的战略投资区。

湖北扮演国家战略前沿的关键角色正在日益凸显。2009年9月，国务院通过了《促进中部地区崛起规划》，规划的中部地区4条开发主轴之中，有沿长江经济带、京广经济带、京九经济带3条经过湖北。与中部其他省相比，特殊的区位优势和良好的发展基础决定了湖北在国家中部崛起战略格局中的责任；国家设立的武汉城市圈"两型"社会综合配套改革试验区，被定位为全国重要的先进制造业基地、高新技术产业基地、优质农产品生产加工基地、现代服务业中心和综合交通运输枢纽，成为与沿海三大城市群相呼应、与周边城市群相对接的充满活力的区域性经济中心，并明确要求"为构建促进中部地区崛起的重要战略支点提供有力支撑"；《全国主体功能区规划》明确要求武汉城市圈"推动形成长江中游经济区”，成为地跨湘鄂赣三省“长江中游城市群”的核心；国家批准设立的东湖自主创新示范区和东西湖保税物流中心，其辐射范围均覆盖中部乃至陕渝川云贵等地；国务院批复的《武汉市城市总体规划》，将武汉明确定位为“中部地区的中心城市”。这些都是国家赋予湖北建设支点、带动周边的具体职责。湖北、武汉正在加速重返中国经济舞台中心。

“得时无怠，时不再来；天予不取，反之为灾。”只有抢抓机遇，跨越发展，才能将湖北真正建成促进中部地区崛起的重要战略支点，才不负中央之期望、不负百姓之期盼。

（三）跨越式发展是湖北富民强省的必由之路

2010年，我省人均GDP超过4000美元，“十二五”时期将向更高水平迈进。国际经验表明，人均GDP从3000美元向10000美元提升阶段，是加快发展爬坡过坎的关键阶段，既是重要战略机遇期，也是经济社会的快速分化期，经济容易失调、社会容易失序、心理容易失衡、人文精神容易淡漠。在这个阶段，大致有两种前途：一是不能够妥善处理发展问题，经济停滞不前，误入“中等收入陷阱”；二是快速顺利推进，跨入高收入行列。显然，我们只有推进经济社会跨越式发展，才能不断创造和积累社会财富，适应人民群众过上美好生活的新期待，才能真正实现富民强省。

必须看到，尽管近几年我省经济社会取得快速发展，但总体看，发展不够仍然是湖北的最大实际。一方面，我省经济总量还不够大、市场主体还不多不强，发展不平衡、不协调、不可持续问题仍然突出，经济增长的资源环境约束日益明显，农业基础还比较薄弱，工业集约集聚程度还不高，服务业发展相对滞后，人均GDP、人均固定资产投资、城镇化率等低于全国平均水平。当前，沿海大发展、西部大开发、东北地区振兴、中部地区崛起，各地发展势头强劲，区域竞争空前激烈，我省面临着前所未有的竞争压力。另一方面，城乡、区域发展不平衡，全省贫困地区的国土面积占57%以上，“插花”贫困乡镇遍及全省82个县市，占总人口的近10%仍处于贫困之中。就业、住房、教育、医疗和社会保障等成为城镇居民面临的最直接、最现实的问题，改善城乡困难群众生产生活条件的任务还十分繁重。加快发展是解决湖北所有问题的关键、基础和总钥匙。要让人民共享发展成果，保障广大劳动群众权益，促进社会公平正义，让湖北人生活得更幸福、更有尊严，根本的办法就是加快发展、跨越式发展。

在经济增长过程中，客观存在“十七定律”，即年均增长7%，10年翻一番；年均增长10%，7年翻一番；如果年均增长超过10%，翻番的时间还会缩短。从东部地区发展的实践看，在“爬坡越坎”的关键阶段，紧要处只有那么几步、只有那么几年。只要抓住某个时期、某个阶段的历史性机遇，完全可能实现“闪亮的一跳”。比如，在2003年至2004年间，广东、江苏、山东等发达省份地区生产总值相继达到1.5万亿元水平，三次产业均呈“二三一”结构特征，地方财政一般预算收入水平在800亿元至1500亿元，与湖北2010年经济发展总体水平和结构特征基本相同。三省经济总量实现从1.5万亿元到3万亿元跨越、人均生产总值和地方财政一般预算收入实现倍增，均历时4年。浙江省也只用了5年时间。对比发达省份当时的历史发展条件，可以说湖北所拥有的现实发展基础更好、发展环境更优、发展机遇更佳，更应当增强发展信心。正如省委九届九次全会所强调的：“经过五年的努力，推动经济社会发展迈上新台阶，努力提高全省综合竞争力，提升湖北在全国的地位。”

（四）跨越式发展是一种积极作为的机遇意识和工作追求

首先，跨越式发展是一种强烈的机遇意识。无论从世界其他国家发展历程看，还是从我国和我省的发展历程看，能不能认清机遇、抓住机遇、用好机遇，是一个国家或地区能不能赢得主动、赢得优势、赢得未来的关键所在。有一位哲人说得好：什么是机遇？机遇不是那种靠天赐就能得来的运气福气，而是在一定的历史过程中，靠不断的作为和努力，积累起来的有利环境和发展要素之和。什么是战略机遇期？它不是那种靠坐等就能就会出现的黄金时代，而是在最有利于发展的时期，用持续的奋斗和变革，赢来的有利于发展的时间空间因素的叠加。机遇从来不会给因循守旧、无所作为的人带来奇迹。过去我们已经看到，东部沿海地区虽然先行，但各地发展仍有快有慢，这表明同等机遇并不会自动带来同等水平的发展；中西部地区奋起追赶，区域竞争日趋激烈，但发展速度也是有快有慢，发展水平有高有低。只有敢于解放思想、积极作为，才能抢抓有利时机、化挑战为机遇、变压力为动力，用变革求发展，用发展赢得美好未来。

就我省来说，“十一五”时期正是以金融危机带来的倒逼机制，加快转变经济发展方式，努力寻找经济发展的内生动力，千方百计扩大对内对外开放，才有效实现了“弯道超越”，赢得了又好又快的发展。实践一再证明，只有以奋发有为的精神状态，抓住机遇，用好机遇，后来者方可居上，才有可能实现跨越式发展。实现湖北跨越式发展，是贯彻落实科学发展观的总体要求，也是符合湖北实际的超常规、创新型发展思路和模式。“跨越”

一词本身，就代表一种非凡的气势与精神，充满一种不甘平庸、不甘落后、主动作为、积极作为的血性。跨越式发展比常规发展有更大的风险和困难，是超常规的快速突进，须有坚定的信心、持久的恒心、足够的耐心，以特殊的精神状态和精神力量作特别之为、创特别之业。

其次，跨越式发展是一种责任担当。经济社会发展具有阶段性，不同的发展阶段总会提出不同的发展课题。因此，一代人有一代人的责任，一代人要做好一代人的事情，尽好一代人的职责，这样才能无愧于历史，不辜负前人，对得起后人。省委、省政府长期致力于“打基础、管长远”工作，为湖北科学发展、加快发展奠定了坚实的基础，积蓄了巨大的能量，形成了独特的优势，即将产生“厚积而勃发”的效应，如果我们看不到机遇、不抢抓机遇，就是极大的浪费，就是严重的失职。作为领导干部来讲，就是历史的罪人。

再次，跨越式发展是一种工作追求。跨越式发展体现抢前争先的进取姿态，展示“跳起来摘桃子”的作为能力。它要求我们不做“谈匠”做“干将”，树雄心、立壮志，以争先的姿态、开放的理念和务实的作风，推动湖北经济社会发展不断提档进位；它要求我们不短视、不浮躁，不求立竿见影、一蹴而就，付出百倍努力，坚持积极进取，以非凡的智慧和胆识敢为天下先；它要求我们始终保持昂扬向上的斗志，坚持始终如一的追求，不自满、不动摇、不懈怠、不折腾，以特别之为，变“后发”为“厚发”，变“薄发”为“勃发”。从一定意义上说，跨越式发展是一面旗帜。当前，思发展、谋发展、干发展已成为湖北民心所向、民意所在。跨越式发展集中体现了全省人民聚心汇力促发展的意志，成为一面旗帜、一种号令，它必将推动湖北上下形成发展的统一战线，形成朝气蓬勃的发展活力和争先恐后的发展态势，最终汇成为跨越式发展的滚滚洪流。

三、天时地利人和成就湖北跨越式发展

实现湖北跨越式发展，并非头脑发热、急于求成，而是冷静分析、审时度势的结果。业已奠定的发展基础、总体向好的外部环境、千载难逢的政策机遇、科学发展实践所积累的宝贵经验，都为湖北实现跨越式发展，提供了充分的条件。逢天时、接地利、亦人和，湖北跨越式发展正当其时。

（一）总体向好的外部环境有利于湖北跨越式发展

综合判断国际国内形势，经济社会长期向好的态势不会改变，有利于湖北抢抓机遇，推进跨越式发展。

从国际环境来看，世界经济进入后金融危机时期，国际新一轮产业革命和科技革命加快推进。经济全球化继续深入发展，世界科技创新孕育新突破，电子信息技术、生命科学技术、新能源技术等迅速兴起，高新技术产业已成为推动经济社会发展的强大动力。随着国际及沿海发达地区资本和产业加快向内地转移，新兴产业发展壮大，为促进我省要素聚集和产业发展提供了极为有利的条件。同时，从世界范围看，中国的一些新优势正不断涌现出来。比如本土市场。中国是世界上第二大经济体，是世界上数百种商品最大的市场。研究表明，跨国公司对中国投资环境的评价已经发生改变。第一看重的不再是劳动力低成本，而是中国市场潜力。第二看重的是基础设施的完备程度，第三才是劳动力成本，再就是外资准入程度以及产业集群与配套能力。因此从全球

来看，目前中国的投资环境颇具优势：相比发达经济体有大市场而无低成本优势、发展中经济体有低成本而无大市场，中国则兼具大市场优势与低成本优势，而且市场扩张很快，对跨国公司产生了巨大的吸引力。现在越来越多的跨国公司愿意把中国作为本土市场来推动，这就为内陆地区发展开放型经济、实现跨越式发展提供了巨大机遇。

从国内环境来看，继续实施扩大内需政策，政府宏观调控和应对复杂局面能力明显提高，经济社会平稳发展态势不可逆转。工业化、信息化、城镇化、市场化、国际化深入发展，城镇居民收入稳步增加，经济结构转型加快，市场需求潜力巨大，资金供给充裕，科技和教育整体水平提升，劳动力素质提高，基础设施日益完善，体制活力显著增强，社会保障体系逐步健全，社会大局保持稳定。同时，我们也要充分看到湖北发展仍面临诸多外部环境的挑战和压力，国际形势变化中的不确定因素仍然较多。伴随国际金融危机影响，世界经济增长速度明显减缓，各种形式的保护主义抬头，发展的外部环境更趋复杂；国内沿海发达地区结构调整和产业升级步伐加快，在新一轮经济增长中占据有利地位，周边省份经济发展势头强劲，围绕市场、资金、技术、人才的竞争更加激烈。总体来讲，当前湖北经济社会发展既面临难得机遇，也面临严峻挑战，但总体机遇远大于挑战，推进湖北跨越式发展面临着总体有利的国内外环境和条件。

（二）雄厚的经济基础有力支撑湖北跨越式发展

以历史、现实和发展的眼光看，湖北不仅有发达地区的工业基础和交通优势，也有后发地区的资源丰富、生产成本较低等优势，更有突出的科教、人才优势，特别是随着国际国内发展格局深度调整，各种机遇叠加，这些优势的综合作用将进一步凸显。

良好的农业基础给力跨越。湖北农业资源丰富，素有“湖广熟，天下足”之美誉，农作物产出水平居全国领先，是全国重要的农业生产基地。近年来，全省着力提升农业综合生产能力，提高农业产业化经营水平，利用丰富的农产品资源，不断加大加工转化力度，新的产业优势正在形成。农业稳固基础和新优势为湖北跨越式发展提供了根本保证。

基础雄厚的大工业给力跨越。湖北大工业基础较为雄厚，新型工业化进程正在加快，重点产业调整和振兴取得重大进展。一批传统优势产业规模不断扩大，工业结构不断优化，已形成以汽车、石化、钢铁、电力、食品、电子信息、纺织等产业为支撑的门类较为齐全的现代工业体系；一批高新技术产业和战略性新兴产业正在形成，信息技术、光电子技术、新型材料、生物工程与新医药等高新技术的科研水平和生产能力在全国具有明显优势；一批企业成为行业排头兵，一批产品产量居全国前列，使湖北的发展站在新的起点上，为湖北跨越式发展提供了强有力的工业支撑。

全国领先的科技和人才优势给力跨越。湖北高校集中，人才荟萃，科教力量和人才数量都位居全国前列。武汉科教优势突出，是全国第三大教育中心，东湖高新区是全国第二大智力密集区。全省共有省级以上开发区 130 个，其中国家级开发区 7 个。东湖国家自主创新示范区建设加快推进。雄厚的科教和人才优势，将聚力于湖北跨越式发展。

“九省通衢”的区位优势给力跨越。湖北得中独厚，地处中国经济地理心脏，省内公路网、铁路网、水运网、航空网、管道网四通八达，是全国重要的综合运输枢纽。特别是全国交通基础设施建设的加快和交通网络进一步完善，极大地提高了湖北的区位优势，湖北正由区域性的交通枢纽变为全国性的交通枢纽，经济地理空间进一步拓展。以武广高铁开通为标志，湖北率先进入“高铁时代”，更进一步提升了湖北综合竞争力。

特色鲜明的生态和文化资源优势给力跨越。湖北生态资源丰富，文化底蕴深厚，是“三国文化”和“巴楚文化”的发祥地，风景名胜与文物古迹众多，“灵秀湖北”的打造渐入人心。2010年全省旅游总收入在2009年突破千亿元的基础上，接近1500亿元，增长45.4%，已跨入全国十大旅游省份行列。湖北的生态环境与文化旅游发展也将助力跨越式发展。

（三）千载难逢的政策机遇助推湖北跨越式发展

“十二五”时期，随着中央将区域发展重心向中部转移，湖北将迎来最佳的政策机遇。

“中部崛起”战略助推跨越式发展。国家大力促进中部地区崛起，着力将中部地区建设成为全国重要的“三基地一枢纽”，加快构建“两纵两横”经济带，为湖北经济社会实现跨越式发展提供了重大的战略契机。

“两圈一带”战略助推跨越式发展。湖北“两圈一带”总体战略的实施，与“中部崛起”国家战略有效对接，为湖北经济社会实现跨越式发展提供了核心驱动力。“1+8”城市圈发展定位将更加明确，优势互补、良性互动、特色突出、协调发展的新格局将加快形成，“两型”社会建设将走在全国的前列；湖北西部将形成以“一江两山”为龙头、以2个省域副中心城市为核心、以生态文化旅游产业为带动的发展格局，一批优势制造业、现代农业和生态产业将迅速成长，推动圈域经济社会全面发展；以推进新型工业化、新型城镇化为核心，县域经济发展和沿江重要节点城市建设将进一步加快，沿江产业和城市布局更具特色和更加合理，将加速“两圈”的迅速融合和一体化发展。

产业振兴规划助推跨越式发展。国家产业振兴规划的重点与湖北产业结构的重心契合，着力点与受力点完美吻合，政策叠加效应最大化，湖北产业发展正进入“加速起飞”时期。在国家产业振兴政策的助推下，湖北新的支柱产业不断形成，传统优势产业更是筋强骨壮。千亿元工程建设成绩斐然，7 个产业先后跨过千亿元规模，其中汽车产业已达到 3000 亿元规模。契合效应使湖北成为自国际金融危机以来经济社会发展受益最为显著的省份之一。

自主创新驱动跨越式发展。东湖国家自主创新示范区建设稳步推进，现代产业体系加速构建，湖北将抢占未来发展的制高点。随着东湖国家自主创新示范区建设进程的加快，各类要素资源，特别是技术和人才资源将向高技术企业、产业、园区快速聚集，湖北教育、科技、人才的潜在优势将加速转化为促进战略性新兴产业发展和构建现代产业体系的现实优势。在不断增强的自主创新能力的驱动下，湖北的战略性新兴产业和传统支柱产业发展将走在全国前列。

（四）科学发展的实践引领湖北跨越式发展

“十一五”时期，全省上下在集聚内在活力上狠下功夫，在促进经济转型上抢抓机遇，在转变发展方式上敢于突破，在金融危机面前奋力弯道超越，是经济厚积且小跨越的“黄金五年”。全省生产总值年均增长 13.9%，快于全国平均水平 2.7 个百分点，快于“十五”时期3.7个百分点；经济总量由2005年的6590亿元迅速提升到2010年的15806亿元，5年翻了一番多；社会投资跨过万亿元大关，消费规模倍增，内需快速扩张。从发展质量看，第二产业比重提高5.8个百分点，结构调整和产业升级深入推进；区域发展更趋协调，基础要素支撑更加有力，人民生活明显改善，这些都极大地改变了过去结构严重不平衡、增长动力严重缺乏的缺陷。市州县经济实力也不断增强，进一步扩大了跨越式发展的实践积累。

一花独放不是春，百花争艳春满园。随着“两圈一带”战略的实施和稳步推进，湖北区域发展格局正在发生历史性变化。“十一五”时期，武汉、宜昌、襄阳、黄冈、孝感、十堰、荆门、咸宁、鄂州、潜江等10市地区生产总值实现翻番；近10年来，9个地区经济总量翻了两番多。武汉市率先加入5000亿元俱乐部，宜昌、襄阳两市经济总量双双突破1500亿元大关。县域经济发展速度明显加快，经济实力明显增强，已呈现千帆竞发的良好局面。同时，民营经济开始发力，有如雨后春笋般快速成长。湖北经济发展的支撑点更多，支撑面更广，支撑力更强，这不仅有力支撑了全省经济迈上新台阶，而且为下一轮发展提供了强大驱动力。更为重要的是，为实现跨越式发展积淀了极为宝贵的实践经验。

四、以科学的路径实现湖北跨越式发展

由于发展阶段、发展基础、发展要求、发展环境不同，湖北的跨越式发展不可能照搬沿海地区和国外的经验，也不可能毕其功于一役。必须从基本省情出发，按照有所为、有所不为的方针，找准机遇承接点、优势爆发点，首先在某些领域、某些重点、某

些优势方面率先突破，进而带动湖北全局性跨越式发展，闯出一条符合湖北实际和时代要求的跨越式发展新路子。其总体要求和基本路径是：坚持以构建促进中部地区崛起的重要战略支点为目标，以科学发展为主题，以加快转变经济发展方式为主线，以推进新型工业化、新型城镇化、农业现代化和服务业现代化为重点，以改革开放、科技进步与创新为动力，以保障和改善民生为根本出发点和落脚点，推进经济社会跨越式发展。经过努力，全省转变经济发展方式取得实质性进展，综合经济实力、综合竞争力、抵御风险能力显著提高，人民群众物质文化生活明显改善，在中部和全国的经济地位进一步提升，为促进中部地区崛起做出更大的贡献。

1. 强力推进“两圈一带”总体战略。“两圈一带”战略是深化省情认识的重要成果，体现了区域发展的均衡性、协调性和可持续性要求，是湖北跨越式发展的战略布局。推进“两圈一带”建设，关键是要打破制约生产要素流动的壁垒和障碍，加强资源整合，放大市场配置资源的功能效应，实现经济互通、优势互补、资源共享，带动全省经济总量和质量跃升，带动工业化、城镇化、现代化水平提高，带动物质文明、精神文明、生态文明协调发展。进一步提升武汉综合实力、创新示范功能和辐射带动能力，加快武汉城市圈“五个一体化”进程，把武汉城市圈建成要素富集、产业集聚、资源节约的活力城市圈，建成通达、通畅、智能的快捷城市圈，建成绿色、宜居、和谐的生态城市圈，在“两型”社会建设方面走在全国前列；深入推进“十二大工程”，加快“十大旅游区”建设，把鄂西生态文化旅游圈建成国内一流、世界知名的生态文化旅游目的地，带动相关产业发展；把湖北长江经济带建成现代产业密集带、新型城镇连绵带、生态文明示范带。积极推进大别山革命老区经济社会发展试验区和湖北武陵山少数民族经济社会发展试验区建设，使之走在全国同类地区前列。加快以荆州为代表的江汉平原振兴崛起和汉江流域综合开发。充分发挥三大投资公司对社会资金的引领作用，抓紧启动和建设一批大项目，培育一批大企业。加强“两圈一带”统筹协调，在全省形成以武汉为龙头、长江经济带为主轴、“两圈”双轮驱动的发展新格局。

2. 强力推进新型工业化。新型工业化既是跨越式发展的重要目标，也是推进跨越式发展的“牛鼻子”，是激活存量、扩大增量的关键举措。我们要抢抓全球产业新一轮大调整的机遇，把产业结构调整作为跨越式发展的突破口来抓，既要抓新兴产业培育促增量，也要抓传统产业改造提升活存量。要以东湖国家自主创新示范区建设为依托，实现发展方式由常规发展向科技引领、创新驱动的跨越，产业发展水平由传统产业向现代产业体系的跨越。组织实施“支柱产业倍增计划”和先进制造业振兴工程，支持现有七大支柱产业向更高层次迈进，力争电子信息、汽车、石化、装备制造、食品等五大产业年主营收入跨越5000亿元。实施“千亿元产业接续计划”，培育一批新的千亿元产业。打造一批掌握关键核心技术，拥有自主知识产权和自有品牌，资源消耗低的行业领军企业。努力实现传统产业品牌化、优势产业高端化、新兴产业规模化、配套产业集群化。“十二五”期间，要实现规模以上工业增加值由5500亿元到1万亿元的跨越，规模以上工业企业达到2万家以上，工业经济总量在全国的位次前移，夯实跨越式发展的产业基础。

3. 强力推进农业现代化和新型城镇化。在工业化、城镇化深入发展中同步推进农业现代化，是湖北跨越式发展的重大任务和有效途径。湖北是农业大省，农业蕴含巨大潜力和优势。要加快转变农业发展方式，突出特色、规模、品牌、效益等四个主攻方向，积极发展高产、优质、高效、生态、安全农业，进一步提升农业综合生产能力、抗风险能力、市场竞争能力和农业产业化水平，促进农民持续增收。要以工业化的理念谋划和发展农业，把发展农产品加工业作为农业现代化的突破口来抓，实现农产品加工产值由3000亿元向6000亿元跨越。要千方百计提高农业的资源保障能力、基础设施保障能力、科技和人才支撑能力、物质装备支撑能力。要认真贯彻落实《农民专业合作社法》，完善扶持农民专业合作社发展的政策，大力实施农民专业合作社推进工程、示范工程、人才培训工程、农超对接工程、品牌培育工程等“五大工程”建设，不断提高农民经营的组织化程度。要加快推进新农村建设，进一步做好仙洪新农村建设试验区等试点工作。努力构建农民增收长效机制，实现持续稳定增收。

加快推进新型城镇化，加快建设现代化城市步伐，是实现城乡一体化的必然选择，是推进湖北跨越式发展的重要力量。“十二五”时期，我国城镇化将进入加速发展时期。我们应顺势而为，加快城镇化步伐。赋予武汉更大经济社会管理权限，重振“大武汉”雄风，实现由“中部地区中心城市”向更高层次的“国家中心城市”跨越，在更大范围内发挥高端要素集聚、科技创新引领和综合服务以及交通枢纽功能；做大“宜荆荆”“襄十随”城市群，宜昌、襄阳两个省域副中心城市要扩大规模、完善功能，增强区域辐射力和竞争力。协调发展中小城市，优化城镇空间布局；推进人口城镇化，使特大城市和大城市由6个增至15个左右，城镇化率达到52%以上，实现我省城乡布局由农村为主向城镇为主的历史性跨越，走出一条以特大城市和大城市为龙头，以加快中小城市和中心镇提质扩容为重点的资源节约、环境友好、经济高效、文明和谐、城乡互促共进、区域协调发展的新型城镇化之路。

4. 强力推进现代服务业。第三产业不仅是新的经济增长点，而且是转变经济发展方式、提升新型工业化水平的“加速器”，是增加就业和提高人民生活水平的民生产业，是跨越式发展的重要引擎。世界经济发展规律表明，随着经济发展水平的不断提高，服务业的比重逐步上升，并将在工业化中后期阶段逐步超过第二产业而成为主导产业。我省要在牢牢抓住工业化这个“牛鼻子”的同时，更加重视第三产业的发展，使第三产业与工业化、城镇化相互促进、融合发展。要突破性发展关联性强、带动作用大的金融业、旅游业、现代物流业、信息服务业和商务产业，积极发展商贸餐饮业、房地产业、家庭服务业、文化体育产业等生活性服务业。要突出重点区域，抓好国家级和省级现代服务业示范区建设，选择部分大中城市开展服务业综合改革试点。把武汉打造成为区域金融中心、中部最大的服务外包基地，把湖北建成中部乃至全国重要的现代物流基地、旅游强省、文化强省，加快形成旅游、物流、文化、金融、中介服务等5个增加值过千亿元的现代服务业，第三产业增加值迈上万亿元新台阶，成为我省“后发”的重要支柱产业。

5. 强力推进基础设施和基础产业建设。实现跨越式发展必须以交通、水利、能源、信息等为重点，打造完善的基础设施和配套的基础产业。要按照适度超前的原则，统筹各种运输方式协调发展，构建便捷、通畅、高效、安全的综合运输体系。重点加强铁路建设，加快扩充客运专线网、延伸城际铁路网、强化区域干线网、扩大路网覆盖面。加快武汉新港等港口建设，完善港口布局，扩大吞吐能力。加强长江、汉江等高等级航道整治，提升航道通行能力。抓好武汉天河机场三期工程等机场建设，努力建成全国第四门户机场。加快完善布局合理、功能明晰的公路网络，实现骨架干线高速化、次干线快速化、支线密集化。要加强水利基础设施建设，推进大江大河堤防建设，推动传统水利向现代水利转变，基本形成防洪、排涝、灌溉三大工程体系，确保防洪、粮食、饮水和生态安全。要大力发展核电、适度发展火电、有序开发水电，加快发展可再生能源。加强智能电网建设，增强能源储备和保障能力，努力构建安全稳定、环境友好、经济高效的现代能源体系。要加快信息基础设施建设，努力提高信息技术的公共服务能力与应用水平，建设“数字湖北”和“智慧武汉”，基本建成覆盖全省、多网融合、安全可靠的综合信息基础设施。

6. 强力推进科技创新。科技创新最具爆发力、最具含金量、最具赶超的现实性，科技进步是跨越式发展的本质特征和独有品格。湖北最大的优势就在于科教、人才资源丰富，一定要加快点燃科技创新这个爆发点。深入实施“科教兴鄂”“人才强省”战略，落实促进科教、人才优势转化的十大政策，采取特殊措施建立健全以企业为主体、以市场为导向、产学研相结合的技术创新体系，引导科技资源向经济建设主战场集聚。选择一批关键技术、共性技术和前瞻性技术进行联合攻关，形成一批国际领先、国内一流、拥有自主知识产权的核心技术。以科技投融资、产学研合作、创新型企业建设、农业科技创新体系建设、科技型中小企业成长路线图计划等“五大专项行动”为抓手，不断完善推进自主创新的体制机制。以增强产业竞争力为目标，突破一批核心关键技术，培育一批战略性新兴产业，占领一批高技术制高点，构筑一批产业发展战略高地，使我省新一代信息技术、生物、新材料、新能源、节能环保、高端装备制造等战略性新兴产业走在全国前列。“十二五”末力争高技术产业产值突破万亿元，增加值占生产总值的比重提高到15%。大力推进东湖国家自主创新示范区和襄阳、宜昌高新区创新发展，抓好省级高新区培育工作。

7. 强力推进改革开放。要实现跨越式发展，必须以更大的决心和勇气，推进重点领域和关键环节的改革，着力构建有利于科学发展的体制机制。“十二五”时期，改革将进入增量和存量改革并重的阶段，将涉及深层次多方面的利益关系调整，改革的领域将扩大到全方位，沿着三条主线展开：一是以市场化为取向、以经济发展方式转变为主线的经济体制改革，二是以适应社会公共需求转型、实现基本公共服务均等化为主线的社会体制改革，三是以政府职能转变、加快建设服务型政府为主线的行政管理体制改革。因此，改革更具复杂性、艰巨性，改革的任务更加繁重。必须进一步加大改革创新力度，用改革创新的办法破解发展难题，促进科学发展。同时，对外开放面临的国际环境更加复杂多变，国际竞争更加激烈，对外引资引企引智引才的门槛更高，必须坚定不移地实施开放先导战略，以更大的工作力度，以“敢开放、真开放、先开放、全开放”的气魄，始终坚持以开放促改革、促发展、促创新。既要扩大对内开放，也要扩大对外开放；既要扩大经济领域的开放，也要扩大社会、文化领域的开放；既要引进资金，也要引进技术、智力、人才和管理；既要“引进来”，也要“走出去”；既要积极承接国际资本和沿海产业转移，也要千方百计营造良好的投资环境和服务条件，不断拓展对外开放的广度和深度，努力使对外开放走在中西部地区前列。

8. 强力推进“两型”社会建设。实现湖北科学发展、跨越式发展，必须扎实推进资源节约型、环境友好型社会建设，加快形成节约资源能源和保护生态环境的产业结构、生产方式和消费模式，加快建设生态湖北。要综合运用经济、法律、技术及必要的行政手段，加快淘汰落后产能，抑制过剩产能盲目扩张，限制高耗能、高污染产业发展，适度发展资源型产业。要大力发展循环经济和低碳产业。推进矿产资源综合利用、工业产品再制造、工业废物回收利用、余热余压发电和生活垃圾资源化利用，加快发展循环农业。积极推进资源枯竭型城市转型发展，积极推进国家低碳试点省建设，大力开发低碳技术，壮大低碳装备制造业，推进低碳技术及产品产业化。要抓好重点行业、重点企业和重点项目的节能减排，扎实推进十大重点节能工程，鼓励推广节能工艺、技术、设备。全面推行清洁生产与节能技术，实行强制性淘汰消耗高、污染重、技术落后的工艺、设备及产品的制度。建立排污权交易市场，强化排污总量控制和许可证制度，将环境成本纳入企业生产成本核算。要加强生态保护和防灾减灾能力建设。以“三江”“三湖”“三库”为重点，加强水环境综合治理，抓好三峡库区和南水北调中线工程水源区保护，加快建设大东湖生态水网构建工程。要着力提高生态文明水平，实现绿色增长，形成绿色消费方式。

五、充分挖掘和利用软资源助推湖北跨越式发展

经济发展的过程是聚集生产要素、配置生产要素的过程。但不同的生产要素所发挥的作用是不同的。土地、劳动力、资本、物质资源等是发展的“基本要素”，也就是硬资源；高级人才、科技、知识品牌乃至思想理念、体制机制等要素则是发展的“高等要素”，也就是软资源。硬资源相对流动性弱，而软资源则流动性强。“硬资源”是发展的基础，软资源则是集聚和配置“硬资源”的看不见或看得见的“手”，是对“硬资源”“点石成金”的关键。因此，一个国家或地区的发展，需要物质资源的高度集聚，更需要思想理念、文化氛围、体制机制、政务效率、科技进步等“软实力”“软环境”的有力支撑。在这方面，国外的日本、新加坡和我国的香港地区以及改革开放后的浙江、深圳等都是成功的范例。

处在跨越式发展历史关头的湖北，不仅是一个“硬资源”相对贫乏的省份，而且还将面对未来生产要素和能源资源持续紧张的宏观环境，这是推进跨越式发展必须面对的最大难题。破解这一难题，最根本的就是要加快转变发展方式，从过去主要依靠要素和资源的投入转向更多地依靠体制创新、科技创新、管理创新的“创新驱动”轨道上来，就是要更大力度地发掘、提升“软资源”的能量和效率，最大限度地吸引生产要素和资源向湖北流动集聚，最大限度地提升资源转化和要素配置的效率，走集约式发展道路。打造“软实力”、营造“软环境”、创造“软资源”，将是关系湖北跨越式发展的重中之重。

1. 积极推动思想大解放。解放思想是干事创业的逻辑起点，

是跨越式发展的发动机、第一动力。事实证明，思想观念不一样，能力水平就不一样，解决问题的力度、进度也就不一样。湖北要实现跨越式发展，首先要实现思想和精神上的跨越。要清除一切不利于科学发展、跨越式发展的陈旧观念，使我们的思想从计划经济的思维定式中解放出来，进一步树立市场意识，更加注重运用市场机制解决发展中的难题；从狭隘封闭的内陆意识中解放出来，进一步强化开放意识，努力通过更大力度的开放全力拓展发展空间；从安于现状的陈旧观念中解放出来，进一步增强机遇意识，以高度的历史责任感奋力实现弯道超越；从因循守旧的思想束缚中解放出来，进一步提高创新意识，更加自觉地通过体制机制创新和科技创新增强跨越式发展的内在动力。“务虚”的落脚点在于“务实”。能不能有效破解湖北发展的一系列实际困难、矛盾和问题，是衡量思想解放到不到位的一个主要标准。要通过解放思想，使我们解决发展实际问题的思路更加开阔，能力显著提升，办法更有成效，一步一步、扎扎实实地推进现实的发展进程。

2. 大力培育发展文化。文化是国家和民族的精神家园，具有引导力、影响力、渗透力等鲜明特征，直接促进或制约经济社会发展，对一个国家或民族的兴衰起着重大的引导作用。大力构建适应湖北跨越式发展的文化，是强化“软资源”的一项基础性工程。要使深厚的荆楚文化与时俱进，为现实服务，就是要充分发扬先古楚人“筚路蓝缕，以启山林”的开拓精神、辛亥首义“勇立潮头，敢为人先”的革命精神、九八抗洪“万众一心，众志成城”的拼搏精神。要将“一切以是否有利于发展”这一根本标准作为发展文化的核心，充分激发人民群众的积极性和创造性，使一切创造财富的要素充分涌流。要大力倡导“开放开明、兼收并蓄”“重民爱民、亲商利商”“竞争合作、互利共赢”等发展理念，并以此形成良好的人文环境。积极营造宽松的创业氛围，加强社会舆论的宣传引导，努力将发展文化融入地区文化、城市文化、企业文化之中，增强人们对发展文化的认知水平，形成新的发展文化观。

湖北是文化大省，文化底蕴深厚，但应该看到，我们通常所讲的文化底蕴侧重的是一种历史文化渊源和积淀。这仅仅只是文化优势的一个方面，而决不是全部。优秀的历史文化与市场文化、发展文化是有区别的。善于接受新事物、适应时代新变化、务实求实的文化，才是更有利于发展的文化。我们要把内涵丰富、优秀灿烂的荆楚文化进行与时俱进的优化，为湖北现实发展服务，真正把湖北打造成全国发展软环境最优的地区之一。

3. 加快创新体制机制。创新体制机制，是当代中国最大的发展资源，取之不尽、用之不竭。通过体制机制创新，可以使各类资源、各方力量、各种优势聚集聚合、催生激活、优化配置，形成促进经济持续发展的强大动力。改革开放以来，江苏、浙江、深圳等地快速发展的实践证明，体制机制创新越早越主动，创新的力度越大，发展就越好越快。因此，从根本上解决影响和制约湖北发展的深层次矛盾和问题，归根到底要靠制度、靠体制机制创新。目前，湖北推进改革创新的外部条件、改革资源和试验平台比过去更加优越，一定要紧紧抓住武汉城市圈“两型”社会建设综合配套改革试验区、东湖国家自主创新示范区建设等重大机遇，先行先试，坚持用改革的办法破解发展难题，为湖北科学发展提供新鲜经验。

今后一段时期，体制机制创新的重点是坚持和完善基本经济制度，营造各种所有制经济公平竞争、共同发展的体制环境；要围绕健全完善社会主义市场经济体制，在资源产品价格、财税金融、国有经济、收入分配等一些重点领域和关键环节上取得改革的新突破；要通过完善市场体系、培育市场主体、规范市场秩序，更好地发挥市场在资源配置中的基础性作用，提高资源配置的效率。同时，加快推进行政体制改革，切实转变政府职能，全力打造服务型政府，使优良的政府服务成为比土地、资金更重要的软资源。总之，必须在深化改革上进一步解放思想，敢闯、敢干、敢试，加快构建充满活力、富有效率、更加开放、有利于科学发展的体制机制，努力使湖北的体制机制创新走在中西部地区乃至全国的前列。

4. 着力优化商务环境。环境之所以既是生产力、竞争力，更是吸引力、创造力，就在于生产要素永远改变不了趋利的天性。实践反复证明，好环境是一个地方参与市场竞争、形成经济聚集的重要资本；而相对较差的环境不仅难以吸纳外部生产要素资源，而且可能导致“自我失血”，甚至成为经济“自我凹陷”的祸根。面对不断深化的市场化进程，面对跨越式发展的内在需要，我们在改善环境上面临着不进则退的巨大压力。

当前，优化环境的重点是要创造“经济人”配置生产要素、开展经济活动所需要的商务环境，特别要把综合商务成本作为衡量商务环境优劣的重要标尺。要紧紧围绕将湖北打造成为全国最优软环境这一目标，下大力气优化政务环境、商务环境、创业环境和信用环境，以优质的服务吸引投资者来湖北投资兴业、淘金圆梦。沿海没有做到的、湖北要努力做到，沿海做到的、湖北要做得更优，真正做到“政策不足服务补，硬件不足软件补”。只有这样，才能赢得新一轮发展的主动权。美国第30届总统柯立芝有句名言："美国的事业在企业"。在市场经济条件下，企业是推动经济社会发展的重要力量，企业家是稀缺的软资源。要牢固树立并始终坚持"产业第一，企业家老大"的发展理念，破除"官本位"等陈旧思想影响，自觉当好"公仆"，着力打造"重商、亲商、安商、富商"的投资环境，为企业发展、企业家成长创造良好的社会氛围。为企业、产业服务要不遗余力、千方百计，服务环节没有"不"；要大力简化程序、再造流程，提高效率，落实责任。创业是富民之本、崛起之基。在巩固和发展公有制经济的同时，毫不动摇地支持和引导好非公有制经济充分发展，鼓励和扶持各级各类人才领办创办实业，用市场经济的文化、理念、机制打造更多的"经济人"，让一切创业能量得到充分发挥，让一切发展活力得到充分释放。

5. 切实加强作风建设。实现湖北科学发展、跨越式发展，干部是第一要素，作风是第一保障。当前，我们面临着空前激烈的竞争态势。表面看，比拼的是投资、是项目，但从本质上看，比拼的是精神、是作风。项目、投资的落户只是结果，而源头是精神与作风。精神和作风的比拼，已成为新一轮竞争的关键性因素。在推进跨越式发展的进程中，我们一定要有应对艰苦艰难的思想准备，奋力去闯、去试、去奋斗、去创造、去破解发展难题。既要解决长期积累的深层次矛盾，又要"做好"不断出现的新课题。要突破经验主义、教条主义、形而上学的框框，出实招、办实事、求实效，一步一步干，一个一个突破，不机械、不盲目攀比他人、他地；要敢于挑战既定利益格局和体制顽症，敢于"涉深水、破坚冰、啃硬骨头"，绝不能遇到矛盾就躲、就退、就绕、就拖、就等、就推。

要大力倡导和践行省委提出的“32字”作风建设要求。“勇于担当、以为立位”，就是要把为党和人民建功立业作为最高责任和工作的主要动力，敢于“跳起来摘桃子”，敢于面对一切困难和挑战，追求发展的大作为；“科学理性、求真求效”，就是要把干事业的激情与科学的求实精神结合起来，加强学习，尊重规律，深入开展调查研究，提高运用政府和市场“两只手”破解发展难题的能力；“务实落实、扎实踏实”，就是要坚持一切从实际出发，力戒虚华浮躁，不哗众取宠，不急功近利，不搞形象工程，使每一项工作都能够经得起实践、历史和人民的检验；“富于激情、奋发有为”，就是要破除安于现状、不思进取、怕苦畏难情绪，激发锐意进取、奋发有为的意识和负重奋进、团结拼搏的精神。同时，还要把人民群众满意不满意作为衡量我们工作的唯一标准，进一步倡导和践行“从群众中来，到群众中去”的群众路线，切实提高群众意识和群众工作的能力。当前，要认真抓好“万名干部进万村入万户”活动，以此为契机，促进全省各级领导干部思想作风的大转变。

6. 进一步提振精神状态。良好的精神状态，是干事创业的“内动力”，是博弈较量的“软实力”。在客观物质条件已经具备的前提下，能不能推进科学发展、跨越式发展，精神力量往往起着决定性作用。现在大政方针已定，要把战略举措变为成效，将宏伟蓝图变成现实，能否有效应对各种困难和挑战，关键取决于各级领导班子和广大党员干部的精神状态。近年来，广大干部群众焕发出了不甘落后、奋发有为，锐意进取、昂扬向上的良好精神状态，这是一笔十分宝贵的精神财富。从当前来说，振奋精神状态，就是要以冷静科学的态度，准确判断和把握新形势，全面正确地理解跨越式发展的科学内涵和战略部署，做到思想上不动摇，行动中不偏差，始终坚定必胜的信心；就是要开拓进取，攻坚克难，尤其是面对日益激烈的市场竞争，面对你追我赶的发展态势，必须保持一种“时不我待”的紧迫感、“不进则退”的危机感，以及“人生能有几回搏”的雄心壮志；就是要心齐气顺、劲足实干，“不管东西南北风，咬定发展不放松”，营造“跳起来摘桃子”、勇争一流业绩的浓厚氛围，为实现跨越式发展的宏伟目标凝聚强大的精神力量。

（本文发表于省委机关刊物《政策》2011 年第 3 期。）

论着力打造促进中部地区崛起的重要战略支点

（2011 年 12 月 15 日）

进入新世纪以来，特别是党的十六大以来，我国经济社会发展战略体系日趋完善。继东部沿海地区率先开放开发战略、西部大开发战略先后实施，党中央、国务院又作出促进中部地区崛起的重大战略决策。2005 年 8 月胡锦涛总书记视察湖北时强调："要全力以赴，推动湖北经济社会发展不断跨上新台阶，真正使湖北成为促进中部地区崛起的重要战略支点。"2011 年 6 月，胡锦涛总书记视察湖北时再次提出："希望湖北的同志牢牢坚持科学发展这个主题和加快转变经济发展方式这条主线，振奋精神、凝聚力量，锐意进取、扎实奋斗，做好改革发展稳定各项工作，努力把湖北打造成促进中部地区崛起重要战略支点。"这是党中央从国家战略层面对湖北发展的科学定位，是对湖北的高度信任和殷切希望，是 6000 多万湖北人民所肩负的崇高历史使命，也是我省经济社会发展的重大机遇。我们一定要不辱使命、抢抓机遇、发挥优势、乘势而上，通过全面增强支点实力、全面完善支点构架、全面发挥支点功能，进一步促进湖北产业全面振兴、结构整体优化、规模快速扩张、民生全面改善，努力实现湖北科学发展、跨越式发展，开创 21 世纪湖北发展的新辉煌。

一、打造“重要战略支点”的历史传承及重大机遇

（一）“重要战略支点”的基本内涵

所谓“战略”，《新华词典》解释为“对战争全局的筹划和指导。它依据敌对双方军事、政治、经济、地理等因素，照顾战争全局的各方面、各阶段之间的关系，规定军事力量的准备和运用。通常泛指对全局性、高层次的重大问题进行筹划和指导”。

所谓“支点”，其本来含义是“杠杆发生作用时起支撑作用固定不动的一点”，即杠杆作用的支撑点，亦指事物的中心或关键。阿基米德有一句名言：“给我一个支点和一根足够长的杠杆，我就能撬动整个地球。”可见“支点”在能量传导和系统势能提升中的巨大作用。在区域经济发展中，“支点”被引申为经济发展中要素密集、势能强大、带动力强的支撑区域或枢纽区域。经济发展史证明：任何区域经济社会的发展与崛起，都有赖于“支点”的辐射带动与功能支撑。

所谓“战略支点”，就是战略安排和战略实施中的关键环节和关键部位。我们党在长期的革命和建设中十分注重战略谋划和战略部署。例如，毛泽东同志在谋划和安排党的抗日战争战略时指出：“长期抗战的重要战略支点有山西区、鄂豫皖区、苏浙皖赣边区、陕甘区、鄂豫陕边区、湘鄂赣边区六处。”在评价南方8省15个地区的红军和游击队时指出：“这是我们和国民党十年血战的结果的一部分，是抗日民族革命战争在南方各省的战略支点。”从经济发展角度讲，任何区域经济的整体发展都必须具备经济支点、经济腹地、经济网络三大基本要素，其中经济支点是核心要素。没有经济支点的辐射、引领和撬动，就难以实现区域

经济的整合、互动和协调发展。这既是发达国家推进现代化的重要经验和重要途径，也是我国改革开放以来几大区域经济板块迅速崛起的成功实践。例如珠江三角洲以经济特区为战略支点、长江三角洲以上海为战略支点、环渤海经济圈以北京和天津为战略支点。

促进中部地区崛起，也必须要有战略支点。所谓“促进中部地区崛起的重要战略支点”，就是中部地区崛起的重点、支撑点、着力点，就是湖北要在经济社会发展上好于、优于、快于其他地区，在地位上、重要性上、作用上、辐射引领带动功能上、影响力上，异于、优于、重于、特于其他地区，就是湖北要成为促进中部地区崛起的关键区域和战略枢纽，成为国家发展战略和政策杠杆撬动中部地区崛起的增长极和支撑点。2007 年，省第九次党代会首次对“促进中部地区崛起重要战略支点”的科学内涵作出明确界定，这就是：努力把湖北建成中部乃至全国重要的先进制造业基地、高新技术产业基地、优质农产品生产加工基地、现代物流基地和综合交通运输枢纽，使湖北成为中部地区经济要素富集、充满创新活力的区域，成为中部地区发展现代服务业的重要平台，成为促进中部地区崛起的重要增长极，在科学发展、社会和谐、改革创新等方面走在中部地区前列。

“十一五”以来，湖北在上述“四基地、一枢纽、三成为、三前列”方面取得显著进展，努力以整体实力的提升来承担重要战略支点的重任。当前，随着国家区域发展格局深入调整，中西部地区发展提速，长江经济带开放开发开始进入国家决策，特别是促进中部地区崛起战略进入加快推进阶段。新的发展形势客观上对重要战略支点的内涵和功能提出了新的要求。为此，《中共湖北省委关于制定湖北省经济和社会发展第十二个五年规划的建议》又特别强调：要进一步增强湖北在中部地区崛起中的自主创新示范功能、对外开放服务功能、“两型”社会建设引领功能。近年来，在党中央、国务院和中央各部委的倾力支持下，经过多年的改革、建设与发展，经过全省上下的共同努力，打造重要战略支点已取得实质性进展。其突出表现是：构建重要战略支点已形成高度共识，支点实力已显著增强，支点框架渐趋完善，支点功能初步显现，较好地奠定了打造重要战略支点的现实基础。

（二）湖北作为“重要战略支点”的历史传承

把湖北作为促进中部地区崛起的重要战略支点，并非始于当今，而是有着深厚的历史渊源。自春秋战国以来，以湖北为中心的古楚地，就是周边地区经济社会文化发展的核心区域之一。以湖北为中心的楚国是中原大国，在春秋五霸、战国七雄中均有楚国一席之位。鼎盛时期的楚国“西有黔中、巫郡，东有夏州、海阳，南有洞庭、苍梧，北有汾陉之塞郇阳。地方五千里，带甲百万，车千乘，骑万匹，粟支十年”（《战国策·楚一》）。而湖北长期作为楚国都城所在地，是楚国的“心脏”，是长江中游的政治经济文化中心。

在长期以农耕文明为标志的封建社会，湖北地区也是周边地区经济社会发展的主要支撑区域之一。农业产业发达，自古就有“湖广熟、天下足”的美称。交通四通八达，特别是武汉一带水陆通道与川、陕、豫、湘、黔、赣、皖、苏、沪等周边地区直接相连，“九省通衢”声名远播。市场活跃繁华，素有“货到汉口活”的美誉，历史上汉口镇与景德镇、佛山镇、朱仙镇等并称为“四大名镇”。汉口开埠以来，长期为内陆地区首屈一指的外贸商埠。

19 世纪末 20 世纪初，湖广总督张之洞实施“湖北新政”，使湖北尤其是武汉成为当时中国经济社会发展的重要引领者和增长极。建立起了冶金、矿业、军工、纺织、交通等门类比较齐全的近代大工业体系，为使武汉成为全国的重要工业基地奠定了物质基础和产业支撑。举办各类新式学堂，为使武汉成为中部地区教育重镇建立了基本架构，各方人才荟萃武汉、遍及荆楚。编练新军，为使湖北成为辛亥革命首义之地准备了基本队伍。孙中山先生在谋划中华人民共和国成立方略时，对武汉的建设和发展进行了长远规划，“沟通大洋计划之顶水点，中国本部铁路系统之中心，而中国最重要之商业中心也”，规模“略如纽约、伦敦之大”。在相当时期里，“大武汉”与“大上海”一道誉满神州。

中国共产党领导的革命和战争时期，湖北始终是重要革命活动的策源地及重大战略支撑点。建党前夕，湖北是全国最早建立共产主义小组的六个省市之一，在我们党成立的南湖红船上留有五位湖北人的身影。北伐战争时期，中共中央迁至武汉，湖北成为大革命的中心区域。1927 年 8 月 7 日在武汉召开的中共“八七会议”，确定了实行土地革命和武装起义的方针，开始了由大革命向土地革命战争的转变。黄麻起义及以后的斗争，形成了鄂豫皖革命根据地，是仅次于中央根据地的全国六大苏区之一。在起义和根据地建立与发展中成长起来的红四方面军，是一支人民军队骨干力量。抗日战争时期，起源于湖北的新四军五师创建了以湖北为主体、横亘鄂豫皖湘赣五省的抗日民主根据地，成为中原抗战的中流砥柱。解放战争时期，中原军区部队主力突破国民党军重重截击与合围，打响了解放战争的第一枪。1947 年 6 月，刘邓大军千里跃进大别山，揭开了人民解放军战略进攻的序幕。总之，在长期的革命斗争中，湖北一直是全国的重要战略支点，发挥着十分重要的作用。

社会主义建设时期，湖北省尤其是武汉市是国家建设的战略重点。“一五”时期，中央提出把武汉建设成为南方工业基地。以武钢、武重、武锅、武船等为代表的一大批“武字头”的重大项目相继布局武汉。“三线”建设时期，国家在继续抓好武汉工业基地建设的同时，把工业建设的重点转移到鄂西、鄂西北等广大地区，重点布局了“一（武钢一米七轧机）、二（第二汽车制造厂）、三（三三〇工程即葛洲坝水利枢纽工程）”等大工程。这些大工程、大项目建设，加上武汉得中独厚的区位优势，使湖北尤其是武汉的发展走在中部地区前列。改革开放以来，由于种种原因，湖北发展一度滞后于全国。但湖北人民不懈奋斗，逐步实现了赶超全国平均水平的跨越。从2004年起，湖北经济发展速度再一次超过东部平均水平。恰在此时，党中央作出促进中部地区崛起的重大战略决策。2005年8月，胡锦涛总书记视察湖北，明确赋予湖北成为“促进中部地区崛起的重要战略支点”的历史性、全局性、战略性定位。

由此可见，“重要战略支点”定位与湖北的历史地位相匹配，与湖北加快发展、振兴崛起的战略态势相吻合，与国家区域布局调整和发展格局转变相协同，是机遇对湖北的又一次历史性惠顾。按照打造促进中部地区崛起重要战略支点的要求，必将加快推进湖北振兴崛起的步伐，必将进一步提升湖北在中部地区乃至全国的重要地位。

（三）打造“重要战略支点”面临的新机遇

在新的形势下，实现湖北跨越式发展、打造“重要战略支点”，面临着许多难得的发展机遇。我们要认清机遇、用好机遇、抢抓机遇、乘势而上。

一是经济发展从外需拉动为主转向内需拉动为主，为湖北带来了打造内陆市场中心的新机遇。随着经济规模的快速扩张，加上金融危机的冲击，外需对经济的拉动作用相对弱化，内需市场、内源要素、内生增长将逐步成为经济持续稳定增长的重要动力。湖北居于国家地理中心，又是中部经济重心，内需拉动将为湖北发展带来千载难逢的良机。全面推进现代市场体系建设，不断完善商品现货市场、期货市场以及劳务市场、技术市场、金融市场和市场服务体系，着力打造综合性国内市场枢纽，将是湖北未来内需拉动发展的重要源泉。

二是经济发展从要素驱动转向创新驱动，为科教大省带来了创新发展的新机遇。沿海发达地区经验表明，人均 GDP 达 4000 美元、GDP 总量达 1. 5 万亿元左右，是实现发展从要素驱动向创新驱动转型的重要基点和关口。当前湖北正处在这一关键节点上。以东湖国家自主创新示范区建设为契机，大力实施创新驱动战略，奋力推进科教大省向科教强省跨越，进一步激活湖北科技资源优势，推进观念、技术、制度、组织、管理、市场营销等全方位集成创新，全面实行创新驱动，是构建经济社会发展长久动力、推动经济结构优化和经济发展方式转变、努力实现科学发展跨越发展的重要契机。

三是国家开放格局从沿边沿海开放转向对内对外全方位开放，为湖北带来了拓展发展空间的新机遇。近几年来，湖北通过大力承接沿海产业转移，建设台商投资第五极，拓展日韩引资渠道，积极实施“走出去”战略，发展空间不断扩大。“十二五”期间，秉承“敢开放、真开放、先开放、全开放”理念，更加积极主动地实施开放先导战略，大力推进对内对外全方位开放，扩大经济、社会、文化等各领域开放，努力使湖北成为内陆地区对内对外开放前沿和要素聚集高地，必将进一步拓展发展空间，增强省域经济实力，加快打造促进中部地区崛起重要战略支点。

四是长江经济带开放开发进程加快，为沿江开发节点地区带来了发展的新机遇。国家《促进中部地区崛起规划》明确提出加快构建沿长江经济带，长江经济横轴和长江中游经济区已经提上议事日程。湖北全居长江中游，加快推进湖北长江经济带新一轮开放开发，加强省域合作，大力推进长江中游城市群建设，将为沿江基础设施建设、产业发展和节点城市发展带来产业空间、经济平台和工作抓手。

五是科学发展向纵深推进，为湖北加快转变经济发展方式带来了体制机制创新的重大机遇。以科学发展为主题，以加快转变经济发展方式为主线，是“十二五”时期湖北科学发展、跨越式发展的关键。对湖北而言，转变经济发展方式既是挑战，更是又一次实现“弯道超越”的重大机遇。充分发挥武汉城市圈“两型”社会建设综合配套改革试验区和东湖国家自主创新示范区建设先行先试机遇，大力推进体制机制改革创新，将为湖北加快转变经济发展方式，实现经济社会又好又快发展，在“两型”社会建设和自主创新等方面发挥引领和示范作用，提供更大的制度创新空间。

二、不断完善以打造"重要战略支点"为统领的湖北发展战略体系

发展战略是一个国家或地区对其经济社会发展所作的全局性、长远性和纲领性谋划。省九次党代会以来，省委、省政府围绕构建促进中部地区崛起重要战略支点的奋斗目标，深入贯彻落实科学发展观，不断深化对湖北省情的认识，在对我省过去一系列发展思路继承与发展、整合与集成的基础上，统筹全局、不断创新，确立并实施了"两圈一带"、"四基地一枢纽"、"一主两副"和仙洪新农村建设试验区等一系列新的战略决策。2011 年是"十二五"的开局之年，湖北的发展站在了一个新的历史起点上。全省上下以打造重要战略支点为旗帜，以实现科学发展、跨越式发展为目标，继续探索和完善湖北发展战略体系。省委九届十次全会对我省的发展战略进行了全面梳理和高度概括，明确提出"把构建战略支点作为湖北经济社会发展的总目标、总任务，以构建战略支点为旗帜统领各项发展战略"，由此形成了一元多层次的战略体系。当前和今后一个时期，我们要统一思想、统一行动，举全省之力加快推进这一战略体系的实施。

（一）"两圈一带"战略是湖北贯彻落实科学发展观的总体战略，是构建重要战略支点的核心战略

构建重要战略支点，必须从全局上进行谋划，突出特色，整合资源，发挥优势，补齐短板，形成全域发展战略，从而调动各方面的积极性，共同推进支点建设，提升全省的总体实力。近年来，省委、省政府相继作出建设武汉城市圈、鄂西生态文化旅游圈，加快湖北长江经济带新一轮开放开发的重大决策，形成了

“两圈一带”战略布局。“两圈一带”战略把全省作为一个有机整体来统筹谋划，根据各地的资源禀赋，制定不同的发展举措，既强调空间布局的整体性和资源的整合重组，又强调彰显区域特色，充分发挥比较优势和后发优势；既鼓励区域间的竞相发展和率先崛起，又倡导区域间的合理分工与合作联动，形成圈圈相联、圈带互动、合作共赢的新格局，是湖北构建促进中部地区崛起重要战略支点的“路线图”和总抓手，是实现科学发展的总体战略和全面推进支点建设的核心战略。

当前和今后一个时期，我们要全面推进“两圈一带”战略实施，优化空间布局，突出项目支撑，实现联动发展，促进区域协调发展。一是加快武汉城市圈“两型”社会综合配套改革试验区建设。大力推进资源节约、环境保护、科技支撑、产业发展、城乡统筹、节约集约用地、财税金融、对内对外开放、行政管理等方面体制机制创新，形成和优化“两型”社会建设体制机制。加快圈域基础设施建设、产业发展与布局、城镇化与城乡建设、区域市场、生态建设与环境保护的一体化进程，推动圈域基本公共服务均等化。充分发挥武汉龙头作用及科教人才优势，强化系统集成，增强耦合度，提升核心竞争力。明确各城市发展定位，优化产业布局，引导错位发展，构建优势互补、良性互动、特色突出、协调发展的新格局，在“两型”社会建设方面走在全国前列。二是加快鄂西生态文化旅游圈建设。推进圈域生态文化旅游资源整合，整体开发，区域联动。加快以交通为重点的基础设施建设，推进跨省、跨区域铁路、高速公路及连接线建设，形成辐射圈内外的水陆空立体交通网络。以“一江两山”为龙头、“十大核心景区”为重点，大力实施旅游开发、生态建设和环境保护，努力建成国内一流、世界知名的生态文化旅游目的地。以生态文化旅游产业带动相关产业发展，形成一批优势工业、现代农业和特色生态产业集群，推动圈域经济社会全面发展，在物质文明、精神文明、生态文明协调发展方面取得重大成就。三是加快湖北长江经济带新一轮开放开发。充分发挥长江“黄金水道”水运、水利、水能、水景观等多方面优势，加快构建长江、汉江沿线铁路、公路、水运等综合交通运输体系；大力推进新型工业化、新型城镇化，促进沿江特色产业发展，加快构建现代产业密集带、新型城镇连绵带和生态文明示范带。加快推进汉江流域综合开发，使之成为湖北长江经济带发展的重要支撑。加强沿江开放开发省际合作，加快推动长江中游城市群一体化发展。

（二）“四基地一枢纽”是构建重要战略支点的产业发展战略

产业是竞争力的核心，是支撑经济社会发展的“顶梁柱”，构建重要战略支点必须以发达的现代产业体系为依托。省第九次党代会从功能定位和产业内涵的角度，提出把湖北建成中部乃至全国重要的先进制造业基地、高新技术产业基地、优质农产品生产加工基地、现代物流基地和综合交通运输枢纽。建设“四基地一枢纽”，实质上是传统的三次产业走向现代化的过程和标志。其中，“优质农产品生产加工基地”是基础，“先进制造业基地”是推动我省经济发展的主“发动机”，“高新技术产业基地”是先导，“现代物流基地”和“综合交通运输枢纽”是支撑条件。“四基地一枢纽”互相依托、互相联系、互相促进，形成构建重要战略支点的产业发展战略。

其一，先进制造业基地的主要特征是集聚度和集中度高、关联性强和知识密集。要以装备制造、终端消费品制造为重点，以高新技术和先进适用技术改造提高传统制造业，大力发展高技术含量、高附加值的新兴制造业，做强做大支柱产业，延长产业链，壮大产业群。要努力形成以武汉为核心的钢铁、汽车、高新技术、纺织服装等制造产业带，培育合理分工协作的制造企业群，使先进制造业在全省工业中占据主导地位，全面提升我省制造业的核心竞争力。

其二，高新技术产业基地是指高新技术及其产业的研发、集聚、增长、扩散基地。要贯彻自主创新、重点跨越、支撑发展、引领未来的指导方针，大力构建以企业为主体、以大专院校和科研院所为源头的区域创新体系；积极发展对经济增长有重大带动作用的高新技术产业和战略性新兴产业，建设以东湖国家自主创新示范区为核心组团，以襄阳、宜昌等国家级高新区为节点的高新技术产业带，打造优势与特色鲜明的高新技术产业集群，力争在区域创新能力及高新技术产业规模、发展速度、出口创汇等方面走在中部地区乃至全国前列。

其三，优质农产品生产加工基地的前提是“优质”，依托农产品生产，落脚于加工转化增值。主要是通过推进科技兴农，调整优化区域布局和品种结构，提高生产集约化水平和品种优质率，在此基础上大力发展农产品加工业，扩大优质农产品及其精深加工的比重，提高农业综合效益，逐步形成与二、三产业相融合相协调的现代农业体系。要发挥湖北的农业资源优势，加强优质农产品基地和板块基地建设，大力发展品牌农业，促进品种优质化、生产规模化。突破性发展农产品精深加工，壮大农业产业化龙头企业，培植一批市场广、销量大、带动力强的大型龙头企业，走优质、高产、高效、生态、安全、节约型的现代农业发展之路。

其四，建设现代物流基地，关键在于将现代运输手段和调配方式融入原材料、产成品有效流动的全过程，依托物流基础设施和信息平台，形成完整的供应链，为用户提供多功能、一体化的综合服务。要发挥市场配置资源的基础性作用，整合开发物流资源，完善配套设施，建设和完善全省物流基础设施平台和物流公共信息平台，加快发展武汉、宜昌和襄阳三大物流中心，增强物流集聚和辐射能力。积极培育现代物流产业主体，形成大规模、多品种、高效率的现代物流网络体系，建设立足湖北、服务华中、面向全国、连接国际的现代物流基地。

其五，建设综合交通运输枢纽，就是利用湖北在地理区位等方面的有利条件，加强硬件和软件建设，形成公路、铁路、航空、水运以及管道运输互为依托、相辅相成的综合性、立体型、快速化、信息化的交通体系，构筑现代“九州通衢”的新优势。要积极争取国家有关部门的支持，加强规划和建设的衔接配合，以高速铁路、高速公路、航空和水运特别是长江黄金水道等建设为重点，增强综合运输能力，加快形成更加便捷、通畅、安全的交通运输体系，不断提升湖北的交通枢纽地位。

（三）“一主两副”是构建重要战略支点的中心城市带动战略

中心城市率先发展，形成具有辐射带动作用的发展极，对于推进重要战略支点建设意义重大。“一主两副”是省委、省政府立足于湖北区域发展格局和构建重要战略支点需要而实施的中心城市带动战略、发展极带动战略。加快推进以武汉为龙头，以襄阳、宜昌为省域副中心的“一主两副”中心城市在全省率先实现跨越式发展，变“单核带动”为“多极支撑”，通过中心城市的辐射带动，引领区域经济协调互动发展，最后实现全省整体性跨越式发展。“一主两副”战略实施以来，我省区域城市化进程加快，增长极带动效应初显。2010年，武汉、襄阳、宜昌三市生产总值占全省比重提高到54.4%。“十二五”时期，要进一步加快推进“一主两副”中心城市跨越式发展，使之成为我省新型工业化、新型城镇化和农业现代化的先行区，成为引领武汉城市圈、“襄十随”“宜荆荆”三大城市群发展的区域中心城市，使全省经济尽快形成武汉占全省经济总量的三分之一、两个省域副中心占三分之一、其他市州占三分之一的“三三制”格局。

实现这一目标，首先，要进一步增强武汉对全省经济社会发展的龙头带动作用，巩固提升武汉中部地区中心城市的地位和作用，努力促进武汉由“中部中心城市”向“国家中心城市”迈进，力争建设成为全国重要的先进制造业中心、现代服务业中心和全国性综合交通枢纽基地，成为全国“两型”社会建设和自主创新示范区，成为全省跨越式发展的核心引擎和促进中部地区崛起的核心支点。其次，要加快推进襄阳市跨越式发展，着力建设产业襄阳、都市襄阳、文化襄阳和绿色襄阳，巩固和加强省域副中心城市、“襄十随”城市群中心城市、鄂西北区域中心城市、汉江流域核心城市地位，努力建设成为鄂豫陕渝毗邻地区的区域性中心城市。再次，要加快推进宜昌市跨越式发展，通过大力招商引资和内生发展相结合，壮大特色产业和经济实力，拓展和提升城市功能。巩固和加强省域副中心城市、“宜荆荆”城市群中心城市、鄂西生态文化旅游圈核心城市地位，力争建设成为长江中上游区域性中心城市、世界水电旅游名城。

（四）“若干发展平台”是构建重要战略支点的有效载体

加快若干发展平台建设，是一元多层次战略体系的重要组成部分，是构建重要战略支点的有效载体。其具体抓手是：

1. 着力加快东湖国家自主创新示范区建设。要以科技成果转化为重点，加快建设以企业为主体的自主创新体系，推进产学研相结合，大力发展战略性新兴产业。将示范区建设成为特色鲜明、实力雄厚、国内一流、国际知名的科学发展试验区、先进产业聚集区、自主创新示范区、改革开放先行区，成为国家重要的综合性高新技术产业基地、全国高新技术产业开发区的排头兵、世界一流的高科技园区、享誉世界的“光谷”。

2. 着力推进鄂州综合改革示范工作。这是全省体制机制创新的示范平台，力求发挥其改革探路者和先锋的作用。支持和鼓励鄂州市充分运用中央赋予的先行先试权，赋予更大的自主改革权、自主创新权、自主发展权，加快推进行政管理体制、城乡统筹发展、社会管理创新、投融资体制、资源节约和环境保护等重点领域的改革。大力支持鄂州市“两环”“六个核心展示区”等重点工程建设，按照改革先行区、创新密集区、“两型”展示区、同城化引领区的工作定位和发展思路，使鄂州成为全省地级市综合改革的示范。

3. 着力推进“一江两山”生态文化旅游工程建设。“一江两山”是湖北生态文化旅游的名片，也是我省具有综合影响力的经济增长点之一。具体思路是，围绕长江三峡、武当山、神农架，打造三峡大坝—平湖半岛旅游区、武当山—太极湖旅游区、神农架旅游区、清江画廊、恩施大峡谷—腾龙洞旅游区、炎帝神农故里—大洪山旅游区等十大旅游区，使之成为国内一流、国际知名的旅游目的地。以加快推进环“一江两山”交通沿线生态景观工程建设为突破口，带动鄂西生态文化旅游圈加快构建便捷的交通圈、绿色的生态圈和丰富多彩的文化旅游圈。

4. 着力推进湖北大别山革命老区经济社会发展试验区和湖北武陵山少数民族经济社会发展试验区建设。由于历史、地理等方面的原因，我省大别山革命老区和武陵山少数民族地区发展相对滞后，必须尽快补齐这块短板，从整体上推进重要战略支点建设。要围绕“红色大别山、绿色大别山、发展大别山、富裕大别山”和武陵山“生态立区、产业兴区、开放活区、富民稳区”的总体要求，以特色产业发展、基础设施建设、生态保护、旅游资源开发、民生改善、扶贫开发等为重点，推动特色产业发展，提升县域经济综合实力，探索革命老区、民族地区、贫困地区在新的历史条件下实现跨越式发展的可行途径。深入实施“616”工程，加大对口帮扶力度，认真落实帮扶政策，增强少数民族地区自我发展能力。继续推进通山、保康、五峰、丹江口、大悟、英山、鹤峰等7县市脱贫奔小康试点，为加快全省贫困地区发展提供示范。

5. 着力实施“壮腰工程”，加快荆州振兴崛起。腰壮才能身板硬。我们要给力荆州，重振江汉平原雄风，舞活长江巨龙。支持荆州以沿江运输大通道为重点，加大港口、公路、铁路、过江通道和航运联建力度，加快形成区域综合交通网络；大力推进工业强市，在壮大提升装备制造、纺织印染、汽车零部件等支柱产业基础上，突破性发展农产品加工和钾盐化工产业链；以新型工业化和农业产业化带动农业大市转型升级，优化农业结构，提高粮食产能，利用水资源等优势加快发展和延伸淡水渔业产业链、畜禽产业链、水生植物产业链；深度发掘荆楚文化资源，加快建设国家级大遗址保护区，努力把荆州建设成为湖北长江经济带的主要节点城市、江汉平原腹地中心城市和鄂西生态文化旅游圈的文化中心。

6. 着力推进新农村建设和城乡一体化试点。打造农村经济社会发展的示范平台，建设仙洪新农村建设试验区，开展鄂州、仙桃、洪湖、监利、大冶、宜都、掇刀等7个城乡一体化试点，竹房城镇带山区城乡一体化试点，88个乡镇新农村建设试点等，是省委、省政府加快新农村建设、推进城乡一体化的重要抓手。要加强以水利为重点的农业基础设施建设和粮食生产能力建设，加快特色农业基地建设，突破性发展农产品加工业；完善小城镇基础设施配套，加快社会公共事业发展，推进体制机制创新，在全省新农村建设、城乡一体化发展中发挥典型示范、引领带动作用。

7. 着力抓好资源枯竭型城市转型试点。资源型城市过去为国家建设和湖北发展做出了巨大贡献，自身工业化程度较高，但面临经济转型的巨大压力。支持资源枯竭型城市转型，既是转变经济发展方式的必然要求，也是建设“两型”社会试验区的重要任务。要加快建立健全资源枯竭城市可持续发展长效机制，以接续替代产业的培育壮大为支撑，着力解决就业和改善民生，加快环境整治和生态保护，积极开展污染土壤修复与治理，加强资源勘查和矿业权管理。重点抓好黄石、大冶、潜江、钟祥等四个资源枯竭城市转型，努力把黄石建设成为全国资源枯竭城市转型示范区。

8. 着力推动低碳发展试点。低碳发展是转变经济发展方式、建设“两型”社会的着力点，也是发挥后发优势、实现跨越式发展的必由之路。我省被列入全国首批低碳发展试点省份，对于促进经济社会可持续发展具有重要意义。要加快编制低碳发展规划，制定支持低碳发展、绿色发展的配套政策；加快低碳技术研发和应用，推动电子信息、新能源、新材料和环保、旅游服务业、文化产业等低碳产业发展，建立以低碳排放为特征的产业体系；建立完善温室气体排放数据统计和管理体系，探索建立碳排放交易市场；大力推进“低碳城市、低碳园区、低碳企业、低碳社区”试点，加快咸宁金桂湖低碳产业示范区建设，积极倡导低碳绿色生活方式和消费模式。

总之，随着实践与探索的不断深入，以构建重要战略支点为统领的湖北发展战略体系日趋完善，逐步形成一个层次分明、各有侧重、各具功能而又相互联系、相互贯通的有机整体。其中，打造重要战略支点是旗帜，处于统领层次；“两圈一带”是总体战略，处于核心层次；“四基地一枢纽”和“一主两副”分别是产业发展战略和城市带动战略，处于重点层次；若干具体发展平台，处于基础性、操作性层次。从结构上看，既有全域布局、又有重点突破，既强调优势先发、又注重补齐短板，体现了统筹协调的要求，是一个以构建促进中部地区崛起重要战略支点为“一元”的多层次的开放体系；从内容来看，实现了国家战略和地方战略、区域战略与流域战略的高度融合，在时间上管长远，在空间上全覆盖，既契合国家总体战略，又符合湖北省情，体现了战略集成和战略协同的特点；从实践来看，湖北发展战略体系是省委、省政府在贯彻落实科学发展观的实践中逐步完善并实施的，体现了科学发展观的深刻内涵，在全省形成了高度共识，对实际工作发挥了引领、指导和推动作用，并已经取得重大成效，是打造促进中部地区崛起重要战略支点、推动全省科学发展跨越式发展的行动纲领。

三、以跨越式发展的卓越成就担当起打造“重要战略支点”的崇高使命

成为促进中部地区崛起重要战略支点的关键，是必须拥有雄厚的物质文化基础和强大的综合实力。为此，必须以跨越式发展的强劲态势和卓越成就夯实发展基础，为构建“重要战略支点”提供强大的实力支撑。

1. 努力实现经济总量和发展规模的跨越。“发展是硬道理”。跨越式发展的首要任务是发展经济，是推动全省经济总体规模和综合实力迈上新台阶。科学发展旨在强调又好又快的有机统一，只强调速度而不讲质量是“没有后劲的高速度”，片面追求质量而忽略速度是“没有生机的慢增长”。从湖北发展不够的实际出发，我们必须坚持加快增长与加快转变经济发展方式并重，既重视调整优化产业结构，追求发展的质量和效益，又绝不放松持续快速增长。“十二五”时期，全省各地要突出“大城市、大产业、大企业、大园区、大项目、大品牌”建设，实现发展速度高于全国平均水平、高于中部地区平均水平，确保地区生产总值实现从 1.5 万亿元到 2.5 万亿元的跨越，并力争总量倍增，进入“3 万亿元俱乐部”；实现人均生产总值从 4000 美元到 6000 美元以上，实现年投资规模从 1 万亿元到 2 万亿元的跨越；在经济总量扩张的同时，进一步提高经济运行质量和经济效益，力争地方财政一般预算收入在 2010 年基础上翻一番，达到 2000 亿元以上。

2. 努力实现工业大省向工业强省的跨越。实施工业兴省战略，必须做大做强市场主体、支柱产业、骨干企业、工业园区和

产业集群，必须努力扩大投资强度、扩大品牌影响、扩大市场份额、增强创新能力、增强核心竞争力，不断提高工业经济运行质量和效益。要力争五年内实现全省工业规模和效益翻番，工业增加值达到1.5万亿元以上，规模以上工业企业达到2万家以上，工业经济总量在全国的位次前移，着力推进新型工业化进程，奋力推进工业大省向工业强省跨越。一是要坚持培育大企业与扶持中小企业并举，形成大中小企业协调发展的格局。在与央企对接中培育优势骨干企业，在兼并重组中培育优势骨干企业，通过实施“中小企业成长工程”培育壮大企业，在全民创业中培育壮大企业。培育和引进大企业、大集团，发展“总部经济”，力争“十二五”期末全省营业收入过百亿元企业达到50家，其中过500亿元的企业达10家以上。二是要着力提高特色优势产业的规模，在结构调整中提升产业竞争力。加快推进“支柱产业倍增计划”和“千亿元产业接续计划”，促进特色优势产业由大变强。力争“十二五”期末钢铁、纺织、建材三个产业营业收入过3000亿元，汽车、石化、食品、电子、机械五个产业过5000亿元，装备制造业过万亿元。要制定规划，明确目标，扶持培育一批新的千亿元产业。加快培育战略性新兴产业。以东湖自主创新示范区、新型工业化示范基地、经济技术开发区等为载体，打造一批产值过千亿元的产业基地，带动高新技术产业发展。加强项目策划，加大资金投入，完善工作抓手，突破一批核心关键技术，力争在新一代信息技术、高端制造、新材料、生物、节能环保、新能源、新能源汽车等战略性新兴产业发展上取得突破，抢占新一轮发展的制高点。三是要大力实施先进制造业振兴工程。组织实施装备制造业等重大技术专项，加快用高新技术改造传统产业，提升技术含量，延伸产业链条，提高附加值，推动传统产业向高端化和集群化方向发展。要促进信息化与工业化的有机融合，通过推进信息技术的有效应用，提高产品数字化、生产过程自动化、企业管理信息化水平。要推动工业园区建设，优化产业空间布局，提高产业聚集水平。

3. 努力实现农业大省向农业强省的跨越。要按照“三化同步”“两增同步”的方针，加快农业现代化、市场化进程，进一步增强湖北农业的竞争力和影响力。一要构建现代农业产业体系。用现代经营理念谋划农业，用现代科学技术改造农业，用现代产业体系提升农业，加快转变农业发展方式。全面落实国家支农惠农政策，严格实行耕地保护责任制，建设产粮大县。加大支农资金整合力度，集中连片建设一批现代农业优势板块基地和产业带。加快农业技术创新和推广，推行标准化生产，确保农产品质量安全。二要加快农业基础设施建设。围绕“十二五”水利发展规划，建设湖北水利“四大体系”。着力抓好防洪薄弱环节整治，加大中小河流治理和中小水库除险加固、山洪地质灾害防治、易灾地区生态环境综合治理力度，突出抓好全省大中型灌区续建配套、节水改造和“小农水重点县”建设。制定并实施全省高标准农田建设规划，大规模建设旱涝保收基本农田，大力推进农村土地整治及低丘岗地、低产林改造。三要提高农业产业化经营水平。围绕提高农产品加工增值水平，完善龙头企业与农户利益联结机制，大力推进农业产业化经营，实现农产品加工产值由3000亿元向6000亿元跨越，加快从农产品生产大省向农产品加工强省的跨越。四要加快建设社会主义新农村步伐。推进仙洪新农村建设试验区、鄂州等城乡一体化试点县市、7个山区脱贫奔小康试点县市、88个试点乡镇和竹房城镇带城乡一体化试验区等新农村建设试点向纵深发展，鼓励市县开展符合实际的试点试验。发展壮大村级集体经济，努力化解农村债务。

4. 努力实现服务业大省向现代服务业强省的跨越。第三产业不仅是新的经济增长点，而且是转变经济发展方式、提升新型工业化水平的“加速器”，是增加就业和提高人民生活水平的民生产业，是跨越式发展的重要引擎。世界经济发展规律表明，随着经济发展水平的不断提高，服务业的比重逐步上升，并将在工业化中后期阶段逐步超过第二产业而成为主导产业。我省要在牢牢抓住工业化这个“牛鼻子”的同时，高度重视第三产业的发展，使第三产业与工业化、城镇化相互促进、融合发展。湖北具有发展服务业的有利条件和良好基础，要抢抓国家扩大内需的政策机遇，发挥比较优势，大力发展现代服务业，改造提升传统服务业，促进全省服务业全面协调快速发展。加快发展生产性服务业，推进服务业与制造业互动融合；积极发展生活性服务业，发挥服务业在扩大消费中的重要作用。要突破性发展关联性强、带动作用大的金融业、旅游业、现代物流业、信息服务业、文化创意和商务产业，积极发展商贸餐饮业、房地产业、家庭服务业、文化体育产业等生活性服务业。要突出重点区域，抓好国家级和省级现代服务业示范区建设，选择部分大中城市开展服务业综合改革试点。把武汉打造成为区域金融中心、中部最大的服务外包基地，鼓励中心城市率先向服务经济为主的产业结构转型，把湖北建成中部地区乃至全国重要的现代物流基地、旅游强省，加快形成旅游、物流、文化、金融、中介服务等5个增加值过千亿元的现代服务业，第三产业增加值迈上万亿元新台阶，成为我省重要的主导性产业之一。

5. 努力实现科教大省向科教强省的跨越。科技创新最具爆发力、最具含金量、最具赶超的现实性，科技进步是跨越式发展的本质特征和独有品格。湖北最大的优势就在于科教实力雄厚、人才资源丰富，一定要加快点燃科技创新这个引爆点。深入实施“科教兴鄂”“人才强省”战略，落实促进科教优势、人才优势转化的十大政策，采取特殊措施建立健全以企业为主体、以市场为导向、产学研相结合的技术创新体系，引导科技资源向经济建设主战场集聚，最大限度地把科教优势转化为发展优势，形成湖北强大的内生增长动力，加快实现向科教强省的跨越。选择一批关键技术、共性技术和前瞻性技术进行联合攻关，形成一批国际领先、国内一流、拥有自主知识产权的核心技术。以科技投融资、产学研合作、创新型企业建设、农业科技创新体系建设、科技型中小企业成长路线图计划等“五大专项行动”为抓手，不断完善推进自主创新的体制机制。“十二五”期末力争高技术产业产值突破万亿元，增加值占生产总值的比重提高到15%以上。大力推进东湖国家自主创新示范区和襄阳、宜昌高新区创新发展，抓好省级高新区培育工作。把东湖国家级自主创新示范区打造成享誉世界的“光谷”，成为全国高新技术产业开发区的排头兵、世界一流的高科技园区。

促进教育优先发展，培育有创造力的高素质人才。全面实施湖北省中长期教育改革和发展规划纲要，促进教育公平，提高教育质量。把对教育的投入作为财政的第一投入予以优先保障。合理配置公共教育资源，建立健全义务教育均衡发展保障机制。重视发展学前教育和特殊教育，完善高中教育，大力发展职业教育，全面提高高等教育质量。加强师资力量建设，认真抓好国家和省定教育体制改革试点工作。推进人才队伍建设。抓紧启动和实施重大人才政策和人才工程。依托国家及省人才培养计划，建立和完善从基础教育到专业培训的梯级创新型人才资源储备。建立工资报酬与贡献挂钩的分配机制，鼓励知识、技术、管理等要素参与分配。落实“人才特区”建设措施，加快培养和集聚高层次科技人才、高水平创新创业团队、高素质管理人才、高技能实用人才，争取更多的人才进入国家人才计划，努力形成人才辈出、人尽其才的生动局面，使科技、教育和人才成为湖北最重要的品牌、最突出的优势。继续实施《全民科学素质行动计划纲要》，最大限度地激发全社会创新活力。

6. 努力实现文化大省向文化强省的跨越。我省文化底蕴深厚、文化资源丰富，发展文化事业和文化产业的条件得天独厚。要在明确推动文化大发展大繁荣工作着力点的基础上，用抓工程的理念和办法推动文化建设，进一步解放和发展文化生产力，努力把湖北建设成为文化事业繁荣、文化产业发达、文化人才荟萃、文化实力和竞争力较强、文化建设体制机制不断创新的文化强省。一要加强社会主义核心价值体系建设。坚持马克思主义指导地位，坚定中国特色社会主义共同理想，弘扬以爱国主义为核心的民族精神和以改革创新为特征的时代精神，树立和践行社会主义荣辱观，为打造“重要战略支点”提供强大的精神动力。二要深度挖掘荆楚文化的深刻内涵。围绕炎帝神农文化、楚文化、三国文化、辛亥首义文化等文化领域，研究富有湖北地方特色的文化，在继承和发展中不断进行文化创新，形成具有丰富内涵和鲜明时代特征的荆楚文化。三要强力推进文化体制改革。切实贯彻落实党的十七届六中全会精神和全国文化体制改革会议精神，对照先进找差距，在关键环节、关键领域寻求突破，重点加快推进全省文艺院团改革、非时政类报刊转企转制、文化市场综合执法改革。四要加快建立现代文化产业体系。进一步加大文化产业投入、招商、重组联合的力度，推动企业上市融资，做大做强市场主体，着力打造大型文化企业，培育实力强、竞争力强的“文化航母”及产业集群，进一步优化文化产业的结构和布局，形成以新闻传媒、出版发行、动漫游戏、文博会展、文化旅游、文化创意、休闲娱乐、影视演艺、体育健身等为主体的现代文化产业体系。五要突出抓好文化重点工程建设。以“工程”和项目整合资源、打造品牌，切实抓好理论武装工程、思想道德建设工程、舆论传播工程、文艺精品打造工程、公共文化服务工程、文化人才建设工程等一系列重点工程。

四、在充分发挥湖北优势中强化“重要战略支点”功能

构建重要战略支点，不仅要体现在经济社会发展的成就方面好于、优于、快于其他地区，更要体现在功能作用上重于、高于、强于、大于其他地方。要通过把湖北打造成为中部地区的核心增长极，更好地担当起“重要战略支点”的历史任务和神圣使命。

所谓核心增长极，应当是率先发展的产业高地，是具有资源和要素集聚、辐射功能的重要平台，是创新文化的重要策源地，是对外经济联系的重要窗口。即通过发挥辐射、带动、示范、服务、引领等功能作用，为周边地区经济发展服务，并带动整个区域经济发展、产业升级和结构优化。从湖北发展来看，构建重要战略支点，打造核心增长极，需要强化以下几个方面的功能。

1. 充分发挥中心城市辐射功能。核心增长极的功能往往集中体现在区域中心城市的地位和作用上，区域经济振兴崛起必须充分发挥龙头城市带动作用。东部沿海地区快速崛起的一条重要经验，就是首先开放 14 个沿海城市，通过发挥中心城市、特区城市和城市群的作用，带动整个东部地区的快速发展。现在这一规律已经得到广泛认同并为各地所借鉴。重要战略支点从区域上讲是湖北，从重点上讲是武汉，即通过武汉的率先崛起，带动和引领湖北及整个中部地区的发展。

武汉作为中部地区唯一的特大城市，2009 年 3 月被国务院确定为“我国中部地区的中心城市”。这一功能定位表明，武汉有条件、有能力在新时期承担起经济中心城市的功能，辐射和带动更广泛的地区共同发展。从目前情况来看，武汉市 2010 年经济总量达到 5515.8 亿元，居全国副省级城市第 5 位，也是中部地区仅有的经济总量超过 5000 亿元的特大城市。武汉位于珠三角、长三角、京津环渤海经济带和成渝经济区四大经济板块的交汇处，是区域经济梯度演进、产业梯度转移的重要节点，在全国经济发展中发挥着承东启西、连南接北的重要作用。但也必须清醒地看到，武汉对周边地区的辐射带动能力仍然相对较弱，难以真正引领和撬动其他地区的发展。

武汉作为湖北的省会和“龙头”，必须明确使命，以更大担当、更大作为，在做大做实做强城市规模和经济总量的同时，不断提升城市的综合服务功能，增强高端要素聚散能力，使之更好地与中心城市的地位相匹配，真正成为名副其实的中部地区经济中心，为打造“国家中心城市”奠定坚实的基础。一是全面构建以战略性新兴产业为先导、以先进制造业和现代服务业为支撑的现代产业体系，打造全国重要的先进制造业中心、现代服务业特别是高端生产性服务业中心、综合性高技术产业基地。二是依托综合交通枢纽，不断完善商品和产业市场体系，形成辐射影响整个中部地区的商贸物流中心，吸引人流、物流、资金流和信息流等各种生产要素在武汉汇聚并向周边辐射。三是大力完善高端要素市场体系，着力打造资源配置的市场中心，特别是区域性金融中心，将武汉建成国内金融机构聚集区、资本资金聚集区、金融创新示范区、金融生态环境优良区，形成服务于整个中部地区的金融功能。四是大力提升文化软实力，打造国际化的人文环境和富有活力的文化产业，以文化集聚人才和高端要素，形成辐射中部地区并在全国具有重要影响力的文化中心。

2. 充分发挥产业牵引带动功能。有实力才会有带动力，区域经济发展要靠产业发展作支撑。近年来，湖北在“四基地一枢纽”建设方面取得了明显成效，显著增强了全省经济实力和发展后劲。目前，已经形成7个千亿元产业，其中汽车产业超过3000亿元，钢铁、石化、食品、装备制造产业超过2000亿元，电子信息、纺织产业超过千亿元；高新技术产业占全省GDP的比重提高到10.8%，从2008年开始增加值持续高于同期工业增速，高新技术产业引领经济增长的势头开始出现；粮食产量连续7年保持增产，农产品加工产值与农业产值比突破性提升，2010年提高到1.39：1，食品工业已成为位居全省第二的支柱产业；现代物流及交通运输等基础产业有了新的重大突破，湖北正在由“九省通衢”向“九州通衢”跨越。所有这些，既为湖北推进科学发展、跨越式发展奠定了坚实的基础，也进一步强化了重要战略支点的功能作用。

今后一个时期，湖北要成为中部地区的核心增长极和重要战略支点，首先在产业层次上必须高于、优于中部其他地区，成为产业高地和产业升级的龙头，成为能够有效牵引带动中部“雁行模式”的“领头雁”。这就要求湖北始终坚持走新型工业化道路，加快发展高科技、高附加值的先进制造业，不断提高产业层次。要把调整和优化产业结构作为当前转变经济发展方式的重点和主攻方向，突破性发展战略性新兴产业和高技术产业，使湖北尤其是武汉的产业体系不仅在规模上，更在层级上、竞争力上、带动作用上，都能真正成为中部地区的龙头。要下大力提升自主创新能力，提高核心竞争力，努力建成高技术的原创基地和高技术企业的孵化基地，提高中部地区的技术水平和综合竞争力，引领中部地区的技术、产品、产业创新和产业升级。要通过成功打造产业高地、科技高地、人才高地，更好地为发挥区域辐射和扩散作用积聚势能，更好地参与全国乃至国际竞争与分工合作。

3. 充分发挥自主创新示范功能。科教资源优势是我省最大的优势，也是构建重要战略支点的核心动力。目前，全省从事科技活动人员总量超过 20 万人，在鄂两院院士 50 多位；拥有高等院校上百所，国家级科研机构上百个，国家实验室和重点实验室 16 个，国家工程（技术）研究中心 19 个，国家认定的企业技术中心 27 个，省级重点实验室和工程技术研究中心 167 个，国家级高新区、开发区 8 个。近年来，湖北专利申请量、每百亿元 GDP 有效发明专利拥有量、每百万人口发明授权专利拥有量，均居中部第一位，2010 年区域创新能力居全国第八位。“武汉 · 中国光谷”已成为湖北乃至整个中部地区高新技术产业的制高点，辐射和带动了全省自主创新和新兴产业的发展。丰富的科技资源和优越的创新平台，不仅为湖北自主创新提供了良好的基础，对经济社会发展发挥了重要的支撑引领作用，而且大量的科技成果扩散中部、走向全国。

当前，要紧紧抓住武汉东湖高新区被国务院批准为全国第二个国家自主创新示范区这一重大机遇，举全省之力，力争用10年左右的时间，在东湖高新区培养和集聚一批优秀创新人才特别是产业领军人才，着力研发和转化一批国际领先的科技成果，在具备优势的基础研究学科前沿领域取得一批原创性成果，做强做大一批具有全球竞争力的创新型企业，培育一批国际知名品牌，建设一批世界一流水平的新型研究机构。全面提高东湖高新区自主创新和辐射带动能力，使之成为世界一流高新园区、全国高新园区的排头兵，在建设创新型国家、促进中部地区乃至全国创新驱动发展中发挥示范带动作用。

4. 充分发挥对外开放服务功能。从总体上看，对外开放不足仍然是中部六省经济发展中普遍存在的一个薄弱环节。湖北要成为重要战略支点，必须在提升自身对外开放水平和层次、努力走在中西部地区前列的同时，充分发挥全国经济网络的关键节点作用，力争成为世界经济和沿海经济进入中部地区的入口，成为中部地区进入国际市场的前沿。综观中部省份，湖北区位优势突出，科教实力雄厚，产业基础良好，配套能力较强，市场优势明显，交通物流发达，对于承接国际资本的投资和沿海产业转移有着巨大的吸引力，是最具扩大开放条件和优势的省份之一。“十一五”以来，全省大力实施开放先导战略，实际使用外资快速增长，外贸出口不断扩大，对外直接投资加快推进。截至2011年8月，共引进世界500强企业88家，跨国公司在湖北设立全球或区域研发中心、服务中心19个，法国、美国、韩国等发达国家先后在武汉设立了领事机构。东西湖保税区物流中心是华中地区第一个保税物流中心，服务辐射周边半径500公里区域，2009年3月封关运行后，已成为我省乃至中部地区贸易国际化和开放型经济的重要窗口。因此，湖北应该而且完全有条件建设中部地区最具优势的开放平台，发挥独特的对外开放服务功能。

当前和今后一个时期，一方面要突破性地发展开放型经济，坚持敢开放、真开放、先开放、全开放，顺应世界经济发展潮流，主动融入国际经济大循环，在更大的范围内和更宽的领域组织生产和经营，在更深的程度上参与国际分工与协作，构筑对内对外开放的新格局；另一方面，要努力将湖北建设成为全国发展软环境最优的地区之一，吸引更多的跨国公司地区总部、投资机构和研发中心落户武汉，建成大进大出的国际贸易快速通道、中部地区的资源配置平台、国内经济与世界经济并轨的对接地，努力打造中部地区的对外开放中心。

5. 充分发挥“两型”社会建设引领功能。构建重要战略支点，湖北不仅在经济发展上要服务和辐射中部地区，在改革创新方面也要率先走在前列。2007年底，武汉城市圈被批准为全国“两型”社会建设综合配套改革试验区，武汉城市圈改革发展上升到国家战略层面。中央希望武汉城市圈“切实走出一条有别于传统模式的工业化、城市化发展道路，使武汉城市圈在促进中部地区崛起和区域协调发展中发挥更大作用，为全国深化体制改革、推动科学发展、促进社会和谐提供经验和示范”，这是对武汉城市圈的基本要求和功能定位。湖北启动“两型”社会建设3年多来，武汉城市圈在一些重点领域和关键环节加快推进体制机制创新，先后与75个国家部委签订合作协议或者备忘录，争取到了一大批国家支持政策和项目，基础设施、产业布局、城乡建设、区域市场、生态环保等“五个一体化”取得明显成效，青山—阳逻—鄂州大循环示范区、武汉大东湖生态水网构建工程、梁子湖流域生态保护工程、汉江中下游流域生态补偿和梁子湖流域生态补偿办法等相继启动，循环经济发展模式初显雏形。通过“两型”社会建设，规划布局和启动建设了一批对经济社会发展带动作用大的重点项目。武汉城市圈为湖北经济社会发展发挥了巨大的支撑作用，也为打造重要战略支点提供了有力支撑。

“十二五”是武汉城市圈“两型”社会试验深入推进、重点突破的时期，目前武汉城市圈各项改革试验开始向纵深拓展，进入了深水区域和攻坚阶段。要继续坚持先行先试，大胆改革，进一步推进九大体制机制创新，形成有利于“两型”社会建设的体制机制。尤其是要发挥武汉龙头作用，明确各城市发展定位，发挥集成效应，提升核心竞争力，实现武汉城市圈率先崛起，引领和带动全省体制机制创新和“两型”社会建设，为中部乃至全国发展提供先期经验和示范效应。

五、充分发挥湖北在长江中游城市群建设中的“重要战略支点”作用

长江中游城市群包括位于长江中游的湖北省武汉城市圈及长江干流沿线的宜昌市和荆州市、湖南省长株潭城市群和江西省鄱阳湖生态经济区，是以长江为纽带，以上述三大板块为依托的跨省域的城市集群，是一个自然形成的“金三角”。在党中央、国务院大力促进中部地区崛起的今天，加快长江中游城市群的建设

与发展，对全国统筹区域发展、构建新的经济增长极，具有重要的战略意义。在这一进程中，湖北也理当充分发挥其“重要战略支点”的作用。

1. 建设长江中游城市群，是实施区域发展总体战略和主体功能区战略的重大举措。其一，构建长江中游城市群，是促进中部地区崛起的客观需要。2006 年 4 月，中共中央、国务院出台的《关于促进中部地区崛起的若干意见》明确提出，要“以省会城市和资源环境承载力较强的中心城市为依托，加快发展沿干线铁路经济带和沿长江经济带”。武汉、长沙、南昌三市彼此相隔约 300 公里，随着武广高铁、武九客运专线、昌九城际高铁的开通运行，以及杭南长高铁的建设，3 个省会城市之间形成“一个半小时交通圈”，经济社会联系将更趋密切。以此为依托，将现有 3 个省内城市群融合为一个跨省的大城市群，有利于集成三省精华地带的经济、科技、文化等优势，发挥核心区域的引领和辐射带动作用，加快促进中部地区的整体崛起。其二，构建长江中游城市群，是落实国家主体功能区战略的重要举措。在国务院下发的《全国主体功能区规划》中，由武汉城市圈、长株潭城市群和鄱阳湖生态经济区为主体构成的“长江中游地区”等被列为“国家重点开发区域”。加快这一区域的发展，有利于依托区域内巨大的经济体量、人力资源和区位交通优势，形成整体推进的合力，抓住国家扩大内需的重大机遇，构建我国经济发展新的增长极。同时，沿海现有三大城市群作为优化开发区域，大量产业需要向重点开发区转移，长江中游城市群具备承接产业转移的良好条件，有利于整体深化中部地区与沿海长三角和珠三角等区域的对接，对促进我国区域协调发展能起到“承东启西，接南转北”的战略作用。其三，构建长江中游城市群，是国家实施长江开发战略的必然要求。国务院颁布的《关于加快长江等内河水运发展的意见》，标志着长江内河航运发展上升为国家战略。国家部署长江内河水运发展，既适应了我国制造业不断向中西部转移的趋势，又符合“两型”社会建设的要求。“中游畅则长江畅，中部活则全国活”。依托长江黄金水道，构建现代综合运输体系，推动长江中游城市群与重庆、上海等上下游地区的经济联系，有利于调整优化沿江沿河地区产业布局，有利于促进区域经济协调发展，有助于长江开放开发由长三角地区向整个长江流域推进。

2. 建设长江中游城市群，是区域经济发展的必然产物，是三省共同崛起的必然选择。首先，建设长江中游城市群内部驱动力日渐强大。武汉城市圈、长株潭城市群、鄱阳湖生态城市群山水相连，人文相融。“一江两湖”（长江、洞庭湖、鄱阳湖）一水相连，三大城市群位置毗邻、定位相近，具有组建跨省经济区的自然和历史基础。历史上长江中游地区是楚文化重要发源地，人文地理交相辉映，文化魂脉广为传承。同源、同承的文化属性，奠定了长江中游地区人缘相亲的深厚基础。湘鄂赣三省经济社会联系紧密，合作空间广泛。近代史上著名的“汉冶萍”公司由汉阳铁厂、大冶铁矿和江西萍乡煤矿组成，1987 年 5 月成立的武汉经济协作区已囊括了湘鄂赣三个城市群中的所有城市。三省由于地理位置、要素禀赋以及政策机遇较为相似，因此经济发展水平处于同一阶段，经济结构具有一定的趋同性。目前，三省在经济社会发展中存在众多相同和相似的问题，有着众多的共同利益诉求，如新型工业化、农业大省转型、农业产业化、长江防洪、生态建设、粮食主产区建设等，在经济、社会、生态方面合作潜力巨大。

其次，湘鄂赣已就构建长江中游城市群达成高度共识。在湘鄂赣三省处于科学发展、加快崛起的关键时期，湖北省委、省政府率先提出三省共同打造长江中游城市群的倡议，得到湖南、江西两省的积极响应，目前已达成高度共识。在新的起点上，三省将进一步推进宽领域、多层次、全方位的合作，共同推进区域一体化进程，携手创造中部地区崛起的美好未来。湖南、湖北两省携手共进，在推进“两型”社会综合配套改革试验区建设、加强基础设施对接等方面，不断深化合作，呈现出整体推进、加速融合、良性互动的喜人态势，掀开了“两湖一家亲”的新篇章。江西、湖北依托中部论坛、中部博览会等重要平台，进一步推进了双方的交流合作。今年 7 月，湖北省党政代表团在江西省学习考察，双方就进一步拓宽合作领域、提升合作层次、完善合作机制达成高度共识。可以预料，随着国家促进中部地区崛起战略的深入实施和区域经济交流合作的纵深发展，三地合作的空间和前景必将更加广阔。再次，湘鄂赣均有着共同打造中国“第四极”的强烈愿望。“十二五”时期实现湖北跨越式发展，需要在更大区域范围内拓展发展空间。虽然湖北、湖南、江西都有一个以省会为中心的城市群或经济区，但单个实力与京津冀、长三角、珠三角不在一个层面上。只有三群合一，达到 1+1+1>3 的效果，才能紧追三大城市群；只有通过在更大范围内配置生产要素，才能共同实现跨越式发展。为此湖北率先提出，三省应充分发挥后发优势、产业比较优势、人才资源优势、生态环境优势、国内市场优势等五大优势，着力在“五个一体化建设”上进一步加强合作，即推进基础设施建设一体化、产业一体化、市场一体化、文化旅游一体化、生态环保一体化，共同推动三省加快发展。

3. 加快形成长江中游城市群共同发展的体制机制。其主要途径至少有四：（1）在基础设施建设上互联互通。三省共同争取国家支持，加快城际间、现有三个城市群之间综合运输通道建设，加强各种交通方式的对接，建立更加便捷、完善的现代综合快速交通运输体系，推进城市群之间的物理融合。我省将利用长江航道优势，发挥武汉新港的作用，推动形成长江中游地区港口群，加快长江中游快速通道和综合交通体系建设；以武广高铁、京九客运专线等为主体，以武汉、长沙、南昌为中心节点，加快建设三大城市群之间的快速通道和交通体系建设，突破性建设三大城市群之间的快速交通走廊和经济走廊。（2）在工业发展上携手并进。三省可联手发展相关战略性新兴产业。我省可重点在电子信息产业、生物医药产业、航空工业、新材料、新能源等产业领域与两省开展深度合作。湖南长沙、株洲等地机械和交通设备制造业颇具优势，可以联合和重组湖北相关企业，更进一步做大做强；江西汽车工业可考虑与武汉的汽车产业形成战略联盟，实现融合发展；武汉石化、长岭炼化、巴陵石化、九江石化、昌九化工等企业，可开展分工合作，错位竞争，各得其所；湖北和湖南的烟草行业也可以尝试强强联合，共同应对国内外的竞争。（3）在农业发展方面共为“天下足”做贡献。“湖广熟，天下足”。三省都是农业大省，都是全国重要的粮食主产区，在稳定全国粮食生产、保障国家粮食安全中发挥着举足轻重的作用。2008 年国家出台了《全国新增 1000 亿斤粮食生产能力规划》，湖北、湖南和江西都承担了较大的粮食增产任务，三省可据此联合提议国家加大农田水利基础设施投入，尽快提升粮食生产保障能力。大力推进农业生产、运输、销售等环节的合作与联合，降低成本，提高效率。

以加强粮食生产基地建设为重点，加强粮食生产重大工程建设的合作。积极发展现代农业，加快农业结构调整，大力推进农业产业化经营，加强农村基础设施的共建，提高农业综合生产能力。(4) 在生态环保方面共同担当。加强长江干支流及洞庭湖、鄱阳湖区域的综合治理，共同实施沿江和环湖禁污，构筑水资源合理配置和高效利用体系、水资源保护和河湖健康保障体系，大力发展循环经济、绿色经济、低碳技术，共同推动环境保护和生态建设。重点加强长江防洪大堤加固、水资源综合利用、水污染综合治理、湖泊治理等事项的合作建设。三地可选择一些跨区域的项目，联合向国家申报，共同提高生态安全保障能力，促进资源合理开发与生态环境保护，加快资源共同开发利用。

4. 湖北在长江中游城市群建设中理当有更大作为。一是充分发挥湖北长江经济带的主体作用。长江中游城市群以长江中游为主线展开建设。长江中游从宜昌到江西湖口，全长955公里，南北两岸岸线绝大部分在我省境内。国家《促进中部地区崛起规划》明确要求：“以武汉为中心，依托黄金水道，壮大宜昌、荆州、岳阳、鄂州、黄冈、黄石、九江等沿江城市综合经济实力，打造产业集聚走廊。”推进武汉长江中游航运中心建设，为长江中游城市群发展提供了一个重要的支撑点。湖北要担当起历史的重任，以武汉新港为龙头，充分发挥湖北长江经济带在中部地区“沿长江经济带”中的主体作用，畅通大通道、建设大港口、完善大枢纽、构建大物流、布局大产业，通过加快建设长江中游港口群“给力”长江中游城市群。二是充分发挥武汉市的龙头地位。武汉作为中部中心城市，理应在城市群形成中发挥凝合剂作用，在城市群发展中起到发动机作用，在城市群壮大中起到加速器作用，在与其他城市群竞争中起到“种子队”作用。要按照“建设湖北的大武汉，更做中国的大武汉和世界的大武汉”目标，全面复兴“大武汉”的历史地位，使之成为长江中游城市群的核心城市和龙头城市。要突出创新驱动、跨越发展，全面推进东湖国家自主创新示范区建设和“两型”社会建设综合配套改革试验，着力提升自主创新能力，努力把武汉建设成为创新资源集聚、创新产业发达、创新能力提升、创新环境优越的创新型城市，在承担国家发展战略中重振武汉雄风，着力提高武汉中心城市的核心竞争力、区域影响力和辐射带动力。三是积极放大“两型”社会建设的示范功能。长江中游城市群地处国内淡水资源最为密集的区域，也是国家探索建设“两型”社会和生态文明的示范区。长江串起三省区域内的鄱阳湖、洞庭湖和洪湖等众多湖泊，是中国中西部交通最便捷、水资源最充沛、生态优势最显著的地区。绿色发展将使这一区域生态资源优势日益凸显。继武汉城市圈、长株潭城市群“两型”社会建设综合配套改革试验区获批后，国务院又正式批复《鄱阳湖生态经济区规划》。“资源节约”“环境友好”“生态保护”“绿色发展”四个关键词，决定了长江中游城市群的发展方向。在长江中游城市群建设中，湖北要积极引领“两型”社会建设，率先在优化结构、节能减排、低碳经济等重要领域和关键环节改革试验上实现新突破，率先在科学发展、和谐发展上取得新进展，成为全国“两型”社会典型示范区，并与湖南、江西一道引领全国生态文明建设。

六、在应对挑战中强力推进“重要战略支点”建设

打造促进中部地区崛起的重要战略支点，为湖北带来了十分

难得的发展机遇，我们要乘势而上，有所作为。但是，打造重要战略支点不是一蹴而就、一朝一夕就能完成的，也不是万事俱备、水到渠成，发展进程中还面临着一系列来自外部和内部的严峻挑战，需要付出艰苦卓绝的努力。我们既要认清机遇、抢抓机遇、用好机遇，也要认清挑战、应对挑战、战胜挑战。从一定意义上说，不战胜挑战，就无法赢得机遇。

1. 充分认识来自于国内外环境的挑战。一是国际环境更趋复杂。在国际金融危机的深远影响下，全球经济发展呈现一些新的变化趋势和不确定因素。首先是世界经济增速将放缓。据世界银行预测，2011 年世界经济将增长 3.3%，低于 2010 年的 3.9%。新兴经济体和发展中国家经济预计增长 6.0%，较上年下降 1 个百分点；再是金融危机压力下经济复苏基础薄弱。近几年，各国采取一些新的刺激政策恢复经济增长，但随着刺激政策的陆续退出，实体经济的发展仍然缺乏活力，且金融危机后财政整顿与金融监管结构的变革将会在短期内抑制经济增长；同时，世界经济还面临诸多不稳定因素。美国实行量化宽松货币政策，导致部分发展中国家货币不断升值，全球贸易环境将趋于恶化。加上国际债务危机和通货膨胀正成为影响全球经济复苏的重大障碍，国际发展环境更加错综复杂，不确定、不稳定因素增加。二是转变经济发展方式面临重大压力。“十二五”时期，经济社会转型的速度和水平将是国内地区间竞争的焦点。我省面临的不仅是发展速度的竞争，更是发展方式的比拼；不仅是发展规模的竞争，更是发展质量的比拼。中部六省区位相近，资源禀赋相似，政策环境相同，发展基础处于同一起跑线上，在有限的要素资源和市场空间条件下，各区域围绕资金、资源、技术、市场和人才等方面的竞争将更趋激烈。“十二五”时期，全国各地都在加快推进战略性新兴产业的发展，其中电子信息、新材料、生物医药、高端装备制造业、节能环保、新能源已经列入中部各省战略规划重点，新一轮产业竞争格局已经形成。湖北如何抢占战略性新兴产业高地，特别是在新能源汽车产业、新能源产业、生物产业、新一代信息技术产业方面领先中部乃至全国，仍面临着巨大的竞争压力。三是区域发展战略平台成为新一轮竞争的焦点。国家战略新区是建设中部地区崛起战略支点的重要平台，自2009年以来，全国在短短两年多的时间内连续制定并颁布了十多个区域性规划，形成开放型经济区域发展新格局。目前业已形成的国家级战略新区有上海浦东新区、天津滨海新区、重庆两江新区、西咸新区、舟山群岛新区；国家综合配套改革试验区有西部地区的重庆、成都统筹城乡综合配套改革试验区，中部地区的湖南长株潭、湖北武汉城市圈“两型”社会试验区，山西国家资源型经济转型综合配套改革试验区，国家新型工业化综合配套改革试验区有沈阳经济区；此外在中部地区还形成了江西昌九经济带、安徽皖江经济带、河南中原城市群等在国家战略规划中有重要地位的开放开发区。各类新区、试验区的相继获批，一方面使少有的优惠政策效应不断弱化；另一方面，新一轮区域竞争日益聚焦于战略新区之间的竞争，先行先试的机遇和优势转瞬即逝，不进则退，慢进亦退。

2. 充分认识来自于中部省份追赶超越的挑战。与中部其他省份相比，湖北虽然在许多方面占有优势，但也还存在一定的差距，要实现追赶超越，仍面临着竞争与挑战。一是从反映经济总量的核心指标地区生产总值来看，2010年湖北GDP为15967.61亿元，超过福建居全国第11位，但在中部六省中位居第3位，并且与河南、湖南的差距分别由2005年的3997.23亿元和5.91亿元扩大到7124.75亿元和70.35亿元。二是从财政收入来看，“十一五”期间湖北财政总收入在中部六省处在第3、第4位交错变化之中，但地方财政一般预算收入位次有所下滑。2005年湖北地方财政一般预算收入在中部六省中低于河南、湖南居第3位，2010年湖北地方财政一般预算收入为1011.23亿元，在中部六省中低于河南、安徽和湖南，位居第4。三是湖北经济发展不平衡问题比较突出。2010年武汉市经济规模达到5565.93亿元，高居全省之首，但作为第二层次的两个省域副中心城市宜昌、襄阳生产总值分别为1547.32亿元和1538.30亿元，其他城市均在900亿元以下，从而出现了2000亿~4000亿元的3个层次的城市断层。而中部多数省份城市区域结构相对均衡，形成了多点支撑、共同发力的发展格局。如2010年河南除省会郑州生产总值达到4002.9亿元之外，再有洛阳、南阳两个经济规模2000亿元左右的城市，还有一批如许昌、平顶山等9个规模过1000亿元的城市。又如湖南，长沙生产总值高达4547.06亿元，省内过1000亿元的城市多达5个。同时，我省的县域经济发展相对滞后。从全国县域经济百强县市评比情况看，2004年以来，湖北已连续五年没有县市入围全国百强，而河南2010年达到6个、湖南4个、江西2个、山西1个，安徽也因2009年肥西县的入围实现了零的突破。

3. 充分认识来自于自身改革发展不够的挑战。主要是四个方面的挑战：一是改革开放不够带来的挑战。湖北人杰地灵、物产丰富、产业基础良好，但相对缺少的是改革开放的创新精神，缺少的是“舍我其谁”的风险精神，开放不够是实现中部地区崛起战略面临的最大挑战。2010年湖北GDP占全国的4%，但进出口总额占全国的比重为 0.87%，外商投资总额占全国的比重为 1.5%。再从固定资产投资看，“十一五”时期湖北累计完成全社会固定资产投资为 32920 亿元，而同期河南、安徽分别为 54699 亿元和 36551 亿元，分别是我省的 1.7 倍和 1.1 倍。二是市场主体发展不够带来的挑战。近些年来，我省市场经济发展水平与东部省份相比差距较大，究其原因，很重要方面是我省市场主体培育壮大不够，民营经济发展不够，非公有制经济比重明显偏低。2009 年我省法人单位数为 32.8 万个，广东、浙江分别为 77.7 万个和 62.3 万个。2010 年我省民营经济实现增加值 7666.9 亿元，占全省 GDP 比重为 48.5%，而浙江几乎是以非公有制经济为主体，民营经济占 GDP 比重达到 73%。非公经济发展不足还反映在个私经济户均规模偏小、发展速度偏慢。2010 年湖北民营企业户均注册资本为 20 万~30 万元，低于山西、湖南、安徽等省30 万~80 万元。因此，加快培育市场主体、加快政府职能转变、加快构建市场体系，是我省面临的一项十分紧迫的任务。三是经济发展方式转变与创新不够带来的挑战。我省不仅有发达地区的工业基础和得中独厚的交通区位优势，也有后发地区的自然资源丰富、科教资源集聚、生产成本较低等优势。但区位优势、资源优势并不等于发展优势，如何实现内外资源的优化配置才是取得领先优势的关键。比如，湖北的科教优势突出、总体实力长期居全国前列，但创新发展不足严重影响发展后劲。R&D 经费投入特别是企业新型实验经费明显过少，通常只有发达省份的 30%~50%；R&D 占 GDP 的比重仅为 1.3%，与全国平均水平（2009 年 1.7%）也有一定差距，与全国先进水平相比差距更大。核心科研成果即三项专利数比重偏低。2009 年三项专利受理数为 2.7 万项、只占全国的3.1%，授权量1.1万项、只占全国的2.3%，均远低于人口比重，同时更大大低于发达省份比重，粤、苏、浙、鲁4省授权量分别占全国的16.7%、17.4%、15.9%和6.9%。科技成果转化率低，一直是困扰和制约全省经济发展的重要因素。四是能源短缺对经济发展的制约与挑战。我省自然资源相对贫乏，特别是缺煤、少油、乏气，能源资源比较紧缺，对外部煤炭资源、石油资源的依赖性逐年提高，能源供需矛盾突出，而能源消费量巨大，能源利用效率不高。2010年我省人均GDP比全国平均水平低6.3%，而单位GDP能耗高出全国平均水平14.5%，这种过度依赖能源资源的经济增长模式不利于经济可持续发展。

4. 更加奋发有为地承担起构建重要战略支点的神圣使命。从总体上看，湖北打造重要战略支点面临的机遇多，挑战也多，形势复杂、任务艰巨。我们必须统一思想，认清形势，既奋发有为、又居安思危，既满怀信心、又正视困难，以科学务实、积极创新、开拓进取的态度抓好各项工作。一是要进一步解放思想、提振精神。开放的思想和良好精神状态，是干事创业的“内在动力”。干部的思想状况和精神状态往往决定一个地方、一个单位发展的位次和水平。机遇当前，时不我待。我们要开启解放思想这个总开关，努力实现思想上的大跨越；要严防精神懈怠的危险、脱离群众的危险、能力不足的危险和消极腐败的危险，燃烧激情，永葆干事创业的“精气神”；要治庸治懒治散治软，推动各项工作求真求实求进；要加强能力建设，促进各级党员干部勇于担“难”、敢于碰“硬”，以为求位，以跨越式发展的态势承担构建重要战略支点的光荣使命。二是要全力争取政策支持、加强区域合作。打造“重要战略支点”这块金字招牌，为我们抢抓机遇、争取支持打造了平台。要最大限度争取政策、整合政策、用足用活政策；最大限度凝聚共识，集聚超强人脉；最大限度发挥武汉城市圈“两型”社会试验区、东湖高新自主创新示范区以及武汉作为中部地区中心城市的品牌效应。要深度推进与中西部省份特别是沿江省市横向经济联合与协作，建立起与外省的互动合作机制。三是要坚持改革开放、创新体制机制。打造重要战略支点是一个内生的过程，关键靠自身的努力。这就要求我们勇于攻坚克难，勇于改革创新，敢于先行先试；要抓住关键，深入推进各领域的改革发展，向改革要资源、向开放要空间、向创新要动力；创新体制机制，向体制机制要最大的发展资源。要突出重点，加快构建充满活力、富有效率、更加开放、有利于科学发展的体制机制。四是要培育发展文化、优化发展环境。进一步解放思想，更新观念，着力改善人文环境、商务环境、服务环境、法治环境、社会环境，更大力度地挖掘发展“软资源”、千方百计地改善发展“软环境”、最大限度地提升发展“软实力”。

“世上无难事，只要肯登攀。”努力打造促进中部地区崛起的重要战略支点，是当今湖北人的神圣使命。不管任务多么繁重、挑战多么严峻，只要我们始终保持一种“时不我待”的紧迫感、“不进则退”的危机感，以及“人生能有几回搏”的雄心壮志，全省上下齐心协力、鼓劲实干，就一定能够迎接挑战、不辱使命，在新一轮改革开放浪潮中勇立潮头，在推进科学发展、跨越式发展中真正把湖北建设成为促进中部地区崛起的重要战略支点！

（本文系作者在省委办公厅干部大会上所作的学习辅导报告之文稿，后经充实完善刊载于《政策》杂志2011年第12期。）

省人大要为全省深化改革开放多做贡献

（2013 年 1 月 14 日）

今天，省委理论中心组专题学习习近平总书记在广东考察工作时的讲话，并紧密结合湖北实际深入贯彻落实，这非常重要、非常及时，其意义重大而深远。

一、坚定不移推进改革开放，是习近平总书记广东讲话的主旋律

习近平总书记在广东考察工作时，先后就深化改革开放、经济社会发展、保障和改善民生、建设好干部队伍等一系列重大问题发表了重要讲话。习总书记的讲话高屋建瓴、内容丰富，其主旋律、主基调是深化改革、扩大开放，从讲话的字里行间铿锵有力地传递出新一届中央领导集体承前启后、继往开来，坚定不移推进改革开放的决心和信心。

第一，习总书记的讲话是对全世界发出的深化改革开放的宣言书。在邓小平同志视察南方讲话 20 周年之际，习总书记第一次到地方调研，就踏上了全国改革开放的前沿阵地广东，专程来到深圳莲花山向改革开放的总设计师邓小平同志的铜像敬献花篮，沿着当年邓小平同志视察南方的路线考察工作，现场回顾我国改革开放的历史进程。习总书记在考察中明确指出：改革开放是我们党的历史上一次伟大觉醒，正是这个伟大觉醒孕育了新时期从理论到实践的伟大创造。所以我们要说，改革开放是当代中国发

展进步的活力之源，是我们党和人民大踏步赶上时代前进步伐的重要法宝，是坚持和发展中国特色社会主义的必由之路。所以我们要讲，只有社会主义才能救中国，只有改革开放才能发展中国、发展社会主义、发展马克思主义。习总书记还坚定地指出："今后，我们要坚持走这条道路，这是强国之路、富民之路。我们不仅要坚定不移走下去，而且要有新举措、上新水平。"由此可以看出，习近平总书记的广东之行，是党中央经过深思熟虑后的周密策划和慎重安排，它表达了新一届中央领导集体对改革开放精神的坚守与传承，展示了新一届中央领导人深入推进改革开放的坚韧毅力和宏伟气魄，是在用实际行动向世界发出明确而响亮的声音。

第二，习总书记的讲话是对全党全国人民发出的深化改革开放的动员令。经过改革开放 34 年来的高速发展，我国经济实力迅速壮大，人民生活不断改善，国际地位不断提升。但许多深层次矛盾凸显，各种利益关系的博弈此消彼长，进一步发展面临诸多风险与挑战。面对正在艰难推进的发展方式转变、经济结构调整升级和社会转型，面对难以逾越的"中等收入陷阱"，面对复杂多变的国际经济政治环境，今天的改革开放又处于十字路口。要解决这些方面的矛盾和问题，要成功实现社会转型和经济发展方式转变，必须进一步推进改革开放。对此，习近平总书记斩钉截铁地指出："改革开放是决定当代中国命运的关键一招，也是决定实现'两个一百年'奋斗目标、实现中华民族伟大复兴的关键一招。我们现在的关键一招还是改革开放。实践发展永无止境，解放思想永无止境，改革开放也永无止境，停顿和倒退没有出路。"习总书记告诫全国全党："现在，推进改革矛盾多、难度大，但不改不行。我们要拿出勇气，坚持改革开放正确方向，敢于啃硬骨头，敢于涉险滩，既勇于冲破思想观念的障碍，又勇于突破利益固化的藩篱，做到改革不停顿、开放不止步。”习总书记的重要讲话，是对全国全党发出的动员令。正如一位曾经陪同邓小平同志视察广东的深圳市领导同志所说：20年前小平同志南方谈话是一阵春风，给处在十字路口的广东送来了春天的生机和活力；习近平总书记此次广东考察像一道阳光，给转型中的中国以前进的勇气和力量。

第三，习总书记的讲话清晰勾画了深化改革开放的路线图。当前，我国改革已经进入攻坚期和深水区，必须进行系统性、整体性、协同性谋划和布局。习总书记站在全局的高度，对深化改革开放的一系列重大问题，提出清晰的思路：在改革的总体要求上，提出“以更大的政治勇气和智慧，不失时机深化重要领域改革，构建系统完备、科学规范、运行有效的制度体系，使各方面制度更加成熟更加定型”；在改革的内容上，提出“要对经济体制、政治体制、文化体制、社会体制、生态体制作出统筹设计，加强对各项改革关联性的研判，努力做到全面和局部相配套、治本和治标相结合、渐进和突破相促进”；在改革的步骤上，要求“在深入调查研究的基础上提出全面深化改革的顶层设计和总体规划，提出改革的战略目标、战略重点、优先顺序、主攻方向、工作机制、推进方式，提出改革的总方案、路线图、时间表”；在改革的方法上，要求注重顶层总体设计、鼓励基层探索创新、坚持先行先试的示范，主张运用“摸着石头过河”的改革方法，大胆探索、勇于开拓，不断总结经验，积小胜为大胜。所有这些足以使人们坚信：新一届中央领导集体将秉承邓小平实事求是、破除教条、鼓励试验、尊重创造的改革精神，突破当下中国遇到的改革困局，不断开创改革开放的新局面。

习总书记的讲话引起国内外的热烈反响，得到国际社会广泛好评。国内正能量迅速积聚和增强，国际社会迅速调高了对于中国未来的期望值，认为中国正在迎来改革开放的新春天。今天，我们学习领会习总书记的重要讲话，就是要进一步增强改革开放的紧迫感和责任感，进一步加快改革步伐，进一步推进开放先导战略，在构建战略支点、实现富民强省的进程中，既要使湖北经济社会发展走在前列，也要勇作改革开放的排头兵。

二、依法履行人大职能，为全省的改革开放多做贡献

近些年来，湖北的发展是全国改革开放的一个缩影，既受益于改革开放又面临进一步深化改革开放的重任。改革开放三十多年来，特别是进入21世纪以来，湖北经济社会发展进入快车道，全省GDP连续跨越1万亿元、2万亿元大关。湖北人头上的天还是那片天、脚下的地还是那块地，之所以发生如此重大变化，根本点还在于改革开放。湖北要实现科学发展、跨越式发展，仍然要靠改革开放。省人大及其常委会将认真学习贯彻十八大对做好新时期人大工作的指示精神和习总书记一系列重要讲话精神，围绕中心、服务大局，把推动改革、扩大开放作为履职的重要内容，始终不渝地发挥地方国家权力机关在推动湖北改革开放中的独特作用，努力为湖北的改革开放“保驾护航”、多做贡献。

1. 坚持立法决策与改革决策相结合，充分发挥立法的战略引领和规范作用，为改革开放提供法制保障。立法在我国改革开放进程中一直发挥着重要作用。每当改革发展的关键阶段，党和国家都不失时机地推出一系列全局性的改革决策和法律制度，为改

革和发展提供强大动力和法制保障。1980 年 8 月 26 日，五届全国人大常委会第十五次会议批准国务院提出的在广东省深圳、珠海、汕头和福建省厦门设立经济特区，并通过了《广东省经济特区条例》。至此，经济特区正式诞生，广东在全国改革开放中一马当先，带来全国万马奔腾。再从我省情况来看，本届省人大始终坚持立法决策与改革决策相结合，着力加强战略引领性立法，有效推动了全省的改革开放和经济社会协调发展。先后制定了构建促进中部地区崛起重要战略支点条例、武汉城市圈“两型”社会建设综合配套改革试验促进条例、优化经济发展环境条例等战略引领性法规，制定了企业国有资产监督管理条例、流动人口服务与管理条例、湖泊保护条例等重要法规，把中央和省委的重大决策部署转化为全省人民的共同意志和行为准则，把各地改革创新的成功经验和保障措施上升为法律规范，从制度上、法律上进一步明确了我省科学发展、跨越式发展的总体方向和奋斗目标，把改革开放这项伟大事业在荆楚大地上推向前进。

新一轮的改革开放重在构建制度体系，这为省人大及其常委会充分利用立法权加强制度建设，提供了更为广阔的工作空间。今后，我们要按照十八大精神，加强重点领域立法，加强对立法工作的组织协调。要深入论证立法项目的必要性和可行性，把实施我省“十二五”规划、加快构建战略支点、保障和改善民生所需法规列入立法规划和年度计划，着力督促有关方面认真解决立法中涉及的重大问题，使我省地方立法更好地服务一元多层次战略体系、服务“五个湖北”建设、服务长江中游城市集群建设，更好地发挥立法引导、规范、保障、促进改革开放的作用。今年要重点做好三个方面的立法工作，即推进社会领域立法、完善经济领域立法、加强生态文明法制建设。同时，要坚持科学立法、民主立法，进一步完善立法工作的起草、调研、协调等体制机制，不断提高立法质量。

2. 坚持监督与支持相结合，创新监督工作方式方法，为全省改革开放和经济社会发展提供有力支持。改革开放以来，特别是近年来，全省各级人大监督工作不断改进和加强，监督制度不断完善，监督渠道不断拓展，监督效果不断增强，逐渐形成了一套行之有效的工作机制和方法。从专题调研到专题询问，从执法检查到跟踪监督，人大在监督方式方法上不断创新，努力为“一府两院”工作、为全省改革开放和经济社会发展提供有力支持。今后，我们将进一步完善监督的方式方法，综合运用听取审议专项工作报告、执法检查、专题询问、专题视察、专题调研等监督形式，提升监督效果。要按照十八大精神，加强对政府全口径预决算的审查和监督，建立和完善人大审查和监督的制度和程序。要加大对经济工作和“衣食住行、业教保医”等民生工作的监督，着力促进经济增长质效提高和加快经济发展方式转变的有机统一，督促有关方面正确处理推进经济结构战略性调整和改善民生的关系，让人民群众在经济发展的过程中同步共享改革发展成果。

2013 年将进一步做好四个方面的监督工作：一是听取和审议计划、预算、审计工作报告，推动贯彻落实中央和省委宏观调控政策，促进经济持续健康发展。二是听取和审议省政府关于全省旅游工作情况的报告，检查《中华人民共和国科技进步法》和《湖北省科技进步条例》的实施情况，督促有关方面在转方式、调结构上取得新进展。三是听取和审议省政府关于全省义务教育工作情况、关于收入分配制度改革情况等报告，检查有关散居少数民族法规实施情况，督促有关方面加大保障和改善民生工作力度。四是将开展我省法院基层基础建设工作、县级城镇污水处理厂建设及运营、职业培训促进就业等工作情况的专题调研。

3. 坚持人民主体地位，充分发挥人大代表作用，为汇聚改革开放的正能量做出新贡献。我省改革开放的伟大事业是全省人民的共同事业。我省五级人大代表有9万多人，是推动湖北改革发展的一支重要力量。省人大常委会十分重视发挥人大代表作用，认真办理人大代表关于改革开放发展、保障改善民生等方面的意见和建议。近几年常委会主任会议成员领衔督办了关于提高行政效能等32件重点建议，对解决关系全省改革发展全局的重点难点问题和民生问题起到了推动作用。省人大常委会还注重发挥人大代表在引领改革发展中的示范作用，充分发挥人大代表的资源优势和投身改革发展的积极性。下一步，我们将继续坚持尊重代表主体地位，努力提升代表服务保障工作水平。按照十八大精神，进一步优化代表结构，提高基层人大代表特别是一线工人、农民、知识分子代表比例，提高代表依法履职水平。发挥代表来自于群众、密切联系群众的优势，督促有关方面建立健全代表联络机构，完善代表联系群众制度，扩大代表对人大常委会活动的有序参与，创新代表闭会期间的活动方式，充分发挥代表参与管理国家事务、服务改革开放的积极作用。

（本文系作者于2013年1月14日在省委中心组集中学习习近平总书记重要讲话时的发言稿。）

“效速兼取”方能兼收兼得

（2013 年 10 月 25 日）

省委十届三次全体（扩大）会议作出重大部署，加快推进“建成支点、走在前列”。为实现这一战略目标，必须继续坚持省委、省政府提出的“竞进提质、效速兼取”的指导方针，努力实现经济发展速度、质量和效益的有机统一，实现科学发展一步到位，加快形成与重要战略支点相适应的经济实力和战略功能。

坚持质量效益速度的统一论。“竞进提质、效速兼取”，就是又好又快、科学发展。质量效益与发展速度，犹如车之两轮、鸟之两翼，彼此不可偏废。速度和规模是基础、是前提，质量和效益是内容、是核心。当前，世界经济正在进行新一轮深度调整，我国经济正在加快转型升级之中，增长由“高速”向“高中速”换挡，动力由“要素驱动”向“创新驱动”转变，发展进入提质增效阶段。我省正处在工业化中期，面临经济发展的双重任务，既要加快做大总量、扩大规模，更要不断提高经济运行的质量和效益，实现“四化”同步发展。

当前，湖北正处于“黄金十年”的重大战略机遇期，具有“提质提效提速”的良好条件。多年形成的区位优势、交通优势、产业优势、科教优势、人才优势，为“中气十足”的湖北气场累积了强大的正能量；同时，中国经济长期向好的基本面没有发生根本改变。当前，党中央、国务院正在全面部署打造中国经济升级版，国家开放重心由沿海先行转变为沿海与内陆并重，发展基点由外需推动为主转变为内需拉动为主，发展带重心从沿海经济带扩展到长江经济带，发展极重点由“长三角”“珠三角”“环渤海”延伸到“中三角”。湖北完全可以依托内需市场前沿优势，实现“黄金十年”乃至更长时期的大发展。

科学确立“效速兼取”的路径。速度与效益，不是不可兼得的“鱼与熊掌”，两者犹如汽车扭矩与转速，协调配合好了，就能释放最佳功率、最强能量。当前要抓住“四个关键”：

一是坚定“效速兼取”的信心。要将“效速兼取”作为思考、谋划推动工作的逻辑起点，以思想上的兼重、方法上的兼顾、力量上的兼蓄，确保最终兼取、兼收、兼得。

二是牢固树立和强化绿色 GDP、民生 GDP 理念。在今后一个时期，GDP 作为反映当前新增的产值和计算有市场交易价格的经济活动的指标，作为一国或地区综合经济实力的标志，仍然有其不可替代之处。决不能单纯只看 GDP，亦不可不要 GDP。必须真正以提高经济运行质量和效益为立足点，牢固树立“不以破坏环境换取一时发展”的意识，牢牢把握转变方式、结构调整这个主攻方向，积极追求高质量的 GDP、绿色生态 GDP，追求改善民生、真正增加国民财富的 GDP。

三是全方位实施创新驱动战略。要加快实现发展由“要素驱动”向“创新驱动”转变。紧紧抓住和用好新一轮科技革命和产业变革的机遇，突出抓好科技创新，建立以企业为主体、市场为导向、产学研相结合的技术创新体系，把科教优势转化为发展优势和经济优势；突出抓好体制机制创新，挖掘“软资源”、打造“软环境”、增强“软实力”；突出抓好方式方法创新，聚集新要素、挖掘新资源、培育新红利，为全省科学发展、跨越式发展注入不竭动力和生机活力。

四是全面深化改革和扩大开放。实现“提质提效提速”，必须在改革开放上取得新突破，释放内需潜力、创新动力、市场活力，为激发经济发展的巨大潜力奠定良好基础。例如，通过改革收入分配制度，推动经济增长向消费拉动为主转变；通过“营改增”税制改革，为第三产业发展打开新的空间；通过科教体制改革，激发全社会创造活力；通过城乡一体化改革，释放农村劳动力潜力等。

（本文原载于2013年10月25日《湖北日报》。）

充分发挥经济体制改革的牵引作用

（2014 年 1 月 13 日）

党的十八届三中全会吹响了全面深化改革的号角，我国改革发展进入一个新的历史阶段。省委十届四次全会通过的《关于深入贯彻党的十八届三中全会精神，全面深化改革的意见》，描绘了湖北全面深化改革的宏伟蓝图，正引领湖北谱写改革开放的新篇章。2014 年是全面深化改革的起步之年，我省全面深化改革要走在全国前列，必须牢牢抓住影响改革进程的“牛鼻子”，坚持以经济体制改革为重点，充分发挥经济体制改革对其他领域改革的牵引作用。

1. 全面深化改革，是新一轮改革的最大亮点。当前，我国改革开放和社会主义现代化建设进入了一个新的阶段。面对新形势新任务，全面建成小康社会，进而建成富强民主文明和谐的社会主义现代化国家、实现中华民族伟大复兴的中国梦，必须在新的历史起点上全面深化改革。要通过推进经济体制、政治体制、文化体制、社会体制、生态文明体制和党的建设制度改革，加快发展社会主义市场经济、民主政治、先进文化、和谐社会、生态文明，不断加强和改进党的建设。要通过推进“六位一体”的改革，让一切劳动、知识、技术、管理、资本的活力竞相迸发，让一切创造社会财富的源泉充分涌流，让发展成果更多更公平惠及全体人民。

2. 经济体制改革，是全面深化改革的重点。以经济体制改革为重点、充分发挥经济体制改革的牵引作用，既是我国国情和改革现状的客观要求，也是湖北改革发展的现实需要。从发展阶段来看，当前湖北正处于工业化中后期、增长速度换挡期、结构调整阵痛期，正面临着跨越“中等收入陷阱”的严峻考验，必须始终坚持以经济建设为中心，牢牢抓住发展不放松。改革开放以来，湖北经济建设取得了举世瞩目的成就，但也要看到与沿海发达地区相比还存在较大差距，同时经济总量基数越大、发展难度越大，要付出的努力也将越大。只有努力释放改革巨大红利，才能激发后发优势，争取后发先至。从发展水平上看，湖北发展中不平衡、不协调、不可持续的问题依然突出，一些领域的潜在风险仍然较大，原有的经济发展方式难以为继，经济结构还不尽合理，转型升级任务十分艰巨。深化经济体制改革是转变经济发展方式的前提和保障，湖北过去的发展靠的是改革开放这“关键一招”，现在的转型升级仍然要靠改革开放这“难得一招”。从发展路径上看，制约湖北科学发展的体制机制障碍在经济领域越来越突出，经济体制改革任务远远没有完成，经济体制改革的潜力还没有充分释放出来。这一客观现实决定了要以经济体制改革为先导，发挥其牵引作用，为全面深化改革、推动湖北经济跨越式发展创造条件、提供动力。

3. 发挥市场在资源配置中的决定性作用，是经济体制改革的根本点和着力点。经济体制改革的核心是处理好政府和市场的关系，其中，市场在资源配置中起决定性作用是“牛鼻子”，是根本点、着力点。从“基础性”到“决定性”这一市场在资源配置中的作用“升级”，是我国改革开放历史进程中具有里程碑意义的创新和发展，抓住了下一步经济体制改革的关键和核心，有助于从根本上解决制约我国经济发展的深层次矛盾。今后一个时期，我国在经济结构上将逐步转为消费为主、服务为主和更多依靠内需，在增长动力上将转向更多依靠要素生产率提高和创新驱动，在投资贸易领域将转向更加开放和自由竞争。在这种情况下，政府的优势乃至往日的强势将不再“给力”，政府干预过多、插手过于频繁还会带来更多的副作用。所以，面对这种新形势新挑战，我们必须把各种压力转化为深化改革的动力，顺势而为、主动作为，抓紧建立起高层次、高水准的市场经济体制。

市场决定资源配置是市场经济的一般规律，主要是通过价值规律、供求规律、竞争规律等市场经济规律发挥作用。在公平竞争的市场环境下，市场通过这一系列经济规律的驱动作用，有效配置资源，促进社会生产、流通、分配和消费的循序发展。政府和市场的关系，通常形象地称为“两只手”的关系，即政府“看得见的手”和市场“看不见的手”，这是现代市场经济所必需的，既不可偏废，也不可错位。要划清政府和市场的边界，凡属市场能发挥作用的，政府就要简政放权，不要干预。要最大限度减少对生产经营活动的许可，最大限度缩小投资项目审批、核准和备案的范围，最大可能减少对各类机构及其活动的认定；凡属市场难以发挥作用乃至市场失灵之时，政府应当主动补位，坚决管住管好。要善于运用负面清单管理模式，只告诉市场主体不能做什么，至于能做什么、该怎么做，由市场主体自主作出判断和决策。要通过处理好“两只手”的关系，找准市场功能与政府行为的最佳结合点，从而把两者的优势都充分发挥出来。

（本文系作者作为湖北省经济学团体联合会主席所写的“笔谈”文章，原载于2014年1月13日《湖北日报》。）

完善市场体系是“市场决定”的首要

（2014 年 4 月 8 日）

党的十八届三中全会的重大贡献之一，就是创造性地确立“市场在资源配置中起决定性作用”。把市场配置资源的作用由“辅助性”“基础性”提升为“决定性”，是认识和遵循市场经济根本规律的重大理论创新，也是依据我国社会主义市场经济发展进程、与时俱进地深化改革开放的重大实践创新。在这一重大创新和重大机遇面前，哪个地区或企业先认识、先行动，必先受益；迟认识、迟行动，只能迟受益；无认识、无行动，则会是有百害而难得一利。

商品作为“天生的自由派”和“天生的平等派”，需要借助一个统一开放、竞争有序的市场体系而任其顺畅流通，为此必须加快形成企业自主经营、公平竞争，消费者自由选择、自主消费，商品和要素自由流动、平等交换的现代市场体系。从这个意义上讲，加快建立和完善现代市场体系，是“使市场在资源配置中起决定性作用”的首要任务。从我省省情及市场经济发展现状看，当前深化经济体制改革、完善现代市场体系，必须在以下三个方面狠下功夫，努力做好三篇大文章。

一、健全各类市场

市场作为交换的场所，是各类商品和生产要素自由流动的重要条件。市场门类越齐全，市场覆盖的范围越大，市场的功能越强，市场配置资源的作用就发挥得越好，就越能够提升资源配置的效率和公平性。从狭义上讲，现代市场体系是由各类独立的商品市场和生产要素市场所形成的不可分割的有机统一体。从我省情况看，当前和今后一个时期，要在继续加强商品市场建设的同时，着力建设各类要素市场。

要加快建立城乡统一的土地市场。打破现有城乡分割的土地市场格局，在符合规划和用途管制的前提下，允许农村集体经营性建设用地出让、租赁、入股，实行与国有土地同等入市、同权同价。缩小征地范围，规范征地程序，完善对被征地农民合理、规范、多元的保障体系。城镇各种建设用地应更多通过市场公开出让，促进土地在竞争性使用中得到优化配置。

要加快培育完善劳动力市场。打破劳动力市场被户籍制度人为分割为城镇就业者和农民工就业者的二元格局，深化户籍制度改革，推进农业转移人口市民化。采取积极措施增加劳动力数量，提高劳动力素质，保障劳动力的有效供给。

要加快培育完善金融市场体系。加大金融业对内对外开放及创新力度，不断丰富金融市场层次和产品，构建更具竞争性和包容性的金融服务。在加强监管的前提下，允许和支持具备条件的民间资本依法发起设立中小型银行等金融机构。坚持民生金融优先，满足人民群众日益增长的金融需求，让金融改革与发展成果更多更好惠及所有地区和所有人群。大力发展多种融资方式，充分利用多层次资本市场融资，更好地服务实体经济。

要加快培育完善技术市场。深化科技体制改革，健全技术创新市场导向机制，发挥市场对技术研发方向、路线选择、要素价格、各类创新要素配置的导向作用。建立产学研协同创新机制，完善风险投资机制，加速科技成果商品化、产业化、资本化。

加快培育完善文化市场体系。大力推进文化资源与市场对接，大力推动金融资本、社会资本、文化资源相结合，加快形成文化产业多元化投资格局。继续推进国有经营性文化单位转企改制，鼓励非公有制文化企业发展，支持各类小微文化企业发展，构建开放多元的文化市场体系。

此外，还要大力发展和保护产权市场。通过产权市场，为企业产权交易提供各类服务，进一步拓宽企业要素的配置方式和渠道，加速企业要素的流动，促进企业在市场竞争中优胜劣汰、兼并重组，实现规模经济。

二、完善市场规则

市场决定资源配置是依靠市场机制的有效运行来调节和实现的。在市场规则、市场价格、市场竞争的作用之下，市场主体决定生产什么、生产多少、怎样生产、为谁生产，以此实现社会资源配置的效益最大化和效率最优化。为了保障市场机制的正常运转，必须建立起严格、科学、有效的市场规则，并由此牵动和深化一系列的改革。完善的市场规则至少应具有以下四个特征：

一是公平。坚持公平竞争的市场规则，包括市场主体之间权利平等、机会均等、交易公平、规则公平等。当前，市场竞争的不公平突出表现为：内资企业与外资企业在竞争中的不平等、不同所有制经济的不平等待遇、事实上存在的市场垄断、各地制定出台的名目繁多的优惠政策等。为此，必须通过深化改革，实行统一的市场准入制度，在制定负面清单的基础上，各类市场主体可依法进入清单之外的领域，即所谓“法无禁止即可为”。探索对外商投资实行准入前国民待遇加负面清单的管理模式。实行统一的市场监管，清理和废除妨碍全国统一市场和公平竞争的各种规定与做法。

二是开放。开放是市场经济的内在属性，客观上要求破除地域束缚、打破国界局限。按照开放的市场规则，必须向所有的商品生产者、经营者、购买者开放，向国内、国外开放，从而使各类资源在自由流动中实现优化配置。当前，各类市场封锁和地方保护仍然存在，并且表现更隐蔽、形式更多样。市场封锁和保护落后，既害人又害己，必须下大力气打破地方政府对本地处于劣势的产业和产品的保护、打破市场的行政性垄断和地区封锁、打破城乡市场分割的局面，着力清除市场壁垒，为加快建立全国统一市场做贡献。

三是透明。在市场主体多元化、经济利益多元化、经济决策分散化、经济联系复杂化的条件下，建立起透明的市场规则显得十分重要。当前，由于信息强制披露法规不完善或者市场信息化建设滞后，市场参与者的正当权益往往由于有效信息披露不足而受到种种侵害。要实现“透明”，一方面，必须通过一定的制度安排来强制市场参与者披露信息，政府也要建立市场信息披露制度，及时为市场参与者公平提供各类信息，从而使市场交易达到双赢。另一方面，要按照“市场能办的多放给市场、社会可以做好的交给社会、凡是能由市场形成价格的都交给市场”以及“法无授权不可为”的原则，尽量减少政府对经济活动的干预，尽可能提高市场透明度。还必须统一国内外资法律法规，保持外资政策稳定、透明、可预期。

四是有序。市场经济运行和市场竞争的展开，必须在规范有序的状态下进行。为此，必须加快市场培育、加强法制建设、改革和加强市场监管，从而保障市场经济体系运行的规范化、制度化、程序化，保障市场在资源配置中有效发挥决定性作用。要认真学习借鉴上海自由贸易试验区的成功经验，在健全完善市场规则方面，与国际上高标准的投资贸易规则直接接轨、尽可能一步到位。

三、凝聚强大合力

加快完善现代市场体系，需要营造良好的社会氛围，凝聚和形成强大合力。政府、企业和社会分别作为现代市场体系的有机组成部分，都要积极融入、主动参与现代市场体系建设的实践。

从政府方面来说，要加快转变职能，最大限度地减少政府对微观事务的管理，加强宏观调控和监管，真正成为服务型的管理者。要切实简政放权，减少审批事项，尽早晒出权力清单和责任清单，把能够交给市场的实实在在地给市场。同时，该管的要坚决管住管好，把加强宏观调控、调节收入分配、保障公平竞争、提升公共服务、保护生态环境等职能履行好、管到位。

从企业方面来说，要打破传统思维定势，强化现代市场意识，学会按市场规则办事。要学习和掌握市场规律，立足向内使劲，向科学管理和技术创新要效益，努力提高核心竞争力；要通过体制转换，斩断企业和行政机构的“脐带”，多用市场的办法解决生产经营中的问题，少找“市长”多找“市场”，使之真正成为自主经营、自负盈亏、自我发展、自我约束的市场主体；要通过教育引导，促使企业诚信守法经营，加强市场营销，强化品牌培育，自觉遵守和维护市场秩序，树立良好的企业形象。

从社会方面来说，要引导广大群众积极参与市场化改革进程，理性对待涉及切身利益的改革，既不“袖手旁观”，也不“叶公好龙”，真正做到支持改革、参与改革、监督改革，为加快完善现代市场体系提供良好的社会环境。

（本文原载于2014年4月8日《湖北日报》。）

以绿色发展普惠荆楚

（2014 年 7 月 7 日）

过上物质丰富、文明和谐的小康生活，建设绿水青山、蓝天净土的美好家园，是最基本、最现实、最重要、最普惠的民生福祉，也是全省 6000 多万人民的美好愿景和热切期盼。实现这一目标，唯有大力推进绿色发展。

党的十八大把生态文明建设纳入中国特色社会主义事业五位一体总体布局，提出建设美丽中国的目标。党的十八届三中全会《决定》首次确立了生态文明制度体系。省委十届四次全会提出了“市场决定取舍、绿色决定生死、民生决定目的”的“三维纲要”。省十二届人大常委会第八次会议作出了《关于大力推进绿色发展的决定》，从法制层面对绿色发展进行总体谋划和制度设计，将绿色发展纳入法律刚性约束。这些重大政策、法规制度的出台，将我省推进绿色发展提升到了前所未有的高度。

一、推进绿色发展刻不容缓

绿色发展是人类经济社会发展的大趋势。有专家分析认为，自 18 世纪中叶起始，西方国家主导了三次工业革命，先后经历了蒸汽时代、电气时代和信息时代。进入 21 世纪，人类社会进入第四次工业革命，即“绿色工业革命”，发展模式将从前三次工业革命的“黑色发展模式”转向全面的“绿色发展模式”。在人类经济社会发展的大趋势之下，我国作为世界上最大的发展中国家、最有影响的新兴经济体，当然不能置身于大趋势之外，不能脱离世情走传统的西方工业化过程中的黑色发展道路，而必须顺应绿色工业革命的世界趋势，坚定不移地走绿色发展道路。推进绿色发展，不是要放弃原有的工业文明回到原始的生产生活方式，而是要以资源环境承载能力为基础，以自然规律为准则，以循环发展、低碳发展、可持续发展以及人与自然和谐为目标，建设生产发展、生活富裕、生态良好的文明社会。

绿色发展关乎人民福祉和湖北的未来。湖北作为生态大省，拥有大江、大湖、大山、大库，又是三峡工程坝区所在地和南水北调中线工程水源区，生态优势明显，生态地位重要，生态文明建设责任重大。然而，随着全省经济社会的快速发展，以及对资源环境的过度开发利用，也加剧了人与自然的矛盾，使得生态环境不断恶化。当前，湖北正处在新型工业化、信息化、城镇化、农业现代化加快发展的关键时期，资源环境约束趋紧，节能减排任务艰巨。一些地方生态系统退化，水体、大气、土壤等污染加重，环境保护形势严峻，传统粗放型发展模式难以为继。加快转变发展方式、调整优化经济结构、促进经济转型升级，着力推进绿色发展，已经成为全省上下刻不容缓的战略任务。在绿色发展的形势和要求面前，我们别无选择。

走绿色发展之路，湖北也面临着诸多机遇和有利条件。近年来全省经济持续快速发展，经济总量进入全国第一方阵，且发展势头良好，这为推进绿色发展奠定了坚实的经济基础；湖北是农业大省、生态资源大省，近年来不断加强环境建设，且已取得初步成效，积累了许多经验；湖北独特的科教优势，将为绿色发展提供强大的技术支撑；近年来全省着力发展并初具规模的绿色产业，已经成为推动绿色发展的“新引擎”。因此，全省上下一定要牢固树立绿色发展理念，树立正确的资源观和绿色的财富观，以奋发有为、改革创新的精神，大力推进绿色发展，努力把荆楚大地建设成为生产空间集约高效、生态空间山清水秀、生活空间宜居舒适、社会空间和谐相处的美好家园。

二、多措并举大力推进绿色发展

推进绿色发展，涉及经济、政治、文化、社会、生态文明建设等方方面面，是一项庞大而复杂的系统工程。概括起来，可从以下五个方面加以统筹推进。

1. 加快生态建设，营造绿色山川。习近平总书记强调，要“划定并严守生态红线，不能越雷池一步，否则就应该受到惩罚”。在绿色发展过程中，要不断加大生态建设、生态修复、资源管护力度，湖北必须坚持以生态建设为主的林业发展战略不动摇。一是强力推进绿满荆楚行动。要以林业生态示范县、绿色示范乡村创建为载体，按照扩绿提质、连线成片、整县推进的要求，高起点规划，高强度投入，高标准建设，高速度推进，加强示范引领，以点带面，整体推进。二是统筹推进城乡绿化工程。针对不同地域特征，因地制宜统筹推进六大工程。即以重大项目为重点的工程绿化；以“三山两库一区”为重点的山区绿化；以农田林网、绿色村庄为重点的平原绿化；以路边、水边为重点的通道绿化；以公共绿地、园林庭院为重点的城市绿化；以省界接壤通道、镇村为重点的门户绿化。三是加快实现全域“应绿尽绿”。组织开展对全省宜林荒山（荒滩）、无立木林地、通道、村庄、退耕还林等可造林绿化面积进行普查，制定3~5年全面绿化的政策措施，加快造林绿化步伐。四是创新全民义务植树机制。搭建义务植树网络平台、建设义务植树基地，提高公众义务植树尽责率。

2. 实现转型升级，发展绿色经济。环境与发展密不可分，环境问题究其本质，是经济结构、生产方式和发展路径的问题。经济快速发展与环境容量有限的矛盾、经济转型升级的要求与污染减排刚性任务的矛盾等日益突出，传统粗放发展模式难以为继，加快转变经济发展方式尤为重要。一是进一步推进传统产业改造升级。湖北传统产业结构偏重，虽然在改造提升重点行业方面取得一定成效，但在发展中依然存在部分行业产能过剩、技术含量不高等问题。必须进一步推进传统优势产业的转型升级，整合优化产业链，提升工艺技术装备水平；坚持将老工业基地调整改造、资源枯竭城市转型、传统产业改造升级和淘汰落后产能一起抓，整合政策资源，统筹协调推进。二是加快培育发展战略性新兴产业。湖北是全国 5 个新兴产业集聚发展试点省市之一。要继续加大力度，加快培育发展电子信息、生物、高端装备制造、节能环保、新能源、新材料等战略性新兴产业，推动产业结构升级。三是大力推进农业现代化。湖北是农业大省，要进一步发展生态农业，扩大无公害农产品、绿色食品和有机食品生产基地规模。推广“种、养、加”相结合的循环农业模式，实现大农业内部的产业对接。积极稳妥地引导农村土地承包经营权合法有序流转，推动农业集约化经营。四是大力推广产业循环发展模式。湖北近年来开展循环经济示范点，探索并形成了企业、园区、区域、跨区域等四类循环经济发展模式，有效推进了资源节约与综合利用。要进一步大力推广已形成的发展模式，加快绿色升级步伐。加强清洁生产重大技术的研发和推广应用，加快企业循环式生产；推进产业园区循环化改造，实现土地集约利用等，探索更多样化的循环发展模式。

3. 改善人居环境、建设绿色城镇。把生态文明理念全面融入城镇化进程，推进以人为核心的新型城镇化。将新型城镇化与生态文明建设紧密结合起来，走一条绿色城镇化发展道路。一是用全域发展的理念来推进城镇化。要把城市和农村的经济社会发展作为整体统一规划，以城市的功能规划全域，实现城乡规划的全覆盖。要打破城乡二元结构，统筹城乡产业发展、基础设施建设、公共服务、劳动就业、社会管理，促进城乡经济协调发展和基本公共服务均等化，构建城乡一体化发展新格局。进一步落实政企分离，促进大中小城市平衡发展。二是用节约集约发展的理念来提升城镇化。要克服传统城市化浪费土地资源、破坏生态环境的弊端，推进人口集中、土地集约、人气聚集，走资源节约、环境友好的发展之路，努力建设生态宜居城市。三是用城乡一体化发展的理念来建设社会主义新农村。要改变“耕地变厂房、农村变城市”的传统方式，因地制宜建设区域中心镇、特色小城镇和农村新型社区，推进公共服务和城市文明向农村延伸。四是用以人为本的理念提升城市品质。目前大城市有“摊大饼”现象，中心城区高密度开发，交通拥堵，噪音严重，空间资源不足，郊区建设低密度蔓延，中小城市发展不足。部分城市山体、湿地保护不够，绿地减少，没有实现生产空间集约高效、生活空间宜居适度、生态空间山清水秀。要积极推进功能混合、职居合一和产城同一，增强城市的综合承载能力。

4. 转变消费观念，推行绿色消费。绿色消费是有别于传统消费模式的一种新型消费模式，它是一种高层次的理性消费，其突出的优势就在于消费行为与自然环境相和谐，与社会的可持续发展相统一，与经济的可持续发展相适应。加快转变经济发展方式，推进生态文明建设，呼唤倡导和推动绿色消费，可从以下几个方面入手。一是积极倡导和转变消费观念。培养全民绿色生活理念，践行绿色消费、低碳消费等科学消费观，破除热衷相互攀比、追求奢侈豪华、刺激超前消费和过度消费等不良风气，引导社会形成崇尚节约、环保、可持续的理念。引导消费者主动学习有关绿色消费和绿色产品的知识，正确理解绿色消费的内涵，转变消费观念，主动选择绿色消费。二是完善促进绿色消费的政策措施。制定可持续消费发展战略，并纳入生态文明建设总体战略部署。加强促进绿色消费的法制建设，将可持续消费理念以及政府、企业、个人的权利与义务，以法律形式固定下来。完善政府绿色采购制度，引入社会及第三方监督机制。三是大力推动绿色产品的研究开发。加快完善产品分类绿色标准，包括环境标志产品技术标准、绿色宾馆饭店认证标准、绿色采购标准等，引导企业提供丰富、可靠的绿色产品及服务；扩大消费税征收范围，对资源型、高能耗、高污染的产品征收消费税，改革计税方式，引导消费者自愿购买节能环保产品；进一步完善差别化价格政策，拉大级差，实行惩罚性收费，利用市场机制抑制高消费导致的资源环境问题；增强企业的环境守法意识，大力推进清洁生产和资源、能源的综合利用，成为倡导生态文明的行动者。

5. 弘扬绿色理念，树立绿色新风。传播正确的生态价值观和发展理念，有利于人们树立正确的生态价值观和道德观，增强全民生态意识、环保意识、节俭意识，养成绿色、健康、文明的行为方式和生活习惯，形成尊重自然、节约资源、爱护环境、保护生态的良好社会风尚。一是绿色教育要“从娃娃抓起”。把绿色发展、生态文明知识纳入国民教育体系和继续教育体系，采取丰富多彩、灵活有效的方式，广泛开展生态文明教育，使绿色决定生死的绿色发展理念深入人心。一方面，通过“大手牵小手”，教育孩子们从小树立生态意识。另一方面，通过“小手牵大手”，把学校教育向家庭教育延伸，与继续教育对接，通过绿色教育，创建“绿色家庭”。二是努力扩大绿色发展的公众参与。各级政府应该组织、鼓励和引导社会组织、志愿者和广大群众积极参与绿色发展的公益活动和全民行动计划，坚持从我做起、从现在做起、从小事做起。在绿色发展政策制定阶段和颁布前期，要以咨询、公示、座谈等形式广泛征求公众意见；在实施阶段，应当有社区的充分参与或者是政府与社区共同管理；在监测评估环节，加强公众和媒体的监督。三是进一步提升绿色新风尚的传播力、影响力。可由有关部门牵头，对全省各地贯彻落实《决定》情况进行考核评价，每年颁发“绿色发展奖”“年度绿色企业”“年度绿色人物”“绿色新闻奖”，对引领绿色发展的模范企事业单位、模范人物、新闻作品进行宣传表彰，推广绿色发展新经验，传递绿色发展正能量，提升全社会的绿色发展认知度。

三、依靠制度和法治推进绿色发展

推进绿色发展作为一场思想革命、产业革命和环境革命，只有改革创新绿色发展的体制机制，只有建立起系统完整的制度体系，才能加快推进绿色发展的步伐。在推进绿色发展过程中，要充分发挥规划的引领和规范作用，强化绿色发展的刚性约束；要健全完善绿色发展的科学民主决策机制，依法严格遵守决策程序；要实行最严格的耕地保护制度、水资源管理制度、环境保护制度和生态保护红线管理制度；要完善统计评估指标体系和政绩考核评价体系，不断完善考核办法和奖惩机制；要适应绿色发展的要求，抓紧制定、修改和完善生态建设、环境保护、清洁生产与发展循环经济等方面的地方性法规、单行条例和政府规章；加强对绿色发展重大决策、相关法律法规实施情况的法律监督和工作监督；各级司法机关要加强对环境资源、生态建设的司法保护，依法惩治污染环境、破坏生态建设的犯罪行为。

在推进绿色发展过程中，重点可以从以下两个方面着手加强制度建设。一是建立生态文明考评体系，促进城市资源环境制度建设。应建立包括城际、城市、城区、街道、社区等多级生态安全红线体系和各类生产过程与生产品、消费过程与消费品的环境标准，建立独立运行的生态环境变化监测体系和执法体系，加强生态文明绩效在城市党政班子考核中的比重，建立反映资源稀缺性和不可复制性的自然资源有偿使用制度及鼓励保护、限制破坏的生态补偿制度，促进城市资源环境保护的制度建设。二是建立绿色考核评估指标体系。应建立一套指标体系，通过绿色发展的认知率、生态观念指数等一系列指标，将绿色发展程度进行量化，变为可衡量、可比较的指标。同时，要建立监测点，确立监测范围，建立监测信息数据库，为制定决策服务。

（本文原载于2014年7月7日《湖北日报》。）

科学认识和积极应对新常态

（2014年9月30日）

当今，中国经济发展正进入趋势性、不可逆的新常态。新常态之“新”，意味着不同于以往，警示着“老路已行不通”；新常态之“常”，意味着必须重构经济发展新模式，走出一条适合中国当今实际、具有中国特色的经济发展新路子，并使之成为一种“升级版”的经济发展常态。为此，必须科学认识新常态、积极应对新常态，从而在经济工作中更好地把握规律性、争取主动性。

一、从总体上认识和把握新常态

习近平总书记指出：“我国发展仍处于重要战略机遇期，我们要增强信心，从当前我国经济发展的阶段性特征出发，适应新常态，保持战略上的平常心态。在战术上要高度重视和防范各种风险，早作谋划，未雨绸缪，及时采取应对措施，尽可能减少其负面影响。”“新常态”这一重大战略判断，深刻揭示了中国经济发展的新变化、新趋势、新特征、新机遇，表明中央对当今中国经济增长阶段变化规律的新的科学认识，也是全面推进湖北经济持续健康发展的重要遵循和行动指南。

改革开放以来，我国经济30年保持10%左右的快速增长，使之成为世界第二大经济体，极大增强了综合国力，极大改善了人民生活，极大提升了国际地位，为世人所关注和景仰。然而，“花无月月红，人无岁岁长”，经济发展也是如此。在我国经济快速增长的同时，发展中不平衡、不协调、不可持续的问题日益凸显，人口资源环境压力越来越大，依靠要素投入优势、成本比较优势驱动经济发展的空间越来越小，结构性矛盾、体制性矛盾和各种社会矛盾也日趋复杂和增多。而且，在全球经济进入长期结构性调整的转型时期，我国也难以“独善其身”。因此，在当前我国经济发展的特定时期，其表象是经济增长速度放缓、经济下行压力加大，但背后的原因是曾经促进经济增长的各种因素已不同以往，实质是我国经济发展的动能、条件和环境已经或正在发生诸多重大变化，表明我国经济增长阶段的根本性转换，由此导致原有经济发展形态有着不以人们意志为转移的向新常态过渡的必然要求。

适应新常态，也不仅仅在于适应“经济增速换挡”，而是要实现经济增长动力的转换、经济结构的再平衡、经济体制机制再构造、对内对外开放的层次再提升，也就是要重构经济发展的新模式，把中国经济推向更高层次的发展阶段。简言之，新常态下的中国经济，已不再是重复“昨天的老故事”，而是要走好“今天的新路子”，创造“明天的新辉煌”！

二、新常态的本质是重构经济发展新模式

科学认识、积极应对新常态，其根本点和着力点在于重构经济发展的新模式。这一“新模式”的主要目标是：

——追求多层次文明融合发展。在新常态下，必须坚持农业文明、工业文明、信息文明、生态文明一起推进、融合发展。在人类发展进程中，先后经历了原始文明、农业文明、工业文明，现正在经历以互联网为特征的信息文明或知识文明，经历以绿色

发展、循环发展、低碳发展为特征的生态文明。进入新常态，各层次“文明”均在这里“汇聚”，都不可忽视、不可偏废，必须一起抓、一起上；必须坚定不移地走生产发展、生活富裕、生态良好的文明发展之路。工业文明是发展之本，是经济发展的重要支撑，建设生态文明并不是要遏制工业化，更不是要放弃工业文明，而是要统筹布局、融合发展。要坚持以资源环境承载能力为基础，以自然规律为准则，以可持续发展为目标，实现人与自然和谐相处，使人类文明得以持久永续发展。在新常态下，保护和改善生态环境，就是保护和发展生产力，就是提升人民群众的生活质量，绿水青山就是金山银山；必须推动新型工业化、信息化、城镇化、农业现代化同步发展，坚持信息化与工业化深度融合、工业化和城镇化良性互动、城镇化和农业现代化相互协调，从而形成经济发展的新引擎，实现社会生产力的跨越式发展。

——追求经济结构优化。新常态下，转方式、调结构的要求更为迫切，必须以结构性改革创新，对传统经济结构进行战略性、整体性、创新性、升级性调整。（1）调整优化需求结构。在继续扩大投资和出口的同时，努力提升居民消费能力，培育新的消费热点，千方百计创造新的需求，提高消费率，逐步使消费成为需求增长的主体，不断提升最终消费对 GDP 增长的贡献率，真正形成内需拉动经济增长的新动力。（2）调整优化产业结构。着力加强第一产业、调整和提高第二产业、积极发展第三产业，逐步使资源消耗较低且污染相对较少的服务业驶入发展快车道，逐步使服务业成为经济增长的主要动力，实现产业结构的合理化和现代化。加快产业结构调整，当前最突出的问题是化解过剩产能，要按照尊重规律、分业施策、多管齐下、标本兼治的原则，按照消化一批、转移一批、整合一批、淘汰一批的途径，坚决打好化解过剩产能这场攻坚战。(3) 调整优化生产要素配置结构。充分发挥市场在资源配置中的决定性作用、更好发挥政府职能作用，最大限度地实现各类社会资源的优化配置，努力提高全要素生产率，更多地从要素效率提升中获取发展动力。(4) 合理调整收入分配结构。完善劳动、资本、知识、技术、管理等要素参与分配的体制机制，逐步增加居民收入，不断提高人民生活水平和质量，让全体人民更多分享改革发展成果。(5) 调整优化城乡区域结构。加快推进以人为核心的新型城镇化，逐步打破城乡二元结构，不断缩小城乡差距，加快推进城乡一体化、农业人口市民化、公共服务均等化。调整经济结构作为一项复杂的系统工程，必须同资产存量的流动和重组结合起来，必须同培育和扶持新的经济增长点、新的区域增长极结合起来，必须同培育壮大新产业、新产品、新业态、新营销模式结合起来，必须同深化改革、扩大开放结合起来。通过调整优化经济结构，促使落后生产力不断萎缩和退出，推动先进生产力不断产生和壮大。

——追求经济转型升级。新常态下，必须继续坚持以科学发展为主题，加快经济发展方式由粗放型向集约型转变，由资源依赖型、投资驱动型向创新驱动型转变，加快产业结构和产品结构由中低端向中高端转变，努力实现低投入、高效率、可持续发展。经济增长有两个相互推动的因素，即通过物质资本和人力的投入推动经济增长、通过知识资本的大量投入促推经济效率不断提升。创新驱动型增长有利于消除经济发展中普遍存在的资源日趋稀缺、要素报酬递减等制约因素，从而为经济持续稳定增长提供可能。创新，包括科技创新、体制创新、管理创新、人才创新乃至模式创新等多个领域，其中科技创新对于经济社会发展的推动、支撑和引领作用则尤为显要。当前，世界科技正处在第三次产业革命的前夜，科学技术领域正在孕育新一轮突破的巨大能量，将会推动更多产业发生重大变革。云计算大数据、能源互联网、泛在智能网、药物基因组学、生物器件制造、新一代智能材料等一系列技术突破，正在改变现有的全球产业格局和资源配置方式。我们必须紧紧抓住和用好新一轮科技革命和产业变革的机遇，大力发展高新技术产业和战略性新兴产业集群，尽快改变我国产业处于全球价值链低端的状况，全力构建新的产业价值链。作为企业，必须主动应对新一轮科技革命，通过技术创新、产品创新和商业模式创新，加快转型升级，打造竞争新优势。加快实现由“中国制造”向“中国创造”“中国服务”乃至“中国品牌”的转变。同时，随着科技的发展，在新技术的改造和提升下，传统制造技术也在发生质的变化，传统产业仍可被赋予新的活力，成为优势产业，从而进入新一轮生命周期。在经济转型过程中，必须注重运用高新技术改造提升传统产业，将先进的管理理念和方法植入传统产业，千方百计做精做大做强传统产业，实现传统产业转型升级。

——追求体制机制改革创新。生产力决定生产关系，经济基础决定上层建筑。新常态下，要实现经济发展模式转换，要成功跨越“中等收入陷阱”，必须遵循经济规律、自然规律和社会规律，全面深化改革、进一步扩大开放，坚决清除一切束缚发展的体制机制障碍，着力推进体制机制改革创新，使之更好地与“新模式”相匹配、相适应。从总体上讲，要坚持把完善和发展中国特色社会主义制度、推进国家治理体系和治理能力现代化作为全面深化改革的总目标，不失时机深化重要领域改革，坚决破除一切妨碍“发展模式转换”的思想观念和体制机制弊端，构建系统完备、科学规范、运行有效的制度体系；要坚持以经济体制改革为重点、发挥经济体制改革牵引作用，以“使市场在资源配置中起决定性作用和更好发挥政府作用”为核心，努力在重要领域和关键环节改革上取得新突破，特别是要解决好企业改革不彻底、市场体系不完善、政府职能转换不到位等体制机制问题，以不断激发企业活力和市场活力，着力打造提升经济效率、发挥增长潜力的长效机制；科技体制改革创新，必须坚持需求导向、市场导向和产业化方向，坚持企业的主体地位，形成企业出题目、科研机构做文章、政府提供平台的创新模式，让市场在资源配置中起决定性作用，实现三方协同创新，真正激发全社会的创新动力、创新潜力和创新活力，解放和发展“第一生产力”；开放也是改革。要坚定不移地实施开放先导战略，加快对外开放和对内开放步伐，不断完善开放型经济体系，以开放促改革促创新促发展，为新常态下经济发展注入源源不竭的动力；推进体制机制改革创新必须于法有据。对企业而言，“法无禁止皆可为”；对政府而言，“法无授权不可为，法定职责必须为”。以此规范企业和政府行为，维护市场秩序，促进公平竞争，释放市场潜能，为市场主体注入动力和活力。

——追求质量效益型速度。新常态下，经济增长还必须保持一定的速度。发展是硬道理，发展是解决一切问题的基础和关键。中国特色社会主义是靠发展来不断巩固的，也是靠发展来不断推进的。因此，必须毫不动摇地坚持以经济建设为中心，始终把发展作为党执政兴国的第一要务，千方百计保持一定的经济增长速度。但是，必须明确：我们所追求的速度，必须是实实在在、没有水分的速度，是注重改善民生、就业比较充分的速度，是劳动生产率同步提高、经济活力增强、结构调整和转型升级有效的速度，是经济发展质量和效益得到提高、坚持节能环保、不会带来后遗症的速度，是符合经济规律、自然规律、社会规律的速度。应该说，在新常态下，在重构经济发展新模式进程中，要想再保持过去30年那样的高速增长，几乎不大可能。但是，我们也不能因此而“脚踩一块西瓜皮，滑到哪里算哪里”，必须迎难而上、积极作为，努力让经济运行保持在合理区间。正如邓小平同志所强调指出的：“能发展就不要阻挡，有条件的地方要尽可能快一点。”只要是有质量、有效益、可持续的发展，“就没有什么可担心的”。

三、以主动作为应对新常态

归结上述分析，新常态至少可以从三个方面加以把握，并采取相应措施，积极加以应对。

其一，新常态之“新”，就在于我国正处于增长速度换挡期、结构调整阵痛期、前期刺激政策消化期。“三期”叠加过程，面临有效需求不足、投资效率下降、部分产能过剩、地方政府债务较重、金融环境不优等种种困难，使各种矛盾和问题相互交织、风险加大。俗话说：“病来如山倒，病去如抽丝。”对此，决不可掉以轻心。必须强化忧患意识、坚持底线思维，必须保持定力、沉着应对，必须勇于担当、主动作为，努力做好稳增长、促改革、调结构、转方式、惠民生、防风险等各项工作。

其二，新常态之“新”，就在于经济结构优化、产业转型升级、发展方式转变、体制机制创新，将成为中国经济发展的主旋律，将产生和形成新常态下新的生产力。在这一进程中，既是原有竞争优势削弱的过程，也是新竞争优势逐渐形成的过程，必然会出现一系列不同于以往的重大机遇，例如产业升级的新机遇、消费升级的新机遇、城镇化发展的新机遇、科技创新的新机遇、区域协调发展的新机遇、深化改革开放的新机遇等。如果我们能够全面把握机遇和用好机遇，勇于战胜挑战和风险，必将赢得主动、赢得优势、赢得未来。

其三，新常态之“新”，旨在重构经济发展新模式，通过提质增效升级，我国经济社会发展将进入更高水平、更高效率、更可持续的新阶段，将由原有经济形态进入一个质的飞跃的新常态、进入新一轮持续快速健康发展的新常态。由此表明，新常态对中国经济发展的影响是正面的、积极的、深远的，是值得期待并为之努力的。然而，这一转换过程不会太短，很可能是五年、十年乃至更长时间。因为转方式、调结构、促升级的过程，必然是一个艰难痛苦的过程，完成任何一项任务，都需要时间；培育新的产业和新的增长点，同样需要条件和时间。在这一过程中，我们既要顺势而为、也要主动作为，既要放眼长远、又要立足当前，努力掌握发展的主动权。新常态下，老路走不通，新路必须走。要用新视野、新思想、新办法，破除长期积淀和形成的老模式、老框框、老习惯，准确把握近期目标和长远发展的结合点，准确把握新常态下各项重大举措和政策之间的平衡点，努力实现整体经济成功转型，在新的起点上不断推进社会生产力水平总体跃升。

湖北经济作为中国经济的重要组成部分之一，必须把全省经济社会发展放在新常态的大格局中去思考、去谋划、去推动。要坚决打破传统思维惯性和传统路径依赖，以新思维、新眼光，进一步深化对省情的再认识，深化对全省核心优势、后发优势、比较优势、潜在优势的认识，准确把握全省发展的阶段性特征。要大力弘扬敢为人先的精神，把对新趋势、新特征、新机遇的准确把握，同本地区、本部门和本单位的实际紧密结合起来，从理论和实践的结合上谋划并推动新的发展，加快推动全省经济迈上转型升级、提质增效的新台阶。可以相信，只要我们坚定信心，主动作为，爬过了这面坡、越过了这道坎，必将迎来一片新的艳阳天！

（本文系作者作为湖北省经济学团体联合会主席，在第五次湖北经济发展季度专家座谈会上的发言，之后摘要刊登于2014年9月30日《湖北日报》，全文发表于《支点》2014年第11期。）

论湖北经济的韧性与发展潜力

（2015年1月19日）

中央经济工作会议提出要“精心谋划用好中国经济的巨大韧性、潜力和回旋余地”。这一重大战略思想和战略举措，非常符合湖北当前实际，对于推动湖北经济持续健康发展有着重要而长远的指导意义。

一

综合加以分析，当今湖北经济的韧性和发展潜力主要源自以下六个方面。

1. 源自于湖北经济持续快速发展及质效提升。或者说，这种韧性表现为经济增长的持续性、抗风险性和抗冲击能力。2005年以来我省已连续近十年保持两位数增长，“十二五”以来GDP增速每年高于全国平均水平2个百分点以上，这种长时间持续高速增长的态势，必然使今后一个时期仍具备较快增长的惯性和潜力。在发展质效上，全省上下着力转变发展方式、调优经济结构、推进转型升级，不断增强在复杂经济形势下的抗风险能力，切实扭转了经济发展“怕冷不怕热”的特性。金融危机爆发的2008年，我省经济增长明显出现下滑；后金融危机时期，湖北经济增长的年内季度间波动幅度较大。但到去年，我省经济运行增长的季度间波动开始缩小，波动率控制在0.3个百分点左右，经济运行的稳定性进一步增强，经济发展趋势不再是冷得快、热得慢，而是持续健康发展。

2. 源自于湖北区域经济发展的均衡性增强。近年来，省委、省政府和各市州上下互动、共同努力，“一元多层次”战略体系全面布局、高位推进、纵深发展。武汉市的龙头地位日趋突出，宜昌市和襄阳市齐头并进、奋力追赶，其他市州 GDP 增长保持10%左右。2014 年，武汉市经济总量有望跨越万亿大关，宜昌市、襄阳市有望双双突破 3000 亿元。无论是从“两圈两带”看，还是从各市州看，增长较快地区与增长较慢地区的差距在不断缩小，县域经济占全省经济比重也不断攀升，形成了多点支撑、多极拉动、竞相发展的新格局。

3. 源自于体制机制的改革创新。经过改革开放 30 多年来的实践，我省已建立起较为完备的、符合湖北实际的社会主义市场经济体制。正是这一体制机制，总是能够在关键的时候做出适应性的调适和创新，从而激励和推动一轮又一轮更有效率、更有活力的经济发展。目前，我省在体制机制创新上又迈出了重要步伐，全省 22 项重大专项改革全面推进，简政放权大力实施，“权力清单”“监管清单”制度全面推行，上海自贸区经验在东湖高新区等 5 个区域率先试行，“科技十条”促进科技成果转化成效明显，湖北全面深化改革步伐继续加快，体制机制环境和经济发展环境不断优化，市场主体活力不断激发。截至 2014 年 11 月底，全省市场主体数量已达 397.6 万户，居全国第五、中部第一；注册资本（金）总额 33851 亿元，同比增长 25.8%，体制机制支撑能力进一步增强。

4. 源自于经济结构的优化升级。世界经济发展历程表明，从较低收入阶段向更高收入阶段跨越的经济发展，固然有许多促进因素，但根本动力在于经济结构的优化升级。湖北经济能够在全国经济下行压力持续加大的背景下保持相对稳定的增长，没有出现像一些资源型省份那样的断崖式下滑的现象，正是得益于多年来坚持不懈地推动经济结构尤其是产业结构优化升级。2014 年湖北三次产业结构预计将调整为 12.1：48.9：39.0，服务业总量突破万亿元大关，增加值占比在经历前期的螺旋式调整后，正式步入上升通道。从工业结构来看，2014 年 1 至 11 月，轻工业增加值快于重工业 3.3 个百分点，产业结构过重的格局正在改变；前三季度，六大高耗能产业增速放缓 2.1 个百分点，高新技术产业增速加快 3.2 个百分点，装备工业增速快于工业平均水平 2.9 个百分点，产业结构升级步伐明显加快，经济结构支撑能力进一步增强。

5. 源自于科技创新驱动战略的持续推进。湖北是在全国较早实施科教兴省战略的少有的几个省份之一。长期以来，经过不断深化科技体制和教育体制改革，通过发挥政府和市场“两只手”的协同作用，充分释放科技创新潜力，促进科技成果向高新技术产业加速转化。注重把科技创新与产业结构优化升级结合起来，不失时机地推动传统产业加快升级发展，超常规推进战略性新兴产业的发展，使全省先进制造业的主导作用、新兴产业的引导作用、现代服务业的支撑作用不断增强。随着创新湖北建设的深入，创新环境不断完善、新的增长点不断涌现、新兴业态不断发展壮大。2014 年，湖北高新技术企业认定数达 2700 家，省级科技企业孵化器新增在孵科技型企业超过 2000 家，技术合同交易额突破 500 亿元，东湖高新区总收入预计将迈上 8000 亿元台阶，创新驱动支撑能力进一步增强。

6. 源自于比较优势和后发优势的充分发挥。新常态下，湖北主要具有资本、人力、科技、生态等多种类型的比较优势。在资本方面，只要湖北能够保持高于全国的投资率和资本形成率水平，经济增长将不仅快于东部地区，也将快于全国平均水平。在人力方面，湖北劳动力资源相对丰富，农村转移人口数量仍然具有较大潜力，而且人力成本相对于沿海要低三分之一左右。在科技方面，湖北高校云集，科研院所较多，各类专业人才储备丰富，通过科技创新推动经济发展的空间巨大。在生态方面，湖北作为生态大省，拥有较为辽阔的绿水青山，绿色产业、低碳产业、生态产业发展基础良好；要通过加强生态文明建设，深入推进蓝天、碧水、净土工程，把生态优势转化为发展优势和竞争优势。

二

今后一个时期，尤其是“十三五”时期，要按照“1.5倍系数”促进我省经济持续健康发展，必须有效整合、充分利用湖北经济的巨大韧性和回旋余地，充分释放和发挥发展潜力。其主要途径是：

第一，在新的经济发展空间格局中寻求和发挥经济潜力。近年来，国家不断完善区域发展战略和区域政策，提出了“4+3”新的经济发展空间格局。所谓“4”，就是继续实施西部开发、东北振兴、中部崛起、东部率先的区域发展战略；所谓“3”，就是重点实施“一带一路”、京津冀协同发展、长江经济带三大战略。所有这些，都将为湖北发展带来诸多历史性机遇，是我们主动适应新常态、实现跨越式发展的重要动力，也必将促成湖北形成一批新的增长点、增长带。当前，重点要抢抓中央推动“一带一路”和长江经济带发展的重大机遇，加强战略研判，按照中央部署，找准湖北在国家战略大盘中的位置，为谋划湖北2015年和整个“十三五”发展寻求最大空间。要进一步增强政策敏锐性，及时跟进国家相关政策措施的出台，精准有效地搞好项目对接，第一时间把政策、投资、项目等利好因素争取到湖北来，为湖北基础设施建设、产业转型升级、民生民利改善等提供强有力的支撑。

第二，在“四化同步”中寻求和发挥经济潜力。坚持走中国特色新型工业化、信息化、城镇化、农业现代化道路，促进“四化同步”发展，是我国必须长期坚持的战略方针。“新四化”不仅涉及生产领域，而且涉及生活领域，市场空间广阔，回旋余地很大。在这一进程中，“四化”中蕴含着重大发展机遇，“同步”中又具有着更大的发展机遇。必须充分利用湖北经济的巨大韧性，抓住难得机遇，抢占经济制高点。当前，我们还必须高度关注世界经济发展进程中出现的工业4.0，即第四次工业革命。与“四化同步”相比，工业4.0更加注重产业的融合性，是“四化同步”的更高阶段。工业4.0将使产业的边界更加模糊，突出表现为信息产业对其他产业融合促进，服务型经济越来越占据主导地位。我们必须从长远的角度来认识和把握工业4.0，结合湖北实际，超前研究和制定工业4.0形态下“四化同步”的发展战略，打造湖北经济可持续发展的战略性增长点。

第三，在深化改革开放中寻求和发挥经济潜力。当前，湖北正处于工业化中后期、增长速度换挡期、结构调整阵痛期，传统的发展方式已经难以为继，必须坚持以开放促改革促发展促创新，必须向改革要红利要增长要动力。过去一年，我们在改革开放的许多领域取得了突破性进展，形成了很多新亮点，市场在资源配置中的决定性地位得到明显加强。东风公司、三环集团、铁四院、华新水泥等实现境外资产重组和重大项目建设新突破，这些都是“市场之手”的力量，是改革开放带来的红利。要进一步释放和发挥经济潜力，必须坚定不移地实施开放先导战略，推进新一轮的高水平对外开放。必须全面深化改革，抓好重点领域改革，形成以点带面促全局的良好局面。

第四，在鼓励创新创造中寻求和发挥经济潜力。充分利用湖北经济的韧性，大力培育新的增长点，创新是根本和关键。湖北是科教大省、人才大省，创新创造潜力巨大。要认真贯彻落实中央提出的“大众创业、万众创新”战略思想，大力优化创新创业环境，厚植创新创业文化，完善支持政策，营造浓厚氛围，让一切创新思想涌动起来，让一切创业人才行动起来，汇聚成创新创业的洪流。继续把东湖高新区作为湖北创新发展的龙头，精心耕作好这块“试验田”，不断形成更多成熟的经验，在全省范围内推广。要继续学习借鉴上海自贸区经验，同时要学习借鉴天津、福建、广东三个新设立的自贸区创造的新鲜经验，确定新的创新突破口，努力形成新的增长动力。

（本文系作者在省经团联等部门召开的第六次湖北经济发展季度专家座谈会上的发言，之后刊载于2015年1月19日《湖北日报》。）

关于加快长江深水航道建设的建议

（2015年3月6日）

贯穿我国东西的万里长江，全长6300余公里，是我国第一、世界第三大河。长江干线航道全长2838公里，流经七省二市，是国家综合运输体系长江运输大通道的核心，素有“黄金水道”之称。近年来，随着长江下游深水航道的建设和上游三峡库区的形成，安庆至南京段水深达到6米以上，达到自然水深通航1万吨级海船要求，长江三峡大坝以上常年可通行5000吨级船舶。武汉至宜昌段航道水深3.3米至3.7米，仅能通航3000吨级以下船舶。武汉至安庆段航道平均水深4.5米，只能通航5000吨级以下船舶。中游航道与上、下游相比，标准明显偏低，长江“中梗阻”瓶颈制约越来越明显，严重影响长江航运效率和服务水平，成为制约长江可持续发展的重大问题。

为有效解决长江“中梗阻”，释放长江航运潜能，发挥“黄金水道”作用，推动长江经济带加快发展，我们建议将长江宜昌至安庆段深水航道整治工程（武汉至安庆段402公里、武汉至宜昌段626公里的常年航道维护水深分别提高至6米和4.5米），纳入国家“十三五”规划，并尽快付诸实施。

一、实施长江深水航道整治工程的经济社会效益分析

1. 实施长江宜昌至安庆段深水航道整治工程，对加快实施长江经济带国家战略具有重要的战略意义。2013年，习近平总书记

和李克强总理对长江黄金水道建设作出了重要批示，2014年，“长江经济带”与“一带一路”“京津冀协同发展”被列为国家三大战略。依托黄金水道推动长江经济带发展，打造中国经济新支撑带，是党中央、国务院审时度势，谋划中国经济新棋局作出的既利当前又惠长远的重大战略决策。同年9月，国务院正式出台《关于依托黄金水道推动长江经济带发展的指导意见》，明确提出“依托长江黄金水道，高起点高水平建设综合交通运输体系，推动上中下游地区协调发展、沿海沿江沿边全面开放，构建横贯东西、辐射南北、通江达海、经济高效、生态良好的长江经济带”。

实施长江宜昌至安庆段深水航道整治工程，畅通长江大通道，为加快实施长江经济带战略提供“大底盘”支撑。一是有利于促进沿江区域经济协调发展。长江经济带建设的战略定位之一，是东中西互动合作的协调发展带。长江宜昌至安庆段是沟通长江流域东中西部地区的主动脉，河段所在的中游城市群，将成为我国经济新的增长极。长江流域跨区域的经济交流与协作、长江中游城市群的一体化发展，需要以长江航运干线为主、沟通东中西地区的沿江运输大通道提供运输保障。实施长江宜昌至安庆段深水航道整治工程，提升中游航道通过能力，有利于形成上中下游优势互补、协作互动的良好格局，有利于优化沿江产业结构，缩小东中西部地区发展差距，促进区域经济协调发展。二是有利于完善沿江综合运输体系、促推现代物流业发展。长江经济带建设的重要任务之一，是完善综合交通运输体系。目前，长江流域综合交通的短板在水运，水运的梗阻在中游，长江中游航道整治成为长江经济带建设的当务之急。与其他运输方式相比，长江等内河航运具有不可替代的综合优势，近年来，长江水运作为流域综合运输体系的主骨架，其主体作用和地位日益显现。实施宜昌至安庆段深水航道整治工程，提升中游航道通过能力，可以进一步完善沿江综合运输体系，更好地发挥综合运输比较优势和组合效益，降低综合运输成本，推进现代物流业的发展。三是有利于促推武汉长江中游航运中心建设和发展。长江经济带建设的重要工程之一，是做大做强武汉航运中心。2011 年，国务院出台《关于加快长江等内河水运发展的意见》，正式将武汉长江中游航运中心建设纳入国家战略。实施长江中游航道整治工程，将会实现万吨江海直达船通达武汉，5000 吨船可通达宜昌到达重庆，由此提升武汉航运中心的服务能力、综合竞争力和航运资源的聚集力，由此发挥长江航运对长江经济带的重要引导和战略支撑力，全面推进武汉长江中游航运中心建设和发展。

2. 实施长江宜昌至安庆段深水航道整治工程，是实现长江航运转型升级的必然要求。中国经济发展当前正处于转型升级的关键时期，也意味着长江航运业必须转型升级，实现由传统基础产业向现代服务业转变，全面提升长江航运系统供给能力、运行效率、安全性能和服务水平。长江航道只有更畅通、更高效，长江航运占地少、耗能少、运能大、成本低、污染度低的优势，才可以更充分地加以发挥。提高宜昌至安庆段航道标准，打通长江中游航道“瓶颈”，将为大型船舶通航带来便利，有利于发展江海联运，引导运力结构调整和优化运输布局，提升航运企业竞争力。因此，实施宜昌至安庆段深水航道整治工程，提升长江中游航道通过能力，是加快打造畅通、高效、平安、绿色的现代化长江水运体系的有效举措，是促进经济转型升级，提高长江航运发展的质量和效益的必然要求。

3. 实施长江宜昌至安庆段深水航道整治工程，是服务沿江经济社会发展的迫切需要。当前沿江经济持续快速发展，长江航运需求持续增长。研究预测，到2020年，宜昌至安庆段港口集装箱吞吐量将达到288.47万标箱，液态散货运量3760.30万吨，干散货运量55333.08万吨，分别为2013年的货运量和港口吞吐量的1.8倍、2.1倍和1.3倍；到2030年，宜昌至安庆段港口集装箱吞吐量将达到544.64万标箱，液态散货运量8192.83万吨，干散货运量98679.83万吨，分别为2013年的货运量和港口吞吐量的3.7倍、4.2倍和2.2倍。宜昌至安庆段未来货运需求增长迅速，长江中游的航运发展水平已不能适应经济发展，宜昌至安庆段航道通过能力更难以适应未来的需求。因此，实施宜昌至安庆段深水航道整治工程、提高长江中游航道标准，已是刻不容缓！

二、实施长江深水航道整治工程的可行性分析

1. 工程可行性。长江中下游经过多年的河道治理与航道整治，河势总体上基本稳定，对于特枯水年，上游建库对河道流量补给仍不足，需通过工程措施来提高航道标准。经过长江航道整治工程实践，整治工程技术水平不断提高，为宜昌至安庆河段通过系统航道整治从而提高航道标准，奠定了良好基础。有关研究分析认为，实施长江宜昌至安庆段航道整治工程，对防洪、水生生物、环境保护、涉水设施及岸线利用等方面产生的外部条件影响，不会成为制约工程实施的先决性条件，可以通过优化工程方案或采取补救措施予以解决。

从目前航道整治面临的形势与条件、整治方案效果及其外部影响的角度来看，实施长江中游航道整治工程，将武汉至安庆段402公里、武汉至宜昌段626公里的常年航道维护水深分别提高至6米和4.5米，在技术上是可行的。

2. 经济可行性。提高长江中游航道标准，可以大大提升航道的通过能力，增加船舶载货量，降低运输成本，提高船舶营运效益；同时有利于降低能源资源消耗，加快发展低碳经济，减少污染物排放，对于建设资源节约型、环境友好型社会，加快转变经济发展方式具有重要的现实意义。据预测，将武汉至安庆段、武汉至宜昌段的常年航道维护水深分别提高至6米和4.5米，到2020年和2030年可节约总运输费用28.24亿元和46.93亿元，节约船舶燃油25.5万吨和44.84万吨，减少污染排放量122.1万吨和214.66万吨。

总之，实施长江宜昌至安庆段深水航道整治工程，不仅在技术上是可行的，而且能够带来很好的经济效益和生态效益，更好地促推长江经济带和长江流域经济社会可持续发展。

三、实施长江深水航道整治工程的具体建议

近年来，湖北省委、省政府高度重视长江中游航道建设，将长江宜昌至安庆段深水航道整治工程（省内简称“645”工程）作为长江黄金水道建设1号工程，列为全省四大重点工程之一，举全省之力全力推动。同时，积极主动地配合国家有关部门开展前期研究工作，目前专题研究已取得第一阶段研究成果。湖北省联合湖南、安徽、江西三省，与长江水利委员会、长江航务管理局形成“2+4”（长江委、长航+4省）模式，动员省直有关部门

和沿江8个市州形成“5+8”（5个省厅局+8市州）模式，积极开展合作共建，就推动工程前期研究论证，加快推进长江宜昌至安庆段深水航道整治达成初步共识。可以说，现在实施长江宜昌至安庆段深水航道整治工程的基础条件已经具备。“万事俱备，只欠东风”。为此，迫切希望从国家层面对该工程予以大力支持。具体建议是：

1. 建议国家发改委将“长江宜昌至安庆段深水航道整治工程”纳入国家长江经济带规划纲要；支持交通运输部将此项工程纳入交通运输“十三五”发展规划，并加大资金支持力度。

2. 建议交通运输部将“长江宜昌至安庆段深水航道整治工程”纳入交通运输“十三五”发展规划，力争武汉至安庆段、武汉至宜昌段的常年航道维护水深分别提高至6米和4.5米；加快推进前期工作，在“十三五”期内开工建设并加大投资力度。

（本文系作者作为第十二届全国人大代表，在十二届人大三次会议上领衔提出的代表建议，受到国家发改委、交通运输部的高度重视和大力支持。）

学习和推广彭墩经验

（2015 年 4 月 14 日）

彭墩村新农村建设成效卓著，特色鲜明，得到了广泛认同，是全省新农村建设的一面旗帜。学习和推广彭墩经验，对于全省新农村建设具有重要意义。

一、准确把握彭墩经验

总结彭墩村新农村建设鲜活经验，是学习推广彭墩经验的前提。彭墩村新农村建设经验集中在“四个坚持”。

一是坚持以创业成功人士为引领。经过创业成功人士引领，彭墩村新农村建设迅速启动并取得“立竿见影”的成效。创业成功人士的回归使彭墩村一步完成了现代农业发展的资本原始积累、人才积累、经营理念和管理经验积累，实现了跨越式发展。彭墩村在几年时间内投入资金几个亿，把一个名不见经传的贫困村建设成全省闻名富裕村。如果依靠自身“滚雪球”式的原始积累，这个过程可能需要几十年。张德华的团队带来了资金、技术等市场力量，加上政府扶持和群众支持，形成了彭墩村发展的强大合力。在这个过程中，张德华作为创业成功人士的回归，发挥了决定性作用。他的个人贡献体现了创业成功人士在新农村建设中的引领作用，值得充分肯定，这是彭墩经验的关键。

二是坚持以“农业强、农民富、农村美”为整体目标。农业不强，新农村建设就缺乏内生动力。在新农村建设过程中，在强势资本面前，如果不注重保护农民的基本权益，农民的主体地位就会丧失。农村是乡愁的载体，是中华传统文化之根，农村生态环境优美是新农村建设的内在要求。农业强、农民富、农村美是新农村建设整体目标。新农村建设如果偏离“强、富、美”目标，或者只突出单项目标，都是不完整的，也注定不可持续。彭墩村坚持以“强、富、美”为整体目标，推动农村各项事业全面进步，可以说是抓住了新农村建设的精髓。

三是坚持以现代农业建设为支柱。彭墩村在新农村建设过程中，始终围绕“农”字做文章，依托农业资源，依靠广大农民，立足农村优势，发展种植业、养殖业、农产品加工业和乡村旅游业，坚持市场农业、科技农业、效益农业、生态农业“四位一体”，着力建设现代农业。在市场农业方面，通过龙头企业把广大农民带向市场，以村企共建的方式解决了小农户对接大市场的体制机制问题。在科技农业方面，彭墩村无论是葡萄种植、畜禽养殖都引入了国内外先进技术，起点高、科技含量高。在效益农业方面，根据市场导向，借助设施力量，依靠科技手段，调控农产品的品种、产量、质量和上市时间，用工业方式开发农业，着力提高农业发展效益。在生态农业方面，坚持资源节约、环境友好，引入循环技术，大力发展生态农业，在农业增产、农民增收过程中，美化了村庄环境，保护了农村生态，不负“大美彭墩”的美誉。

四是坚持农业现代化与人的现代化相互促进。现代农业需要现代农民。农村人力资源开发是新农村建设的重大课题。彭墩村新农村建设既注重推进农业现代化，又注重培养新型农民，包括发展家庭农场、培训种养技术、强化市场意识和加强文化熏陶等，深入开发农村人力资源，努力使农业现代化和农民现代化相互促进。

二、不断发展彭墩经验

彭墩村新农村建设取得实实在在成效，实践证明彭墩村新农村建设之路是正确的。面对新农村建设遇到的新矛盾和新问题，彭墩村要增强发展定力，努力破解瓶颈制约，在更高的起点上创造不凡业绩，在实践中坚持彭墩经验、发展彭墩经验。

一是坚定不移走彭墩发展之路。彭墩村发展遇到的困难和问题是“成长中的烦恼”，说明彭墩村已经走到了一个关键节点和更高平台的十字路口。彭墩之路向何处去，需要依据新形势新情况认真研究，需要不断完善发展思路。新的思路一旦形成，要制定新的发展规划，在规划指引下坚定不移向前推进。

二是产业发展做到聚焦、专注、极致。“互联网+”的思维特质是聚焦、专注、极致。在互联网时代，企业往往只有精深高效发展，才能在激烈市场竞争中立于不败之地。彭墩村已经形成了种植、养殖、农产品加工和乡村旅游四大产业，一个村形成四个有气候的产业很不容易。彭墩村的资源、技术都是有限的，要学习借鉴互联网思维，推进产业发展向深度进军。在现有基础上集中有限的力量，专注发展一两个产业，着力延伸产业链条、提升产业附加值。比如乡村旅游业要在引导游客移步观景、享受现代田园风光基础上，发展体验式旅游，着力提升游客参与度，推进旅游业“吃、住、行、游、购、娱”全要素发展。

三是发展区域要相对集中。企业发展能力终归是有限的，要把进一步做大彭墩村的美好愿望与企业发展的内在规律结合起来，处理好尽力而为和量力而行的关系，力戒盲目扩张。彭墩村发展的区域范围要相对集中，不要遍地开花。“一加五”发展战略要在做好“一”的前提下，根据企业能力，坚持规划引领，分步骤有序推进。

四是打造新农村建设的融资平台。科技和金融是实体经济起飞的两个翅膀。现代农业是高投入、大产出的产业，推进现代农业发展必须解决投入问题。当前，融资平台建设正当其时。要抢抓机遇搭建新农村建设融资平台，充分发挥杠杆作用，从资本市场引入连续不断的资金，推动彭墩村新农村建设可持续发展。

五是要继续埋头苦干、求实务实。彭墩村的发展成果来之不易，靠的是埋头苦干和求实务实。在鲜花和荣誉面前，彭墩村要保持清醒，要着眼长远，继续发扬埋头苦干、求实务实的传统和作风，巩固成果、发展成果。

（本文系作者于2015年4月13日至14日率经济专家赴荆门钟祥市彭墩村调研之后，在座谈会上的即席讲话，后刊载于2015年4月27日《湖北日报》。）

构筑湖北“十三五”经济发展新动力

（2015年7月24日）

“十三五”时期，我国经济发展最显著的特征是进入新常态，发展速度、经济结构、发展动力将发生深刻变化，经济发展既面临大有作为的战略机遇期，也面临诸多矛盾相互叠加的严峻挑战。“十三五”时期，是我省全面建成小康社会的决战决胜时期，是实现“建成支点、走在前列”战略目标的关键时期，是信息化与新型工业化、新型城镇化、农业现代化深度融合并加速推进时期，是潜在经济发展优势与叠加政策优势集中释放期，是科学发展、跨越式发展的黄金十年最佳机遇期。在新的形势下，要完成这些战略目标，必须要有新的经济发展动力与之相支撑。我们必须放宽视野，审时度势，着力探索和找准经济发展新动力，着力培育和发掘经济发展的新动力。

一

发展最基本、最重要的内容是经济增长。考察经济增长的动力可以有不同的视角，既可以从社会需求（例如投资需求、消费需求、出口需求）的角度来考察，也可以从要素投入（例如资本、资源、劳动力、技术投入）的角度来考察，还可以从资源要素配置结构（例如资源要素在三次产业之间、部门及地区之间乃至国家之间进行配置的结构）的角度来考察。经济增长的动力由总体目标牵引、由动力结构支撑、由动力机制运转，形成一个结构合理、运转有序、绿色高效的动力系统。当组成动力系统的一个或多个部分发生改变的时候，必然会促使原有的动力系统向新的动力系统转变。当前，湖北经济发展的目标、环境、条件、任务等都已经开始发生巨大变化，“十三五”时期寻找经济发展新动力已成为时代的要求和历史的必然。

其一，“十三五”的奋斗目标有新变化。“十三五”时期是全面建成小康社会的决定性阶段，“十三五”规划必须紧紧围绕实现这一奋斗目标来制定。当经济发展的目标从基本实现小康向全面建成小康进军的时候，必须要有新的发展动力来支撑。如果说“基本小康”重在强调量的积累，从而经济发展主要依靠增加要素投入来实现，那么“全面小康”就将实现从量变到质变的飞跃，从而必须寻求新的发展动力。

其二，“十三五”经济发展有新要求。“十三五”时期，经济发展的环境是新常态，任务是转型升级提质增效，途径是转变经济发展方式，目标是实现经济中高速增长和迈向中高端水平，进而逐步走出一条质量更高、效益更好、结构更优、优势充分释放的发展新路，推动我国经济向形态更高级、分工更优化、结构更合理的阶段演进。经济发展环境、任务、目标的这些新的变化，必然要求有新的发展动力体系与之相适应，否则，就难以实现既定的发展目标。新动力是新时期经济发展的必然要求，我们必须主动适应、积极引领这种新的发展动力的变化。

其三，湖北经济发展的传统动力已出现弱化态势。湖北“十二五”时期经济发展的动力结构基本稳定，主要依靠“三驾马车”中的投资需求和三次产业中的第二产业（工业）拉动。但是，从拉动湖北经济增长的整个产业和需求来看，无论是投资、消费、出口，还是第一产业、第二产业、第三产业，其对 GDP 的拉动率都呈现出递减的趋势，反映出湖北经济发展速度的下降是传统比较优势弱化、内在动力递减的结果。其中，在边际效益递减规律的作用下，尤以投资较消费和出口、第二产业较第一、三产业下降幅度更大。

其四，寻找湖北经济发展新动力具有现实紧迫性。近年来，全省经济增长压力进一步加大、经济结构调整任务艰巨、经济运行的不确定性不断增加。从 2015 年上半年来看，全省投资开工不足、市场需求走弱、企业订单减少、成本控制难度加大等困难严重制约实体经济发展，地区生产总值、固定资产投资、规模以上工业增加值、社会消费品零售总额等主要指标乃至用电量、交通运输周转量等经济先行指标增速较以往全面回落，行业、企业和地区分化的特征进一步显现，转型升级压力增大。在这种新的态势之下，我们必须因势而谋，顺势而为，主动适应和引领新常态，果敢地调整和创新发展模式，下大力气培育湖北“十三五”时期经济发展的新动力。

二

“十三五”时期乃至更长一个时期，发掘和培育湖北经济发展新动力必须要有新理念、新思路、新举措、新作为，既要有战略上的未雨绸缪、长远布局，也要有战术上的精细谋划、排兵布阵；既要持续深化体制机制创新，也要有行之有效的政策抓手；既要有面上的整体协调，也要有点上的精准着力；既要有传统经济动力的继承，更要有新的动力的形成。总体而言，必须加快培育和构建“四位一体”的经济发展新动力体系。

1. 要素投入与创新创造双轮驱动。原有经济增长动力的主要特征之一是，经济增长主要依靠资本、资源、劳动力等生产要素的大规模投入。在我国经济发展进入新常态的大背景下，要素投入特别是投资作为经济发展主要推动力的动能必然会不断下降。但是，我们必须清醒地认识到，湖北的省情与全国有着很大的不同，制约全省发展既有品质因素、亦有规模因素，既有内涵式因素、亦有外延式因素，由此在今后相当长的一个时期内，要素投入拉动作为经济发展主要动力的基本思路不能有任何动摇。近年来，全省投资对经济增长的贡献率一直在60%左右，高强度的投资一直是拉动湖北经济增长的核心动力，在经济发展方式未能根本性转变之时，更要千方百计加大要素投入。要多管齐下、多策并举，通过谋划和落地投资项目、创新拓宽投融资渠道、千方百计招商引资等举措，加大投入力度，竭力做大做实经济发展的“底盘”。同时，要进一步调整优化投资结构，把有限的资金精确地投向全局性、基础性、战略性的领域，使有限的要素投入得到高效集约利用。

与此同时，要强化创新创造驱动，加快动力转换。抓创新就是抓跨越式发展、谋创新就是抓未来大发展，不创新必然落后、创新慢了也同样会落后。在经济转型升级进程中，必须大力推进创新驱动发展，下好创新这步先手棋。“十三五”时期，要以创新湖北建设为目标，以科技创新为重点，以制度创新为保障，以创新能力建设为手段，同步推进产业创新、生产组织方式创新、管理创新、商业模式创新、金融创新乃至政府调控手段创新，最大限度激发全社会创新创造创业之活力。要充分利用湖北科教资源优势及国内外创新成果，统筹创新资源，整合创新力量，优化创新环境，提升创新资源配置及利用效率，着力解决好湖北增长动力转换过程中的“青黄不接”问题。要抓紧完善以企业为主体、以市场为导向、产学研结合的开放型创新体系，着力推动科技创新与经济社会发展紧密结合。同时要大力推进创新链、产业链和资金链“三链融合”，促进科技金融产业融合发展。要以更大气魄和工作力度，进一步建成由个人、企业、区域、地方政府、国家等各个层面组成的区域性创新生态系统，加快形成以创新为主要引领和支撑的经济体系，全力推动湖北经济发展从主要依靠要素投入向更多依靠创新驱动转变。

2. 高端制造业与现代服务业双轮驱动。随着经济发展水平和人均收入水平的提高，产业结构的高级化是普遍规律和必然趋势。改革开放以来，我国经济增长主要依靠的是大量资源从农业部门转移到工业部门、从乡村转移到城镇、从效率低的第一产业转移到效率高的第二产业。长期大规模的进行这种资源重新配置和优化配置，带来了劳动生产率的大幅提高和经济快速增长。当今湖北正处于工业化中期阶段，工业发展仍然是湖北经济的重要动力，近年来工业对全省经济增长的贡献率一般在45%~55%，最高年份达到60%。“十三五”时期，必须坚定不移地实施工业兴省战略，继续把工业作为经济发展的“牛鼻子”来抓，并不失时机地超常规推进工业转型升级。一定要清醒地看到，当前世界经济格局深刻调整，产业分工格局加快重构，以信息技术为引领的多领域突破将给产业发展带来颠覆性变化。因此，在实施工业兴省战略进程中，必须在工业发展重点上进一步聚焦，充分考虑产业的发展前景和支柱带动作用，突出其战略性；必须在工业发展布局上进一步突出特色，更加注重结合我省自身条件形成有特色的战略性新兴产业空间布局。“十三五”时期，要加快以互联网、大数据、云计算等新一代信息技术为代表的信息化与工业化、城镇化、农业现代化、绿色化良性互动和深度融合，核心是信息技术与制造技术深度融合，实现数字化、网络化、智能化制造，努力形成具有旺盛活力和持续竞争力的现代产业体系。加快发展高新技术产业，大力培育和发展战略性新兴产业，通过提升高端研发能力和高端制造能力，促进制造业转型升级并加速向高端化发展。着力推动制造业从加工制造环节向研发、设计、品牌、营销、服务等环节延伸，促进全产业链向高档化迈进，全面提高工业整体素质和竞争力，努力实现由制造业大省向制造业强省的历史性跨越。

另外，要进一步推动现代服务业发展壮大。伴随着“全面小康”实现的步伐，服务业尤其是现代服务业必将成为拉动我省经济增长的重要产业。当前，全省服务业供给严重不足，并且服务质量不高、结构不合理，由此具有很大的发展空间。“十三五”时期，必须适应制造业转型升级要求，推动生产性服务业细化专业分工、深化产业融合、增强服务功能；丰富生活性服务业供给，提高服务质量，培育一批新主体、新行业、新业态；着力发挥比较优势，拓宽服务业领域，大力发展通用航空和服务外包等新兴服务业。通过高端制造业和现代服务业的发展，多元市场主体将不断增加高质量、高水平的资本品和消费品的供给，不断创造出更多的经济附加值，不断提升 GDP 的含金量，从而为湖北“十三五”发展提供强劲动力。

3. 扩大消费与改善民生双轮驱动。随着经济社会发展水平和人民收入水平的不断提高，消费对湖北经济增长的驱动力不断增强，越来越成为拉动湖北经济增长“三驾马车”的领跑者。当前，消费结构升级效应日趋显现，符合消费升级方向的产品生产和销售增长加快，模仿型排浪式消费阶段基本结束，个性化、多样化消费渐成主流，消费热点不断涌现。在广大农村，随着电商发展和农村收入水平提高，随着农民吃穿问题已经解决以及住房建设大多完成，随着“新农合”全面覆盖并由此释放农民就医看病需求，农村食品、衣着和医疗保健消费将继续保持上升态势，汽车、旅游、首饰将成为农村消费新增长点，农民居民消费结构正在由基本生活消费为主向以改善生活质量、提高生活舒适度的消费转变。特别是，随着社会财富的急剧增加，随着收入分配日趋公平合理，发展的成果更加惠及广大民众，我国中等收入群体将会迅速壮大，由此而成为一支强大的消费力量，并将会推动消费成为未来中国经济的强大增长动力。如果我们针对消费扩大的供给短板、环境制约等切实采取有效措施，必将有效释放城乡居民巨大的消费潜力。因此，“十三五”时期，我们必须在扩大城乡居民消费需求、优化消费结构、提升消费层次中发掘和培育经济发展新动力。

另外，保障和改善民生也是保发展、促增长。民生问题是人民群众最关心、最直接、最现实的利益问题。传统意义上的民生问题就是老百姓的衣食住行，也就是最基本的生活需求。随着城乡居民收入和生活质量的提高，就业、教育、生态、环保、医疗、养老、社保、安全、旅游、文体活动、健体养生等成了民生关注的新问题。保障改善民生、增进人民福祉，既是建设幸福湖北之必须，由此而推动的文化建设、社会建设、生态建设、治理体系建设等也将会形成新的经济增长点，并将推动相关服务业和地方经济发展。这表明，改善民生绝不是有人认为的“只有投入而没有产出”，而是具有“民心”收获与经济拉动双重产出。“十三五”时期，我们必须转变观念、更新思路，努力将改善民生的重大举措转化成为加快湖北经济发展、推动经济社会转型升级的强大力量。

4. 深化改革与全面开放双轮驱动。构筑湖北“十三五”经济发展新动力，必须进一步深化改革激发新活力、进一步扩大开放汇聚新推力。党的十八大以来，全省上下全面深化改革，不断释放改革红利，为经济持续稳定发展增添了巨大动力和活力。“十三五”时期，还必须大力弘扬“敢于啃硬骨头、敢于涉险滩、敢于过深水区”的精神，坚定不移地推进改革、全面深化改革。要围绕充分发挥市场在资源配置中的决定性作用、更好发挥政府作用和有效发挥社会力量作用，致力于构建公平、透明、法治的市场经济体制机制和有序竞争的市场环境以及鼓励创新创造的政策环境，着力激发各类市场主体的活力和创造力，充分调动各个方面的积极性、主动性和创造性。在改革进程中，要坚持以问题为导向，着力深化具有支撑性作用的重大改革，重点推出一批激活力强、动力效用明显的改革举措，增强改革方案的针对性和可操作性。以新招、实招、硬招尽快突破“老办法不管用、新办法不会用、软办法不顶用、有风险但又有效的办法不敢用”的困境。

另外，要进一步扩大开放、全面开放。对内对外开放的实质，旨在汇聚全球资源为湖北所用，旨在最大限度地实现资源优化配置。“十三五”时期，我国的对外开放将进入“全面开放、全面参与、全面合作、全面提升”的新阶段，进一步为中国经济创造对外开放的“升级版”。同时，“一带一路”、京津冀一体化、长江经济带三大战略齐头并进，将大大拓展和优化我国经济空间布局，形成内外统筹、相互衔接、互为支撑的良性发展格局。新一轮开放还将有力推动和拓展我国在国际国内的发展空间，推动产业链和国际分工向高端迈进。所有这一切，都为处于内陆地区的湖北全面对内对外开放提供了千载难逢、前所未有的重大机遇。我们要坚定不移地推进开放先导战略，更加注重和运用国际国内两个市场、两种资源、两类规则，推动对内对外开放相互促进、引进来和走出去更好结合，加快构建开放型经济的新体制，加快构筑内陆开放新高地，在“全面开放”倒逼“深化改革”中探寻和找准促推湖北经济持续稳定较快发展的新动力。

（本文系作者于2015年7月24日在“湖北‘十三五’发展战略与重点任务”专家座谈会上的发言稿，后刊载于2015年7月27日《湖北日报》。）

超常规发展养老服务业

（2015 年 8 月 20 日）

这次全国人大代表专题调研活动的主要目的，是帮助各位代表了解和掌握我省在养老服务体系建设方面的情况，为人大代表知情知政、依法履职服务。今天上午，各位代表实地考察了部分养老机构及基础设施建设。刚才，各位代表对养老事业的发展发表了意见和建议，大家的这些很好的意见和建议，必将在推进我省养老事业发展进程中发挥积极的作用。

近年来，我省积极应对人口老龄化，将养老服务体系建设列入“幸福湖北”建设的重要内容，全省养老服务体系建设取得了明显成效，社会养老服务体系基本框架初步建立，居家养老、社区养老、机构养老和公办养老等多层次养老服务格局基本形成，社会养老服务体系的惠及范围逐步扩大。武汉市在养老服务体系建设方面更是走在了全省的前列，对推动全省的养老服务体系建设具有较好的示范引领作用。

一、切实增强做好养老服务工作的责任感和使命感

加快发展养老服务业是政府保障和改善民生的重要职责。党的十八大报告指出，要积极应对人口老龄化，大力发展老龄服务事业和产业。国务院《关于加快发展养老服务业的若干意见》和省政府《关于加快发展养老服务业的实施意见》，都对加快发展养老服务业作出了系统安排和全面部署。省委、省政府对这项工

作非常重视，省政府连续3年将城乡社区居家养老服务中心建设等养老工作列入为民办实事内容，提上了重要议事日程。老年人是特殊的社会群体，养老问题是最基本的民生问题。让老年人安度晚年，共享经济社会发展的成果，不仅是家庭和社会的责任，也是政府保障和改善民生的重要职责。

加快发展养老服务业是有效应对人口老龄化的迫切需要。人口老龄化是社会发展的必然趋势，当前，我省人口老龄化正在加速发展，老年人口基数大、增速快，尤其是高龄化、空巢化、失能化等特征叠加显现。按照国际惯例，60岁以上人口占总人口的10%以上或65岁以上人口占总人口的7%以上，即为老龄化社会。截至2014年底，全省60岁以上老年人已达993万人，占总人口的17.07%，高于全国1.57个百分点。预计到2020年，我省60岁以上老年人口将达到1244万人，突破20%，2030年将突破30%。城乡老龄问题将更加突出，人民群众对养老服务需求将更加迫切。加快社会养老服务体系建设和发展养老服务业，不断满足广大老年人日益增长的养老服务需求，已成为当前和今后一个时期一项十分紧迫的任务。

加快发展养老服务业是扩大内需、拉动经济增长的重要举措。作为拉动经济发展的“三驾马车”之一，扩大内需无疑是促进经济转型升级的一个重要“引擎”。养老服务业既是为老年人服务的“夕阳事业”，也是蓬勃发展的朝阳产业，是调结构、惠民生、促升级的重要力量。老年群体数量庞大，能够催生巨大的养老消费市场；各类养老服务设施建设，能够带动相关产业加快发展；养老服务业属于劳动密集型产业，能够有效促进就业。加快社会养老服务体系建设和发展养老服务业，是拉动消费、推动经济转型升级和扩大就业的有效途径，也是保障和改善民生的重要举措。

二、充分发挥政府在养老服务工作中的主导作用

要健全工作机制。加快社会养老服务体系建设和发展养老服务业是一项庞大的系统工程，服务群体大，工作任务重，涉及部门多，协调任务重，攻坚难度大。要切实将这项工作纳入重要议事日程，加强领导，搞好协作配合，及时研究解决工作中遇到的困难和问题，形成齐抓共管、整体推进的工作格局，确保各项任务落到实处。民政部门作为社会福利事业的主管部门，要认真发挥牵头作用，主动协调有关部门，加强政策研究与指导，及时解决工作中出现的各种问题；发展改革部门要进一步加强宏观经济和社会发展的研究，将发展养老产业纳入中长期发展计划之中，并认真抓好落实；财政部门要积极调整支出结构，继续加大对养老服务业的投入力度，特别是认真研究“民办公助”等新的投入方式，促进养老产业的进一步发展。其他各有关部门，都要结合各自职能，加大推进养老服务工作的力度。

要强化政策保障。政策创新是推进社会养老服务体系建设和发展养老服务业的核心和关键问题。要按照国务院和省政府文件要求，重点建立完善投融资政策、土地供应政策、税费优惠政策、补贴支持政策、人才培养和就业政策以及公益慈善组织支持养老服务的机制，制定更加全面系统的细化配套政策，为加快发展养老服务业提供政策保障。

要强化资金保障。要根据国务院《意见》和我省《实施意见》要求，积极争取财政支持，建立以政府资金为引导、社会投入为主体、彩票公益金和慈善捐赠为辅助的多元化投入机制。要

切实建立健全补贴支持政策，加快建立高龄老人津贴、经济困难老人养老服务补贴制度，有条件的地方要探索建立经济困难失能半失能老年人护理补贴制度。尤其是农村地区在社会保障方面历史欠账较多，保障制度和保障标准与城市相比差距仍然较大，必须加以特别重视，给予政策和资金方面的倾斜，进一步加大保障力度，使广大农村老年人共享改革发展的成果，提高晚年生活质量和幸福指数。要对养老服务设施建设给予以奖代补，建立非营利性社会办养老机构建设补贴和运营补贴制度。同时，要加快建立城乡社区居家养老服务中心建设补贴和运营补贴制度。

三、充分发挥社会力量在养老服务工作中的主体作用

要解放思想，理清思路。在加快发展养老服务业过程中，政府的主要职责是保基本、兜底线，重点解决城乡“三无”老人、低收入的失能半失能老年人的养老问题，广大社会老年人的养老问题还必须依靠市场来解决，政府不可能大包大揽、一包到底。根据国家发改委测算，每增加一张养老床位，不算土地成本，约需要6.5万元。到2020年，我省要增加12万张养老床位，大约需要78亿元之多。这是一笔非常庞大的支出，仅靠政府是不行的。各级政府和涉老部门都要解放思想，理清思路，通过政策引导、资金扶持，大力鼓励民营投资者兴办养老服务业，使社会力量逐步成为养老服务业发展的主体。

要优化环境，激发市场活力。平等参与、竞争有序的市场环境，是推动社会力量成为养老服务业发展主体的关键。通过考察调研，我了解到全省养老服务业市场还存在体制机制不活、竞争不公等问题，必须着力破解这些障碍，大力优化市场发展环境，

激发市场活力。要进一步降低资本金、场地、人员等方面的门槛，简化手续、规范程序、公开信息，为社会力量参与养老机构建设提供便捷服务。要推动养老服务业公平发展，改变以往重公办轻民办、重非营利轻营利的政府扶持思路，对公办和民办、营利性与非营利性、内资和外资养老机构，要在政策范围内一视同仁，给予国民待遇，落实资金补助、税费减免等扶持政策。要完善市场运行机制，充分发挥市场在养老服务资源配置中的决定性作用，放开价格控制，允许民办养老服务机构根据市场需求自主制定价格，促进各类养老服务机构公平竞争、有序发展。要提升养老机构建设水平，积极支持境内外投资者以合资、合作、独资等形式，兴办一批供养型、养护型、医护型相结合的养老机构，满足不同经济水平、不同身体状况老年人的多样化养老需求。要引入国内外专业团队建设、运营、管理养老机构，提升服务管理水平。

要大力培育和发展社区居家养老服务。社区居家养老是最基本的养老方式，是绝大多数老年人养老的主要形式，在养老服务中具有基础性作用，不管经济发展到何种程度，社区居家养老仍是大多数老年人的首要选择。要大力兴建城市社区居家养老服务中心和农村老年人互助照料活动中心，鼓励有条件的地方建设具有日托或全托功能的社区（农村）养老院。要大力培育社区居家养老服务社会组织和市场主体，充分整合利用社会资源，通过政府购买服务、资金补助等方式，积极培育专业化的社区居家养老服务组织，不断扩大覆盖范围，丰富服务内容，为老年人打造没有围墙的养老院。

四、充分发挥各级人大在做好养老服务工作中的推动作用

要做好立法工作。发展养老事业，必须要有强有力的法律支持和良好的法制环境，做到有法可依。近年来，全国人大常委会修订了老年人权益保障法，国务院和省政府出台了一系列推进养老服务体系建设的政策文件，省人大常委会于 2010 年修订了 1999 年制定的湖北省实施《老年人权益保障法》办法，有力促进了我省养老事业的发展。但随着经济社会的发展，特别是人口老龄化的加快，养老服务业发展面临很多新挑战、新问题，将会存在有关法律、制度与养老服务建设需要不完善、不配套、甚至制约其发展的情形，这就需要我们各级人大及其常委会适应新形势，研究新问题，督促政府及有关部门进一步健全和完善有关制度，并将一些行之有效的政策措施及时上升至地方性法规，广泛凝聚社会共识。我省目前除省人大及其常委会具有地方性立法权外，还有 12 个市、州人大及其常委会具有地方性立法权，要通过制定、修订完善地方性法规，支持我省养老服务体系建设及养老事业发展。

要做好监督工作。充分发挥各级人大及其常委会以及人大代表的监督作用，保证省委的决策部署贯彻落实和相关法律法规有效执行。各级人大及其常委会要通过执法检查、专题询问、专题调研、视察等多种形式，加强对养老服务体系建设的监督，保证我省养老服务体系建设健康发展。

要做好代表建议工作。建设养老服务体系是一项系统工程，需要政府引导、政策支持、多方参与。建设养老服务体系更是一项展示社会主义制度优越性、继承和弘扬中华民族传统美德的民

生工程，是广大人民群众普遍关注的热点问题。人大代表来自人民，与人民群众有着天然的、紧密的联系，是人民群众的代言人。我省共有全国、省、市、县、乡五级人大代表九万五千多名，这九万五千多名代表都来关心、支持我省养老服务体系建设，针对养老服务工作存在的突出问题，开展深入的调查研究，提出有真知灼见的意见、建议，切实帮助各级政府及有关部门改进工作，必将推动我省养老事业的发展壮大。

今天，我们到蔡甸区视察养老服务体系建设情况，欣喜地看到蔡甸区在推进城市化、城乡一体化方面所取得的巨大成就，昔日的汉阳县已经完成与武汉大都市的无缝对接。蔡甸区养老事业、养老产业的发展已初具规模，也积累了很好的经验和做法，建议省政府、市政府要大力支持蔡甸区养老服务业的发展，尽快形成养老服务业发展的高地，成为全省乃至全国养老服务业发展的典型示范。

（本文系作者于2015年8月20日在养老服务体系建设专题调研座谈会上的讲话，后刊载于《人大工作通报》2015年第15期。）

精准扶贫的经济学思考

（2015年9月30日）

实施精准扶贫、助力全面小康，不仅是当今我国经济社会发展的重大战略，也是扶贫开发理论与实践的重大创新。经济学作为一门理论性与实用性紧密结合的科学，一方面要研究财富的创造与增长，另一方面要研究财富在社会各阶层之间的合理分配及高效运用。尤其是发展经济学、贫困经济理论作为为贫困地区和贫困人口谋福祉的经济学分支，更是经济学界长期高度关注、深入悉心研究的热点领域，产生了丰厚的研究成果，并为扶贫开发实践提供了强有力的理论支撑。在国家大力实施精准扶贫的今天，湖北省经济学界理当在深入调研基础上，为精准扶贫顺利实施提供决策建议，从而为国家及我省扶贫事业贡献一份力量。

一、科学把握精准扶贫的深刻内涵

我国扶贫开发始于20世纪80年代中期，通过近30年的不懈努力，取得了举世公认的辉煌成就。但是，随着扶贫开发事业向纵深推进，许多问题逐步显露出来。例如，现行的扶贫制度设计存在缺陷，许多扶贫项目指向出现偏差，更多的是在“扶农”而不是“扶贫”，有些是在扶中高等收入农户、而非最贫困的农户。再例如，许多地方贫困居民底数不够清、情况不够明、指向不够准、针对性不够强，致使扶贫攻坚难以“扶”到关键处、难以“扶”到点子上。因此，新形势下打好扶贫攻坚战，必须实现从

"输血式"的生活救济型扶贫向提升贫困地区内生动力的"造血式"开发型扶贫转变、从大水漫灌式的粗放型扶贫向滴灌式的精准扶贫转变。

精准扶贫是粗放扶贫的对称，是指针对不同贫困区域环境、不同贫困农户状况，运用科学有效程序对扶贫对象实施精准识别、精准帮扶、精准管理的扶贫开发模式。具体地说，就是坚持以政府为主导，市场主体和各类社会力量参与，以培育扶贫对象自我发展能力和改善扶贫对象生产生活条件为核心，根据特定扶贫对象的致贫原因、资源禀赋、发展意愿及市场需求，统筹各类帮扶资源，制订并实施最优化的帮扶计划，从而达到解决扶贫对象自我发展难题、促进扶贫对象稳定脱贫致富的目的。相较于传统的粗放扶贫，精准扶贫有以下三个特点：

一是目标更加明确。粗放扶贫基本以行政单元为扶贫对象，行政单元内所有居民不论贫富，都可以无差别享受扶持政策。精准扶贫将扶贫对象明确到村、到户、到人，村、户、人的人口素质、家庭经济条件、基础设施、公共服务、发展意愿等贫困信息都被采集进入信息系统，贫困村、贫困家庭、贫困人口具体状况清晰可见。

二是措施更具针对性。粗放扶贫的帮扶措施是针对行政单元的整体贫困状况制定的，对行政单元整体脱贫有一定效果，但具体到户、到人，就可能存在"药不对症"的问题。精准扶贫根据扶贫对象具体的贫困状况，分别分析贫困成因，各自"量身定做"帮扶计划，帮扶措施更具针对性，更加符合扶贫对象的脱贫实际。

三是管理更加精细。粗放扶贫的项目、资金、脱贫成效、考核管理只能细化到县、乡、村等行政单元，贫困人口脱贫信息无从反映。精准脱贫在管理上更加突出贫困人口的主体地位，到户项目明确到人，到户资金安排到人，扶贫成效体现到人，检查考核覆盖到人，不允许到户扶贫政策超范围用于非贫困人口，不允许到户扶贫政策在贫困人口之间相互混用。精细管理有利于扶贫重点到村到户，把政策落实到每一个贫困家庭、每一个贫困人口。

总之，精准扶贫的核心是扶贫对象及其贫困状况更加清晰、扶贫项目及帮扶措施更具针对性、扶贫资金的投向更加精准、资金的使用效果以及脱贫成效自然会更加显著。

二、清醒把握精准扶贫的湖北底数

改革开放以来，我省扶贫开发取得巨大成就，贫困地区面貌发生重大变化，贫困地区人民群众的生产生活条件有了很大改善。但是总体上看，扶贫开发仍然面临艰巨繁重的任务，已经进入啃硬骨头、打阵地战、打攻坚战的关键时期，进入决战决胜的冲刺阶段。

一是精准扶贫任务繁重。我省作为一个贫困问题较为突出的省份，贫困面较大、贫困人口较多、贫困程度较深，切实解决好贫困问题，加快贫困群众脱贫致富进程，确保我省贫困群众与全国人民同步进入全面小康社会，是实现全面建成小康社会总目标必须闯过的一道关口。根据2014年扶贫开发建档立卡数据，我省识别出贫困人口590万人、贫困村4821个，按照到2019年“精准扶贫、不落一人”的目标，这意味着从今年开始，我省每年需脱贫超过100万人、近1000个村，时间紧、任务重、要求高。要完成如此繁重任务，传统、常规的扶贫模式脱贫成效有限，难以满足当前扶贫开发的新要求，必须适时推进扶贫开发模式的转换。实施精准扶贫，可以集约利用多种帮扶资源，根据扶贫对象具体的致贫原因、发展需求和特色优势，因人制宜、因地制宜，通过开展诊疗式、针对性、个性化帮扶，引导贫困群众走上适合自身特点的自我发展道路，实现稳定增收、稳定脱贫。

二是精准扶贫任务艰巨。自20世纪80年代有组织地开展扶贫工作以来，我省扶贫对象中基础条件较好、贫困程度较浅的人口已通过各种扶持办法逐渐摆脱贫困，剩下的扶贫对象多是生产生活条件恶劣、人口素质低下、致贫原因复杂、贫困程度深的“硬骨头”。特别是，我省曾长期处于群体单源性贫困阶段，突出表现为区域内大量贫困群众致贫因素单一且趋同，如山区缺路、旱区缺水、石漠化地区缺地、疫区缺安居环境。传统的扶持方式以行政区划为单元，重点对造成区域性贫困的共性致贫因素进行治理、着力解除发展的外在约束，由此使众多贫困地区群众受益而摆脱了贫困落后的状况。但是，在贫困规模大幅减小的同时，贫困现象又出现了新的特征。剩余的扶贫对象，因病、因残、因学、因智、因技等个性致贫因素交织，发展内在约束逐渐凸显，贫困现象更加顽固、更加复杂，传统的扶贫模式已难以达到预期脱贫目标。要有效解决现有扶贫对象的脱贫问题，必须变革传统扶贫模式，在继续改善扶贫对象生产生活条件的同时，更要根据扶贫对象的具体致贫原因，逐村逐户开展有针对性的精准扶贫。

三是扶贫信息管理基础良好。我省2014年开展的扶贫开发建档立卡，对扶贫对象生产生活条件、致贫原因、接受帮扶情况、发展需求等信息作了详尽搜集，并建立起了全国联网、管理终端覆盖到村的建档立卡信息管理系统，实现了扶贫对象信息的电子化、网络化管理，这为我们开展精准扶贫提供了数据前提。在开展扶贫开发建档立卡的同时，我省还依托驻村扶贫工作队，制订了贫困村、贫困户帮扶计划，落实结对帮扶单位和帮扶责任人，这为开展精准扶贫提供了组织保障。更应该看到的是，伴随着大数据、云计算、“互联网+”等现代信息管理方式的广泛应用，精准扶贫通过与现代信息技术深度融合，可以为扶贫对象提供更加实用、便捷和高效的帮扶措施，顺利实现扶贫开发模式的转换。

四是精准扶贫已积累诸多经验。经过不断探索和实践，我省已积累了诸多可学习、可复制、可推广的好经验。例如，在精准识别方面，通过“六看”识对象，即一看房、二看粮、三看劳力强不强、四看有无读书郎、五看有无病快快、六看有些啥家当。例如，在分类施策方面，实施“五个一批”，即通过扶贫产业发展脱贫一批、通过就业创业带动一批、通过移民搬迁安置一批、通过低保政策兜底帮扶一批、通过医疗救助扶持一批。同时还特别注重扶贫与扶智相结合，绝不能让贫困家庭的孩子输在起跑线上，坚决阻止贫困代际传递。例如，在精准扶贫项目方面，实施责任帮扶、产业帮扶、教育培训、生态扶贫搬迁、金融扶贫、“双带”扶贫、环境整治、低保衔接、助学济医、安全饮水等“十个到户到人”。还例如，在帮扶力量方面，实行政府、市场、社会三位一体，县、乡（镇）、村“三级联动”，部门、企业、科技人员“三管齐下”的工作机制。还例如，坚持“扶贫先扶志、治贫先治愚”，“富脑袋”工程与“富口袋”工程乃至“富生态”工程同步推进。这些好经验好做法，将为全省实施精准扶贫发挥引领示范作用。

三、着重把握精准扶贫的关键之点

实施精准扶贫，涉及方方面面，要做的工作很多。但从经济学的角度看，其关键之点有四：

其一，要找准扶贫脱贫的最佳路径。实施精准扶贫，首先应解决“扶持谁”的问题，这是把脉贫困问题、制订帮扶计划、确定资源投向、检验扶贫成效的基础性工作。就我省而言，当务之急是要通过整合各部门的扶贫信息资源，构建数据来源可靠、涵盖范围广泛、交流渠道畅通、管理方式规范的建档立卡信息管理系统，有力增强其对实施精准扶贫的支撑作用。接下来，重点是制订好帮扶计划。实施精准扶贫成功与否，关键在于是否找到与扶贫对象贫困“病症”相对应的“药方”，对症用药，则药到病除，而这个“药方”，就是帮扶计划。首先，制订帮扶计划应坚持因地制宜、因人而异的原则。要在全面考察扶贫对象贫困状况的基础上，把准致贫原因，找到稳定增收、稳定脱贫的最佳路径。对制约扶贫对象增收致富的短板，应按照缺什么补什么、缺多少补多少的原则，在帮扶计划中预先予以安排。其次，帮扶计划应突出保障基本生活水平、培育自我发展能力这个重点。对永久丧失劳动能力且无其他经济来源的扶贫对象，应通过五保、低保等予以兜底，保障基本生活。对有劳动能力或劳动能力可以恢复的，应着力培育自我发展能力，形成当家产业，开辟稳定经济来源。再次，帮扶计划不是有求必应、大包大揽。应充分尊重扶贫对象在扶贫开发中的主体地位，弘扬艰苦奋斗、自力更生精神，激发贫困群众主动脱贫、加快脱贫的内生动力。对于固守“等、靠、要”思想和一边戴贫困帽子、一边过富裕日子的扶贫对象，不得给予帮扶。

其二，要千方百计加大扶贫投入力度。千原理、万原理，“没有投入就没有产出”是经济学第一原理。实施精准扶贫，必须以改革创新投融资体制机制为动力，多渠道、多手段、多方式加大扶贫投入。要充分发挥政府投入在扶贫开发中的主体和主导作用，重在强化财政扶贫投入，构建与本地区经济发展水平以及精准扶贫需求相适应的财政扶贫投入增长机制；强化行业部门投入机制，交通、水利、农业、电力、劳动保障、民政、教育、文化等各部门，要将更多的资源投向贫困地区、贫困村、贫困户以及扶贫项目；强化社会力量扶贫投入。要用开放的办法，加强省内区域协作扶贫，争取中央部门及外省的支持。鼓励市场主体、社会组织和个人参与扶贫开发；创新金融扶贫信贷投入机制，最大限度地增加金融资金对扶贫开发的投放，提高贫困地区、贫困户申贷获得率。通过健全贫困地区信用体系、建立贫困户个人信用档案、实施金融服务网格化，通过“政府基金拉动、财政贴息助力、政银联手共担、贷款评级授信”的金融扶贫机制，使贫困地区和贫困户更便捷、更低成本使用信贷资金；探索建立扶贫资源资本化投入机制，通过建立公司化经营模式、公司+农户经营模式、公司+农户+村支部经营模式等利益联结机制，实现农村资源变股权、资金变股金、农民变股民，最大限度释放贫困村贫困户的资产潜能。通过开展农村土地承包经营权、村民住房财产权、集体建设用地使用权、林权抵押试点等相关改革，增加贫困户的资产收益；建立土地资产收益支持扶贫机制，让贫困县、贫困村、贫困户更多地从土地资产收益中得到好处；按照“谁开发谁保护、谁受益谁补偿”的原则，建立贫困县生态动态补偿机制。总之，要充分调动各个方面积极性，促进各类资源向贫困地区集聚、向贫困户集中。

其三，要努力提高扶贫资源的配置效率。扶贫工作成效如何，不仅受制于资源投入的规模，也取决于资源投入的结构和方式，进而取决于扶贫资源的配置效率。因此，必须通过改革创新投入机制，实现扶贫资源配置的最优化和效益最大化。首先要制定资源统筹规划，科学调配帮扶资源。在编制精准扶贫规划的过程中，应科学制定统筹资源的规划，一方面，要充分利用和整合贫困地区的特色资源、优势资源和闲置资源，将更多社会帮扶资源纳入到统筹范围中来，确保精准扶贫菜单丰富、来料充足；另一方面做好帮扶资源与扶贫对象帮扶计划的紧密对接，根据扶贫对象特定扶持需求，预先安排相应帮扶资源，对于需求量大、扶持效果好的帮扶资源应优先统筹、重点统筹。再是要建立完善资金整合机制，增强资金使用整体效益。要下放项目审批权、资金使用权到县，支持建立县级资金整合平台。当前，要按照省委、省政府的部署，依据省级统筹、市州协调、县级整合的原则，抓紧建立扶贫投入县级整合平台，实行资金、项目、招投标、管理、责任“五到县”，建立县审批、市备案、省备查的项目管理制度。在操作中，要推行规划引导统筹、重点项目主导统筹、奖补资金引领统筹方式，实行跨部门、跨年度、跨层级统筹，实行“大类间统筹、打通使用”的办法，增强资金使用的自主性和灵活性。通过统筹扶持措施、政策叠加等方式，加大帮扶资源投入强度，彻底解决深度贫困问题。整合不同性质、不同来源、不同形式帮扶资源集中投入，有效解决多源综合性贫困问题。统筹帮扶资源，是对现行扶贫资源投入方式的重大创新，是对全社会扶贫潜力的深度挖掘和有序组织，必将为实施精准扶贫提供更广阔的空间和更为充分的保障。

其四，要充分发挥市场机制在精准扶贫中的作用。一个健全的扶贫行动体系，必须在政府、市场、社会与贫困群众之间构架起建设性的伙伴关系和互动合作关系。实施精准扶贫，既要最大限度地发挥政府主导作用，也要充分发挥市场配置资源的决定性作用，两者有机结合，扶贫脱贫才能获得最大成效。充分发挥市场机制在精准扶贫中的作用，重在向市场要动力、要潜力、要活力。关键是要在扶贫资源的集聚、整合和利用方面引入市场主体、引入市场机制，激发市场活力、形成扶贫开发合力，推动扶贫资源配置实现效益最大化和效率最优化。一是通过健全和完善市场体系，包括在贫困地区建立农村产权交易平台，让各类资源充分流动，使各类扶贫资源聚起来、用起来、活起来、“赚”起来。二是在扶贫项目的立项和实施过程中引入市场机制和社会力量参与，鼓励、支持、帮助各类非公有制企业、社会组织、创新创业成功人士自愿采取包干方式参与扶贫。这样一方面可使政府资金起到“四两拨千斤”的引导和撬动作用，动员更大范围内的社会资金参与扶贫；另一方面也培养了专业化的扶贫组织，利用其专业技能提高扶贫的效率。三是通过“办好市场大学”、市场经济一线锻炼等多种途径，培育和强化扶贫工作人员的市场意识，提高他们运用市场经济手段进行扶贫开发的能力，然后通过他们的工作，把有效的市场机制引入到扶贫开发工作中来。

（本文系作者在第九次湖北经济发展季度专家座谈会上的发言，原载于2015年9月30日《湖北日报》。）

大冶考察归来记

（2015 年 11 月 19 日）

为做好湖北省“十三五”规划纲要的审查和批准工作，根据省人大常委会 2015 年工作要点和关于开展“十三五”规划编制情况的调研方案，我于 10 月 26 日至 27 日赴大冶市开展工作调研。在大冶期间，我们先后听取了大冶市政府、劲牌公司关于“十二五”规划执行情况和“十三五”发展思路的汇报，实地考察了黄石市规划展示馆、大冶市体育设施建设、劲酒公司水源保护区、山南酒厂、劲牌公司总部，并就大冶市“十二五”“十三五”发展以及劲牌公司未来发展发表了一些看法。

一、大冶市“十二五”发展成就令人欣喜

“十二五”时期，大冶市抢抓全国首批资源枯竭型城市转型试点的机遇，以“争创全省城乡统筹发展排头兵、全国‘百强’县市、全国文明城市”为目标，深入推进转型发展、统筹发展、绿色发展、和谐发展，经济社会发展取得了重大成就，预计将全面完成“十二五”各项目标任务。大冶市的许多做法经验为全省提供了示范和借鉴。

1. 坚持转型发展，全国百强县市排名位次不断前移。大冶市以经济转型为根本，以机制转型为动力，全面带动生态转型、社会转型和文化转型，综合经济实力不断增强。2015 年，预计完成地区生产总值 500. 4 亿元，年均增长 14. 75%。财政总收入 61. 77

亿元，年均增长 18.93%；地方公共财政预算收入 38 亿元，年均增长 26.27%。在全国“百强”县市的排名位次不断前移，位居湖北首位。工业经济顺利转型，形成了机电制造、纺织服装、新型建材、食品饮料四大产业集群。其中，劲牌公司荣登“中国 500 最具价值品牌”排行榜，迪峰公司“船舶发动机 LNG 技术项目”被工信部列为国家产业化研发项目，新鑫钢铁特种钢等量置换技改项目获工信部准入资格，成功引进博天环保、非金属新材料产业园、湖北华中矿产品交易中心、亿赞普、美吉特等一批商贸服务项目。高新技术产业增加值占全市规模以上工业增加值的 20%，比“十一五”提高了 4 个百分点。

2. 坚持统筹发展，城乡一体化进程显著加快。实施“一主三动”，即产业带动、镇村联动、创新驱动，发挥农民主体作用，全面加快城乡统筹发展。支持镇域经济发展，鼓励各乡镇因地制宜建设特色产业园，目前全市已建成乡镇特色产业园 11 个。陈贵镇被列为“全省四化同步示范乡镇试点名单”，保安镇被列为“全国发展改革试点镇”，还地桥镇、灵乡镇被列为“全省经济发达镇行政管理体制改革试点镇”。6 个乡镇进入全省“百强乡镇”。推进美丽镇村试点建设，高标准建设城乡一体化“百里示范带”，已建成陈贵、灵乡、保安、还地桥等一批“现代生态新城（镇）”，以及大林山、堰畈桥、谈桥等一批环境优美的“现代生态新村”。

3. 坚持绿色发展，生态环境持续改善。积极开展生态恢复和环境整治，全面推进“治山、治土、治水、治气”四大工程，深入开展综合整治，关停露天矿山、复垦工矿废弃地、治理水土流失等工作取得进展。在经济下行压力加大的形势下，以壮士断腕的勇气关停“五小企业”900多家，基本实现全域无“五小”。虽然减少了产值和税收，但为发展腾出了环境容量和空间。扎实推进节能减排，超额完成省、市下达的减排任务，其中单位GDP能耗降低率、二氧化硫排放削减指数位居全省县（市）区第一。突破性发展生态环保产业，设立5亿元“生态产业发展引导专项资金”，在北京、武汉、深圳等地开展生态招商会、环保产业推介会，总投资358亿元。举办中国首届乡村园博会、果蔬园艺博览会，初步探索出一条生态建设与经济建设双赢的新路子。

4. 坚持和谐发展，人民群众生活水平和幸福指数节节攀升。每年将新增财力的70%以上用于改善民生，努力让人民群众共享“百强”红利和发展成果。实施“城乡居民收入倍增计划”，预计2015年城镇常住居民人均可支配收入达到31320元，是2010年的2.1倍，年均增长15.83%；农村常住居民人均可支配收入达到16193元，是2010年的2.4倍，年均增长19.35%。社会保障工作加强，“五险”综合参保率达到99.99%，新农合参合率达到100%，城乡低保标准持续提高，月人均补助金分别提高50元、32元，病残对象分别提高220元、70元。教育事业全面发展，分期投入4.05亿元全面改善义务教育薄弱学校基本办学条件，学校标准化建设和城区集团化办学试点工作进展顺利。创新信访工作机制，全省信访维稳现场会在大冶召开，大冶经验被誉为“枫桥经验的湖北版”。

二、对大冶市编制“十三五”规划的建议

1. 紧跟重大战略。近日，中央正在召开十八届五中全会，将要审议通过国家“十三五”规划的建议，提出未来五年发展的目

标、方向和重点。从省里来讲，也初步明确了“十三五”规划的内容，包括26个省级重点专项规划、53个一般专项规划、8个区域规划。当然，还要按照中央的精神予以修改完善。大冶市初步确定了18个专项规划，计划总投资6700多亿元。下一步，要紧跟国家重大战略及省委、省政府，黄石市委、市政府重大规划，吃透上级规划的精神，做到有序衔接、融为一体，这样才能事半功倍、顺利推进。

2. 围绕发展定位。发展定位是一个地区建设发展的统领。大冶提出，要以建设现代化生态宜居宜业城市为统领，努力将大冶打造成国际青铜矿冶历史文化名城、国家资源型城市转型示范区、长江中游县域经济发展先导区和湖北省城乡统筹发展引领区。这“一城三区”的定位，符合大冶在湖北、在黄石的定位和实际。这也是大冶市发展的纲领，要紧紧围绕这一定位制定规划、实施规划，使之纲举目张。

3. 坚持问题导向。发展就是要不断地发现问题、解决问题。“十三五”时期，大冶市要针对“十二五”时期存在的主要问题，认真加以解决。比如，“经济结构性矛盾依然突出，传统产业转型升级任务艰巨，资源型产业仍占较高比重，新兴产业发展不够；资源要素制约进一步趋紧，用地指标不足、科技型人才缺乏等因素，成为当前乃至今后制约经济发展的瓶颈；生态环境欠账较多，生态修复和环境治理任务十分艰巨等”。对此，要在制定“十三五”规划中，予以高度重视，勇于破解难题，逐步加以解决。

4. 做实做细项目。县市的五年规划有别于国家的规划、省里的规划，不能面面俱到、搞成“高大上”，要把规划项目化，使之接地气、有特色、可操作。大冶提出，“十三五”时期在全省县域范围实现“三个率先”，即 GDP 率先过 1000 亿元，财政总收入率先过 100 亿元，率先全面建成小康社会，力争进入全国百强 80 位以内。这个目标任务是可行的，但是达到这个目标也不轻松，需要做好做细一个个具体的项目来支撑。总之，大冶还要继续努力，百尺竿头，更进一步，在“四个发展”方面走在全省前列。

三、对劲牌公司发展的建议

劲牌公司经过几十年的发展，已经今非昔比。仅去年的销售额就突破 75 亿元，上缴税金 20.58 亿元，企业员工人均年收入增长达到 16.19%，连续多年保持国内保健酒行业市场占有率第一的地位，取得这些成绩，实属不易。可以说，现在企业的增长速度、实力、质量和后劲，都令人高兴和振奋。企业在自身发展的同时，树立共同富裕的理念、一切为消费者和员工着想的理念，营造非常和谐的企业文化和社会环境。概言之，劲酒的发展超乎预料，前景广阔。对公司今后发展提几点建议。

1. 继续高举“健康”大旗。国家“十三五”规划将把“健康中国”作为今后的发展方向，对健康产业予以大力扶持。随着经济的不断发展，我国中等收入阶层将出现排浪式增长，这个阶层和群体将会把健康作为其提高生活品质的重要需求。现在，我国人口老龄化进程逐步加快，健康、养老产业发展正呈现井喷式增长趋势。高举健康大旗，正逢其时，潜力无穷，将会得到全世界所有消费者的拥护。建议劲牌公司高举这面大旗，增强企业的道路、方向、品牌自信，不断做大做强，并加快走向国际，成为国际知名品牌，更好地造福于人民身体健康。

2. 坚持科技创新，不断加大研发投入。劲酒之所以取得超常规的发展，就是因为注重科技，充分运用现代化的设备、最先进的技术和工艺。劲牌公司非常重视科技投入，科技投入经费占销售收入比例达到3%以上，其中研发经费不低于销售收入的1.5%。公司自主研发能力显著提升，奠定了公司在中药保健酒、小曲清香型白酒行业的技术领先地位。尤其是在苦荞提取物、玛咖提取物等方面具有核心知识产权，国内第一，国外没有看到。建议劲牌公司要更加重视科技创新，积极搭建以“劲牌研究院”为核心的研发体系，建成研发手段科学先进的国内一流实验室，使公司的产品设计、制造过程、质量与安全技术达到国际一流水平，形成国际领先的自主知识产权体系和产品核心竞争力。只有这样，劲酒才能永远走在同行业前列。

3. 做好“互联网+健康酒”这篇大文章，主动适应发展新常态。新一轮科技革命的领头羊，更多的是利用互联网技术。现在发展迅猛的阿里巴巴、小米等公司，都是利用了“互联网+”技术。劲酒公司要在做好防伪工作的基础上，加快利用互联网技术的步伐，加快走向国际市场。要整合现有资源，大力探索实践线上线下融合的全景式营销模式，以互联网产品、战略新产品、常规产品互联网化创新，推动电商产品的创新；以用户体验和社群营销创新，推动电商用户经营的发展；以商业模式创新，推进电商生态圈的建设，使劲牌电商成为酒类行业标杆。

4. 借助资本市场的力量，实现经济社会效益最大化。从世界上的富翁排行榜，到中国的富翁排行榜，那些跻身排行榜中的富人，都有一个共同点，就是他们的资产大部分是上市公司的股票。因此，公司上市是不少企业家的梦想和目标。企业一旦实现上市，就可以获得直接融资的平台，有利于提高企业的风险承受能力；有利于建立现代企业制度，规范公司治理结构，提高企业的经营管理水平；有利于建立明晰的产权制度，提升企业创业和创新的动力；有利于提高品牌、企业及企业家的声誉，更有利于进一步开拓市场。当然，企业上市也可能带来一些负面的影响，比如，可能被恶意收购，使原有大股东失去对原有企业的控制；增加公司规范运作的约束，公司透明度要提高；接受更为严格的监管，社会责任和压力增大。以劲牌公司现有的条件，是很有可能到主板上市的。希望劲牌公司充分运用资本市场的力量，把握权衡，扬长避短，放大财富效应，引领企业持续健康发展。

5. 弘扬核心价值理念，大力发展先进企业文化。劲酒公司要打造百年企业，必须要有百年企业的文化。公司非常重视企业文化建设，也形成了自己的一些文化理念。比如，注重员工的发展，“让员工体面地工作、快乐地生活”，为员工实现个人理想价值提供良好平台；弘扬“树正气、有担当、可持续”的核心价值观，推进企业文化与企业经营管理的深度结合。这些都很重要，但还不够。企业文化应该涵盖各个方面和各类群体，不仅限于公司1万多名员工，还应该包括经销商、消费者，包括潜在的消费者。建议劲酒公司向松下公司学习，组织专门的团队打造企业文化，把企业形成共识的一些理念提炼成企业文化，让劲牌企业的核心价值观、先进理念声名远播。

6. 积极履行社会责任，探索新形势下做好公益慈善新机制。劲酒的社会责任感非常强，一直积极参与慈善公益事业，社会反响很好。希望企业做大之后，要在慈善公益的实施方式、机制上很好地进行研究和探索。最好是采取造血式的方式帮扶，利用劲酒公司现有的产业链条，扶持贫困地区的中小企业发展。比如，劲酒中医药的产业链条很长，种植、加工、生产、销售等各个环节，都可以在贫困地区形成产业，扶持当地的中小企业发展，造福于贫困地区的群众。这样的扶持，是可持续的公益，效果会更好。希望劲酒公司稳中求进，做大做强，为消费者提供更多、更好的产品，为社会进步和地方经济发展做出更大的贡献。

（本文系作者赴大冶市及劲牌公司考察调研后所写的“报告”，后刊载于《人大工作通报》2015 年第 17 期。）

论湖北“十三五”发展的阶段性特征

（2015 年 11 月 20 日）

一个省域的经济社会发展阶段性特征，是由基本省情和国情世情两个方面因素共同决定的，具有客观性、全局性、根本性。准确判断“十三五”时期湖北发展的阶段性特征，是科学制定我省“十三五”规划、实现全面建成小康社会目标的基本前提。根据省委安排的调研课题，通过研讨论证、集思广益、综合研判，我们认为，“十三五”时期湖北发展呈现以下六个方面的阶段性特征。

一、乘势而上：“十三五”是湖北经济发展再上新台阶的黄金机遇期

“十三五”时期是湖北努力跨越中等偏高收入水平发展阶段、力争进入高收入水平发展阶段的关键时期。纵观湖北的经济基础、重大机遇和有利条件，今后五年乃至更长时期，应该是我们奋发有为、大有作为的重要战略机遇期，是实现科学发展、跨越式发展的黄金增长期。为此，必须坚持以“四个全面”为统领，围绕创新、协调、绿色、开放和共享发展，善于把握机遇，敢于面对挑战，勇于乘势而上，推进湖北经济发展再上新台阶。

湖北经济社会发展已经呈现稳健的“上行趋势”。“十二五”时期，湖北 GDP 年均增速达 10.5%，在全国排名前十的省份中增速最高。因此，湖北 GDP 在全国的位次已经具有很好的“上行趋

势”，完全有基础、有条件在“十三五”时期继续保持较快增长的势头，力争再次取得新突破。就经济总量而言，依照近五年移动平均增长速度，2020年湖北GDP可望达到4.8万亿元左右，距离5万亿元仅一步之遥，达到省际总量排名第7或第6位，在全国的占比可望达到5%左右，超过湖北改革开放以来的最好水平。就人均GDP而言，2012年以来湖北已经高于全国平均水平，到2020年，预计人均GDP可达8.4万元，依照汇率估算，应该可以接近或达到跨越中等收入水平阶段门槛的水平。

湖北现阶段经济社会发展具有一系列重大机遇，孕育着良好的发展“势头”。湖北具有承东启西、连南接北的产业传承优势，在生产要素、市场潜力和经济结构等方面均已具有推动“十三五”时期和未来更长时期较快增长的实力和能力。目前，依托长江黄金水道、打造长江经济带升级版已经成为国家发展战略，这是湖北经济社会发展中最大的政策红利。湖北全境位于长江中游和汉江流域，具有极其突出的区位优势、资源优势和政策优势，湖北有条件和能力带动长江中游城市群发展，使之成为中国经济增长的“第四级”，并且在我国内外联动、东西双向开放的开放型经济发展新格局中发挥枢纽和支点作用。同时，一系列国家战略的政策优势在湖北叠加，集聚动能，蓄势待发，预示着“十三五”时期湖北经济社会发展的良好势头。

纵观国际国内经济发展形势，湖北正迎来赶超式发展的机遇。目前国际经济格局出现重大变化，不确定性和脆弱性因素增多，发达国家复苏缓慢，发展中国家表现欠佳，“金砖国家”增长低迷。世界银行等机构纷纷调低各地增速预期，而中国目前的增长从世界范围看依然是较高增速。就国内形势而言，传统“三驾马车”的动力正在发生变化，投资、消费增长速度均放慢，进出口增速大幅下滑，我国传统的以投资和出口驱动的增长必须进行转型，未来的增长将建立在内需驱动和创新驱动的基础上。湖北地处内地，受到国际经济动荡的不利影响相对较少，而且推进内需性、内源型的增长具有地域、人口、产业基础、市场潜力、辐射范围等众多有利条件。所以，经济转型的过程也正是湖北因势而动、乘势而上、实现赶超的良好机遇。

二、转变方式：“十三五”是湖北构建现代产业新体系的关键期

湖北在未来五年实现经济中高速增长和产业迈向中高端水平“双目标”，主动应对新一轮国际产业竞争，实现换挡不失速、量增质更优，迫切需要构建现代产业新体系，着力推动发展方式转变。

产业结构由二产主导向二、三产业并重转变。“十二五”期间，全省三次产业结构比重由2010年的13.5：48.6：37.9调整为2014年的11.6：46.9：41.5。“十三五”时期将延续这一趋势，现代服务业和先进制造业将成为产业结构升级的两大支撑。从服务业发展看，“大物流、大金融、大商贸、大旅游、大文化”的新格局将打造服务业发展新优势，信息、研发制造、商务咨询、健康养老等一批新产业也将进一步发展壮大，未来五年将是服务业规模扩大、比重提高、竞争力提升的五年，将初步形成“三二一”的产业格局。从制造业发展看，面临存量优化、增量培育双重任务。要加快推进传统产业提质增效升级，通过技术改造、企业重组，延伸产业链，增强核心竞争力。同时，对于已具有一定

规模的新一代信息技术、生物医药、航空航天、船舶与海洋工程装备、资源循环利用、北斗卫星导航等新兴产业，要加大培育力度，推进形成新的支柱产业。

智能制造、服务型制造成为制造业的主攻方向。“工业4.0”就是人类的第四次科技革命，将会颠覆整个世界的工业。如果说“工业1.0”实现了大规模生产（蒸汽机的发明）、“工业2.0”实现了电气化生产（电力的广泛应用）、“工业3.0”实现了自动化生产（产品的标准化），那么“工业4.0”将实现智能化生产（亦即定制化生产），而且定制周期简短，生产方便快捷。当前，基于信息物理系统的智能装备、智能工厂等智能制造正在引领制造方式变革，可穿戴智能产品、智能家电、智能汽车等智能终端产品不断拓展制造业新领域。“十三五”时期，要围绕重点领域制造过程中的智能化需求，突破智能控制系统中高端机器人、高档数控机床、3D打印等关键核心技术和装备，构建上下游配套的智能制造创新链和产业链，实现智能材料、智能制造、智能物流、智能服务的协同发展。发展服务型制造是提升制造业可持续发展能力的必然趋势。网络众包、协同设计、大规模个性化定制、精准供应链管理、全生命周期管理、电子商务等技术及新模式、新业态，正在重塑产业价值链体系，加速推动我省制造业价值链向“微笑曲线”的两端延伸。要加快制造业与生产性服务业融合，以制造为基础、服务为导向，使制造业由提供“产品”向提供“产品+服务”转变，推动我省由生产型制造转向服务型制造。

融合发展成为转型新路径。信息化和工业化深度融合是打造产业竞争新优势、抢占未来发展先机的有效途径。当前，大数据、云计算、物联网、移动互联网等新一代信息技术正在强劲提升互联网的渗透能力和带动作用，不仅使智能制造成为新型生产方式，也催生了许多新业态和新的商业模式，融合发展成为产业发展的重要趋势。2014 年全省两化融合指数为 67.01，居全国第九位，预计 2018 年将达到 88 以上。“十三五”时期，以数字化、智能化、网络化为特征的信息化，将重构工业体系和产业组织形式，推动技术进步、效率提升和组织变革；互联网日益融入媒体、教育、医疗、物流、金融等各领域，将形成新的消费理念、商业模式和产业形态；工业互联网快速发展，新的生产方式、产业形态和商业模式将不断涌现，信息经济新形态、新模式竞相呈现。

三、全面创新：“十三五”是湖北实现发展动力转换的突破期

我省属于内需型经济结构，初级生产要素和投资驱动一直是实现经济持续高速增长的主要动力。2010—2014 年，投资对经济增长的贡献率均超过 60%，但数值从 66.3% 下降到了 60%。“十三五”时期，投资和初级生产要素对我省经济增长的拉动效应还将逐步递减，发展动力亟待转换。面对外部环境变化，增强内生发展动力，推进持续发展，关键在于加快实施创新驱动发展战略，坚持投资拉动和创新驱动并驾齐驱，推动经济从外延式增长向内涵式增长转变。

科技创新将成为全面创新的核心。创新驱动的核心是科技创新。没有科学发现、技术进步，经济发展就没有原始驱动力；没有技术上的大规模实质性突破，转型升级就难以真正落地。要把科技创新摆在发展全局的核心位置，同步推进产业创新、企业创新、市场创新、产品创新、业态创新以及管理制度、组织结构、

商业模式等全面创新，促成知识、信息和智力要素在经济发展中的生产、扩散与应用，打造促进经济增长、就业创业和转型升级的新引擎、新动能。

创新创业的机制将不断完善。实施创新驱动战略，最重要、最紧迫的是破除体制机制障碍、优化制度环境和政策环境。去年，省政府在全国率先出台“科技10条”，加快了科技成果转化步伐。要进一步完善推进创新创业的体制机制，实行严格的知识产权保护制度，改进新技术、新产品、新商业模式准入管理，健全科技成果转化机制，推进创新型政策从选择性转向普惠性，激发大众创业、万众创新。

创新型人才将不断涌现。创新驱动本质上是人才驱动。构建创新型人才培养模式，促进科技人才合理流动，强化利益激励和精神鼓励，吸引国内外高层次科技创新人才等，是实施创新驱动发展战略的关键。我省主要劳动人口平均受教育年限高于全国平均水平，但高端研发和技能人才仍然短缺。树立“唯才是举、不拘一格”的观念，制定更具包容性、竞争性的人才吸引制度，引进和培养高层次人才，积极推进企业家经济、院士经济、海归经济、万众创新经济发展。

四、培植优势：“十三五”是湖北开拓发展新空间的发力期

我省作为中部省份，既有科技、人才、交通等突出优势，有雄厚的产业基础，同时又有丰富的资源要素，工业化、城镇化提档升级有着巨大的潜力。“十三五”时期着力创新、转型、升级，大力培植新优势，就能不断拓宽新的发展空间。

以城市群为载体的区域一体化进程不断加快，将使湖北在长

江中游城市群中发挥更大的作用。我国进入发展新阶段，经济的转型升级，资源的优化配置，必然导致要素及产业在区域间的大规模流动重组，形成更加协调的分工合作格局，从而显著提升区域发展活力，拓展发展空间。“十三五”时期，要进一步强化完善武汉中心城市功能，提高对区域的服务能力，使其真正成为带动武汉城市圈及全省，辐射长江中游城市群的“国家中心城市”。同时，大力推进武汉城市圈、襄十随、宜荆荆城市群的一体化进程，加快城乡一体化步伐，促进劳动力就近转移，实现“以人为核心”的新型城镇化。

产业转型升级不断推进，将拓展湖北产业发展新空间。“十三五”时期是我省主导产业“新旧交替”的关键期。要坚持以“新供给”拓展“新需求”，突出“新产业、新技术、新业态”，推动战略性新兴产业突破性大发展，使其占全部工业的比重达到40%以上，成为带动新时期产业发展的“火车头”。同时，要大力推进成熟产业以智能化为方向的技术改造。依据江苏的测算，技术改造每投入1元，就实现年新增销售收入3.09元、利润0.25元、利税0.40元，投入产出效率达到1：3。如我省“十三五”时期要使主要装备新度系数达到70%，应有6000亿元以上的技改投资，至少带来1.5万亿元以上的新产出。还有，网络经济具有“颠覆性”的革命性作用，具有极高的成长性。大力推进信息化与工业的融合，促进网络经济进入各个领域，将为我省发展赢来巨大的空间。

基础设施建设持续发力，将赢来湖北大发展、大提升。“十三五”时期，湖北将抢抓“一路一带”建设的机遇，继续构建交通综合体系，着力打造“中国立交桥”，进一步建设全国铁路路网中心、高速公路网重要枢纽、长江中游航运中心、中部门户空港和现代物流基地。这些重大项目的支撑和拉动，将有利于形成湖北经济新的增长点。同时，城镇基础设施、生态环保基础设施、农业农村基础设施建设等也将迎来新一轮建设高潮，这既能大大改善优化我省的发展条件，更能带动相关产业产出的增长，为湖北经济赢得新的发展空间。

五、深化改革："十三五"是湖北建立完善发展新体制的攻坚期

"十三五"时期是全面深化改革的攻坚期，也是全面释放改革红利的收益期。面对"十三五"繁重的发展任务及种种难题，面对人民群众的新期盼新要求，我们必须以更大的政治勇气和智慧、更有力的措施和办法推进改革开放，努力使湖北的改革开放走在全国前列。

坚持用深化改革的办法破解发展中的难题。改革开放以来，我省同全国一样，已经并正在经历两次大转型。第一次是从传统计划经济体制过渡到市场经济体制，第二次是从经济体制改革过渡到全面深化改革，其主要目标是完善和发展中国特色社会主义制度，推进国家治理体系和治理能力现代化。"十三五"时期，我省经济社会发展、转型、改革都处在承上启下的关键时期，其深刻性、复杂性、艰巨性前所未有。一是增长、转型、改革高度融合，增长与转型直接依赖改革的突破。二是利益固化矛盾突出，改革需要在调整重大利益关系上取得实质性进展。三是增长、转型倒逼改革，改革的时间、空间约束明显增强。因此，必须通过推进重点领域和关键环节改革，破解发展中的体制性、结构性矛

盾，为经济转型与发展提供不竭动力。

湖北改革开放要走在全国前列。一是湖北具有改革走在前列的责任。湖北肩负“两型”社会建设、国家自主创新示范区建设两项国家使命，还肩负着建成支点和推进长江中游城市群建设两项全局战略使命，完成这些重大使命，关键靠全面深化改革。二是湖北具有改革走在前列的条件。从历史条件看，湖北具有敢于改革、善于改革的优良传统，改革土壤深厚，改革创新是湖北的精神基因。从现实条件看，湖北面临着诸多前所未有的改革发展条件，完全可能在全面深化改革中抢占先机，跻身前列。三是湖北具有改革走在前列的紧迫要求。当前不能仅靠要素投入，不能仅靠传统的发展模式，根本上要靠技术创新、产业创新、商业模式创新，最终靠体制机制创新。建成支点，首先必须建成体制机制创新的支点；走在前列，首先必须在改革上走在前列。四是湖北具有改革走在前列的法治基础。在省深改组的领导下，省人大常委会将在省级层面率先制定全面深化改革促进条例，进一步营造有利于改革创新的制度环境和社会环境，引领、推动、规范和保障我省“全面深化改革”。

加快构建符合湖北实际的发展新体制。从湖北改革不够、发展不够、开放不够的实际出发，通过深化改革，加快完善各方面体制机制，破除一切不利于湖北科学发展、跨越式发展的体制机制障碍。坚持以经济体制改革为重点，加快建立健全使市场在资源配置中起决定性作用和更好发挥政府作用的制度体系，加快形成有利于创新发展的市场环境、产权制度、收入分配制度、投融资体制、人才培养引进使用机制。坚持以开放为先导，在资源配置、经贸合作、人文交流等各个领域，进一步扩大对内对外开放，加快形成开放新体制。同时要结合湖北实际，进一步深化政治体制、文化体制、社会体制和生态体制等各方面改革，坚持以开放促改革、促创新、促全省经济社会持续健康发展。

六、补齐短板："十三五"是湖北迈向高收入水平的爬坡期

"十三五"时期将是我省由上中等收入水平向高收入水平迈进的关键阶段。这一阶段充满矛盾和风险，能否妥善应对、顺利跨越中等收入陷阱，是我们面临的最大挑战。必须紧紧围绕全面建成小康社会这个大目标，全力做好补齐短板这篇大文章，努力解决发展中不平衡、不协调、不可持续的突出问题。

积极应对经济下行压力。当前我省经济运行仍处在增速下行的通道中，投资增速放缓，工业新增长点不多，企业融资难、结构性用工用地难等问题仍然突出。有效需求不足、产能过剩严重、产业抗风险能力不强等因素叠加，是我省经济下行的深层次原因。要坚持投资消费协调拉动经济增长，充分发挥投资对增长的关键作用和消费对增长的基础作用，进一步增加有效投资，释放消费需求；加快培育新增长点，着力推动经济转型提质；大力发展民营经济，超常规发展县域经济；着力帮扶实体经济，有针对性地解决企业突出困难，帮助企业渡过难关。

推进基本公共服务均等化。完善基本公共服务体系，加快推进基本公共服务均等化，是新常态下守住基本民生底线的制度要求，是跨越中等收入陷阱的重要支撑。目前，我省基本公共服务尚存在覆盖面不全、差异性较大等问题，是全面建成小康社会的一块短板。要突出和强化"保基本、全覆盖、可持续"的发展思路，坚持"学有所教、劳有所得、病有所医、老有所养、住有所

居”，推进基本公共服务从制度覆盖到人人覆盖。优化整合基本公共服务资源，引导新增基本公共服务优先向农村、贫困地区和社会弱势群体倾斜，逐步缩小城乡、区域及不同群体间的差距。加快精准扶贫步伐，以四大片区为重点，实施一批重大民生工程，确保全省590万贫困人口全部脱贫。

增强资源环境承载能力。我省资源环境保护的形势依然严峻，宜耕后备土地有限，缺煤、少油、乏气，单位GDP能耗高于全国平均水平。2014年，我省主要河流水质符合Ⅰ~Ⅲ类标准的断面比例、主要湖库水质符合或优于Ⅲ类标准的水域比例，分别同比下降0.3和3.1个百分点，空气质量达标城市比例比上年下降29.4个百分点。资源环境瓶颈制约要求我们加快生态文明建设，更加重视绿色发展、循环发展、低碳发展，强化资源消耗上线、环境质量底线、生态保护红线等硬约束，解决重点环境问题，以最少的资源消耗支撑经济社会可持续发展，提高资源环境承载能力。

（本文系作者于2015年11月20日向湖北省委提交的研究报告，旨在为制定全省第十三个“五年规划”提供决策参考。）

关于结构性改革的若干思考

（2016年1月7日）

省委十届七次全会提出，“十三五”时期要加大结构性改革力度，着力加强供给侧结构性改革，着力提高供给质量和效率，不失时机推动湖北发展再上新台阶。从理论与实践的结合上把这一重大问题搞清楚，有利于增强工作中的思想自觉和行动自觉。

一、结构性改革的历史轨迹

在宏观经济运行中，最重要的比例关系莫过于总供给与总需求的平衡。其中，投资需求、消费需求、出口需求属于“需求侧”拉动经济增长的“三驾马车”，与之对应的就是“供给侧”，即从生产、供给端入手，通过提高劳动力、资本、土地、技术、管理等要素投入效率，通过解放生产力、提升竞争力以推动经济发展。在经济学的原理中，供给与需求犹如人的手掌与手背，或一枚硬币的两面，两者相互关联、相辅相成。供不应求会导致市场短缺，供过于求会出现产能过剩，只有供求基本平衡才是理想的经济状态。

19世纪初“萨伊定律”的提出和演进，被人们称之为供给侧经济学派的开端。他们认为，在市场经济条件下，商品的买卖只是商品与商品之间的交换，货币只是在一瞬间起到媒介作用，卖主得到了货币，马上又会购买商品，所以卖主同时也是买主，供给者就是需求者。一种产品的产生给其他产品开辟了销路，供给会创造自己的需求，不论产品如何增加，都不会造成产能过剩，至多只是暂时的积压。由此，产品生产本身能创造自己的需求，社会上商品的总供给和总需求一定是相等的，不可能产生遍及国民经济所有部门的整体性生产过剩，即使在国民经济的个别部门出现供求失衡的现象，也是局部的、暂时的。根据萨伊定律，在一个完全自由竞争的市场经济中，在一个理性的、拥有驾驭市场能力的企业家群体存在的状态下，就不会形成"无效供给"，因而社会的总需求大体上等于总供给。所以，供给学派主张：宏观调控政策的重点应该放在刺激生产上，放在增加供给上。在19世纪自由竞争的商品经济发展时期，供给学派的理论占据主导地位，以此为理论依据制定经济政策并建立相应经济体制的各个国家，其商品经济都有着长足的发展。

到了1929年至1933年，美国经济大危机、大萧条导致大量产能过剩，供给学派对此难以做出合理解释，于是凯恩斯提出的经济有效需求不足、应当刺激总需求增长的观点开始流行。凯恩斯主义经济学主张国家采取扩张性的经济政策，即扩大政府开支，实行财政赤字，刺激经济中的投资和消费，维持发展繁荣。凯恩斯主义的核心是改善需求侧，其推演逻辑是从充分就业开始的：（1）以往假设的充分就业均衡建立在萨伊定律基础之上，其前提是错误的，因为总供给与总需求函数的分析结果显示，通常情况下的均衡是小于充分就业的均衡。（2）之所以存在非自愿失业和小于充分就业的均衡，其根源在于有效需求不足；因为总供给在短期内不会有大的变化，所以就业量就取决于总需求。（3）有效需求不足的原因在于"三个基本心理因素，即心理上的消费倾向、心理上的灵活偏好，以及心理上的对资本未来收益之预期"。

(4) 政府不加干预就等于听任有效需求不足继续存在，听任失业与危机继续存在；政府须采取财政政策刺激经济、增加投资，以弥补私人市场之有效需求不足。在当时美国经济严重危机之时，凯恩斯主义似乎为之打了一剂强心针，寻找到一种拯救经济的良方，进而使美国经济很快走出低谷、走向复苏。之后，美国等西方国家又沿着这一思路不断调整完善宏观经济政策和微观经济政策，由此给西方发达国家带来了20年经济增长的“黄金时期”，凯恩斯也被尊称为“战后繁荣之父”。

20世纪70年代，美欧经济出现高通胀、高失业的滞胀现象，于是在英美又兴起一个新的经济学流派即供给学派。该学派认为，生产的增长决定于劳动力和资本等生产要素的供给和有效利用。个人和企业提供生产要素及从事经营活动是为了谋取报酬，对报酬的刺激能够影响人们的经济行为。自由竞争的市场经济会自动调节生产要素的供给和利用，应当消除阻碍市场调节的因素。其论点主张有：(1) 复活“供给自动创造需求”的萨伊定律；(2) 力主市场经济，反对政府干预；(3) 通过减税政策刺激投资，增加供给；(4) 重视智力资本和企业创新，反对过多社会福利；(5) 主张控制货币，反对通货膨胀。其政策主张是：(1) 通过削减政府开支和控制货币供应量的增长，降低通货膨胀率；(2) 通过减税和加速企业折旧，以及改革一系列有碍于生产的规章制度，为企业经营者提供宽松的环境和自由竞争的政策空间；(3) 通过调动企业经营者和投资者各方面的积极性，摆脱经济停滞和通货膨胀，促进经济的稳定和发展。经过不断地实践之后，供给学派又进一步主张：(1) 由普遍地反对政府干预变为由政府进行一定的干预；(2) 由单一地强调减税以及刺激投资变为根据需要有增有减；（3）由强调反凯恩斯主义的预算平衡发展又回复到实行庞大的财政赤字政策。这种理论主张和政策主张因其有效性，使之成为20世纪80年代美国里根政府及英国撒切尔夫人执政的重要指导思想，“里根经济学”和“撒切尔主义”也成为供给学派观点的典型实践。20世纪90年代以来，美国经济经历了一轮时间较长的繁荣，创造了低通货膨胀率、低赤字、低失业率的“三低”奇迹，并最终实现了财政预算盈余。有专家分析认为，这一时期美国经济的繁荣与“里根经济学”有直接关系。

2008年美国“次贷危机”引发全球金融海啸，美国从供给侧出发进行“区别对待”政策操作与结构性调整。他们采取包括推动新一轮技术革命、“再工业化”等一系列重大举措，不失时机地布局高端制造业、抢占科技制高点。他们还通过采取大幅减税、大幅降息等有利于供给方面的政策措施对本国宏观经济进行了强有力的“供给管理”，推动经济逐步走向复苏。

纵观世界范围内结构性改革的历史轨迹，我们可以发现，是以需求侧发力推动发展，还是以供给侧发力推动发展，这不仅仅取决于一个国家的政治制度和经济制度，而且也反映着社会化大生产的一般规律，反映了社会生产力发展进程中不以人的意志为转移的客观必然性。从这个意义上说，先行工业化国家发展进程中所依据的一系列理论和政策，其中必有其合理内核乃至精华，由此值得我们冷静地加以学习和研究，值得我们理性地、有选择地加以借鉴。另一方面，又必须从我国的国情出发。我国是历史悠久的文明古国、是全世界人口最多的国家、是世界上最大的发展中国家、最大的社会主义国家、最大的经济体制转轨国家、最大的经济发展方式转型国家、最大的新兴市场经济国家。因此，照抄照搬任何国家的理论、模式、路径都是行不通的。推进结构性改革，尤其是供给侧结构性改革，必须从我国实际出发，在吸收借鉴前人创造的优秀文明成果的基础上，对新实践提出的问题作出时代化、本土化解答，作出自己的创新性理论概括，并进而创立中国版的发展经济学。

二、推进结构性改革势在必行

在我国经济发展进入新常态的关键时刻，党中央总揽全局、高瞻远瞩，以创造性思维明确提出“着力加强结构性改革”，清晰体现了“十三五”时期经济治理思路的方向和策略，也进一步指明了全面深化改革的关键和重点，对未来五年乃至更长时期发展至关重要。

认真回顾过去可以看到，在我国改革开放之初，由于刚刚从“以阶级斗争为纲”转到“以经济建设为中心”的轨道，经济运行和发展并没有形成系统性的理论指导及深思熟虑的模式。但从30多年经济运行的结果看，应属于需求侧主导的发展路径，其基本轨迹是：改革开放→扩大需求→增加供给→平衡结构→推动发展。就是说，通过推进改革、扩大开放，充分调动了方方面面的积极性，整合了国内外的各种优势，极大地推动了投资需求、消费需求、出口需求的充分释放，进而促进了各个层次满负荷生产，推进各方面产能井喷式增长。在这一过程中，由于国际、国内两个市场的巨大拉力，由于投资、消费、出口共同发力，由于需求推动供给、供给促进需求的正能量循环，使我国在一个经济运行的长周期中保持了总供给与总需求的大体平衡。在这一过程中，由于不断推进由传统计划经济向社会主义市场经济的转变，由于不断推动由粗放式发展向集约式发展的演进，不断依据国际国内发展态势适时调整发展战略和发展对策，有效防止了整个国民经济大起大落。正是这一切，促推整个国民经济犹如野马式高速增长，使我国综合国力迅速提升，一举成为世界第二大经济体，成功实现了从低收入国家向中等收入国家的跨越。这一神奇的发展历程，确实值得国人骄傲与自豪！

近年来，我国进入经济增长速度换挡期、结构调整阵痛期和前期刺激政策消化期“三期叠加”阶段，进入发展方式转变、经济结构调整、增长动力转换的“新常态”。一方面，我国经济发展基本面是好的，潜力大、韧性强，回旋余地大，新动力正在强化，新业态不断出现，发展前景看好。另一方面，我国经济运行和发展中也面临着很多困难和挑战，存在着诸多深层次的矛盾和问题。

其一，供给严重过剩。伴随着改革开放的不断深化，伴随着经济体制由计划经济向市场经济的转变，我国逐步从供不应求的短缺经济中走出来，迅速实现了由卖方市场向买方市场的转变。伴随着我国经济的高速成长，特别是在长期形成的粗放式发展惯性作用之下，许多领域已经出现比较严重的产能过剩。其中相当多产能是在世界经济增长黄金期面向国外需求、在国内消费处于旺盛期而形成的。近年来为了应对国际金融危机冲击，通过采取一系列“强刺激”政策，又使一些产能有所扩大。现在，技术变革加快、消费结构升级、国际市场增长放缓、国内消费率下降同时发生，相当部分生产能力达到峰值，许多生产能力无法通过市场实现。严重的产能过剩，不仅加大了经济下行压力，而且成为突破“中等收入陷阱”过程中的重负。还必须看到，在经济增长动力转换的大背景下，需求侧的刺激政策主要是防止短期内增速下滑过快，主要在于缓解经济下行压力，而不可能通过需求刺激政策使过剩产能不再过剩，无助于从根本上解决结构性失衡。换言之，对产能过剩行业实行需求刺激政策，所刺激起来的很可能是短期内难以见到经济效益、长期效益也难以确定的低效投资乃至无效投资。

其二，供给与需求不匹配。当今，我国已成为世界第二大经济体，正向中高收入国家的目标迈进。我国以农业为主的经济结构向以工业为主的经济结构的转变，这一目标基本完成，目前正向以服务业为主的经济结构转变。伴随着重大结构的转型，人们的消费需求也正在从追求数量扩展到追求品质、从追求衣食住行消费扩展到追求服务消费、从追求物质享受扩展到精神文化生活。然而，我国供给体系却未能及时适应需求的重大变化而作出相应调整，供给与需求不匹配、不协调，已经成为经济持续健康发展的“拦路虎”。例如，过去主要是面向低收入群体为主的供给体系，没有及时跟上中等收入群体迅速扩大而变化了的消费结构，以至于化妆品、水龙头、电饭煲都会引发“海淘”“海代”热潮；过去供给体系能适应排浪式消费，但满足多样化、个性化消费的能力相对比较差。很多产品在总量上没有问题，但结构上存在着花色、品种、规格、安全性等满足不了消费需求；传统的消费品供给严重过剩，教育、医疗、养老等服务性供给严重不足；供给体系总体上是一种中低端产品过剩、高端产品供给不足，在这种“高不成、低不就”的状态下，供给面无法适应需求面升级的矛盾十分突出。还有，我国的供给体系具有外向型的特点，在外需减少的情况下，有些产业出现产能过剩，却很难转向内需。总之，供给与需求不匹配，会导致资源配置扭曲，严重影响和降低资源利用效率。因此，“供需错位”已成为经济增长的重大障碍。

其三，高成本是供给侧的致命伤。企业生产经营成本提高过快，也是当前在供给体系方面出现的重要问题。经济发展进入新常态以来，劳动力成本、自然资源价格、环境成本、技术进步成本等全面持续攀升，导致实体经济边际利润率和平均利润率大幅下滑。“一吨钢利润不如一斤猪肉的价钱”，就是这种状况的形象描述。一般说来，在经济上行周期、市场环境好的情况下，成本高一点或低一点，企业还可以承受。但是，现在国外市场需求疲软、国内经济下行压力加大、产能过剩导致产品销路不畅，再加上企业产品成本进一步提高，致使企业承受着多重压力，极大地削弱了企业特别是实体经济企业的盈利和发展能力。尤其要看到，在我国居民收入还处于中等收入水平的时候，生产经营成本却类似于高收入国家水平，即出现了所谓“未富先贵”现象。如果这种状况不加以改变，将会进一步转化为巨大的成本推动的通货膨胀压力。所以说，高成本是供给侧最致命的硬伤。

其四，全要素生产率增速下降呼唤供给侧改革。经济发展一般规律表明，一个国家或地区经济发展的初始阶段，经济增长主要是依靠要素投入特别是资本投入；进入发展中后期特别是进入后工业化阶段之后，要素投入的贡献逐步下降、全要素生产率对经济增长的贡献逐步提高，此时经济增长将会更多依靠全要素生产率的提升。经济发展进程还表明，经济增长主要来自于劳动力、资本等要素投入的增加以及全要素生产率的提高，后者则是指扣除要素投入贡献后，由技术进步、管理水平、劳动力素质、要素使用效率等其他因素的改进与革新所带来的产出增加。简要地讲，全要素生产率就是产出大于投入的差值或差额，它集中反映各生产要素的综合利用效能，集中体现经济增长的质量和效益。改革开放以来，我国经济持续快速增长，得益于全要素生产率提升。据有关机构测算，1982—2010 年我国全要素生产率对经济增长的平均贡献率为 21.5%。但是，自国际金融危机以来，我国全要素生产率增速呈下降趋势，并通过多方面表现出来。例如，从 2008 年到现在，随着政策刺激下投资大幅增长，每新增 1 元 GDP 需要增加的投资已经显著上升，投资回报率明显降低，显示出资本边际效率下降。再例如，当前经济运行中出现了“四降一升”，即经济增速下降、工业品价格下降、实体企业盈利下降、财政收入增幅下降、经济风险发生概率上升。因此，今后一个时期，推动经济持续稳定增长，核心是通过供给侧结构性改革，把促进经济增长由主要依靠增加要素投入转到主要依靠科技进步、劳动者素质提高、资源优化配置和管理创新上来，向高端制造业进军，发展现代农业和服务业，向绿色要生产力。或者说，必须通过提高全要素生产率，促进发展动力顺利转换，奋力跨越这一“绕不过去的历史关口”。

正是基于上述分析和判断，党中央坚持问题导向，顺应发展规律，果断作出了“推进结构性改革”的重大决策，旨在通过着力加强供给侧结构性改革，推动中国经济实现转型升级，推动经济持续健康发展。其基本轨迹是：更加注重增加有效供给→释放有效需求→促推经济结构优化升级→全面深化改革和推进高水平双向开放→在新常态下推动国民经济转型发展→实现由低水平供需平衡向高水平供需平衡的跃升。

三、推进结构性改革的战略战术

推进结构性改革，是适应和引领我国经济发展新常态的重大创新，也是一项长期的、艰巨的、复杂的系统工程。从战略高度和整体部署上看，工作进程中必须注重把握三个要点：

1. 聚焦一个重点。就是要着力加强供给侧结构性改革，把改善供给结构作为主攻方向。当前社会再生产中的生产、流通、分配、消费整体循环不畅，根源于深刻的供给侧、结构性、体制性矛盾，根源于有效供给不能适应需求总量和需求结构的变化。在总供给与总需求这个矛盾统一体中，矛盾的主要方面在于加强供给侧。加强供给侧结构性改革，根本在于矫正要素配置扭曲，千方百计让处于停滞状态的要素流动起来，让资源从已经过剩的领域转移到更有需求的领域，让资源从低效率领域转移到高效率领域。要通过去产能、去库存、去杠杆、降成本、补短板，调整优化存量，扩大有效增量，培育发展新动能。

2. 坚持两端发力。就是要在“更加注重供给侧结构性改革”的同时，适当扩大总需求和调整需求结构。推进结构性改革的根本目标，旨在以创新供给带动需求扩展、以扩大有效需求倒逼供给升级，实现稳增长、调结构、促转型、增效益互为支撑、互促共进，并最终建立起“供需相匹配”乃至“供需相平衡”的经济结构。因此，从供给侧发力，并不意味着忽视需求侧，必须从供需两端加大结构性改革力度。在需求侧，要以更为优质的产品、更加丰富的新业态、更便利的服务，引领和创造消费需求，在消费升级中释放需求潜力。要积极增加有效投资，加快补短板项目建设，立足长远实现投资综合效益递增。要千方百计扩大商品出口和服务贸易，努力拉动出口需求。

3. 加强三期统筹。就是要统筹兼顾短期、中期和长期改革发展，在政策上、策略上作出前瞻性安排。进入新常态的中国经济，所面临的已非外部性、周期性、短期性的冲击，而是内在性、结构性、中长期的压力，提高供给体系质量和效益、提高全要素生产率、产业迈向中高端、实现经济转型升级等目标要求，都需要经过长期的艰苦努力。总体而言，以货币政策和财政政策为主，主要用于逆周期调节经济波动，属于中短期政策；以供给侧改革和市场化改革为核心的结构性改革，主要用于提高潜在生产率和潜在经济增速，属于中长期政策。彼此相互补充、相得益彰，必须瞻前顾后，加强统筹。我国经济可能会经历一个L形增长阶段，因此在战略上要坚持打持久战，在战术上要打好歼灭战。

就战术而言，围绕着力加强供给侧结构性改革的“去产能、去库存、去杠杆、降成本、补短板”五大重点任务，“十三五”时期，我省要在适度扩大总需求的同时，着力推进供给侧结构性改革，着力提高供给体系质量和效率，提高投资有效性，培育提升传统比较优势，切实降低企业负担，增强市场活力，提高生产要素配置效率，打造湖北经济升级版。

一是打好企业减负脱困的攻坚战，提高企业效益。新常态下，很多企业面临着成本高企、技术创新能力不足、高素质人才流失严重以及资金、渠道、品牌缺失等问题，靠拼低廉的劳动力、土地、环境成本参与竞争已经难以为继，迈向中高端的过程困难重重。必须切实减轻企业负担，促进企业增加有效供给能力，提高企业效益。要全方位着力、多措施并举，扶持实体经济，减少行政干预，规范中介服务，降低企业的制度性交易成本。深化投融资体制改革，创新融资模式，规范发展担保平台、产业基金，降低企业融资成本。深化财税体制改革，实施减税降费和加速折旧，清理各种不合理收费，降低企业财税成本。推进资源品价格改革，择机放开成品油价格，稳步放开非居民用天然气价格，有序放开上网电价和公益性以外的销售电价，降低物流成本，降低企业原材料成本。完善社会保险制度，实施全民参保计划，完善职工和城乡居民基本养老保险个人账户制度，规范养老保险省级统筹，降低企业人力成本。对钢铁、石化等重点行业和困难企业，要通过行业性的减负和一企一策的脱困，切实减轻企业负担。引导企业更加积极主动适应市场需求变化，实施企业技术改造提升行动计划，增加优质新型产品和生活服务等有效供给。支持企业应用新技术、新工艺、新材料，加快产品升级换代、延长产业链条。支持企业通过提高产品质量、维护良好信誉、打造知名品牌，培育一批核心竞争力强的企业集团和专业化企业，提升市场竞争力。

二是加快产业转型升级，推进供给结构调整。2015 年，我省服务业占比为 42.5%，比全国平均水平低 8.5 个百分点，工业内部结构不优，重工业比重依然偏高，六大高耗能行业占比在 27% 左右，钢铁、有色、水泥等传统产业产能过剩，结构性的有效供给不足。必须引导过剩产能供给侧减量和结构调整，促进过剩产能有效化解。加快淘汰工艺装备落后、产品质量不合格、能耗及排放不达标的落后产能，积极探索产能置换指标交易，为先进产能释放腾出空间。制定系统性配套政策，积极稳妥清理“僵尸企业”，妥善消化富余劳动力，腾出市场空间。抢抓“一带一路”战略机遇，推进国际产能和装备制造合作，拓展产业发展空间。要加快产业转型升级步伐，坚持高端化、智能化、绿色化、服务化，着力培育发展新兴产业，实施好对接《中国制造2025》、“互联网+”行动计划，加快发展新一代信息技术、新能源汽车、生物技术、绿色低碳、高端装备与材料、数字创意等战略性新兴产业重点领域。加快推动轻工、纺织、食品加工等产业转型升级，瞄准国际标准和细分市场需求，从提高产品功效、性能、适用性、可靠性和外观设计水平入手，全方位提高消费品质量，改造提升传统产业。积极培育新型服务业态，促进生产性服务业专业化发展、向价值链高端延伸。重点发展居民和家庭服务、健康养老服务等生活性服务业，推动生活性服务业便利化、精细化、品质化发展。

三是全面深化改革，优化要素资源配置。供给侧改革的核心，是通过改革创新、简政放权、制度保证、激发活力等手段，破除供给约束、优化供给结构，促进生产要素的供给水平和有效利用，进而提高全要素生产率。只有让市场对“供给侧改革”更多的发挥作用，让企业成为“供给侧改革”的主体，“供给侧改革”才能实现效率最大化。要实施权力清单、责任清单、负面清单机制，确定政府和市场的合理边界，进一步精简行政审批事项，减少政府对微观事务的干预。推进行政审批标准化建设，大力推行网上审批、并联审批和集中审批，提高审批效率。加快推进户籍制度改革，有序推动农业转移人口市民化，深化住房制度改革，满足新市民住房需求，从需求和供给两侧发力，消化房地产库存。优化土地配置，深化农村土地制度改革，完善农村集体产权权能，推进土地确权流转。探索开展城乡建设用地增减挂钩指标全省范围内交易的有效方式，调整优化新增和存量建设用地结构，积极盘活低效利用建设用地。围绕服务实体经济推进金融体制改革，进一步扩大金融业对内对外开放，健全多层次资本市场，引导金融机构调整信贷结构，加大对中小微企业支持，推动解决融资难、融资贵问题。

四是扩大有效投资，增加有效供给。更好地适应供给侧改革需要，加大投融资体制机制创新，以有效投资推动供给结构调整，提高投资效率，充分发挥投资稳速提质增效作用。要充分发挥政府投资的带动作用，引导社会资本主动适应新消费增长和传统消费升级需要，积极扩大与之相关的基础设施、公共服务、产业升级和技术创新等领域的投资，加强有利于推进结构升级、弥补小康短板和增强发展后劲的投资。强化对科技含量高、辐射带动作用强、有望形成新增长点的重大科技工程项目的支持，充分发挥政府投资对创新创业、技术改造、质量品牌建设等领域的带动作用。加强与政策性金融机构、开发性金融机构的合作，在国家批准的业务范围内，引导金融机构为重大工程提供长期稳定、低成本的资金支持。大力发展股权投资基金和创业投资基金，鼓励民间资本采取私募等方式发起设立产业投资基金，重点投向引领结构升级的战略性新兴产业。

五是促进消费升级，推进需求结构调整。推动传统消费提质升级，加快新兴消费发展，将有效催生产业发展、科技创新、基础设施建设和公共服务等领域的新投资新供给。要瞄准消费新热点、消费新模式，加快相关产业、基础设施和公共服务发展，重点推进服务消费、信息消费、绿色消费、时尚消费、品质消费和农村消费等方面消费升级，提升有效供给能力，提高供给质量，扩大消费需求。加快完善标准体系和信用体系，强化质量监管和消费者权益维护，完善消费基础设施网络，营造放心便利的消费环境，打造面向全国乃至全球的消费市场。着眼于发挥制度优势、弥补市场失灵、引导市场行为，调整财税、金融、投资、土地、人才和环境等相关政策，加强政策协调配合，打造有利于消费升级和产业升级协同发展的政策环境。

（本文系作者于2016年1月7日在“第十次湖北经济发展季度专家座谈会”上的发言，之后摘要发表于2016年1月11日《湖北日报》。）

论提高全要素生产率

（2016 年 4 月 5 日）

供给侧结构性改革，从当前看，旨在减少无效和低端供给、扩大有效和中高端供给，增强供给结构对需求变化的适应性和灵活性；从中长期看，旨在不断提高资源配置效率，不断提高全要素生产率，进而实现结构优化、动力转换、经济转型升级，以获取良性发展的可持续性；从根本上讲，旨在最大限度解放和发展生产力，不断提高全体人民的物质文化生活水平。这表明，供给侧结构性改革的核心标志和关键环节，在于提高全要素生产率。牢牢抓住提高全要素生产率这一重点难点问题，也就牵住了经济转型升级增效的“牛鼻子”。

一、提高全要素生产率代表着当前经济发展的方向

全要素生产率这一概念，最早是由美国经济学家罗伯特·索洛提出来的，是衡量单位总投入的总产量的生产率指标，即总产量与全部要素投入量之比。全要素生产率又称为“索洛余值”，意指产出大于投入的差值，产出增长率超出要素投入增长率的部分，即为全要素生产率的增长率。

在经济学家看来，作为经济增长源泉的因素，可分为有形的生产要素和无形的生产要素。其中，有形要素包括劳动力（即有一定劳动能力和基本素质的劳动者）、资本（包括厂房、机器设备、存货等劳动创造的资本财物）、土地（包括一切自然资源在

内)；无形要素包括技术进步及运用、规模经济及专业化分工、劳动者素质及技能、组织管理优化、体制机制创新等，通过无形要素可使有形要素使用效率提高。现代经济学中，全要素生产率就是指有形生产要素投入之外，其他所有无形要素对经济增长做出的贡献，是无形要素对经济增长作用的综合反映。

提升全要素生产率，旨在使国民经济总体投入产出效率提高，使经济增长速度高于生产要素投入增长速度，使经济增长的质量和效益显著提高。全要素生产率这一指标，通常是一个国家或地区分析经济增长源泉的重要工具，是判断其经济发展所处阶段的重要依据，尤其是政府制定和评价长期可持续增长政策的客观基础。

经济发展一般规律表明，当一个国家或地区经济处于起飞阶段之时，经济增长主要是依靠“有形要素”驱动，全要素生产率对经济增长的贡献率相对较低。改革开放以来，我国经济发展就是沿着这一基本路径加以推动。从劳动力要素投入看，由于这一时期我国正处于人口红利高峰期，丰富的廉价劳动力成为经济增长的比较优势，以劳动密集型出口产品为主的对外贸易便成为推动增长的重要引擎。从资本要素投入看，由于我国始终处于全球最高的国民储蓄率，由于新型经济体特有的“赚钱效应”，吸引着海内外的投资者蜂拥而至，一直居高不下的投资率成为我国经济增长的又一重要源泉。再从土地等资源要素投入看，由于这一时期房地产逐步成为推动增长的支柱产业，使得土地这一特殊的资源要素对经济增长的贡献逐年增大。一些拥有石油、煤、矿产、农产品等自然资源丰富的地区，其资源驱动的特征则更加明显。我国实行改革开放38年以来，经济高速发展，一举成为世界第二大经济体，人均GDP水平从1978年的155美元跃升至2015年的8000美元，增长了约50倍。这也从另一角度表明，以劳动、资本、土地等“有形要素”驱动经济增长，既有其内在规律的必然性，也有其经济发展特定阶段的合理性。

经济发展进程同时还表明，当一个国家或地区成功跨越经济起飞阶段、进入到跨越“中等收入陷阱”的冲刺阶段之际，有形要素投入的贡献逐步下降，全要素生产率对经济增长的贡献会逐步提高，此时经济增长将更多依靠“无形要素驱动”、更多依靠全要素生产率的提升。

现代经济学中“刘易斯拐点”对我们是个提醒。从这个角度观察，当下我国的劳动力供给增速下降并正由过剩转向短缺，劳动力的价格正在不断上升，人口红利正趋向衰减，我们正在失去人口大国往日所特有的竞争优势；能源、资源和土地的投入已经不可持续，环境约束日趋强化，水、土壤和空气质量已经十分恶化，甚至时时影响到人们的生存条件和身体健康；要素成本不断提升，投资效率降低，资本报酬递减，投资回报率持续下降；资源密集型、劳动密集型、高耗能高污染行业增长乏力，结构性产能过剩比较严重，导致经济增速下滑，经济下行压力加大。所有这些表明，经过30多年的快速发展，我国过去那种主要依靠“有形要素驱动”的经济增长方式已经难以为继，转向由全要素生产率提高来驱动经济增长已是刻不容缓。

为此，我们必须因势而谋、顺势而为，不失时机地深化供给侧结构性改革，促推增长动力的转换，尽快从劳动、资本、土地等有形生产要素投入的增长，转向更多依靠提高全要素生产率的轨道之上。

二、提高全要素生产率的总体把握

提高全要素生产率是一项复杂的系统工程，涉及微观、中观、宏观等各个层面，涉及经济、技术、体制机制等各个方面。总体而言，提高全要素生产率应着重从三方面加以把握。

提高微观生产效率。一般说来，全要素生产率由资源配置效率和微观生产效率两部分构成。但从根本上讲，关键在于提高企业的劳动生产率，提高投入产出比，提高投资报酬率，提升经济竞争力，以获取长期增长的可持续性。一般说来，企业采用了新技术、新工艺，开发了新产品、新品牌，开拓了新市场，优化了组织结构，改善了经营管理，通过改革激发了人的积极性，都可以提高全要素生产率。然而最为重要的是，必须让“创新驱动”成为增长的第一推手，让技术创新成为企业的核心竞争力、成为驱动增长的根本源泉。但必须清醒地看到，当前诸多体制性障碍使企业难以真正做到。例如，经济运行中存在的政府管制过多、审批过程烦琐、税费负担以及社保缴费率过重、融资渠道不畅通、地方保护和市场分割、要素价格扭曲、一些企业面临歧视性待遇等问题，提高了企业的制度性交易费用，客观上产生了抑制微观领域创新的后果。再如流通体制方面，由于各行业、各地区设置的条条框框过多，导致运输效率低下，物流成本高企，减缓了全要素生产率的提高。这一切，都有待深化改革加以解决。

提高资源配置效率。由过去粗放型的依赖有形生产要素投入转向依靠全要素生产率的提升，必须矫正以往过多依靠行政配置资源带来的要素配置扭曲，大力推进生产要素自由流动、实现资源重新配置，进一步提高资源配置效率。例如，通过市场优胜劣汰的强制作用，使生产率和竞争力低下的企业退出市场，使高效率的企业发展壮大。打破一些领域的垄断，有序推进国有企业和国有资产管理体制改革，通过清理退出一批、重组整合一批、创新发展一批，提高国有资产的配置效率。通过去产能，通过培育新的经济增长点，让低效率部门的资源更有效地利用起来。再例如，通过改革，让劳动力从生产率较低的部门转向生产率较高的部门，让劳动力从低效的工作岗位优化配置到高效企业创造的新岗位，就可以从资源重配效率中提高全要素生产率。还例如，有专家测算，从全要素生产率的来源结构看，制造业高于农业和服务业，投资品制造业高于其他制造业，生产性服务业高于其他服务业，可贸易部门高于不可贸易部门。按照这一“指南”，运用市场力量推动产业转移、资本转移和劳动力转移，推动企业进入、退出、扩张和萎缩的资源重新配置，必将促推产业升级和产业结构优化，同样会更为有效地提升全要素生产率对经济增长的贡献。

营造公平的制度环境。制度以及与此相联系的体制机制，是推动技术创新、造就创新人才的核心要素，更是提高微观生产效率、提高资源配置效率，进而提高全要素生产率的关键。营造公平的制度环境，核心问题是处理好政府与市场的关系。如果政府和市场的关系扭曲，市场不能起到资源配置的决定性作用，政府不能起到宏观调控的主导作用，提升全要素生产率绝对难以取得实效。例如，如果政府过多考虑地方收入、就业和社会稳定的因素，不愿意让受到行政保护的低效率企业退出市场，不愿意主动去过剩产能，就会妨碍通过企业正常的进入和退出形成优胜劣汰的机制，必然影响资源配置的效率，损害整体经济的健康程度。再例如，如果大量的政府越位替代了市场，企业获得机会和资源不能通过市场竞争，而是要去找政府审批或部门谈判，那就难以形成公平竞争的市场环境，企业就没有提升全要素生产率的动力和压力。要破除制约全要素生产率提升的制度性障碍，必须进一步深化改革。通过创造好的政策、制度环境，通过营造良好的体制机制，让生产要素更加自由地流动，让资源配置效率更高更有效。

三、提高全要素生产率的现实着力点

近年来，我国经济潜在增长率较1990—2009年期间下降约3%。专家估计，2016—2022年的潜在增长率约为6.5%。据统计，2013年中国经济增长来自于全要素生产率的贡献接近为零，经济增长的最主要动力依赖于资本投入。我国全要素生产率增速降低的主要原因是市场化发育水平不高，资源和生产要素配置效率较低，创新能力不强，科技进步与制度完善的速度跟不上经济发展的需要，等等。在现实情况下，从我省实际出发，提高全要素生产率应着重从如下几方面着力。

一要激活力。2014年，我省全社会研发投入占GDP比重为1.9%，低于全国平均水平0.2个百分点。湖北作为科教大省，还应加大科技研发投入。要进一步推进科技体制机制改革创新，调动各类科研机构、科研人员创新积极性，大力建设“四众”平台，培育“双创”发展良好环境，汇聚发展新动能。要加强科技研发服务体系建设，完善生产力促进中心、企业孵化器等不同的研发服务组织社会化和市场化服务功能。目前，湖北在校大学生超过140万人，每年毕业留鄂就业创业的人数占比很低，大量人才流向沿海发达地区。要高度重视高等教育的投入，特别要出台优惠政策，吸引激励毕业生留鄂工作，鼓励大学生创新创业，提高人力资本存量。要加强职业教育，提高劳动力素质，完善专业技术职称评定制度，广泛调动劳动者的积极性和创造性。

二要补短板。重点围绕新产业、新业态、新品牌补齐短板。要培育新产业，打造以智能制造为主的先进制造业和战略性新兴产业。省委、省政府多方筹资400亿元，向金融机构、企业和社会资本募集1600亿元，设立规模为2000亿元的长江经济带产业基金，促推形成上万亿元的投资规模，目的就是要推进湖北战略性新兴产业发展。去年，我省网络交易额突破万亿元大关，蝉联中部六省第一，同比增长37.5%，省内大型企业电子商务应用普及率接近70%。我省电商发展势头迅猛，吸引了京东、阿里巴巴等众多电商投资武汉。要加快培育新业态，推进“互联网+”行动，以互联网融合创新为突破口，加快发展电子商务、互联网金融、大数据等新业态。“十二五”时期，虽然全省有效期内湖北名牌超过900个，名牌产品产值突破6000亿元，占全省GDP比重达20%，但湖北自主创新和品牌创建能力仍显不够，原创性产品和技术不多，质量整体水平的提高滞后于经济规模的增长。要深入实施质量强省战略及工业质量品牌提升行动，培育新品牌，促进产品升级换代，提高品牌附加值，打造品牌大省、品牌强省。

三要促升级。大力开展传统产业改造升级行动，推动传统产业绿色化、智能化、服务化改造。目前，我省工业行业综合产能利用率为74%左右，低于国际公认的正常产能利用水平。特别是钢铁、煤炭行业产能利用率低下，仅有52%和38%，生产方式较为粗放，中低端产品过剩，结构性矛盾突出，转型升级十分紧迫。抓服务业提速升级行动，加快发展金融、旅游、现代物流、研发设计、商务咨询、融资租赁、健康服务等现代服务业。去年，我国服务业在国内生产总值中的比重上升到 50.5%、占据“半壁江山”，而我省服务业占比仅为 43.1%，特别是在现代服务业方面，与沿海发达省份相比还有很大差距。

四要去产能。要运用市场机制、经济手段、法治方式，对相关企业实行关停并转或剥离重组，淘汰落后产能，清理“僵尸企业”。要力争用 3~5 年时间，压减钢铁产能 500 万~600 万吨，压减煤炭产能 600 万~750 万吨，僵尸企业基本退出市场。在“去产能”的同时，要进一步加大对优势企业的扶持力度，尤其要加大金融方面的支持。目前，从各个省市披露的 2015 年政府债务数据来看，有些地方的政府债务已经超过了 1 万亿元，负债率最高的将近 200%；相比而言，湖北的情况尚好，政府负债只有 4000 多亿元，由此为下一步发展留出了空间，为支持优势企业创造了有利条件。要认真解决企业融资难、融资贵的问题，千方百计降低社会融资成本，加大对实体经济支持力度。

五要优环境。重点要落实降成本的各项政策措施，把企业的综合成本降下来。企业目前面临的制度性交易成本、税费成本、用工成本、物流成本、融资成本等仍然较高。据调查，中小企业融资成本普遍在 20%左右，75%的企业职工平均工资年上涨 10%左右，按照国家政策要求，五项社保缴费达到了职工工资总额的四分之一。要充分发挥市场在资源配置中的决定性作用，破除各种制度性障碍，推动各种要素的自由流动和优化配置。要加快户籍制度改革，促进农业人口转入非农部门，提高劳动生产率。要进一步简政放权，放开市场准入，努力营造大众创业、万众创新、公平竞争的良好环境。

四、提高全要素生产率必须调动发展主体的积极性

提高全要素生产率，其实质就是要把以往过度依赖自然资源的发展方式，转向更多依靠人力资源的发展方式。现代经济学认为，经济增长主要取决于人力资源、自然资源、资本和技术四个因素，并将之看作是经济增长的发动机上的四个轮子。然而在这四个因素中，唯有人力资源是活的因素，一切自然资源、资本和技术都需要依靠人来推动，没有人的积极性则一切都无从谈起。因此，提高全要素生产率，归根到底在于充分调动和发挥各个发展主体的积极性、能动性和创造性。面对新形势新任务，复兴靠发展、发展靠转型、转型靠改革、改革则靠人。

一是要充分调动企业家的积极性。企业是市场经济运行的主体，企业家是企业的领军人物，是经济发展动力和活力之源。要充分利用市场竞争机制和利益激励机制，用好用活用足企业家这一市场经济中最稀缺的资源、最核心的竞争力，千方百计把国有企业、民营企业以及企业家的积极性、创造性引导到提升全要素生产率方面来，以此不断提升各类企业的活力、竞争力和发展潜力。

二是要充分调动科技工作者的积极性。科技工作者是科技进步和科技创新的主体，是提升全要素生产率的主力军。要通过改革科技管理体制、决策体制、评价体系以及科技人员人事管理制度和收入分配制度等，最大限度地调动和激发广大科技工作者的创新活力，最大限度地解放、释放和发展“第一生产力”。

三是要有效调动干部队伍的积极性。党的干部队伍是党和国家各项事业的骨干力量，亦是提升全要素生产率的推动主体。可

以研究和借鉴新加坡等国家的有益经验，在宏观经济指导方面，在五年规划和年度经济发展预期指标体系中，在干部考核指标体系中，增设全要素生产率指标，以此为“指挥棒”，强化各级干部提升全要素生产率的思想自觉和行动自觉。要认真解决少数干部不想为、不能为、不敢为、不作为的问题，以敢于担当、积极作为的良好状态，推进改革发展和经济转型。

四是要广泛调动大众创业、万众创新的积极性。大力促进全社会创业创新活力竞相迸发，以“星火燎原”之势促推全要素生产率提升。要广泛做好宣传工作，引导政府、社会、企业了解什么是全要素生产率，如何才能提高全要素生产率，以其浓厚的社会氛围，推动形成全面提高“全要素生产率”的新格局。

（本文系作者于2016年4月5日在“第11次湖北经济发展季度专家座谈会”上的发言，之后摘要发表于2016年4月7日《湖北日报》。）

论共享发展理念

（2016 年 7 月 12 日）

党的十八届五中全会紧扣时代脉搏，顺应人民期盼，高瞻远瞩地提出了以共享发展为出发点和落脚点的“五大发展理念”。共享发展是中国特色社会主义的本质要求，贯穿于我国现代化建设的整个过程和各个方面，深刻理解和准确把握共享发展的科学内涵、实现路径及保障措施，对于牢固树立新的发展理念、着力推动发展实践、促推“幸福湖北”建设，具有着重大而深远的意义。

一、深刻理解共享发展的科学内涵

十八届五中全会在继承和发展马克思主义中国化成果的基础上，进一步丰富完善了共享发展的科学内涵。从中科学表达了“发展为了人民、发展依靠人民、发展成果由人民共享”的鲜明指向，彰显了全民共享、全面共享、共建共享、渐进共享的鲜明特征。

1. 共享发展是以人民为中心的发展。马克思主义认为，人民群众是历史的主体和创造者，是社会赖以存续与发展的物质财富和精神财富的创造者，也是社会变革的决定性力量，由此决定了发展目的的人民性，决定了必须牢牢坚持以人民为中心的发展思想。在我国，广大人民群众共享改革发展成果，既是社会主义的本质要求，也是我们党坚持全心全意为人民服务根本宗旨的重要体现。只有明确了这一正确方向，发展的主题才会更加突出，发展的道路才会越走越宽广，发展的需求才会越来越旺盛。与此同时，坚持以人民为中心的发展，要求我们必须正确处理好各方面群众利益之间的关系。现阶段，随着我国社会结构的不断调整和变化，在全体人民根本利益一致的基础上，出现了不同的社会利益群体和不同的利益诉求。推进共享发展，要建立科学有效的利益引导机制、诉求机制、调处机制和权益保障机制，把个人利益与集体利益、局部利益与整体利益、当前利益与长远利益有机地统一起来，使之在经济持续发展的基础上，最大限度地满足全体人民日益增长的物质文化需要。

2. 共享发展是全民共享、全面共享的发展。全民共享，就是人人享有、各得其所，不是少数人共享、一部分共享；全面共享，就是要共享国家经济、政治、文化、社会、生态文明各方面建设成果，全面保障人民在各方面的合法权益。还要看到，由于市场经济和市场竞争所固有的“马太效应”，现实社会中总是存在着弱势群体，他们作为社会中的一员，也应该享受社会总体发展带来的红利。因此，共享发展，尤其应高度关注低收入群体、困难群众和病老伤残群体等社会弱势群体。各级政府都有责任给予他们特别的关爱，努力满足他们生存发展的基本需求，保障他们共享发展成果的权利，这才是完整意义上的共享发展。同时，我们要正确处理好共享与均享的关系。一方面，共享不是均享。在社会主义初级阶段，共享只能是有差别的分享，而不可能是平均的、无差别的、等份额的分享。另一方面，共享着眼于共同、公正的分享。人们的生活需求可以分为基本需求和享受需求。对于基本需求，应当尽可能的平等分享并不断提高。对于享受需求，主要依靠个人按照自身条件自行解决，允许有一定的差别，但也要对过大的差别进行必要的调控，使贫富差距维持在合理的区间。

3. 共享发展是以人民为动力源泉的发展。幸福不会从天而降，好日子是干出来的。发展成果由人民共享，并不是坐享其成，而是要人人参与、人人尽力，依靠勤劳与智慧创造财富，为共享奠定坚实的物质基础和精神动能。当今，虽然我国经济总量已跃居世界第二、综合国力大幅提升，但仍然还处在社会主义初级阶段，无论人均GDP水平、科技教育水平还是生态水平，同发达国家相比都还有较大差距。我们没有任何理由盲目自满，每个人都应该秉持“天下兴亡，匹夫有责”的精神，继续发扬改革创新、艰苦奋斗的精神，让全体社会成员在共享中共建，在共建中实现共享。同时，我们在共建共享进程中，还必须充分发挥政府、市场、社会的作用。一方面，强化政府的保基本职责，明确各级政府的基本责任和兜底责任，从而有利于人民群众把握福利预期，使幸福感、获得感落地。另一方面，对于非基本的公共服务需求，政府要更多地从参与服务提供向市场监管服务转变，创造条件引导市场主体和社会力量积极参与，卓有成效地推动共建共享。

4. 共享发展是坚守公平正义的发展。公平正义，是人类社会孜孜以求的理想和目标，也体现了社会主义的核心价值和本质要求。维护和实现社会公平正义，是一个不断发展的历史过程。改革开放以来，我国经济社会快速发展，在促进社会公平正义方面也取得了有目共睹的成绩，但由于政策和制度不健全，改革不到位，某些利益被固化，现实生活中仍然存在一些有违公平公正的现象。推进共享发展，就是要进一步加大在法律规范、制度安排、政策支持等方面的力度，逐步建立以权利公平、机会公平、规则公平以及起点、过程、结果公平为主要内容的社会公平保障体系，努力营造公平的社会环境。同时，我们要正确处理好公平与效率的关系。一方面，在经济社会不断发展的基础上，更加突出共建共享和保障民生的制度性安排，增强发展动力，增进人民团结，促进社会公平正义。另一方面，要充分发挥劳动、知识、技术、管理和资本的作用，激发社会活力，提升发展效率，创造出更多的社会财富，为公平分享发展成果奠定物质基础，实现经济发展与改善民生良性循环。

二、准确把握共享发展的实现路径

我国新制定的经济社会发展“十三五”规划纲要，以增进人民福祉为重点，从八个方面对改善和保障民生进行全面部署，为实现共享发展提供了基本路径。总体加以分析，可归纳为四个方面：

一是保基本。重在增加公共服务供给，全面提高基本公共服务水平。主要是：(1) 坚持普惠性、保基本、均等化、可持续方向，强化政府职责，创新服务方式，到2020年基本形成政府主导、覆盖城乡、可持续的基本公共服务体系，总体实现基本公共服务均等化。(2) 全面贯彻党的教育方针，推进惠及全民的公平教育。合理配置教育资源，提高教育质量，重点向民族地区、农村地区、贫困地区和薄弱学校倾斜，防止贫困现象代际传递。加快城乡义务教育公办学校标准化建设，基本实现县域义务教育均衡发展。完善资助方式，实现家庭经济困难学生资助全覆盖。(3) 实施更加积极的就业政策，着力解决结构性就业矛盾。打破城乡、地区、行业分割及身份、性别歧视，维护劳动者平等就业权利。加强对灵活就业、新就业形态的扶持，促进劳动者自主就业。落实高校毕业生就业促进和创业引领计划，带动青年就业创业。加大对农村劳动力、困难就业人员援助力度，确保零就业家庭和低保家庭至少有一人就业。认真做好化解过剩产能中的岗位稳定和职工分流安置工作。（4）稳步提高社会保障统筹层次和水平，建立健全更加公平更可持续的社会保障体系。完善社会保险制度，实施全民参保计划，实现法定人员全覆盖。加强社会救助制度与其他社会保障制度的衔接，推进社会救助城乡统筹发展。健全以扶老、助残、爱幼、济困为重点的社会福利制度，推动社会福利由补缺型向适度普惠型转变。积极发展慈善事业，广泛动员社会力量开展社会救济和社会互助、志愿服务活动。（5）提高全民健康水平，促进人口均衡发展。按照保基本、强基层、建机制的要求，坚持公立医院公益性的基本定位，进一步深化医疗保障、医疗服务、公共卫生、药品供应、监管体制综合改革，优化布局，加大投入，实现基本医疗卫生资源均衡配置。建设以居家为基础、社区为依托、机构为补充的多层次养老服务体系，推动生活照料、康复护理、精神慰藉、经济救援等服务全覆盖。

二是保重点。要特别关注重点群体，健全关爱困难群体、特殊群体、弱势群体的社会保障和服务体系。要格外关注困难群众，时刻把他们的安危冷暖放在心上，关心他们的疾苦，千方百计帮助他们排忧解难。统筹健全社会救助、养老、自然灾害救助体系，切实保障城乡困难群众基本生活。认真落实优抚对象各种抚恤优待政策，维护生活困难退伍军人的合法权益。坚持问题导向，完善制度体系，保障农村五保户、城乡低保户、城市“三无”人员、企业下岗职工、智障和精神病患者的基本生活和安全权益，解决农村老人养老、看病、心理关爱问题，解决农村妇女就业创业难、社会保障权不落实、人身权益遭受侵犯问题。充分关爱留守儿童，重视留守儿童人身安全保障，建立困境儿童和困境家庭儿童生活救助和保护制度。维护残疾人基本民生、就业、脱贫、受教育权利，实现残疾人基本民生兜底保障，强化残疾人预防、康复服务，提升全省残疾人生活水平。

三是补短板。按照“精准扶贫，不落一人”的总要求，打赢精准脱贫攻坚战。坚持开发扶贫与社会保障两轮驱动、片区攻坚与精准扶贫同步推进，创新扶贫开发体制机制，加大投入和政策支持力度，扎实推进精准扶贫、精准脱贫，确保到2019年建档立卡扶贫对象稳定脱贫、贫困村全部出列、贫困县全部摘帽，贫困地区与其他地区发展差距明显缩小。加强贫困人口动态监测，建立阻断返贫致贫长效机制。坚持居民收入增长和经济增长同步、劳动报酬提高和劳动生产率提高同步。完善收入分配制度，坚持按劳分配为主体、多种分配方式并存的制度，把按劳分配与按生产要素分配结合起来，处理好政府、企业、居民三者分配关系，扩大中等收入群体，逐步形成橄榄型收入分配格局。以环境质量改善为目标，以解决生态环境领域突出问题为重点，以水、土、气等环境要素为核心进行治理，提高资源利用效率，为人民提供更多优质生态产品。健全公共安全体系，完善和落实安全生产责任和管理制度，切实维护人民群众生命财产安全。切实加强食品药品安全监管，用最严谨的标准、最严格的监管、最严厉的处罚、最严肃的问责，加快建立科学完善的食品药品安全治理体系，保障人民群众“舌尖上的安全”。

四是守底线。从底线思维出发，使社会政策真正起到托底作用。要托住普遍的基本保障的底，在义务教育、医疗、养老等诸方面提供基本保障，优先满足人们基本生存和发展需求；要托住特殊困难人群的底，通过采取特殊救助和扶持措施，“守住他们生活的底线”；要托住急需救助人群的底，帮助他们渡过生活中不期而遇的各种难关。慎做“锦上添花”，重在“雪中送炭”。共享发展将是一个从低级到高级、从不均衡到均衡的渐进过程，不可能一步到位、一蹴而就。在这一进程中，要全面建立临时救助制度，重点解决低收入群体、特殊群体的突发性、临时性困难，防止出现因生活困难发生冲击道德和心理底线事件的发生，促进社会和谐稳定。

三、多方强化共享发展的保障措施

推进共享发展，既要牢固树立发展理念，明确发展路径，又要采取有力的保障措施，切实把共享发展落到实处。

1. 强化党的领导核心作用。充分发挥全省各级党组织在共享发展工作中的领导核心作用，改进保障共享发展的体制机制和方式方法，为全省人民共同迈入全面小康社会提供坚强保证。发挥基层党组织战斗堡垒作用和党员先锋模范作用，激励广大干部更好带领群众全面建成小康社会。深化干部人事制度改革，建立健全激励和惩戒机制，充分调动各方面共建共享的积极性、主动性和创造性。坚持全面从严治党，健全改进作风长效机制，营造干部清正、政府清廉、政治清明的共建共享发展环境。加强和改进思想政治工作，壮大主流思想舆论，最大限度凝聚全社会共识和力量，进一步营造共享发展气场。

2. 强化立法的引领作用。适应共享发展的要求，抓紧制定、修改和完善增加公共服务供给、健全社会保障、发展社会事业、保障群众基本生活、保护特殊群体合法权益、加强社会管理等方面的地方性法规、单行条例和政府规章，增强立法的针对性、可操作性和有效性。坚持立、改、废、释并举，深入推进科学立法、民主立法，加快形成完备的共享发展法规保障体系。各级人大及其常委会要结合本地实际，适时对涉及共享发展的重大事项作出决议决定，积极认真地通过制度设计确保共享发展重大决策贯彻落实。

3. 强化规划的指导作用。规划具有宏观性、前瞻性和指导性，必须充分发挥规划的龙头引导作用。省人民政府要将全省经济社会发展“十三五”规划纲要中关于全面推进“幸福湖北”建设的各项规划予以细化，出台专门的发展规划、实施细则，重点推进脱贫攻坚、促进就业创业、改善收入分配格局、推进教育现代化、推进健康湖北建设、加强住房保障、应对人口老龄化、关爱困难群众和扶残、完善社会保障等九大行动计划。各市、县、乡人民政府应当把共享发展纳入经济社会发展规划、年度计划，将其纳入年度绩效考核体系。各相关部门要积极配合，全程参与，切实履行职责，按照规划要求，设置推动共享发展各项细化指标体系，强化指标刚性约束。要以需求为导向、以问题为导向，提出切实可行的实施方案，加快推进共享发展步伐。

4. 强化监督的促进作用。各级人大及其常委会要加强对共享发展重大决策和相关法律法规实施情况的法律监督和工作监督，综合运用法定监督方式对重点领域和关键环节开展专项监督，确保共享发展的法律法规、决议决定得到贯彻落实。各级人民政府要严格依法行政，加强监督问责，从解决人民群众最关心、最直接、最现实的利益问题入手，坚持普惠性、保基本、均等化、可持续的方向，增加社会公共服务供给，提高公共服务共建能力和共享水平。要及时公布共享发展的信息，健全举报制度，鼓励和支持公民、法人和其他组织及新闻媒体对推进共享发展工作进行监督。各级司法机关要加强对共享发展成果的保护，依法惩治侵害人民群众利益和破坏共享发展的违法犯罪行为。

（本文系作者在省经团联等部门举办的第十二次湖北经济发展季度专家座谈会上的发言，之后摘要发表于2016年7月12日《湖北日报》。）

论阳光凯迪集团公司成功经验

（2016 年 10 月 10 日）

阳光凯迪新能源集团有限公司是注册在我省东湖新技术开发区的一家国家级优秀高新技术企业。该公司专注于节能环保和绿色能源产业发展，1992 年以 3.7 万元创办，目前公司总资产已达 463 亿元，净资产达 116 亿元，年产销额过百亿元，是国家级创新示范企业、全国生物质能源产业领军企业。目前，正在全力将公司打造成为全球生物质能源、生物质材料领域领军企业。在我国经济正经历发展方式转变、运作方式转型、产业提档升级的关键时期，凯迪公司的发展经验值得深入总结、大力宣传和推广借鉴。

成功经验之一：坚持创新发展

创新是推动发展的第一动力，直接决定着企业发展的速度、效益和可持续性。凯迪公司牢牢抓住创新这个“牛鼻子”，坚持不懈地实施创新发展。

其一，坚持技术创新。凯迪公司旗下拥有生物质能源热化学技术国家重点实验室、节能环保领域国家技术中心与工程中心及博士后流动工作站等众多研发平台。公司目前专职从事研发人员达 700 余人，在生物质能源领域已获得 900 多项专利（其中发明专利 200 多项，国际性专利 700 多项），专有技术 8000 多项。公司在生物质发电领域已研发出五代技术，应用小机组高参数循环流化床高温超高压燃烧发电第三代技术建设的电厂已投产20多家，处于世界领先水平，第四代亚临界发电技术和第五代BIGCC发电技术也已进入商业化应用市场开发阶段。在实践中，凯迪公司分布在全国各地的生物质发电厂常年大量收购各类农作物秸秆、杂草、树枝树皮等农林废弃物作燃料，二代技术是1.7公斤燃料发一度电，三代技术是1.1公斤发一度电，现在准备投产的第五代技术将不到1公斤就能发一度电。雄厚的技术基础，持续增强企业的发展动力，使之牢牢把握发展主动权。

其二，坚持管理创新。近10年间，凯迪公司发展迅速，资产总量增长了8倍，净资产增长近5倍，员工人数增长10倍。如此巨大的转型与发展，对企业管理提出了严峻挑战。很高兴看到，企业管理层在年内提出了“强基固本”的企业基础管理建设方针，积极实施新的发展业态下的组织架构变革设计与业务流程优化，积极探索大型企业集团化高效、安全管控模式。凯迪公司还聘请了世界知名管理咨询机构对其进行企业管理诊断及战略规划设计，目标是构建世界一流的企业经营管理模式，推进“专业化、市场化、去行政化”的管理模式变革。通过管理创新来实现企业的高效、安全、稳健发展，打造企业在管理上的竞争优势。

其三，坚持商业模式创新。商业模式创新使得技术创新与管理创新价值得以充分体现。凯迪公司应用自有技术创新成果，致力于打造以生物质原料体系建设为基础的集“电、热、冷、油、气、肥、农、林、网”九大元素为一体的项目集群，深度融合一、二、三产业全产业链发展，构建将低碳经济、循环经济、生态经济与市县域经济发展相结合的新型商业模式，实现生态文明可持续发展。

成功经验之二：坚持绿色发展

绿色发展，旨在解决好人与自然和谐共生问题。绿色发展是时代的呼唤，也是实现企业永续发展的必要条件。实践一再表明，工业文明时代已经出现严重的资源与环境危机，化石经济发展模式难以为继，人类必须选择低碳经济、循环经济、生态经济相结合的全新的可持续发展模式。长期以来，凯迪公司坚持绿色发展理念，将主营业务牢牢定位在节能环保和可再生新能源领域，将科技致力于环保、造福于人类作为自己的责任与使命。

凯迪公司的远大目标，旨在通过高科技开发，推动低碳绿色产业发展，促推人类迈入种植能源、种植材料新时代。利用自主研发、全球领先的生物质气化液化技术，凯迪公司成功建设世界首条万吨级生物质燃油商业化示范生产线，其成功意味着中国企业在未来新能源革命的核心领域已走在世界前沿，为破解我国石油短缺危机，在我国本土上依靠种植生物质能源建立自主、安全、稳定的能源体系，具有十分重要的战略意义。凯迪公司还是全球唯一的一家利用生物质原料生产出电能、热能、燃气、燃油、冷源五种绿色能源商品的企业，是该领域世界领军企业。在生物质能源领域，凯迪公司已建成投产和在建的生物质电厂总装机规模达 2000MW，到 2020 年预计达到 6000MW；流转取得的能源林基地达 1018 万亩；在建的生物质燃油工厂年产 60 万吨商品油。据了解，到 2020 年，凯迪公司绿色产业实现的年碳减排量将超过 1 亿吨，将是全球最大的绿色碳资产公司，由此真正成为未来绿色产业的引领者。

成功经验之三：坚持开放发展

开放是企业做大做优做强的必由之路。长期以来，凯迪公司坚持对内对外开放发展理念，整合全国及全球优势资源，打造核心竞争力。

一是坚持走资源国际化道路。凯迪公司利用其拥有的生物质热化学技术国家重点实验室这一高端科研平台，携手国内诸多高校和科研院所开展科研课题与人才培养合作，建成产学研相结合的战略联盟合作平台。2014 年和 2015 年，凯迪公司成功收购美国 SKYFUL 太阳能光热能源研发平台、美国 RES 公司的生物质镍双床气化与费托合成油研发平台、美国西屋公司 WPC 等离子处理电子垃圾及固体危险品研发平台，助力实现国际化研发平台建设，提升全球优势技术资源整合能力。

二是坚持走市场国际化道路。凯迪公司的技术和产品先后出口全球 30 多个国家和地区，在诸多国家完成一批让发达国家同行都许以赞誉的项目。在“一带一路”战略指引下，凯迪公司正在芬兰凯米市进行 20 万吨生物质航空燃油、汽油、柴油商品的项目建设，计划 2019 年底投入运营。目前公司已在欧美发达国家及东南亚发展中国家全面拓展业务，预计到 2020 年公司的出口业务量占公司业务总量的 50%以上。

三是坚持走资本国际化道路。凯迪公司先后获得英国伦敦亚洲产业基金、摩根大通、“英达斯亚洲”风投基金投资，总额超过 2 亿美元。凯迪公司对境外投资也已超 2 亿美元，目前公司已在美国、英国和中国香港注册了区域性母公司，并积极筹划于境外设立三只产业基金，于中国香港设立一家金融控股平台，实现公司的海外业务与国际资本的紧密对接，真正实现“产融”深度融合，推动公司业务国际化发展的步伐。

成功经验之四：坚持共享发展

凯迪公司作为一家民营企业，但非处处唯利是图，而是努力把社会责任扛在肩上。公司在追求自身发展的同时，注重兼顾经济效益、社会效益、环境效益的有机统一，注重处理好各个方面的利益关系，注重将企业发展成果由多方共享。在共享发展理念指导下，凯迪公司做出了适合自身发展实际的不断尝试。

其一，十分注重国家利益。多年来，凯迪公司始终将自觉纳税作为企业对国家应尽的义务，已连续十余年位列武汉高新技术开发区纳税大户前三，并多年获得“第一纳税大户”称号。更为可贵的是，凯迪公司二十多年来矢志不渝致力于绿色环保高新技术产业发展，经受住各种商业利益诱惑，坚持“做实业、做实事”不动摇，用创新和决心直面产业发展过程中的各种困难与挑战，最终成长为全球业内领军企业，从而为助力实体经济发展、夯实国民经济基础做出了重要贡献。

其二，十分注重员工利益。凯迪公司目前有在职员工 8000 多人，这无疑是企业对社会就业工作所做的贡献。公司还全面推动员工持股计划，实现员工共享发展成果。从 2006 年开始，凯迪公司就已设立帮扶友爱基金，为所有在册员工提供重大疾病、重大工伤、重大意外救助。

其三，十分注重农民利益。生物质能源产业是精准扶贫优势产业，可实现与农民群众的利益共享。到目前为止，凯迪生物质电厂支付给农民的原料款已超 80 亿元，已带动 20 多万农户脱贫奔小康。到2020年，凯迪公司还将在全国完成200个生物质电厂的建设运营以及1018万亩的林地开发，通过原料收储运体系建设，通过设立3万个扶贫专业合作社，每个合作社至少带动20户建档立卡贫困家庭入社，总计可带动60万户贫困家庭脱贫奔小康，超过400万农民因获得产业的发展利益而走上增收致富道路，以此为2020年我国全面建成小康社会做出贡献。

（本文系作者在省经团联第十三次湖北经济发展季度专家座谈会上的发言，后刊载于2016年10月10日《湖北日报》。）

以发展新经济引领新常态

（2017 年 1 月 6 日）

为适应和引领新常态，中央确定 2017 年为我国供给侧结构性改革的深化之年，旨在适度扩大总需求的同时，持续推进、突出抓好供给侧结构性改革，使供给和需求协同促进经济发展。深化供给侧结构性改革，从近期看，重在通过去产能、去库存、去杠杆、降成本等重大举措，坚决减少无效和低端供给；从长远看，重在努力扩大有效需求和中高端需求，着力提升整个供给体系的质量和效率；从根本上看，则必须加快培育壮大新动能，加快发展新经济，加快新旧发展动能接续转换，由此推动我国经济或区域经济发展向形态更高级、分工更优化、结构更合理的阶段演进，引导经济朝着更高质量、更有效率、更加公平、更可持续的方向发展。

一、准确把握“新经济”的内涵与特征

当前，新经济已成为全球发展竞争的重要焦点，并引起世界各国的高度关注，但各界对新经济的内涵、范围及其演进规律的认识，尚未形成一致看法。深化对新经济发展的规律性认识，有利于抢抓新经济孕育兴起的“窗口期”，有利于在新经济发展进程中少走弯路，为加快实现新旧发展动能转换提供有力支撑。

新经济有其特定的内涵。一般认为，所谓“新经济”，是指以新技术、新产业、新业态、新商业模式为核心的区别于传统经

济的一种新的经济形态。从字面上看，这个定义并不错，但问题是没有揭示新经济的总体特征。从深层次看，新经济是指在经济全球化和制度创新、需求升级、资源要素条件改变驱动下产生的，以技术进步及多元创新为主要动力，以大量新产业、新产品、新服务、新业态、新模式蓬勃涌现为显著特征，以信息经济、生物经济、绿色经济等为主要方向，符合未来趋势、带动新一轮经济发展的经济形态。

新经济是一个多维度的经济范畴。从时间维度看，新技术、新产业、新业态、新模式等带动新一轮经济发展具有可持续性，具有强大的生命力。从空间维度看，一方面，新经济有不同类型，包括转型升级后的以传统产业、高技术产业为代表的新兴产业以及新旧产业的混合与提升；另一方面，新经济产生于不同空间或地域，可培育新的经济增长极，促进空间布局更优化、区域发展更协调。从价值维度看，新经济可产生新的经济价值、社会价值和生态价值，可实现从价值链低端不断向价值链中高端转变，从低成本竞争向质量、技术、品牌、服务竞争转变，从依靠资源和要素投入向更多依靠人力人才资源和创新驱动转变。发展新经济，既是一个艰苦卓绝的转变过程，也是一个充满希望的升级过程。下决心跨过这道坎、爬过这面坡，必将迎来一片新的艳阳天！

新经济的本质是创新经济。新经济核心在“新”。创新是新经济的根本动力和本质特征，创新主要包括理论创新、科技创新、文化创新、制度创新等，其中最重要、最关键、最核心的要素是技术创新。通过创新，培育和壮大新的生产力以及与之相适应的生产关系，提供新的发展动能。进入21世纪，信息技术、生物技术、新能源技术、新材料技术等快速交叉融合，引发全球新一轮技术革命，加速催生重大产业变革。当前，新一轮科技革命和产业变革正处于突破性爆发关口，云计算、大数据、移动互联网、智能机器人、储能技术等一大批技术突飞猛进，正在深刻改变人类社会的生产生活方式，颠覆传统的经济活动范式，在全球范围内形成新的生产力格局和新型生产关系。与此同时，大力运用现代科学技术和现代生产经营模式改造传统制造业、传统服务业和传统农业，推动生产模式、管理模式、营销模式发生革命性变革，推动产业链、供应链、价值链实现重大提升，使传统产业脱胎换骨、转型升级，焕发新的生机与活力，由此使之成为带动新一轮经济增长的新引擎。

新经济说到底是人才经济。新经济关键在“人”。说到底，新经济是高端人才、专业人才、创新人才引领发展的经济。人才不仅是生产要素，更是第一生产力、先进生产力的代表，在新经济发展过程中起着关键性决定作用。国内外大量事例证明，即使在缺乏经济要素的条件下，依靠领军人才的推动作用，地区经济或企业也可以获得快速持续发展。发展新经济尤其离不开人才特别是高端领军人才，为此，必须大力推进创新链、产业链、资金链、人才链深度融合，充分激发科学家、企业家、金融家的创业创新精神，充分调动全社会创业创新的积极性，汇聚成推动新经济发展的强大力量。

新经济当然是绿色经济。新经济底色是“绿”。它之所以具有生命力而开始呈现蓬勃发展态势，归根到底在于它提供的是优质增量、有效供给，符合当代人们对现实美好幸福生活的新需要新追求，能带给人民群众以更多更实惠的获得感。新经济的实质就是绿色经济，如绿色能源环保、互联网、新能源汽车、先进机器人等都是新经济的重要内容，都属于绿色经济的范围。同时，新经济还以其个性化定制、柔性化生产，以其精益求精的工匠精神，增品种、提品质、创品牌，从而在提升消费品品质的同时，最大限度地节约资源和保护环境。

二、深刻认识加快新经济发展的重大意义

2016年《政府工作报告》中首次提出，我国要“加快发展新经济”，标志着发展新经济正式上升为国家层面的重大战略部署。当前，正值我国进入新旧动能转换的关键时期以及供给侧结构性改革的深入推进期，而新一轮科技革命和产业变革在全球正处于加速孕育期，此时新经济战略的提出和实施，意义重大而深远。

加快新经济发展，是实现新旧发展动能接续转换的根本途径。经济发展是一个连续不断且循环往复的生产、分配、流通、消费过程，需要源源不断地提供动力。当原有的动能减弱甚至衰竭时，必须尽快培育和壮大新动能，以此推动经济继续向前发展，否则就会出现增长动力青黄不接，从而导致经济失速甚至发生严重危机。当前，我国已从低收入国家进入中等收入国家，需求结构、人口结构、生产条件、技术基础、资源环境、社会心理等一系列决定经济发展的条件，都发生了重大变化。其中最大的变化是原有发展动能减弱，传统之路既行不通、更走不远，还会付出极大代价，必须开辟新的发展路径，以更为有效地激发经济活力和经济潜力。因此，必须抓住机遇，加快发展新经济，大力培育新动能，使新动能尽快进入加速度成长的轨道，尽可能多的弥补旧动能减弱带来的影响，并逐步成为未来经济发展的主动力、真正挑起支撑经济发展的大梁，从而顺利实现新旧发展动能接续转换。

加快新经济发展，是供给侧结构性改革的根本之策。发展新经济是推进供给侧结构性改革的题中应有之义，二者相互支撑、相互促进。新常态下，结构性改革是一种大逻辑、大格局、大趋势。供给侧结构性改革，就是着眼于提高供给质量，用改革的办法推进结构调整，矫正要素配置扭曲，扩大有效供给，增强供给结构对需求变化的适应性和灵活性，提高全要素生产率，促进经济持续健康发展。它不仅有利于寻求并培育新增长点，而且可为新经济腾出发展空间。新常态下，新经济发展也是一种大趋势，是推进结构性改革的根本之策和重要抓手。它通过信息功能及时交换供给与需求信息、注入企业之中，使得定制化生产、个性化生产成为新的经济发展趋势。或者催生新经济形态、提供优质增量，或者驱动传统产业革命、改造提升传统产业，从而改善产业链和供应链，提升结构性改革的质量和效率，成为拉动经济新的增长点。

加快新经济发展，是实现湖北经济换道超越的根本出路。新经济除了经济拉动作用之外，提升人民生活福祉也是重要发力方向，是实现后发赶超和先发引领的重要依托和战略路径。当前我省面临传统动能持续衰减、新动能加速孕育的发展阶段，要实现提质增效、“双中高”目标，要实现“十三五”“率先、进位、升级、奠基”四大目标，仅靠传统增长方式难以为继，还必须强力推动新经济发展。发展新经济，既可以培育新产业、壮大新动能，也可以为转方式、调结构提供新动力，在轻资产、高成长性、高度智能依赖性等领域为转型升级提供绿色通道，提升传统产业发展动能，解决我省经济结构不优、大而不强的问题。只有大力发展新经济，努力在创新发展和动能转换上走在全国前列，提升产业经济竞争力，进位升级、跨越赶超的目标才能真正实现。

三、积极采取推进新经济发展的有效措施

当前，新一轮科技革命和产业变革方兴未艾，谁在新经济发展上领先，谁就将赢得发展新优势，抢占竞争的制高点；反之，就会丧失机遇，直至被淘汰出局。发展新经济，是对各级领导干部智慧、能力、担当的考验。必须认清大势，将发展新经济、培育新动能放在更加突出的战略位置，以积极作为引领推动新经济发展。

坚持以新思维新理念推进新经济发展。新经济是新生事物，不仅冲击、颠覆着传统经济体系，而且无情地改变着传统的经济学原理。为此，各级领导干部要带头解放思想、创新思维，摆脱传统理论、过时理念的束缚。一要强化市场思维。敬畏市场规律，真正发挥市场在配置资源中的决定性作用，真正发挥市场主体的作用。以市场化的体制机制、市场导向的生产方式、市场运作的经营模式来支撑新经济发展，让新技术、新产业、新模式得到高回报，从而使新经济的优势充分发挥出来。二要强化互联网思维。创新发展思维，破除传统的工业化思维路径依赖，转向自觉以互联网思维来寻求发展之道。工业化思维以大规模的生产、销售和传播为特征，与之相适应的是工业时代。互联网思维以个性化、分众化为特征，通过“体验”“定制”实现价值链重构，更加符合新经济发展要求。三要创新管理思维。要强化服务意识，从管理转向服务，处理好“放”与“管”的平衡关系。坚持让市场优先发挥作用，主动做好对市场主体全方位精准服务，当好“后台服务器”。对于新经济发展过程中暂时看不清、看不透、拿不准

的问题，千万不要急于去“管理”、去“规范”、去“叫停”，更不可轻言“封杀”，否则，就可能遏制新经济发展甚至扼杀新经济于摇篮之中。

加快构建有利于新经济成长的制度体系。新经济作为新生事物，需要有新的制度设计安排。在现实中，还存在种种制约新经济发展的制度藩篱。比如，我国对行业监管长期实行的是以批代管、偏重目录准入管理的模式，审批标准过分偏向于资金投入、固定资产等规模性指标。由于新产品、新服务、新业态、新模式、新产业通常具备轻资产、重技术、跨界融合等特征，这种监管方式显然不利于其发展。为此，必须本着鼓励创新的原则，区分不同情况，探索适合新兴产业特点的审慎监管方式，既要防止出现大的偏差，更要拥有相当的包容度。必须加快监管制度改革，切实破除限制新经济发展的准入壁垒，降低准入门槛。要探索建立审慎监管制度，延缓设立负面清单制度，同时在市场监管体制、金融体制、财税体制、投融资体制等方面加大改革创新力度，奠定支撑新经济发展的制度框架，彻底消除对新经济发展的种种制度障碍。

着力打造新经济发展所需的优良环境。新经济的成长，离不开政府扶持与护航，需要营造宽松包容优裕的环境。要优化作风环境，加快服务型政府建设，提升快捷响应服务能力，打造服务至上、服务到位的政府形象。要优化政策和法律环境，以财政、税收、金融等政策工具助力新经济，为各类市场主体、各领域创业者拓展平等的创新创业空间。加强保障新经济发展的法治建设，加大知识产权保护力度，促进先进生产力落地生根。要优化人才环境，实施更积极、更开放、更有效的人才政策，引进培育各类创新创业高端人才、专业人才，完善人才服务保障机制，让人才真正有用武之地，切实增强其荣誉感、获得感、归属感，打造人才集聚高地。要优化文化环境，因为新经济或新动能的成长往往需要一个从无到有、从小到大、从不完善到完善的过程，必须善于发现识别新经济，精心呵护新经济，树立“鼓励创新、宽容失败”的文化理念，增强对新生事物的包容度，加强对新经济文化的宣传，培育适应转型升级新形势、有利于新经济发展的浓厚文化氛围。

（本文系作者在省经团联第十四次湖北经济发展季度专家座谈会上的发言，后刊载于2017年1月6日《湖北日报》。）

为经济建设和政治建设建言献策

（2017年3月9日）

2013年初，我先后当选为湖北省十二届人大代表、十二届全国人大代表。人民代表人民选，人民代表为人民，反映人民心声、为人民代言是人大代表的神圣职责。为忠实履行人大代表应尽的职责，我每次参加人大会议之时，都认真调研、精心准备，在会议上积极提出意见和建议，尽心尽力为人民代言。

一、在全国人民代表大会会议上的发言

（一）

2013年3月6日在十二届全国人大一次会议湖北代表团审议政府工作报告时说：温家宝总理所作的政府工作报告，求真务实，催人奋进，我完全赞同。报告提出要解决产能过剩问题，对此提两点建议：一是必须全面分析和科学把握“产能过剩”。当前出现的产能过剩，不是绝对过剩，而是相对过剩；不是全面过剩，而是结构性过剩；不是新兴产业的过剩，而更多的是低水平传统产业的过剩。必须在深入调研的基础上，对各个产业进行具体分析，采取相应的对策和措施。二是要以积极的方式和途径化解产能过剩。化解产能过剩，可通过调整生产力布局和产业规划，严控和压缩过剩产能；可通过不同方式消化、转移、淘汰一批产能；还可通过产能过剩行业兼并重组，化解和吸纳一批产能。但最根本的方式和途径，是要培育新的经济增长点、开辟新的发展领域，

例如大力发展战略性新兴产业、战略性基础产业、交通及城市基础设施建设、城镇化及民生工程等，总之要用发展的办法解决产能过剩问题。

（二）

2013 年 3 月 9 日在十二届全国人大一次会议湖北代表团审议全国人大常委会工作报告时说：常委会工作报告主题鲜明，通篇贯彻党的十八大精神，充分体现了坚持党的领导、人民当家作主、依法治国有机统一。全国人大常委会的工作成就卓著，如期形成中国特色社会主义法律体系，在完善立法工作机制、创新人大监督工作方式方法、加强代表工作和自身建设等方面，为地方人大作出了表率，推进了人大工作的创新发展。提两点建议：一是要加强对宪法和法律实施情况的监督检查，坚决纠正违宪违法行为。健全监督机制和程序，规范宪法监督工作。二是要进一步加强对地方人大工作的指导。通过召开座谈会、调研等形式，了解省级及基层人大工作中存在的一些带有共性的困难和问题，研究出台相应的解决措施，推动全国各级人大共同做好新形势下的人大工作。

（三）

2014 年 3 月 7 日在十二届全国人大二次会议湖北代表团审议政府工作报告时说：发挥市场在资源配置中的决定性作用，关键在于确立和发挥企业的主体地位与作用，其根本途径在于大力发展混合所有制经济。要支持混合所有制企业清晰产权，建立起规范的产权制度，以增强企业的内生动力和企业家的创业激情；支持混合所有制企业健全法人治理结构、完善现代企业制度，建立起与市场经济相适应的体制机制；支持混合所有制企业充分发挥其“杂交优势”，使国有经济和民营经济所拥有的资源优势、技术优势、体制优势、人才优势等实现优势互补、优势融合；支持建设开放型市场，坚决反对和打破垄断，为民间资本提供大显身手的舞台。

(四)

2014年3月9日在十二届全国人大二次会议湖北代表团审议全国人大常委会工作报告时说：完全赞成张德江委员长所作的工作报告。过去的一年，全国人大及其常委会的工作迈出了新步伐，实现了良好开局。有几个鲜明的特点：坚持把思想政治建设放在首位，着力推进人民代表大会制度理论与实践创新；紧紧围绕党和国家工作大局，为全面深化改革提供法治保障；坚持以人为本、改善民生，人大工作更加贴近人民群众；坚持创新人大工作机制，依法履职实效显著增强。提两点建议：一是建议全国人大常委会按照党中央关于全面深化改革的总体部署，提出相关法律立、改、废、释工作的总体方案，以便地方人大常委会有所遵循并主动配合工作。二是建议全国人大常委会加强对地方人大改革工作的引领和指导。进一步采取有效措施加强县级人大工作。

(五)

2015年3月6日在十二届全国人大三次会议湖北代表团审议政府工作报告时说：李克强总理在政府工作报告中关于“推进长江经济带建设，有序开工黄金水道治理、沿江码头口岸等重大项目，构筑综合立体大通道”的工作部署，我们完全赞同，并由此建议将长江宜昌至安庆段深水航道整治工程纳入国家“十三五”规划。近年来，随着长江下游深水航道的建设和上游三峡库区的建成，“深下游”“延上游”的目标得到较好实现。相比之下，中游航道标准明显偏低，长江“中梗阻”瓶颈制约日趋明显，严重影响长江航运能力和航运效率，成为制约长江流域可持续发展的重大问题，通过航道整治实现“畅中游”目标已是刻不容缓！为此，建议将长江武汉至安庆段402公里、武汉至宜昌段626公里的常年航道维护水深分别提高至6米和4.5米（简称“645工程”）。建议国家发改委、交通运输部将这一工程纳入国家长江经济带规划纲要、纳入国家“十三五”规划，并加快前期工作、尽快开工建设。

（六）

2015年3月9日在十二届全国人大三次会议湖北代表团审议全国人大常委会工作报告时说：张德江委员长所作的工作报告，是一个主题鲜明、内涵丰富、重点突出、文风朴实的好报告，赞成这个报告。全国人大常委会一年来的工作，突出体现了“五新”：自觉坚持在党的领导下做好人大工作有新高度；立法引领和推动改革发展有新突破；法律监督和工作监督取得新成效；加强常委会同人大代表的联系、指导地方人大工作有新举措；全国人大及其常委会自身建设有新进展。建议：一是进一步加强对宪法法律实施的监督。健全宪法监督机制和程序，加大监督检查力度。落实宪法宣誓制度，尽快制定出台统一的宪法宣誓规则。二是高度重视地方立法工作队伍建设。加强地方人大立法人员的培训工作，切实提高其立法能力。三是加强对地方人大开展工作机制创新的指导。适应人大工作与时俱进的新任务新要求，及时指导地方人大推进工作机制创新。

（七）

2016年3月7日在十二届全国人大四次会议湖北代表团审议

政府工作报告和“十三五”规划纲要草案时说：推进供给侧结构性改革的实质，旨在生产或提供符合消费者需求的、中高端的、品质优良的、性价比好的产品和服务。实现这一目标和要求，关键在于提高全要素生产率。经过30多年的高速发展，资源禀赋进入加速递减期，人口红利进入收缩期，环境承载能力已达到极限，资本边际效率下滑严重，继续依赖资本、劳动、土地等生产要素投入，已经难以为继、不可持续。因此，必须顺应经济发展客观规律，更多地依赖技术进步、专业化技能、规模效应、管理创新、制度创新等非生产要素投入。可以说，牢牢抓住提高全要素生产率这一重点难点问题，也就牵住了经济转型升级增效的“牛鼻子”。为此，建议国务院及有关部门认真研究和借鉴新加坡等国家的经验，在宏观经济指导方面，在五年规划和年度经济发展预期指标体系中，增设全要素生产率指标，并采取相应的政策措施，使“提高全要素生产率”成为今后一个时期经济工作的主旋律。

（八）

2016年3月10日在十二届全国人大四次会议湖北代表团审议全国人大常委会工作报告时说：常委会工作报告是一个坚持党的领导、贯彻中央精神、顺应时代要求、反映人民意愿、体现人大特色、彰显有为有威的好报告，完全赞同这个报告。常委会一年来的工作，突出表现为“四新”：重点领域立法取得新突破、依法开展监督取得新成效、推进基层基础工作有新举措、人大自身建设有新进展。提三点建议：一是针对赋予设区的市地方立法权的实际，要进一步加强对地方立法工作的指导，统筹加强地方人大立法机构和立法能力建设，组织开展立法工作培训、理论研讨、经验交流等。二是结合今年县乡两级人大换届选举，把中央

〔2015〕18号文件贯彻落实好，抓紧解决县乡人大工作和建设中存在的突出问题。三是依据“税收法定”原则，加强财税预决算审查监督工作。

（九）

2017年3月6日在十二届全国人大五次会议湖北代表团审议政府工作报告时说：克强总理在政府工作报告中提出，要科学施策、标本兼治、铁腕治理，加快改善生态环境，这充分反映了人民群众的迫切愿望。改善生态环境，既要运用法治的力量、政府的力量，也要充分运用市场机制的力量。为此，我们衷心希望并建议国务院支持湖北武汉建设全国碳排放权交易中心和碳金融中心。湖北具有承东启西、连南接北的独特区位优势，是长江经济带的重要战略支点，武汉是中部地区独特的超大城市，“两个中心”在湖北建设，将对中西部地区和长江经济带的绿色低碳发展产生强大的辐射效应和上下游带动作用。目前，湖北碳市场交易规模居全国第一，碳金融规模最大、品种最齐全，并初步形成全国碳市场定价中心，还拥有建设“两个中心”所必需的软硬件基础条件。可以说，在湖北武汉建设“两个中心”意义重大、恰逢其时。

（十）

2017年3月9日在十二届全国人大五次会议湖北代表团审议全国人大常委会工作报告时说：完全赞同全国人大常委会工作报告。过去一年，在以习近平同志为核心的党中央坚强领导下，全国人大常委会以奋发有为的精神状态、求真务实的工作作风，紧紧围绕党和国家工作大局履职行权，以人民为中心回应社会关切，以机制创新提升人大工作实效，为党和国家中心工作做出了重要贡献，为地方人大工作起到了引领和表率作用，向人大代表交出了一份出色的“春天的答卷”。建议：一是通过多种途径和方式进一步加强对地方（特别是设区的市）立法工作的指导，把全国人大系统立法人才建设纳入重要的议事日程；二是进一步加强对地方人大决定工作的理论研究和实践指导，推动地方人大建立和完善重大事项决定工作选题机制、报告机制、程序机制、落实机制；三是进一步加强对县乡人大工作和建设的指导，推动解决县乡人大工作机构不全、工作力量薄弱、履职水平不高等突出问题。

二、在湖北省人民代表大会会议上的发言

（一）

2013 年 1 月 22 日在省十二届人大一次会议十堰代表团审议省政府工作报告时说：政府工作报告通篇贯穿了党的十八大、省第十次党代会精神，勾画了建设“五个湖北”的美好蓝图，是一个内涵丰富、重点突出、举措有力、求真务实的报告，是一个鼓舞人心、令人振奋的报告。未来五至十年，全省生产总值将跨越 3 万亿元、4 万亿元、5 万亿元大关，将奋力越过“中等收入陷阱”，任务艰巨、催人奋进。我们必须以更大的政治智慧、创造激情、扎实作风和过硬举措，勇于突破瓶颈、超越自我，敢于瞄准强者、争先进位，努力把湖北打造成为发展高地。一是大力推进“一主两副”城市发展战略，特别是要加快武汉市国家中心城市建设，努力打造区域经济发展高地。二是大力调整优化经济结构，超常规发展战略性新兴产业，努力打造产业高地。三是大力实施创新驱动战略，把湖北打造成为创新型经济蓬勃发展、创新型人才加速聚集、市场经济体系不断健全、体制机制不断完善的

改革创新高地。四是瞄准大企业、大财团和高端人才，引进海内外资本、智力、技术和先进管理等优质资源，努力打造内陆开放高地。

（二）

2014年1月17日在省十二届人大二次会议十堰代表团审议省政府工作报告时说：赞成国生省长所作的政府工作报告。对省政府2013年的工作，应予充分肯定和高度评价。建议省政府在今年和今后一个时期，要超常规地推进经济体制改革，突破性解决好两个问题：一是要加快要素配置市场化改革，充分发挥市场机制在资源配置中的决定性作用。通过深化改革，切实解决市场体系不完善、市场规则不统一、市场秩序不规范、市场竞争不充分的问题，努力形成商品和要素自由流动、平等交换的市场条件，提高资源配置效率和公平性。通过深化改革，加快培育充满生机与活力的多种所有制市场主体，切实解决市场主体数量不多、规模不大、质量不高、竞争力不强的问题。二是要加快构建开放型经济新体制，坚持以开放促改革、促发展、促创新。要扩大对内开放，进一步深化广泛的省部合作、深化长江中游城市群合作、深化南水北调水源区与京津冀等受水区对口协作、深化三峡库区与相关省市对口支援、深化省内“两圈两带”和“一主两副”之间的合作。要扩大对外开放，深化同发达国家和地区的经贸、科技交流合作，积极承接产业转移，提升招商引资质量和水平。尤其要大力引进国内外知名企业的区域性总部和功能性机构，打造对内对外开放平台。还要支持和鼓励企业到境外投资、承包工程和劳务输出，提升省内产业和企业的国际竞争力。总之，要通过市场化改革和扩大开放，让全国、全球的各类资源流入湖北、汇聚湖北，助推湖北科学发展、跨越式发展。

（三）

2015年1月27日在省十二届人大三次会议十堰代表团审议省政府工作报告时说：国生省长所作的政府工作报告，认真贯彻了中央精神和省委部署，回应了人民群众的热切期盼，有高度；按照客观规律的要求，分析了湖北的阶段性特征，以及当前面临的新常态，有深度；从省情出发，提出了一系列打基础、管长远、利当前的重要举措，有力度。赞成这个报告。建议在今年和今后的政府工作中，要加快构建开放型经济新体制。一是要坚定不移地实施开放先导战略。开放带来进步，封闭必然落后。必须坚持以开放促改革、促创新、促发展，以新一轮高水平的对外对内开放，倒逼深层次改革和结构调整。二是要努力打造内陆开放新高地。改革创新外贸管理体制、外商投资体制、对外投资合作体制，努力探索形成与国际通行规则相衔接的制度规则体系和政府监管体系，着力营造国际化、市场化、法治化的营商环境，加强对外开放“大通道”“大平台”“大通关”建设，尽快形成全方位、宽领域、多层次、高水平的开放型经济新体制和新高地。三是不失时机地深化对内开放。主动对接长三角、珠三角、京津冀地区，主动融入长江经济带建设，主动与央企对接合作，主动与在鄂投资的世界500强跨国公司对接合作，不断拓展开放型经济发展新空间，形成内外联动、互利共赢的开放新格局。

（四）

2016年1月26日在省十二届人大四次会议十堰代表团审议省政府工作报告时说：王国生省长所作的政府工作报告，实事求是地总结了“十二五”时期湖北经济社会发展的重大成就，令人鼓舞，催人奋进。报告提出的“十三五”时期的目标、任务和举措，充分体现了党的十八届五中全会和省委十届七次全会精神，完全符合湖北发展实际，反映了全省人民的共同利益和热切期盼。赞同这个报告。建议在“十三五”及今年的政府工作中，要大力推进结构性改革。一是要聚焦供给侧结构性改革。通过去产能、去库存、补短板，千方百计让处于停滞状态的要素流动起来，让资源从已经过剩的领域转移到更有需求的领域，让资源从低效率领域转移到高效率领域。通过强化创新驱动、构建产业新体系，扩大有效增量，培育发展新动能。二是要坚持供需两端发力。在“更加注重供给侧改革”的同时，努力扩大总需求和调整需求结构，实现稳增长、调结构、促转型、增效益互促共进。要积极增加有效投资、引领和创造消费需求、千方百计拉动出口需求。三是要统筹兼顾近期、中期和长期的改革发展，在政策上、策略上作出前瞻性安排。要坚持在战略上打好持久战，在战术上打好歼灭战。通过不懈努力，加快形成引领经济发展新常态的体制机制和发展方式，顺利实现“率先、进位、升级、奠基”目标。

（五）

2017 年 1 月 15 日在省十二届人大五次会议十堰代表团审议省政府工作报告时说：晓东代省长所作的政府工作报告，全面贯彻中央精神，紧密结合湖北实际，总结工作客观实在，安排工作务实重行，完全赞同。建议省政府超常规推进新经济发展，加快新旧动能转换进程。新经济以技术创新、文化创新、制度创新等为主要动力，以大量新产业、新产品、新服务、新业态、新模式蓬勃涌现为显著特征，以信息经济、生物经济、高端制造经济、绿色经济等为主要方向，具有强大的生命力。加快新经济发展，是实现新旧发展动能接续转换的根本途径，是供给侧结构性改革的根本之策，也是实现湖北换道超越的根本出路。唯有大力发展新经济，才能有效推动全省经济发展向形态更高级、分工更优化、结构更合理的阶段演进。发展新经济，一是要加快转方式，实现经济发展更多依靠人力人才资源和创新驱动，大力推进创新链、产业链、资金链、人才链深度融合，充分激发科学家、企业家、金融家的创新创业精神，汇聚成推动新经济发展的强大动力；二是要坚持两手抓，一手抓新经济培育壮大，一手抓传统产业改造升级，大力运用现代科技和现代生产经营模式改造传统制造业、传统农业和传统服务业，推动经济结构优化升级；三是要营造好环境，坚持以新思维新理念推进新经济发展，加快构建有利于新经济成长的体制机制，着力打造新经济发展所需的优良环境和文化氛围。

（本文选自 2013 年、2014 年、2015 年、2016 年、2017 年度全国人大会议、湖北省人大会议期间印发的《简报》。）

推动湖北发展再上新台阶

（2017年4月18日）

经过多年艰苦奋斗特别是近十几年的大发展，湖北GDP连续跨越万亿元、两万亿元、三万亿元三个大台阶，GDP总量跃居全国第7位。三次产业结构由五年前的13.1∶50.1∶36.8调整为10.8∶44.5∶44.7，顺利实现了由“二三一”向“三二一”的转变，湖北经济发展已经站在了一个新的历史起点上。今后五年，将是湖北经济发展再上新台阶的黄金机遇期，是湖北构建现代产业体系的关键期，是实现发展动力转换的突破期，是开拓发展新空间的发力期，是健全完善发展新体制的攻坚期，也是迈向高收入水平的爬坡期。为此，必须继续坚持以“五位一体”总体布局和“四个全面”战略布局为统领，深入学习贯彻习近平总书记视察湖北时的重要指示精神，紧紧围绕创新、协调、绿色、开放和共享发展，善于把握新机遇、勇于面对新挑战，稳中求进、乘势而上，奋力推进湖北经济发展再上新台阶。

总体而言，今后五年，湖北经济发展应着重从两个方面狠下功夫。一是在生产力方面，要始终紧紧扭住工业发展这个牵动全局的“牛鼻子”，以发展新经济引领新常态。坚持以新产业、新产品、新服务、新模式为主攻方向，推动全省经济向形态更高级、分工更优化、结构更合理的阶段演进，推动经济保持中高速增长、产业迈向中高端水平，坚持不懈地引导经济朝着更高质量、更有效率、更可持续的方向发展。二是在生产关系方面，要始终坚持以健全和完善社会主义市场经济体制为目标，按照整体推进、重点突破的原则，立足问题导向，着力补齐短板，尤其要解决好我省目前存在的民营经济发展水平不高、经济市场化程度不高、对内对外开放度不高等三大突出问题。具体提出如下四点建议：

第一，要着力培育现代产业体系，努力构筑发展新优势。要着力构建具有鲜明省情特点的支撑多元、布局合理、链条高端的现代产业体系，在全国产业格局中重塑比较优势和竞争优势。积极对接“中国制造 2025”战略，深入实施《中国制造 2025 湖北行动纲要》，推进信息技术与制造技术深度融合，加快向高端制造、智能制造迈进，发展壮大新一代信息技术、生物医药、高端装备、新能源汽车等产业，积极推进以增品种、提品质、创品牌为核心的“三品”战略。以推进海工装备、北斗导航、新型航天等重点产业为抓手，推动军民融合发展和协同创新。改造提升传统优势产业，加快生产方式向数字化、网络化、智能化、柔性化转变。深化服务业综合改革试点，推动生产性服务业向专业化和价值链高端延伸，生活性服务业向精细化、个性化和高品质转变，加快发展高品质的金融、信息、旅游、文化、环保、健康、教育、养老等服务业，培育形成新的消费供给。

第二，要着力推进供给侧结构性改革，加快构筑经济发展新动力。必须放宽视野，审时度势，加快培育和构建“四位一体”的经济发展新动力体系。要坚持要素投入与创新创造双轮驱动，在千方百计加大要素投入的同时，充分利用湖北科教资源优势和人才密集优势，进一步建成由个人、企业、区域、地方政府、国家等各个层面参与的区域性创新生态系统，推进创新链、产业链、资金链、政策链、人才链深度融合，全力推动湖北经济发展从主要依靠要素投入向更多依靠创新驱动转变；要坚持高端制造业与现代服务业双轮驱动，坚定不移地实施工业兴省战略，重点是加快以互联网、大数据、云计算等新一代信息技术与现代工业、农业、城镇化的深度融合，大力发展高新技术产业，着力推进制造业从加工制造环节向研发、设计、品牌、营销、服务等环节延伸，全面提高工业整体素质和竞争力；要坚持扩大消费与改善民生双轮驱动，采取有效措施不断改善城乡居民消费环境、扩大城乡居民消费需求、优化消费结构、提升消费层次，努力将改善民生的重大举措与拉动城乡居民消费需求有机结合，使之转化为加快湖北经济发展的强大动力；要坚持深化改革与全面开放双轮驱动，坚定不移推进开放先导战略，全面提升开放型经济水平，尽快将湖北打造成为内陆开放的新高地。统筹推进湖北自贸区三大片区建设，加快形成与国际投资、国际贸易通行规则接轨的制度体系和监管模式，在“全面开放”倒逼“深化改革”中探寻和找准促推湖北经济持续稳定较快发展的新动力。

第三，要深入实施一元多层次战略体系，加快构筑经济发展新格局。突出生态优先和绿色发展，加快长江经济带建设，尽早启动一批长江大保护和长江生态修复的重大工程项目。全面推进汉江流域综合开发，高起点构建现代产业体系，实现经济发展、生态环保、民生改善的有机统一。深化与湖南、江西、安徽三省的战略合作，加强优势产业协调互补，强化公共服务交流合作，推进基础设施互联互通，卓有成效地共同推进长江中游城市群建设。要高度重视并正确处理“一主两副”与“多级”的关系，在继续支持武汉加快建设国家中心城市、加快襄阳和宜昌省域副中心城市发展的同时，把“多级”发展提上重要议事日程。要研究和完善切实可行的政策措施，大力支持“多级”发展，引导各地错位发展，加快形成全省区域经济多元支撑、协调发展的新格局。要继续坚持“一主三化”的方针，千方百计加快县域经济发展，尤其要适应经济转型升级的新形势新要求，全要素、全产业链、全域性地布局和发展县域经济。坚持以人的城镇化为核心，科学合理布局生产、生活、生态空间，提升城镇化质量和水平，构建城乡发展新格局，着力破除城乡二元结构、缩小城乡差距。

第四，要着力增强湖北的软实力，加快构筑经济发展新支撑。省域经济发展既需要物质资源等硬实力的不断增强，更需要思想理念、文化氛围、科技进步、体制机制、政务效率、发展环境、精神状态等软实力的强力支撑。要深入解放思想，突出观念更新，强化市场思维、互联网思维、创新管理思维，重视新经济、包容新经济、善待新经济。要优化人才环境，进一步创新机制、完善政策，通过事业留人、待遇留人、感情留人，构筑人才集聚高地。突出新技术支撑，聚焦前沿技术，打破转化壁垒，让科技成果尽快转化为现实生产力。突出优化发展环境，通过做多主体、做强龙头、做好平台，着力推动大众创业、万众创新。突出体制机制创新，深化“放管服”改革，倒逼财税、金融与投融资体制和商事制度改革，统筹政策支持、平台建设、监管服务与要素保障，充分激发我省经济发展的活力。要切实加强作风建设，进一步提升广大党员干部的精神区位，以“跳起来摘桃子”的精神状态，推进湖北经济发展再上新台阶，努力实现湖北由经济大省向经济强省的跨越！

（本文系作者于2017年4月18日对起草省第十一次党代会报告所提出的建议，之后以省委《参阅件》第12期印发。）

附录一

新闻报道集锦

他是郧西人

——记中南财经大学硕士研究生李春明

我和李春明是老乡，同是郧西人。最近听说他的《〈资本论〉第三卷的基本原理及其在社会主义经济中的运用》一书已经出版，我立即写信致以祝贺。他随信给我寄来了他的三本书，除上述一本外，还有他1981年中国财政经济出版社出版的《关于马克思再生产理论的通俗讲话》和1982年云南人民出版社出版的《浅谈我国社会主义商品流通》两本书。

李春明1953年出生于郧西县城郊，在这里度过了他的童年和少年。这使他对郧西、对郧阳地区怀着一种特殊的感情。1977年他于武汉大学经济系毕业前夕，曾向系里写了六七次申请，坚决要求回山里工作，但后来还是服从了分配，到了省委党校。到党校以后，他总想为家乡做点什么，曾多次回郧西考察，结合自己的见解向县里提出不少有价值的建议，他写的《郧西县发展桐油生产需要解决的问题》一文在校刊上发表。

著书立说，绝非易事。走进他的宿舍，迎面便是“在科学的道路上没有平坦大道可走，只有在那崎岖的小路上不畏劳苦攀登的人，才有希望达到光辉的顶点”的条幅。当然，他从来没有向别人炫耀过自己是怎样攀登，但只透过蛛丝马迹便可见一斑。无论你啥时候走进他的屋子，总看见桌上堆着合上的、翻开的一摞摞书籍和正在撰写的一沓沓手稿。

1980年铁道部大桥工程局党校请他去讲再生产理论，后将讲稿一整理，寄到中国财政经济出版社就出版了10万字一本书。《人民日报》还将此书向读者作了推荐。当时他年仅28岁。云南人民出版社知道此事后，来信希望同他合作，李春明欣然应约，他以流通问题为选题，写了9万多字的一本书稿，很快又在云南人民出版社出版。第二年，李春明参加了一次党校系统的资本论的研究会，在讨论中，他认为，现在不能只是简单地宣传资本论的本身，而要把资本论的原理运用到社会主义经济中来。回到党校后，他反复阅读资本论第三卷，一年多时间，写了50多万字的读书笔记，这就成为前不久出版的那本17万字书的原稿。

驰骋的马必能走进草原，努力的人终能实现志愿。李春明如今在武汉地区政治经济学界里已小有名气，电台约他写讲稿，一些单位聘他当教员，忙得不亦乐乎。他常对家乡人说：“山里人并不笨，关键看有没有事业心。”1985年6月，他已被中南财经大学录取为硕士研究生，王时杰教授就是他的导师。

在繁忙的学习中，听说他又在酝酿着新的写作计划。写吧！祝愿你多出作品，为我国马列主义理论研究和应用作出新成就，这也是家乡人民的一份光荣。

（本文原载于1985年12月9日《郧阳报》，记者潘承田）

天行健，君子以自强不息

——记研究生会主席李春明

在我们的生活中，有这么一个人，他无论在研究生生活，学习、社会工作中，还是在正式组织和非正式的组织中，都那么自然地引起人们的注目。他有效地推动了研究生会各部的高效运转；他以高度敏捷的思想，勤于笔耕的精神结下了洋洋几十万言的累累学术果实；他团结和引导了广大的研究生……他就是我们熟知的朋友和同学，研究生会主席李春明。

李春明1953年生，1977年毕业于武汉大学政治经济学系，毕业后执教于湖北省委党校。他酷爱自己的专业，并有志于振兴中国经济理论研究，他遵循的格言是“在科学的道路上没有平坦大道可走，只有在那崎岖的小路上不畏劳苦攀登的人，才有希望达到光辉的顶点。”从1979年到现在，他在人生的旅途中留下了执着而坚定的脚印。目前为止，他先后公开出版了专著二本，内部出版一本，在公开和内部刊物上发表文章、辅导资料近四十篇，共计六十多万字。1980年他对再生产理论进行了研究，在研究和教学的基础上他撰写了十万字的《关于马克思再生产理论的通俗讲话》专著，并于1981年由中国财政经济出版社作为重点书出版。出版后受到社会各方面的重视。《人民日报》和《经济科学》杂志先后向广大的读者介绍和推荐了此书；当时他仅28岁，真可谓不立而立。该书亦引起云南人民出版社的兴趣，并表明合作意向，李春明欣然应约，不久，他的一部关于流通问题的九万多字的专著《浅谈我国社会主义商品流通》由云南出版社出版。

李春明是新时代的求知者，他认为经济研究应同社会实践相结合，学科优势应和社会需求相结合，理论要讲求实效性。源于这种思想，他思考着把《资本论》的基本原理应用于社会主义经济中，为此他反复钻研了《资本论》第三卷，一年多时间，写下了五十多万字的读书笔记。1985 年由《企业与哲学》编辑部以《〈资本论〉第三卷的基本原理及其在我国经济中的运用》为题全文（17 万字）刊载出版。我国著名的经济学家、《资本论》专家陈征来信对该书作了肯定的评价："大作不仅是下了很大功夫的，而且有较深厚的理论基础和一定的见解，当然是一部理论联系实际的有价值的著作。"李春明善于思考、勇于开拓，1986 年他在全国发文率先提出创立一门新学科——《社会主义商品经济学》，这篇论文在《湖北党校学报》创刊号发表后，得到全国著名经济学家卓炯的支持，并来信欢迎他去广东面谈。1986 年是李春明辛勤耕耘的一年。他参加了由王时杰教授主编的《商品经济与竞争》一书的编写。还与人合作，总纂和参加编写了《市场知识手册》（50 万字），主编了《市场营销指南》（35 万字）。这些书如果不出意外可望在年内公开出版。湖北电视台还曾录制和播放了他"谈股份制"的电视片。以上成果并非是单纯的书斋之作，而是他密切地关注我国经济改革现实，大量地调查和深入地研究以及刻苦拼搏的结晶。

现代社会不仅需要学者，更需要全能型的社会活动家。李春明一方面学术上收获累累，另一方面他承担了大量的社会工作。他是研究生会主席，负责研究生会全面的工作，在研究生会的组织建设和日常工作运转中起着关键的作用，具有相当的组织才能。他还担任了美国经济研究会武汉分会理事、世界经济研究会武汉分会理事、《中青年经济论坛》杂志记者、《长江日报》通讯员等社会职务。与此同时，他还在省委党校兼有教学任务，他的教学是出色的。去年“七一”李春明同志光荣地被省委科教部授予“优秀共产党员”的称号，并颁发了奖品和证书。时下，李春明正以筹委会副主任兼秘书长的身份，精心筹备全国经济类研究生理论讨论会，在他的组织下准备工作有条不紊。

李春明对人不失为一个好同学、好知已。在他的生活中也不时听到他浑厚的男高音；在幽静校园里也时常看到他同友携手散步；在扑克的娱乐欢笑中也可感受到他宽容可敬的胸怀。同学们愿意与他交朋友，愿意视他为知己。

这就是李春明，一个自强不息的人。

（本文原载于1987年4月10日中南财经大学《研究生通讯》第2期，记者周兴衷）

他在经济科学的沃野上辛勤耕耘

——记原校学生总会主席李春明

他是带着两本公开出版的专著和10多篇公开发表的论文走进中南财经大学研究生队伍中来的。三年的研究生学习结束了，他的专著由两本增加到六本，论文由10多篇增加到30多篇，他的履职表上也增加了研究生会副主席、主席，校学生总会主席，省委科教部授予“优秀共产党员”，全国经济类研究生理论讨论会筹委会副主席兼秘书长等内容。有人在综合比较了我校从1978年以来招收的历届研究生后说，“论学术成就和工作能力，首推李春明”。

今年35岁的李春明，1977年从武汉大学经济系毕业后，到湖北省委党校当了政治经济学教师。毕业时，武大的一位老师告诉他：“《资本论》第二卷要引起重视，以后还要好好钻研，将来会有用场的。”当时，人们都认为《资本论》第二卷是冷门，不好讲，也不愿学，一些政治经济学教材也只讲资本和剩余价值，不讲资本的循环和周转。李春明于是开始对《资本论》第二卷刻苦研究。不久，国家对国民经济进行调整，中央为配合经济调整号召全党学习《资本论》第二卷等3本书，提高广大干部和党员对经济调整的认识。这时，身为党校的一名政治经济学教师的李春明可忙坏了，既要承担校内教学，又要到校外许多单位去讲课和辅导，还要不断地结合现实进行经济理论的研究。后来，他把自己的讲稿整理了一下寄给中国财经出版社，推出了他的第一部专著——《关于马克思再生产理论的通俗讲话》。

此后，他便一发不可收，在经济科学的沃野上笔耕不辍。书籍成了他最好的朋友，灯光伴他迎来一个又一个黎明。那个用报刊、资料、手稿围砌而成的小小空间使他领受了一次又一次学有所得、思有所获、研有所成的精神享受。1982 年 12 月，《浅谈我国社会主义商品流通》由云南人民出版社出版；1985 年 4 月，《〈资本论〉第三卷的基本原理在我国经济中的运用》由《企业与哲学》杂志社出版。1985 年 9 月，被王时杰教授收为研究生后，有了名师指点，学友切磋，李春明如鱼得水，接二连三地推出了由他主编并参加编写的《市场知识手册》《市场营销指南》《现代售货员必备》《探索·改革·发展——论社会主义初级阶段的经济》等四本书，共 85 万字，都将由出版社公开出版。另外，还撰写了 20 多篇论文在全国各级各类报刊上发表，其中，他发表在《湖北党校学报》上的《建立社会主义商品经济学之我见》一文被评为我校 1986 年度研究生优秀论文一等奖，我国著名经济学家卓炯专门写信给他表示支持，并邀请他去广东面谈。在全国第二届财经院校研究生经济理论讨论会上，他的《企业所有制新探》被评为优秀论文一等奖。在 1988 年 5 月举行的全国第三届研究生经济理论讨论会上，他的力作《双重分配模式：我国经济运行中的分配机制选择》又获“优秀论文奖”。

曾有人问李春明：“你做学问的秘诀是什么?”李春明伸出五个手指，说是“五个结合：看书和写作结合；学习研究和出成果结合；社会需要和自己的知识优势结合；科学态度和刻苦精神结合；个人优势和群体优势结合。”

在繁忙的学习、教学和研究工作中，李春明又在酝酿一个宏大的计划——他要写出一部《社会主义商品经济学》来！我们祝愿李春明在明媚春光中播下的种子变成丰硕的果实。

（本文原载于1988年6月30日《中南财经大学校报》，记者华实）

有真情才有真知

——访省委党校副校长李春明

1985年，一位三十出头的年轻人在全国率先提出建立一门“社会主义商品经济学”，研究社会主义商品经济的运行规律和运行方式。

1986年，在许多人还把股份制视为资本主义的洪水猛兽的时候，他却在报刊撰文，提出推行股份制，搞活全民所有制企业。

随着改革的深化，时间的推移，这些观点经受了实践的检验，显示出可贵的指导性和预见性。而去年7月他撰文阐述社会主义市场经济体制的特征，竟与后来十四届三中全会《决定》的精神不偏不离。

这真知灼见从何而来？

1月3日，上任才一个多月的省委党校副校长、省行政学院副院长李春明在他的干净、明亮的办公室里，面对我的提问，陷入了短暂的沉思。

冬天的阳光柔和地爬过窗棂，爬上李春明宽广的前额。他的眉峰舒展开来。“共产党人不是算命先生，更没有未卜先知的特异功能。”他用平缓的声调告诉我，有真情才有真知。他在理论上的探索和追求，来源于他对党的改革开放路线真诚的赞赏和拥护。

1974 年，当李春明带着郧西山区的泥土走进武汉大学的时候，常常撞击在他心头的一个强音是：“改变家乡的贫穷！”1977 年，当他走上省委党校的讲台的时候，这个撞击在心头的强音已变成了对富强的社会主义中国的呼唤。1985 年，当他进入中南财经大学研究生行列的时候，他开始把心中的热望化作理性的追求。

为什么家乡的农民披星戴月，一天工才值一毛八分钱？为什么工人的工资“原地踏步”十几年？而十一届三中全会以后的短短几年，我国经济生活就发生了深刻变化？市场取向的改革像一把金钥匙打开了他心头千千结。他决心沿着这条道路探索下去。

有真情于是有了他对改革实践的深切关注。近十年来，他把社会调查作为理论教学和理论研究的第一道工序，抓住一切机会进工厂、下农村，了解改革的走势，解剖改革的难题，从群众的改革实践中吸取新鲜营养。全省相当部分的县市都留下了他探访的足迹。

有真情于是有了他对改革理论的艰辛探索。1981 年，年仅 28 岁的李春明向社会捧出第一部专著《关于马克思再生产理论的通俗讲话》，就受到几家出版社的青睐，最后由中国财政经济出版社出版。10 年来，李春明副教授年年有新著作问世。

除单独出书 3 本外，任主编、副主编的著作就有《社会主义商品经济学论纲》等 10 本，参与编写的有 9 本，还在中央、省、市报刊发表理论文章87篇，其中8篇文章获奖。粗略一算，由他执笔而发表的文字就有200多万。

由收获而回顾耕耘，由耕耘而探索动因，我对眼前的李春明有了更深一层的理解。在经济科学的沃野上，伴着他辛勤的笔耕，伴着他长明的夜灯，伴着他一次又一次学有所得、思有所获、研有所成的精神享受的，是一颗对党的改革开放路线由衷拥戴、对建设有中国特色的社会主义真诚投入的心灵。他的脉搏，感应着改革的脉搏、时代的脉搏。这，正是他获得真知的“秘密”。

新的一年，对步入不惑之年的李春明无疑是个新的起点。他告诉我，他的下一个目标是写一本《分配经济学》。“分配是牵动社会的神经。”他用一个强烈的手势表示了理顺这根“神经”的信念。

我期待他新的研究成果早日问世！

(本文原载于1994年1月13日《湖北日报》第7版，记者熊家余)

唯敬业最真

——记省委党校副校长、经济学教授李春明同志

李春明，42岁，湖北省委党校副校长、省行政学院副院长、经济学教授、获国务院政府特殊津贴专家。

“小猫钓鱼”是初小语文课本上的故事，只要上过学的人都

知道它的寓意，然而不少的人却未能汲取这一教训。在当今社会转轨变型时期，外界的诱惑实在太多，这使得有些人，尤其是青年人，心态浮躁，“这山望着那山高”，缺少一种执着的追求和敬业精神，其结果便是“小猫钓鱼——一无所获”。

秉承大山的淳朴，李春明时刻以“小猫钓鱼”来告诫自己：踏实勿躁，静心敬业。“干一行、爱一行、专一行、钻一行”，这就是他从山区民办教师到省委党校副校长、经济学教授的成长历程中最根本的归结点。

李春明1977年从武大经济系毕业后，分配到省委党校工作。对知识的追求促使他于1985年考入中南财大，读了3年研究生，获硕士学位。被提升为副校长和教授后，他“依然深感知识的乏陋”，去年又考上中南财大博士研究生。

正因为如此的持之以恒，李春明一直走在理论界前沿。1980年他撰写的《关于马克思再生产理论的通俗讲话》在《黄石日报》连载后，受到各方重视，五六家出版社争相要求出版，最后于1981年由中国财政经济出版社作为重点书目出版；1982年在人们还以为商品经济等于资本主义时，他出版了《浅谈我国社会主义商品流通》一书，并于1985年在全国率先提出创立“社会主义商品经济学”；1986年他又在《长江日报》上撰文，提出“推行股份制，搞活全民企业”……

辛勤的耕耘结出了累累硕果：他公开出版的独著有3本，主编8本，担任副主编及参与编写的有12本，在中央及省市级报刊上发表论文100多篇，有10多篇获各种奖励；还应邀在省内外作了上百场学术报告；多次被聘为一些高校的硕士研究生论文答辩委员会主席。

“在其位、谋其政、负其责、尽其力”则是李春明对敬业精神的又一深层次的理解。他任副校长后，主管教学工作。“党校教育有其自身的特点，那就是以马克思主义为主课，以增强学员的党性锻炼为核心，理论联系实际”。为提高教学质量，他和广大教研人员一道，通过“走出去，请进来”等许多具体措施，让广大教研人员广泛了解实际，组织双月研讨会，制定学科建设和教师队伍建设规划……去年初，省委党校提出的教学方面要做的10件事情，件件抓落实、事事有结果，极大地调动了广大教师授课、学员学习的积极性。

“敬业精神应该是一个人首位的追求。没有它，很难想象能在事业上干出成绩来。”李春明全心研究党校教育中的种种问题。在理论上对党校教学作深层次的研究和探索，撰写了《论理论联系实际》《论增强党性锻炼》《论提高教学质量》等论文。并将这两方面结合起来应用于教学实践之中，取得不少成功的经验，受到中央党校等有关领导同志的充分肯定。

冬日的阳光跑进了办公室，抚摸着那一摞摞书籍、一沓沓手稿，也柔和地洒在李春明宽阔的额头上。整个采访过程中，我始终为他那种对知识、对事业的执着追求所感染。正是这种敬业精神，激励着他这些年在经济科学的沃野上辛勤地笔耕，在工作上倾心竭力……

（本文原载于1996年1月16日《武汉晚报》第5版，记者张忠飞）

在经济学领域里勤奋探索

——记李春明教授

李春明，男，1953 年生，湖北省郧西县人，中共党员。1977 年 9 月毕业于武汉大学经济系，1988 年 7 月毕业于中南财经大学经济系，获经济学硕士学位。1992 年 8 月晋升为副教授，1994 年 11 月破格晋升为教授。曾任中共湖北省委党校副校长、湖北省行政学院副院长，现任湖北省人民政府发展研究中心主任。兼任湖北省经济学会常务理事、湖北省生产力经济学会副会长、全国党校系统人口理论研究会副会长。1993 年获国务院授予的“政府特殊津贴”，1995 年经省委、省政府批准为湖北省有突出贡献的中青年专家。

李春明自武汉大学毕业后，就教于湖北省委党校。他酷爱自己的经济学专业，并有志于振兴中国经济理论研究，信奉的是马克思的名言：“在科学上没有平坦的大道，只有不畏劳苦沿着陡峭山路攀登的人，才有希望达到光辉的顶点。”在近 20 年的教学工作中，他勤奋好学，刻苦钻研，精心备课，因人施教。无论是在党校课堂还是在全省 40 多个县市讲学，无论是乡镇党委书记班还是地厅级干部班学员，无论是几位硕士研究生还是数千人参加的大型报告会，讲授效果俱佳，人称为“听课是一种享受”。多次被评为优秀教师，获得全省党校系统优秀教学一等奖。

李春明教授是新时代的求知者，他认为经济研究应同社会实践相结合。源于这种思想，他在经济学领域里勤奋探索，取得了可喜的成果。他 28 岁时由中国财政经济出版社出版的达 10 万字的《关于马克思主义再生产理论的通俗讲话》一书，首次发行 5 万册，在国内引起很大反响；1982 年公开出版的《浅谈我国社会主义商品流通》一书，是国内较早研究流通理论和流通规律的著作之一；1985 年出版的《〈资本论〉第三卷的基本原理及其在我国经济中的运用》一书，被著名经济学家陈征教授称为是“一部理论联系实际的有价值的著作”；1986 年他在全国率先提出并主编和出版了《社会主义商品经济学》一书，这门新学科的设立，收到多方好评；1986 年 8 月他又在《长江日报》上发表了《推行股份制，搞好全民企业》的文章，探索性地提出了“有计划、有重点的逐步推行全民企业股份制”的主张；进入 90 年代，他又有《社会主义市场经济论纲》《社会主义经济管理概论》《论国有企业产权制度改革》《积极推进两个根本性转变》《着力推进国有中小企业的改革与发展》等多部（篇）新作问世。十几年来，李春明教授个人出版专著 3 本，主编、副主编、参编著作 22 本，在国家级和省级报刊发表文章 90 多篇，由其本人执笔而发表的文字达 200 多万字。在他的研究成果中，有十几项在不同范围内获奖。其中，论文《双重分配模式：我国经济运行中的分配机制选择》，获湖北省社会科学优秀成果三等奖；论文《马克思的积累理论与我国的积累机制》，获湖北省政府颁发的优秀社会科学成果三等奖；论文《论建立企业家成长的激励机制》，获《长江日报》征文的优秀论文特等奖。

近些年来，多家报纸和电台、电视台都对李春明教授进行过专题采访和报道。一位记者在一篇专访中曾深刻而又动情地写道：

“由收获而回顾耕耘，由耕耘而探索动因，我对眼前的李春明有了更深一层的理解。在经济科学的沃野上，伴着他辛勤的耕耘，伴着他长明的夜灯，伴着他一次又一次学有所得、思有所获、研有所成的精神享受的，是一颗对党的改革开放路线由衷拥戴、对建设有中国特色社会主义真诚投入的心灵。他的脉搏，感应着改革的脉搏、时代的脉搏。这正是他获得真知的‘秘密’”。

（本文原载于《湖北省社会科学界名人》第二卷，以其作为对入选者的介绍；邢元效执笔）

努力探索跨世纪经济发展的客观规律

——访《经济腾飞论纲》作者李春明博士

欣闻省委副秘书长李春明博士的新著——《经济腾飞论纲》已由湖北人民出版社出版发行，记者专程前往采访。

记：听说这部20多万字的专著，是在博士论文《经济发展阶段论纲》的基础上充实修改而成的，请问当时确定这一研究课题的目的是什么？

李：自90年代以来，我国经济发展进入了一个新的阶段，即经济腾飞阶段。借鉴李斯特、罗雪尔、施穆勒、罗斯托等西方经济学家关于划分经济发展阶段的思路和方法，结合我国经济发展实际，可作出这样的判断：我国经济发展至1949年，为传统社会阶段；1950—1990 年属于为经济起飞创造前提的阶段；1991—2020 年为经济腾飞阶段；2021—2050 年为实现经济现代化阶段；尔后继续向更高的阶段迈进。

当前我国正处于经济腾飞阶段，这一阶段将是我国经济总量位居于世界前列的阶段，是全面实现工业化和加速推进信息化的阶段，是人民生活步入较高层次的小康社会的阶段，是建立完善的社会主义市场经济体制的阶段。在这一改革攻坚阶段和经济发展的重要历史关头，改革开放和现代化建设的实践，迫切要求人们对新成长阶段的经济发展目标、战略重点以及所面临问题的解决途径和解决顺序，作出合乎中国现实而又富于远见的选择。《经济腾飞论纲》的研究与写作，正是适应这一要求而进行的。

记：书中提出当前我国处于经济腾飞阶段，其主要依据和特征是什么？

李：由于对外开放效应和后起国效应的影响，使得我国在经历了 1950—1990 年的“为起飞创造条件的阶段”之后，罗斯托所提出的经济起飞阶段、向成熟推进阶段、大规模高消费阶段，将不再是依次出现，而是三者相互交织，其特征并存性显现。据此，我们将这一阶段称为“经济腾飞阶段”。

当前，我国实现经济腾飞的各种基本条件，以及经济腾飞阶段的各种基本特征，已经或正在逐步显现，这主要表现为“七大转变”：工业已成为国民经济的主导产业，并实现了由初步工业化向工业化中期的转变；国民经济运行成功地实现了“软着陆”，经济运行态势正由过去那种大起大落式的波动型增长，向低波幅、低通胀、高速度的方向转变；市场机制在资源配置中的作用日益强化，经济体制正由传统的计划经济加快向社会主义市场经济转变；我国的商品市场已摆脱了“短缺经济”的特征，市场供求总格局已实现了由卖方市场向买方市场的历史性转变；城乡居民收入水平和消费水平不断提高，消费结构正在由温饱型向小康型转变，部分地区和居民已开始向富裕型转变；对外开放不断扩大，多层次、多领域、全方位开放的新格局正在形成，由此推进国际国内市场由分割向融合转变，竞争态势由国内竞争向国际国内双重竞争转变；基础产业和基础设施对经济发展的“瓶颈制约”已经缓解，经济增长的重点正由基础产业向着基础产业与支柱产业并重的方向转变。与此同时，国际范围出现的世界多极化、经济全球化、信息全球化、科技国际化、经济知识化趋势，也将为我国实现经济腾飞提供强有力的外部环境和支撑条件。

记：对一国经济发展作出正确判断，目的在于制定科学的经济发展战略。那么，经济腾飞阶段的战略目标和战略重点是什么？

李：选择和制定一定时期的经济发展战略，首要的或最根本的任务是确立战略目标。我国经济腾飞阶段的战略目标，其主要内容有四：一是地位目标。到 2020 年，我国与西方主要发达国家之间的经济差距将进一步缩小，成为世界经济增长中最活跃的地区，经济总量位居世界前列，其国际经济地位不断有新的提高。二是功能目标。功能目标是指一国经济基本格局，它决定着生产要素在各个产业之间的分配，决定投资的基本方向。我国经济腾飞阶段，应是加快农业产业化、全面实现工业化、努力推进信息化的阶段。三是消费目标。到 2020 年，我国人均收入虽然仍处于发展中国家水平，但可望由低收入国家进入中等收入国家行列，人民生活步入较高层次的“小康社会”。四是体制目标。在经济腾飞阶段，我国要实现由传统的计划经济体制向社会主义市场经济体制的根本性转变。到2020年，建立起完善的社会主义市场经济新体制，通过竞争实现社会资源的优化配置，进一步促进社会生产力的发展。

在经济腾飞阶段，我国经济发展的战略重点在于努力解决好四大课题：其一，着力推进经济增长方式由粗放型向集约型转变。这既是解决当前经济生活中深层次矛盾的迫切需要，也是实现经济腾飞阶段战略目标的必然要求和根本任务，并直接关系到我国现代化建设的全局和进程。经济增长方式转变的基本要求，是从主要依靠增加投入、铺新摊子、追求数量，转到主要依靠科技进步和提高劳动者素质上来，转到以提高经济效益为中心的轨道上来，努力做到向结构优化要效益、向规模经济要效益、向科技进步要效益、向科学管理要效益。其二，着力推进经济体制的转变。这既是经济腾飞阶段的战略重点，又是实现全部经济和社会发展目标与任务的强大动力。要通过调整与完善所有制结构、改革和完善分配制度、加速推进国有企业改革、建立和健全宏观调控体系、进一步扩大对外开放，加快建立起社会主义市场经济新体制。其三，着力推进与实施可持续发展战略。在经济腾飞阶段，必须摒弃传统的发展模式，坚持以经济建设为中心，从人口、经济、社会、资源和环境相互协调中推动经济建设与发展，并在发展的进程中带动人口、资源和环境问题的解决，逐步将高投入、高消耗的发展模式转变成资源节约型的发展模式。同时，通过发展模式和生活方式的改变，重新确立人与自然和谐共处的关系，推动和建立新的社会文明。其四，着力推进区域经济协调发展战略。经济腾飞阶段属经济高速增长和体制转轨时期，也是地区间差距扩大最快以及与此相联系的地区间利益分配再调整时期。正确处理地区协调发展问题，不仅关系到国民经济的持续快速发展和社会进步，而且关系到民族团结和社会稳定。要通过正确处理东部、中部和西部三大经济地带之间的关系，逐步使东部与中西部经济差距趋于稳定并不断缩小，地区间经济联系不断加强。同时，形成若干跨东、中、西部的产业密集带，基本形成全国统一大市场，以此促进中国经济腾飞。

记：在经济腾飞阶段，如何加快湖北经济的发展？

李：从现在起到2020年的整个经济腾飞阶段，也是湖北经济和社会发展的关键时期。能否抓住机遇，加快发展，实现湖北在中部乃至全国的振兴崛起，同样是一个有待深入研究的重大问题，也是本书所研究的重要问题之一。

湖北省区位条件优越，各类资源丰富，农业基础良好，工业门类齐全，生产力布局特色明显，现已成为我国经济发展新的增长区域。在跨世纪经济发展中，湖北要振兴崛起，必须以增强经济竞争力为着力点，充分发挥“后发优势”，确立并实施跨越式发展战略。在实践中，要努力抢占三大制高点。一是抢占改革的制高点，加快实现由计划经济体制向社会主义市场经济体制的转变，以良好的体制环境吸引全国乃至全球的资源在湖北集聚并实现优化配置，以体制创新促进湖北经济超常规地发展。二是抢占开放的制高点，加快形成与国际市场直接接轨的开放格局，不断提高对内对外开放水平，以“两种资源”和“两种市场”促进湖北经济上一个新的台阶。三是抢占发展的制高点，加快实现产业结构的优化和升级。要建立强制性的淘汰机制，调整落后或低效的产品和产业；要加快发展高新技术产业，形成全省经济的新优势；要积极培育新的经济增长点，增强整个经济发展的后劲；还要实行非均衡发展战略，加快培育湖北新的经济增长极，以此带动全省经济更好更快地发展。

（本文原载于1999年5月20日《湖北日报》第8版，记者吴志根）

李春明市长谈改善投资软环境

在近日召开的一次会议上，荆州市委副书记、市长李春明讲到不断改善投资软环境，全面塑造荆州扩大开放的良好形象问题。

李春明说：用发展经济学的观点看，良好的环境是一种重要资本，是重要的生产力和竞争力。实践证明，一个地方开放程度越高，经济发展就越快、就越具有活力。我接触过的不少投资商都坦言，再丰盛的宴席、再贵重的礼品、再高规格的接待，都比不上宽松、稳定的投资环境。

李春明从以下三个方面，阐述了营造投资软环境：

第一，要营造宽松的政策环境。他说，政策的稳定性和执行政策的严肃性至关重要。对于真正的投资者来说，宽松的创业条件、公平的竞争机制，比优惠政策更有吸引力。一般来讲，靠优惠政策容易吸引以近期目标为主的投资者，稳定宽松的政策环境则会招徕战略投资者。我们要进一步修订完善优惠政策，在国家法律法规允许的范围内，尽可能给投资者提供各种优惠。要防止暗箱操作，防止朝令夕改，坚持把政策执行到底，保持政策的公开、透明和稳定性。

第二，要营造规范的管理环境。投资环境的优劣与否，落脚点在管理。改善软环境，并不是放弃政府对经济社会事务的管理，而是要规范政府及各部门的管理行为。实事求是地说，外商的投资行为从其本身的利益出发，一般都讲究守法经营。我们的管理也应该是依法管理。当前，要按压缩40%左右行政审批项目的目标，认真清理行政审批项目，大力压缩和削减审批事项，该取消的取消，该下放的下放，该改为备案制的改为备案制。要通过规范管理，切实保护外来投资者的合法权益。

第三，要营造文明的人文环境。李春明说，人文环境代表着一个城市的形象，反映了一个城市的文明程度，关系到一个地方的长远发展，是投资软环境的重要方面。经济是“形”，文化是“神”，只有形神兼备，相互交融，才能推动发展向更高层次迈进。营造文明的人文环境，核心是要提高荆州城市文化品位，提高广大市民的素质，提高整个城市的文明程度。荆州作为国家历史文化名城，本身就具有很高的文化品位，我们要充分依托现有优势，进一步营造浓郁的文化氛围，建设一批格调高雅、代表荆州形象的文体设施，开发一批具有荆楚特色、风情常有的文化产品，开展一些丰富多彩、有重大影响的文体活动。要积极探索城市建设与管理的新思路、新方法，使城市建设一年上一个新台阶，不断提升城市管理水平与城市品位。

李春明说，要通过多种形式的教育和引导，增强广大市民的开放意识、文明意识，增强“人人都是荆州形象、人人都是投资环境”的荣誉感和责任感。要坚持以诚信招商，不断增强荆州的吸引力和影响力。做到以真诚招商，赢得主动；以感情招商，打动人、留住人；以信用招商，提高成功率。要主动、诚恳地结交国内外寻求投资的朋友，对投资者来访，要精心安排；与投资者交往，要以礼相待，以诚相交，做到相互尊重、相互信任。对外来投资者，绝不能失信于人，绝不能虎头蛇尾，更不能言而无信。只有这样，才能引得来、留得住、发展得好，实现以商引商、以商招商。

（本文原载于2001年8月27日《江汉商报》，记者邱声鸣、薛高前，实习生汪丹）

城市资本营运重在落实

昨日下午，市长李春明在全市元至2月城市资本营运重点项目落实汇报会上，对今年我市城市资本营运工作提出要求。李春明提出，城市资本营运重在落实，今年的工作要在“加快、联动、规范、增效”8个字上下功夫。

李春明听取了市国土资源局、建设局、房产管理局、交通局、文化局、旅游局、广电局、体育局等市直8个城市资本营运重点部门负责人的汇报。

李春明强调，我市城市资本营运实施一年来，已初见成效，全市上下形成共识，思路大变，资金筹措有新的渠道，城市建设面貌一新，形成了“政府不背债，财政不拿钱，企业担风险，轻松搞城建”的喜人局面。荆州的城市资本营运符合上级精神，在全省乃至全国都形成影响，并得到有关方面领导的充分肯定。

李春明提出，城市资本营运重在落实，核心是把城市建设纳入市场经济轨道，市场化程度越高，城市建设搞得就越好，城市资本营运对加快城市建设起到了非常大的作用。今年要在去年的基础上，从实践、观念、认识上提高，进一步坚定信心，使各个项目顺利开展，争取出现城市建设的高潮。今年的工作要在8个字上下功夫："加快"，计划出台后，要加快推进，加快实施；"联动"，全市一盘棋，相互支持、协作，中心城区、县市、乡镇整体联动；"规范"，政策要规范，收益要规范，部门之间利益分配关系也要规范；"增效"，要将本求利，在经营上下功夫，在增效上做文章。

李春明还就土地准备金、房地产市场管理、危房改造以及旅游、文化、体育、交通方面的具体项目提出了要求。

（本文原载于2002年3月16日《荆州日报》，记者贺声）

听李春明谈"卖"荆州

古有刘备"借"荆州，"借"出了蜀国的基业；而今荆州人"卖"荆州，"卖"出了城市资本营运的红红火火。

据荆州市市长李春明介绍，该市交通局局长姚荆汉眼下遇到了一些"烦恼"：一是项目多的"烦恼"。过去，交通部门项目少，整天愁项目，找不到好项目；现在，交通基础设施变成了资本，过去好多未能立项的项目，如今很快就立项了，多得都让人忙不过来。二是国内外的资金一下子进来了很多，怎样用好投资的“烦恼”。三是贷款多的“烦恼”。过去上项目要求银行贷款，人家不愿贷；现在，大量的投资进来了，几家银行争着放贷，究竟选哪家银行？难决定。

李春明说，像姚荆汉这样的“烦恼”，目前在荆州市许多单位也存在。他说，所谓城市资本营运，就是要视城市资源为资本，在流动性、增值性上做文章，要学会“卖”，解决城市“资金从哪里来”的问题；通过“卖”解决“向城市要效益”的问题。

荆州市酝酿城市资本营运始于去年2月，同年9月正式实施，短短的几个月来，经营城市就取得了令人瞩目的成绩。以交通建设为例，“十五”期间，已敲定的项目总投资就达50亿元。

如何进行城市资本营运？李春明结合该市的实践谈到了“五化”。

一是城市建设市场化。重点从两个方面入手：一方面是引入竞争机制，开放建设市场，使城市资源自由流动，凡涉及城市建设、经营管理的项目，都实行公开招标，杜绝暗箱操作。另一方面要遵循市场经济规律，推进基础设施产业化经营，通过以地生财、资产变现、招商引资等多种办法融资，完成好各项城市重点建设项目。

二是城市资源资本化。结合荆州实际，该市重点经营了以下四种资本：（1）土地资本营运。建立和完善土地收购和储备制度，对行政划拨的土地实行有偿使用，国有土地资产股本经营。综合运用开发手段，科学调整中心城区、繁华地段用地性质，发挥“黄金地段”的整体效益，提高地价，以地生财。在全省率先建立了土地二级市场，以促进存量土地合理流动配置。去年，该市土地经营收入达3000多万元，是前年的3倍，今年可达到6000多万元。（2）房产资本营运。地处黄金地段的沙隆达广场二期工程，需拆迁1251户，面积116401平方米，测算安置资本9982万元，运用资本营运方式，进行高档次商住项目开发，在改善市民住房条件和提高城市品位的同时，政府还可得到可观的收益。（3）城建资本营运。投资22亿元的荆东高速公路，因资金一时不能到位，原定“十五”后期安排，现在，通过分段招标，投资者纷至沓来，在去年就已立项。（4）延伸资本营运。原沙市影剧院由于年久失修，经营困难，通过出售其冠名权融资进行翻新改造，如今凯乐大剧院已成为荆州市的形象工程之一。

三是城市经营公司化。在李春明看来，荆州的实践表明，推进城市资本营运的关键在于建立一套与市场经济相适应的城市经营体制，实行经营主体公司化运作。首先要推进城建事业单位及所属企业公司制改造；其次是实行经营项目公司化运作，形成“借钱—生钱—还钱—赚钱”的良性机制；再次是探索多样化的资本营运方式，要敢于拿赢利项目招商，敢于拿优质资产变现，敢于多方融资经营，敢于与大老板、大财团合作。

四是投资主体多元化。实行投资主体多元化，是解决资金问题的主要途径。这包括：项目融资，项目本身是资本，要以项目引资，以项目生财；政策融资，通过政策的杠杆作用，降低建设成本；招商引资；社会融资；资本市场融资。

五是政府调控规范化。李春明认为，实施城市资本营运，离不开政府的调控和引导，但政府调控要规范，与市场经济相适应。

政府调控的重点应放在三个方面，即实施规划控制，营造城市环境，实行政策引导。

（本文原载于2002年5月28日《湖北日报》第8版，记者王才忠、通讯员刘宗彪）

六条融资渠道激活湖北资本市场

——省政府秘书长李春明博士访谈录

资本是经济增长的第一推动力。在整个市场经济活动中，资本市场起着“活脉”“输血”的功能。因此，资本市场是市场经济体系的重要架构之一，经济的发展离不开资本市场的开拓与利用。

党的十六届三中全会通过的《决定》，把多层次发展资本市场放在重要位置。《决定》有关“大力发展资本市场和其他要素市场”的论述，既为资本市场的改革和发展指明了方向，又为我们开拓与利用资本市场提供了体制保证。

目前，我省正处于工业化中期的初始阶段，工业化进程开始提速。在这一经济发展的特定阶段和关键时期，开拓资本市场，挖掘和利用各种融资渠道，推动经济增长，就显得尤为重要和紧迫。

为此，记者采访了省政府秘书长李春明博士。下面，是他与记者的对话摘要——

开拓资本市场：湖北经济发展的必然选择

记者：有种种迹象表明，我省工业经济已进入起飞阶段。在这一特定时期，工业化进程会有哪些变化呢？或者说，必须完成的任务是什么呢？

李春明：我们应当认识到，工业化进程具有时序性、渐进性特征。在不同阶段，需要完成的任务也不相同。我省现阶段推进工业化的主要任务有三项：一是完成传统工业化；二是大力推进工业现代化；三是以高新技术改造传统产业，以信息化带动工业化，以工业化促进信息化，走新型工业化道路。这三项任务不是孤立进行的，而是“三位一体”融合性的“齐步走”。

记者：完成这三项任务，需要多种条件，比如体制、技术和资本等。你为什么特别强调资本要素呢？

李春明：任何经济增长都离不开投入，投入是经济的引擎之一。经济学原理中，千原理，万原理，“没有投入就没有产出”是第一原理。在工业化中期阶段，由于初始投资基数的提升，第一个要解决的难题便是筹集资金和扩大投资的问题。

从湖北实际看，资本“瓶颈”制约十分明显。2001 年，浙江、广东两省基本建设投资分别为 979.20 亿元和 1243.72 亿元，我省仅 611.60 亿元，差距不小。因此要推动湖北经济发展，必须加大投入的力度。概括起来说，就是要坚持“两条腿走路”的方针：一方面，企业要通过生产经营等方式创造和积累利润，将利润不断转化为资本，即充分利用自身积累谋求发展；另一方面，更重要的是通过间接融资渠道和直接融资渠道将外部资金转化为资本，即通过大力开拓资本市场，千方百计吸纳外部资本，加快我省的工业化、信息化、城市化进程。

六根“血管”：为湖北经济注入活力

记者：《决定》指出，资本市场发展的总体目标应该是，建立多层次多元化多样化的现代资本市场体系。我省开拓资本市场的途径有哪些呢？

李春明：资本市场有狭义和广义之分。从广义来说，就是要“举市场之力，借开放之力”，加快拓展银行信贷市场，扩大利用证券市场，健全完善产权交易市场，全力招商吸纳海内外资本，积极启动和利用民间资本，积极争取国家投资。把这些方面用一句形象的话加以概括就是：让六根“血管”一起给湖北经济“输血”，运用六条投资通道为湖北经济注入活力。

银行信贷市场：融资的主渠道

记者：那么，该如何保证这六根“血管”源源不断地为我省经济发展“输血”呢？请你先谈谈第一根“血管”——银行信贷市场。

李春明：金融是现代经济的核心，银行是融资活动主体，是企业融资的主渠道。我们必须进一步树立“银行是最大的投资商”的观念，充分利用银行信贷市场。现在应该做的主要工作：一是进一步建立完善现代企业制度，积极探索建立工商企业信用登记中心和个人信用体系，加大环境整治力度，合力建设“信用湖北”工程；二是大力发展票据贴现市场及其他金融衍生工具，实施金融创新；三是继续支持城市商业银行和农村信用合作社的发展，大力发展地方金融机构；四是积极推进武汉以货币市场、证券市场、保险市场、产权市场、柜台交易等为特色的华中地区金融中心建设。要通过强有力的措施，让银行信贷市场活跃起来。

证券市场：现代企业融资的重要场所

记者：证券市场是资本市场的重要组成部分，也是一种高度市场化运作的市场。目前，我省上市公司的发展状况如何？

李春明：我省已有58家企业成功上市，53家企业进入上市辅导期，171家企业进入省上市后备资源库，企业上市工作取得了很大成效，并积累了一定的经验。但是，从整体来看，我省上市公司还存在着公司规模偏小，再融资能力弱和利用国际资本市场水平低的问题。

记者：那么，应该如何改变这种现状呢？

李春明：至少有四个办法：一是加大上市公司重组力度，将优势企业、优势产业向上市公司聚集；二是积极推进上市公司的国有股和法人股对外招商，用其优质存量资本吸纳增量资本；三是盘活上市公司的"壳资源"，包括上市公司之间的整合、实施配股和增发等；四是加大企业直接上市工作力度，包括在海内外上市，进一步提高我省企业在证券市场所占份额。这四条做好了，上市公司就可能成为我省吸纳社会资金的巨大"吸管"。

产权交易市场：各类资本进出的大通道

记者：与全国先进省市相比，我省产权市场有其自身特点，同时市场发育程度和市场建设水平也明显滞后。现在该如何改变"多头化管理、有场不统一、有场不进场、市场分割、机构散乱、服务水平不高”的现状？

李春明：产权的联合重组、分割、转让，是产权流动和增值的内在要求，是优化资源配置、推动经济增长的客观要求，也是发展市场经济的前提条件。因此，它理所当然是我们必须打通并用好用活的六根“血管”之一。

我省应该将湖北产权交易中心建成华中区域性产权交易中心乃至中国资本市场上的“三板市场”为目标，加大湖北产权市场的建设力度，做到“三个统一”：一是统一产权交易机构，将现有的湖北省产权交易所和湖北技术交易所合并组建湖北产权交易中心，作为全省产权交易的统一平台，并赋予其统一监管全省产权交易市场的职能。二是统一市场，以湖北产权交易中心为平台，全省形成一个统一的产权交易市场，尽快改变各自为战、市场分割、交易低效的状况。三是统一市场规则，包括准入规则、交易规则、退市规则、违规处罚规则等。

招商引资：最直接、最快捷、最实惠的吸纳投资方式

记者：当前，国际产业结构调整和产业转移步伐加快，为我省全力招商吸纳海内外资本提供了难得的机遇。我们应该采取什么方略呢？

李春明：关键在于按照社会主义市场经济的要求，建立招商引资的新机制。招商主体应由以政府为主逐步转向以企业、中介组织为主；招商对象要内外并重，既要积极、合理、有效地吸引外商投资，也要注重引进沿海发达地区的资本和企业，重点突出珠江三角洲、长江三角洲的一些大型企业、知名企业以及港澳台企业；招商方式重点探索以商招商、业主招商、委托代理招商、联合招商、小分队招商、网上招商、以开发区和工业园区为载体招商等多种方式；招商内容既要引进资金，又要注重引进管理、技术、机制、人才等生产要素和“软件”，逐步从数量型招商向质量型招商转变。

还要把招商与我省产业发展战略有机结合起来，特别要针对我省国有资本存量大的实际，通过招商引资来盘活存量，优化产业结构。简而言之，我们要把招商引资作为扩大湖北开放、促进湖北发展的第一手段，把延伸湖北汽车工业、原材料工业、能源工业、高新技术产业等支柱产业的产业链作为招商引资的第一着力点，把中国香港、中国台湾地区和日本、韩国，以及浙江和广东等作为招商引资的第一对象，以此拉动湖北经济发展。

民间资本市场：存量可观、潜力巨大的资本“富矿”

记者：近几年来我省民间投资增长较快，但总量不大。今后一个时期，启动民间资本投资要解决的问题是什么呢？

李春明：我先谈两个方面的现象。一是我省民间资本存量巨大，这意味着我省大量资本处于“休眠状态”；二是与沿海发达地区相比，仅全省金融机构存款与贷款的差额就达950亿元之多，民间投资力量调动不够，日益成为我省经济增长的一个重要缺陷。所以，湖北发展不够，在很大程度上可以说是民间投资力量调动不够。为此，我们一要放开民营企业准入条件，扩大民间资本投资领域。进一步放宽注册资本限制条件，降低企业设立成本；要坚决按照“非禁即入”的原则，积极推进基础设施领域和垄断行业的管理体制改革，打破行业垄断，放宽市场准入。二要转变政府职能，建立健全民间投资服务体系，为民间投资创造良好的外部环境。

国家投资：不可或缺的融资渠道

记者：近几年来，国家投资对我省经济社会发展的带动很大。今后我们应该如何积极争取国家投资呢？

李春明：在未来一个时期内，我国仍将继续采取积极的财政政策和稳健的货币政策，扩大内需仍将作为我国长期的宏观经济政策取向。同时，随着西部大开发战略及南水北调等重大工程实施，国家在交通、水利、农业、科技教育、生态环保等方面的投资比重仍会增加。这一切，都为加快湖北发展提供了难得的机遇。

争取国家投资，一是要以恩施州列入西部大开发范围为契机，重点抓好中西部连接的几条交通大通道建设。二是以南水北调中线工程开工为契机，争取将汉江流域水土资源保护、水污染防治、生态环境保护等方面的投资纳入国家补偿工程。三是充分运用国家振兴老工业基地的相关政策，以国家在鄂投资建设的一批大型工业项目为依托，积极争取国家投资。四是抓住大力发展服务业的机遇，积极争取国家对我省发展现代物流业、职业教育、就业培训服务、社区服务等服务业的投资支持。五是积极争取国家以工代赈和扶贫开发各项资金，支持老少边山穷地区综合开发，加快脱贫致富步伐。

总体说，在疏通投融资渠道的过程中，我们一定要有辩证的思维，既要十分清醒地认识到市场机制在开拓资本市场中的主导作用，又要十分重视政府投资。对于处于转型、发展中的中国或湖北来说，它依然是一个不可或缺的融资渠道。同时，我们还要注重在培育主体、营造环境、营运项目等方面做好工作，为拓展和激活湖北资本市场创造有利条件。

（本文原载于2003年12月16日《湖北日报》第11版，记者陈春保）

“无可奉告”消逝的背后

19日上午，省政府秘书长李春明博士以新闻发言人身份召开省政府第一次新闻发布会，向境内外30多家媒体发布消息，通报《湖北省人民政府工作规则》及政府信息公开制度建设情况。

“我绝不会说‘无可奉告’。”面对媒体记者提问，李春明这样表述了政府新闻发布的首要原则。

多年来，“无可奉告”四个字一直是国内某些政府官员面对记者时屡试不爽的“铁盾牌”。何惧社会上下关注，哪怕你穷追不舍，任凭你话筒林立……有了“无可奉告”这抑扬顿挫的四个字，想撬开他的“铁嘴钢牙”，难于上青天。正因如此，“无可奉告”才成为公众诟病的一个官方“口头禅”。

实践证明，通过信息封锁，制造信息壁垒的手段，是依法行政的大忌。

传媒学者认为，危机传播中主流媒体缺失和人为失误所造成的真空，很快会被五花八门的流言所占据。来自政府权威部门“无可奉告”的答复，只能导致主流媒体“失语”，而继续让流言统领着信息的传播通道，甚至造成社会的恐慌。

我国去冬今春对于SARS病例重现、禽流感疫情两大突发事件的“透明化”处理说明，通过媒体让公众迅速知情，既稳定了大局和人心，也增加了群众对政府的信任度。

尊重公众知情权，及时向民众通报重大事件，以正视听，不但不会引起混乱，反而会得到民众的理解和配合，上下戮力同心、共渡危机。

法律界人士认为，公民对于政府公共事务享有知情权。记者对于公共事务的采访，不仅反映了记者个人的知情诉求，也反映了其依托的新闻媒体和广大民众的知情诉求，政府及其官员应当满足公民这种知情权。从政府官员作为行使公共权力的公职人员应承担的义务角度上讲，公共权力的行使关系到千家万户，政府官员要接受民众的监督，要让民众参与公共事务的管理，就必须做到信息透明、政务公开。

据悉，省政府新闻发言人将代表省府定期召开新闻发布会，不定期召开记者招待会、通气会、座谈会，发布省政府重大工作部署和重要政策、全省经济建设和社会发展形势、省政府重要文件、会议和活动等政务动态，并回答涉及全局的重大问题和社会普遍关注的热点问题。

建立新闻发言人制度，不仅推动了政务公开、信息公开，提高了政府工作透明度，也加强了党和政府与广大民众的联系。

“无可奉告”消逝的背后，折射出的是以“透明化”为关键词的行政变革的轨迹，这一变革的目标正是要建立一个“服务政府、责任政府和法治政府”。

从这个意义上说，“无可奉告”的消逝，凸显了对公民知情权的尊重，体现了建设法治政府的积极态度，彰显了以人为本的本质内涵，也是党和政府执政能力不断提高的生动体现！

（本文原载于2004年10月26日《湖北日报》第8版，记者赵洪松）

湖北：让“科教实力”变为“经济实力”

——访湖北省人民政府秘书长、新闻发言人李春明

科教实力是最大的优势

湖北物华天宝，人杰地灵，素有“惟楚有才”之美誉。

到武汉去走走，您就会发现，这里的大学和科研机构真多。一数，更多！湖北现有普通高校85所，在校大学生101.27万人，研究生6.64万人，分别居全国第五位、第三位和第四位；这里拥有各类科研和开发机构1158家。全国共有5个国家实验室，湖北有其一；湖北的国家重点实验室数居全国第三位；这里拥有的国家“863”产业化基地、国家级火炬计划产业化基地，全国第四位；在鄂“两院”院士49位，全省从事科技活动的人员19.5万人……

近几年，湖北每年获得省、部级以上重大科技成果均在750项以上，有46项成果达到国际先进水平。在光纤通信、激光技术、空间地理信息、病原微生物、植物功能基因、新材料研究等

若干领域，代表了我国的最高水平。武汉的科教优势十分突出，是全国第三大教育中心，东湖高新区是全国第二大智力密集区。

毫无疑问，湖北最大的优势，就是科教实力。湖北省人民政府秘书长、湖北省政府新闻发言人李春明表示，努力使湖北的“科教实力”转化为“经济实力”，是湖北最大的潜力和希望，也是湖北在中部崛起中最有力的支撑点之一。

自主创新是湖北振兴崛起的最重要的途径

作为湖北省“十一五”规划纲要主要撰稿人之一，李春明说，纲要明确提到，自主创新能力是地区竞争力的核心，也是湖北发挥科技、教育和人才优势，确保经济社会发展走在中西部前列的战略基点。湖北要实现“走在中西部前列”的战略目标，关键在于依靠科技进步和创新，从根本上解决产业结构不合理、产品竞争力不强、能源资源利用效率不高等一系列制约经济增长的深层次矛盾，培育有竞争力的产业，加快建立以中高技术为主导的资源节约和环境友好型产业技术体系，推动经济发展由资源依赖型向创新驱动型转变。这既是经济社会发展对科技进步的客观要求，也是湖北科技发展面临的严峻挑战。

“十一五”期间，湖北的高新技术产业增加值年均增长要达到17%，主要农作物实现一次品种更新换代，大中型企业新产品销售收入占产品销售收入的比重达到15%，整体创新能力和效率将不断提升，科技创新与服务公共平台初具规模，科技文献、大型仪器、实验动物、自然科技资源、科学数据等共享保障水平有较大提高。全省研发投入占经济总量的比重力争达到1.5%，高新技术企业科技投入占产品销售收入的比重达到5%左右。

“十一五”时期，湖北要把增强自主创新能力作为调整产业结构、转变经济增长方式的中心环节，围绕重点领域和优势产业，组织实施一批重大科技专项，突破一批关键技术，开发一批拥有自主知识产权的产品。要采取强有力的措施，实施“五个一百”计划，即重点培育100家规模以上的高新技术企业、100家成长性好的科技型中小企业、100家高技术改造传统产业示范企业、100家科技型农业及农产品加工重点企业、100家重大科技成果转化企业，力争一批科技型企业成为在全国有重要影响的企业。加快高新区建设与发展，突出抓好东湖高新区建设，支持其拓展领域、创新机制、发展特色高新技术产业群，使其成为全省自主创新的主要基地和引领高新技术产业发展的“旗舰”。

自主创新，重在人才。湖北将进一步推动跨单位、跨地区、跨国界的高水平创新合作，加强国内外高层次人才的引进。鼓励吸引更多的埠外人才，尤其是海外留学人员携带技术、资本等来鄂创业发展。继续支持兴办留学人员创业园，吸引各类留学人员投资创办高新技术企业，转化科研成果。

大力实施“走出去”战略和科技兴贸行动计划。力争与世界科技强国、主要的新兴工业国家、重要的发展中国家建立密切的科技合作与交流关系，着力形成官民并举，全方位、多层次的科技对外开放新格局。围绕全省科技发展的重点领域和优先主题，建立完善国际科技合作平台和基地，启动一批具有带动作用的重大国际科技合作专项行动，提高国际科技合作项目的规模、层次和水平，努力使湖北、特别是武汉成为中部地区国际科技活动的中心和外向型高新技术产业的发展高地。

体制机制自身也要创新

自主创新的一个重要条件，是体制机制也要创新。李春明特别强调，“十一五”期间，湖北将进一步强化市场导向的科技体制改革，大力促进产业化导向的创新活动，积极探索和创新产学研合作机制，进一步完善企业为主体、产学研结合的技术创新体系；以建设公共科技平台和推进特色产业的培育，加快建设以高新区为重点的科技创新与产业化基地，构建若干研发、成果转移扩散、产业化等环节有效集成的创新链，促进科技与经济的紧密结合。

他指出，湖北要推进现代企业制度建设，切实增强企业技术创新的动力和活力。进一步落实国家有关财税、金融政策，引导和激励企业尤其是大中型企业加大技术创新投入；鼓励和支持以企业为主体，与高校、科研机构共同建设机制灵活、任务明确的企业技术中心、工程技术中心等各类技术创新联合组织，鼓励构建与产业集群、特色经济板块等发展相适应的创新网络和战略同盟，支持企业加强自主创新能力建设。

着力培育技术市场和技术产权交易市场，切实提高市场对科技资源的配置力。建立健全知识产权激励机制，促进技术产权交易市场成为创新项目与创新企业的对接地、风险资本的聚集地，成为科技资源高效配置的重要渠道。

湖北将突出公共财政职能，建设五大科技平台。建立健全知识创新平台，提升原始创新能力；建立健全技术转移平台，加快推进技术成果转化；建立健全科技创业平台，培育创新中小企业群；建立健全科技基础条件平台，促进科技资源共建共享；加强建设科技投融资平台，缓解创新创业的资金瓶颈。总之，要发挥政府投入的“杠杆”作用，加速调动社会资源向技术创新，尤其是高新技术产业化方向聚集，构建多元化的科技创新创业投融资体系。

（本文原载于2006年5月13日《人民日报》第5版，记者顾兆农）

以六大战略促中部崛起

——专访李春明副省长

湖北省副省长李春明表示，按照湖北成为中部地区崛起的重要支点的战略定位，湖北省在制定“十一五”规划中突出六大战略重点：以建设现代制造业聚集区和高新技术产业发展区为目标，加快形成电子信息、汽车、冶金、石化、食品、纺织业等6个年销售收入过千亿元人民币的支柱产业，强力推进新型工业化。

李春明指出，重点发展光通信系统及设备、移动通信终端、新型电子元器件和激光加工设备等优势产品，加快武汉国家光电子产业基地建设，形成较完整的光电子信息产业链。突破性发展石油化工业、改造和提升装备制造业等。

形成千亿支柱产业

他说，湖北要成为中部地区生产要素相对集中、经济运行充满活力的区域，成为产出新技术、新思想的孵化器，成为经济社会繁荣发展的重要平台；发挥全国经济网络的关键重点作用，承接东西，连接南北，沟通中外，使人才、物资、资金、信息等各类资源在这里聚集、交融和扩散，努力成为世界经济和沿海经济进入中部的入口，以及中部进入国际市场的前沿；使湖北的经济建设和社会发展走在中部各省的前面，使湖北的社会和谐与稳定走在中部地区的前列。

李春明强调，要以建设社会主义新农村为目标，大力发展现代农业。把解决好“三农”问题作为各项工作的重中之重，不断加大对农业农村发展的扶持力度。加快农业结构的战略性调整，大力发展高产、优质、高效、生态、安全农业，提高农业综合生产能力和市场竞争力；以建设优质农产品生产加工区为目标，突破性发展农产品加工业，支持重点龙头企业做大做强。

以建设现代物流中心区为目标，加快发展和提升服务业。突破性发展现代服务业，培育需求潜力大的服务业，改造提升传统服务业。重点建设武汉（城市圈）物流圈、宜（昌）荆（州）荆（门）物流圈、襄（樊）十（堰）随（州）物流圈，大力培育物流企业集团，优先支持第三方物流发展。发展旅游业、文化产业、金融业、信息业等领域。

促进区域协调发展

在工程建设方面，重点抓好电力、铁路、公路及航运等3个投资过千亿元的工程建设，发展和完善基础设施与基础产业。以公路、铁路、长江航运为重点，加快建设一批重点项目，做好各种运输方式的相互衔接，提升湖北在全国交通大格局中的枢纽地位；有序开发水电，适度发展火电，加快发展核电；以布局合理、设施配套、功能健全、环境优美为目标，加快城市基础设施建设，不断提升城市承载能力和聚散能力。

此外，湖北将以“一主两副”和六个大城市为支撑，积极促进区域协调发展。充分发挥武汉龙头作用，积极推进武汉城市圈建设，加快建立和形成以武汉市为主中心，以襄樊市和宜昌市为副中心，以及以黄石、十堰、荆州等大城市为支撑，以县域经济为基础，竞相发展、互相促进的区域经济格局。

（本文原载于2006年6月6日香港《大公报》，记者李晓波）

发展品牌经济构筑崛起支点

——访副省长李春明

国家商务部组织的“品牌万里行——中部崛起品牌行”活动团组将于今日抵达武汉，并将在我省进行为期4天的品牌宣传活动。

市场经济是品牌的天下，发展品牌经济，打造出口品牌，是增强经济活力、把湖北构建成为中部重要战略支点的有效途径。为此，副省长李春明接受了记者的专访，谈起他对此次活动的认识和看法。

李春明说，创立和培育自主品牌，是落实科学发展观、建设创新型国家的一项重大战略任务。商务部开展“品牌万里行”活动，是落实党中央和国务院指示精神，是唤起中国企业及广大消费者的品牌意识，唤起人们强烈的自主创新、培育自主品牌意识和民族责任感的一项重要举措。

湖北省委、省政府十分重视品牌战略工作，中共中央政治局委员、湖北省委书记俞正声同志多次强调：品牌是企业的魂。罗清泉省长也着重指出：品牌建设是企业必须搞好的最重要的事情之一，要求省直部门、各市州党委政府采取有力措施，培育自主品牌。

在谈到出口品牌的培植时，李春明说，近年在省有关部门密切配合下，省商务厅每年重点扶持30家品牌企业出口，每年组织省内知名企业参加西洽会及香港湖北周、韩国湖北周和美加湖北周活动，使越来越多的湖北名优产品走出湖北，打入全国市场，打入国际市场，在出口品牌建设方面取得了一定成绩。

李春明指出，省相关部门一直在认真组织实施发展名牌的“三年滚动计划”。对已获得中国名牌、国家免检产品、中国地理标志产品等国家级名牌的企业或产品进行重点扶持，支持其做强做大；把有希望进入国家级名牌的企业和产品列入重点扶持计划，促进其尽快进入国家级名牌行列，提升湖北品牌在全国的竞争力。

在品牌的成长氛围方面，李春明表示，我省将加大自主知识产权的开发和保护力度，坚决打击侵犯知识产权的违法行为。鼓励企业开发具有自主知识产权的专利和名牌产品，鼓励知识产权的转让和先进技术的推广，保护企业自主创新和争创名牌的积极性。认真落实质量和打假工作责任制，严格责任追究，加快质量诚信体系建设，为名牌产品发展营造优胜劣汰、公平竞争的市场环境。

“十一五”期间，政府在鼓励企业自主创新、经营品牌方面还将做些什么事情？李春明回答，我省将基本建立起符合国际惯例的质量管理机制，建立科学公正的名牌评价机制，加强对名牌评价的规范性管理。在名牌培植和认定工作中，帮助企业提高工艺装备技术水平和企业管理水平。

李春明表示，到2010年，我省要培育出一批拥有自主知识产权的知名品牌、国际竞争力较强的优势企业，中国名牌达到40个以上、国家免检产品达到60个以上、中国地理标志产品达到10个以上，拥有500个湖北名牌。努力做到全省主要工业产品有85%以上按国际标准或国外先进标准组织生产，省重点产品可比性跟踪监督抽查质量合格率达到98%以上。

（本文原载于2006年7月29日《湖北日报》第4版，通讯员刘卫华、陈娜、余启兰）

力解低收入家庭住房难

——李春明副省长谈住房保障

省第九次党代会上，俞正声同志在工作报告中，将“基本建立城市廉租房制度和比较规范的经济适用房制度”作为我省未来5年解决民生问题必须实现的“十个基本”目标之一。前不久，省政府专门下发42号文，提出了《关于加强城镇居民住房保障工作的意见》。7月12日，全省城镇居民住房保障工作会议召开，副省长李春明在接受记者采访时开门见山地说："住房保障，简单地说就是政府提供基本的居住保障，使买不起房子的人有房可住。"

现状：住房保障体系逐步建立

李春明回顾说，从1992年开始，我省逐步探索建立以住房公积金、经济适用住房和廉租住房等为主要内容的城镇居民住房保障制度。在廉租住房制度建设上，目前，全省地级以上城市均已全面建立廉租住房制度。到去年底，全省共落实城镇最低收入家庭住房保障资金2.17亿元，保障最低收入住房困难家庭31031户。经济适用房制度是住房保障体系的重要内容。至2004年，全省共竣工经济适用住房900余万平方米，先后解决了近9万户家庭的住房问题。前两年，我省加快了经济适用住房建设步伐，分别竣工经济适用住房103.44万平方米和190万平方米，按照经济适用住房平均户型75平方米计算，可改善3.9万户低收入家庭住房条件。

李春明说，虽然我省住房保障体系已逐步建立，但是仍应清醒地看到，许多老百姓在为买不起房而叫苦，因租不到廉价房而忧虑。据省房改办初步统计，按照各地制订的面积标准，全省设市城市和县城应保障最低收入住房困难家庭为154874户，而目前保障的户数仅占应保数的20%。经济适用住房则存在供应量偏少、价格偏高、位置偏远等问题。此外，住房公积金制度覆盖面不够广，在改善低收入职工居住条件方面未能发挥有效作用。

目标：人人享有适当住房

李春明说，省政府42号文件明确指出："城镇居民住房保障的首要任务是满足城镇中低收入家庭特别是低收入家庭基本的居住需要，以'自住、够用'为原则。"

保障基本的居住需要，并不等于降低保障性住房的质量标准。李春明解读42号文件，指出城镇居民保障性住房应该是"面积不大功能全，造价不高品质优，占地不多环境美"的节能省地型住房。

今后一个时期，全省上下要经过卓有成效的工作，努力实现42号文件提出的主要目标：力争到2010年，基本建成满足城镇居民基本居住需要的具有本地特色的多层次住房保障体系，使符合保障条件的家庭买得到、买得起或租得到、租得起合适的住房，逐步实现"人人享有适当住房"的目标。

措施：加强领导明确责任

圆中低收入者安居梦，全省必须全面建立廉租住房制度，到2010年基本实现人均住房建筑面积10平方米以下的城镇低收入家庭应保尽保；改进和规范经济适用住房制度，确保"十一五"期间全省经济适用房竣工面积达到1400万平方米，累计改善18.6万户低收入家庭的居住条件；充分发挥住房公积金制度的保障作用。

李春明认为，城镇居民住房保障工作，政策性强，涉及面广，全省各级政府、各有关部门必须切实加强领导，健全工作机制，结合各地实际，制订实施细则，明确工作目标，落实各方责任，开拓创新，真抓实干，确保城镇居民住房保障工作顺利推进。

（本文原载于2007年7月15日《湖北日报》第2版，记者陈岩、通讯员胡贵玉）

李春明当选为省经团联主席

湖北日报讯　昨日，省经济学界第六次代表大会召开。会议选举产生了省经济学界团体联合会第六届委员会委员及主席团主席、副主席，聘请了16名知名专家为顾问。省人大常委会党组书记、常务副主任李春明当选为主席团主席并讲话。

李春明指出，党的十八大和省第十次党代会精神，为我省经济理论研究与创新指明了方向；湖北经济发展的良好态势，为广大经济工作者提供了研究和实践的广阔天地；历届省经团联所取得的成果与经验，为下一步开展工作打下了良好基础。省经团联要把握机遇、勇于担当、主动作为，切实增强服务经济发展大局的责任感和使命感；要坚持理论联系实际，努力提高经济研究的针对性和实效性；要坚持服务至上，不断提高经团联的凝聚力和影响力，积极为“五个湖北”建设提供理论支撑和智力支持。

他强调，省经团联成员要通过研究成果推动理论创新，运用创新成果教书育人，为党委、政府的决策服务，努力让创新成果转化为现实生产力。他还为省经团联确立了湖北黄金十年、一元多层次战略、四化同步发展、实施开放先导战略、产业转型与升级、绿色 GDP、民生 GDP、突破性发展民营经济、科技创新的体制机制、长江中游城市集群建设、武汉国家中心城市建设、县域经济发展等 12 个重点研究课题。

据悉，省经团联已确立了办好学术年会、做好专家咨询团市县行等八项重点工作。

（本文原载于 2013 年 7 月 1 日《湖北日报》，记者周芳、通讯员文嵘）

附录二

作者简历

李春明，男，汉族，1953年10月出生，湖北省郧西县人。经济学博士。1975年6月加入中国共产党。

1972年4月至1974年9月，湖北省郧西县城郊区十年制学校民办教师、校团总支负责人。

1974年9月至1977年9月，武汉大学经济系政治经济学专业学习。

1977年9月至1989年8月，湖北省委党校政治经济学教研室教员（其间：1985年9月至1988年7月在中南财经大学硕士研究生班政治经济学专业学习、获经济学硕士学位，担任研究生会主席、中南财经大学学生总会主席）。

1989年8月至1992年5月，任湖北省委党校政治经济学教研室副主任，讲师。

1992年5月至1993年11月，任湖北省委党校政治经济学教研室主任，经济学副教授。

1993年11月至1996年8月，任湖北省委党校副校长、省行政学院副院长，经济学教授；获任国务院特殊津贴专家、湖北省有突出贡献中青年专家。

1996年8月至1998年6月，任湖北省人民政府发展研究中心主任、党组书记，兼任省政府咨询委员会常务副主任。

1998年6月至1999年8月，任中共湖北省委副秘书长（其间：1995年9月至1998年7月在中南财经大学财经研究所攻读政治经济学专业在职博士研究生课程、获经济学博士学位；1998年11月当选为中共湖北省纪律检查委员会委员）。

1999年8月至2000年11月，任湖北省委副秘书长，兼任省委政策研究室主任。

2000年11月至2002年12月，任荆州市委副书记、代市长、市长（2001年3月当选为市长），当选为第九届省人大代表（连任第十、十一、十二届省人大代表）。

2003年1月至2006年5月，任湖北省人民政府秘书长、省政府党组成员，省政府办公厅主任、党组书记，后兼任湖北省政府新闻发言人。

2006年5月至2008年8月，任湖北省人民政府副省长、党组成员（其中2008年1月连选连任为副省长）。

2008年8月至2010年7月，任中共湖北省委常委、省委宣传部部长。

2010年7月至2012年6月，任中共湖北省委常委、省委秘书长，省委办公厅主任，省委省直机关工作委员会书记；其中2012年1月当选为湖北省人大常委会副主任。

2012年6月至2013年1月，任湖北省人大常委会副主任、党组成员。

2013年1月起，任湖北省人大常委会党组书记、常务副主任，当选为第十二届全国人大代表。

（资料来源：湖北省人大常委会门户网站）